청년들이여
지구촌의
미래를 품자

청년들이여
지구촌의 미래를 품자

초판1쇄 인쇄 2014년 12월 7일
초판1쇄 발행 2014년 12월 9일

지은이 김혜경, 신동철

발행인 이왕재
펴낸곳 건강과생명(www.healthlife.co.kr)
주 소 110-460 서울시 종로구 대학로7길 7-4 1층
전 화 02-3673-3421~2 팩 스 02-3673-3423
이메일 healthlife@healthlife.co.kr
등 록 219-05-78242

총 판 예영커뮤니케이션
전 화 02-766-7912 팩 스 02-766-8934

정 가 12,000원

ⓒ건강과생명 2014
ISBN 978-89-86767-34-6 03300

'라온누리' 는 '건강과 생명' 의 새로운 출판브랜드입니다.

청년들이여
지구촌의
미래를 품자

좋은누리

이 책은 국제개발협력학회의 공적개발원조(ODA) 학술활동지원금으로 출간되었습니다.

새는 알에서 빠져나오기 위해 힘겨운 싸움을 벌인다.
알은 바로 세상이다. 무엇이든 태어나려면 먼저 세상을 깨뜨려야만 한다.

- 『데미안』 헤르만 헤세 -

+ 목차

지난 겨울, 세계 유네스코 문화유산인 인도의 타지마할을 방문했다. 무굴 제국의 샤 자한 황제가 세상을 떠난 왕비를 영원히 기억하기 위해 세웠다는 타지마할은 세계 각지에서 몰려든 관광객들로 인산인해를 이루고 있었다. 대리석과 각종 보석으로 만들어진 이 타지마할을 건축하는 데 매일 2만 명이나 되는 사람이 22년간 동원되었다니, 왕비에 대한 황제의 극진한 사랑이 백성들에게는 얼마나 큰 고역이었을까 싶었다. 그래도 지금은 인도의 대표적인 문화유산으로 남아 최고의 관광수입원이 되고 있으니 후손들에게는 큰 축복이 된 셈이다.

우리에게 남겨진 가장 소중한 유산은 무엇일까?

아마도 그것은 우리나라를 전쟁의 폐허 속에서 세계 10위권 경제대국의 반열에 올려놓은 '한강의 기적'이 아닐까 싶다. 최근 이 '한강의 기적'에 대한 국제사회의 관심이 높아지고 있다. UN이나 OECD, 세계은행까지 한국의 발전경험을 세계와 공유해야한다는 주문을 내놓고 있다. '다른 나라에서도 한강의 기적을 재현할 수만 있다면.···' 이것이 바로 이들이 '한강의 기적'에 이목을 집중하는 이유이다.

　개도국들도 '한강의 기적'에 이목을 집중하기는 마찬가지다. 르완다의 폴 카가메 대통령이나 미얀마의 테인 세인 대통령은 우리나라를 벤치마킹하려는 강력한 의지를 가지고 한국과의 협력을 이미 시작한 나라들이다. 그들은 '한강의 기적' 중에서 유독 새마을운동에 큰 관심을 보였다. 빈곤을 퇴치하고 잘사는 나라가 되려면, 지도자의 의지 못지않게 국민들의 의지와 동참이 중요하다는 것을 깨달았기 때문일 것이다.

　우리나라가 이룩한 '한강의 기적'은 주로 1960년대부터 80년대 사이에 이루어져서 오늘날 개도국에 그대로 적용하기는 어렵다. 냉전 종식과 WTO 체제의 출범 등 국제적인 정치·경제 환경이 많이 달라졌을 뿐만 아니라, 개도국마다 고유한 역사와 문화를 갖고 있기 때문이다. 2차 세계대전 이후 반세기동안 지속된 서구 선진국들의 원조가 큰 성과를 내지 못한 가장 큰 이유는 서구 선진국들이 자신들의 사고와 판단에 따라 일방적인 원조를 했기 때문이다. 최근 중국의 원조가 국제사회의 비난을 받고 있는 것도 국제사회 공동의 노력과 동떨어진 일방적인 원조방식 때문이다.

　그렇다면 우리는 어떻게 국제사회와 보조를 같이 하면서 '한강의 기적'을 바라는 개도국을 도울 수 있을까?

　OECD DAC의 동료회원국 평가보고서는 한국의 경제발전 경험을 여타 원조공여국들과의 차별화를 가능케 해주는 요소로 보고, 이 경제발전 경험을 개발협력에 적극 활용할 것을 권했다. 그 경험을 공유하려면 지금 하고 있는 지식공유사업 방식보다 더 광범위한 피플 투 피플(people to people) 사업에 치중해야 한다고 권고했다.[1] 또 이 보고서는 한국의 성공적인 경제발전 업적으로 얻어진 설득력에 주목했다. 그런 설득력을 가지고 원조수혜국 내에서 진행되는 토론과정에 적극적으로 참여함으로써 그 나라 제반 개혁에도 동참할 것을 권고하고 있다.[2]

OECD가 권고한 '피플 투 피플 개발협력'은 해외봉사단 사업을 통해 가능할 수 있다.

요즘 우리나라에는 돈을 버는 것보다 세상을 변화시키는 일에 훨씬 더 흥미를 갖고 있는 청년들이 많다. 그럼에도 불구하고, 해외봉사단에 지원하는 청년수는 그리 많지 않다. 이런 현상은 미국의 아이비리그 대학 졸업반 학생들의 10분의 1이 'Teach for America(미국을 위해 가르치자)'란 프로그램에 지원하는 것과 대비가 된다. 이들은 사회에 본격적으로 진출하기 전에 미국의 달동네 학교에 파견되어 2년간 교육봉사활동을 하기 위해 Teach for America에 앞 다퉈 지원서를 제출한다. 만약 우리 청년들도 가난한 지구촌 달동네에 가서 그곳 사람들의 삶이 변화되는 장면을 목격할 수만 있다면, 그리고 그 과정에 자신들의 분명한 역할이 있다는 확신을 가질 수만 있다면, 해외봉사단에 앞 다퉈 지원하지 않을까?

이 책은 '대한민국 해외봉사단'의 획기적인 전환을 제안하고 있다.

세상을 변화시키는 일에 흥미를 갖고 있는 청년들을 체인지 에이전트 (change agent)로 훈련시켜 지구촌 곳곳으로 내보내자는 제안이다. 우리가 파견할 체인지 에이전트들은 한국의 발전경험은 공유하겠지만, 일방적으로 한국의 발전모델을 지구촌에 옮겨 심는 일을 하려는 것이 결코 아니다. 그들이 파견되는 곳의 역사와 문화를 존중하고, 주민들의 필요에 부응하기 위해 그 지역에서 선발될 체인지 에이전트들과 아이디어를 나누면서 변화의 바람을 일으키게 될 것이다. 여기에는 정부의 역할이 대단히 중요하다. 정부는 대한민국의 설득력을 갖고 파트너국가를 선정하는 일, 국내외에 체인지 에이전트의 교육시스템을 만드는 일, 지식공유네트워크를 구축해 체인지 에이전트들을 지원하는 일 등 필요한 인프라를 구축해야 한다. 이를 통해 규모의 경제가 가능해지고 함께 하는 국가들이 하나 둘 늘어갈 때에 대한민국을 통한 지구촌의 변화가 비로소 시작될 것이다.

또한 이 책은 지구촌의 변화를 꿈꾸며 이미 개발협력현장에 나가있는 청년들을 위한 책이기도 하다. 그동안 개발협력현장에 청년들을 파견할 때마다 늘 답답한 마음이 있었다. '현장에서는 주민들의 자발적인 참여가 중요하다, 주민들을 우리들에게 의존하게 만들면 안된다, 개발의 주인은 지역주민이지 여러분이 아니다' 라면서 원론적인 얘기는 많이 했다. 하지만 여러 가지 제약 상 파견 전에 그들이 구체적인 지식과 방법들을 습득하도록 하는 게 어려웠다. 여기에 나오는 지식이나 방법들은 처음 읽을 때는 쉽게 이해되지 않을 수도 있다. 하지만 이 책은 청년들이 현장에서 핸드북처럼 자주 꺼내보면 유용한 내용들을 담고 있다. 여기에 수록된 개발협력현장에서의 성공사례들과 실패사례들도 어떻게 해야 할지 신속히 판단해야만 하는 상황에 봉착했을 때 상당한 도움을 줄 것이다.

이 책은 지구촌 빈곤퇴치 현장에서 일했던 저자들이 경험한 짤막한 이야기들로부터 시작한다. 지난 2년간 두 저자는 국내외 관련 도서와 논문들을 뒤지면서 이 이야기와 관련된 자료들을 찾았다. 지구촌 빈곤퇴치와 개발원조에 대한 여러 학자들의 설득력 있는 이론이 나와 있는가 하면, 그에 대한 반박논문도 만만치 않게 설득력이 있었다. 이 책의 내용은 국내외 학자들의 이론과 분석, 현장활동가들의 경험과 주장 등을 토대로 쓰인 것이다. 우리나라의 개발협력 경험이 길지 않기 때문에 많은 부분 해외학자나 활동가들의 영문 자료를 참고했다. 더 깊이 있는 내용을 알고자 하는 독자들을 위해 책 말미에 추천도서를 첨부했으며, 찾아보기에서는 외국어를 영어로 병기했고, 그 외에도 주석이나 참고 문헌을 통해 관련 자료들을 찾아볼 수 있도록 했다. 또한 개발협력현장에서 쉽게 적용할 수 있는 현장매뉴얼도 추천해 두었다.

이 책의 제1부에는 지구촌 곳곳에서 변화를 꿈꾸는 체인지 에이전트들이 꼭 알고 있어야 할 몇 가지 중요한 전문지식들이 담겨져 있다. 서구사회의 개발원조가 왜 실패한 것으로 치부되는지, 그렇다면 서구사회는 지금 지구촌 빈곤퇴치를 위해 어떤 실험들을 하고 있는지, 최후의 미개발대륙 아프리카에서는 어떤 일이 일어나고 있는지가 그 내용들이다.

이 부분은 여러 가지 전문적인 이론과 용어들로 가득해 자칫 책장이 안 넘어갈 수도 있다. 하지만 틈틈이 읽어두면 현장에서 일하는 데 반드시 도움이 될 것이다. 비록 아주 작고 외진 개도국 마을에서 일하더라도 서구 선진국의 개발경제학계에서는 지금 어떤 토론들이 진행되고 있는지 큰 그림을 알아 두는 것이 때론 매우 요긴하게 쓰일 수 있다. 자칫 혼자서만 외딴 마을에 떨어져서 고군분투하고 있다는 외로운 생각에 빠질 때, 같은 목적을 위해 일하는 사람들에 대한 이야기를 듣는다는 것은 외로움을 떨쳐버릴 수 있는 위로를 준다. 자신이 미래의 지구촌이라는 큰 퍼즐의 한 조각을 만들어내고 있다는 사실을 깨닫고 새로운 보람을 느낄 수 있을 테니까.

이 책의 제2부는 우리 청년들에게 지구촌 달동네로 나가 지구촌의 미래를 품자고 호소하는 내용을 담고 있다. 우리의 가장 소중한 유산은 무엇인지, 우리나라가 왜 성공모델로 주목을 받는지, 우리가 인류를 향해 품을 수 있는 비전이 무엇인지, 그 비전을 이루기 위한 방법은 무엇인지를 담고 있다. 그 방법의 첫째는 정신개혁운동이요, 둘째는 소득증대사업이다.

암투병 환자가 암을 극복한 환자에게 무엇을 기대할까? 어떻게 암을 치료할지 그 비결을 알려달라고 할 것이다. 암을 극복한 환자가 별로 비결이 없다고 한다면 암투병 환자는 얼마나 상심할까? 만약 암을 치료할 수 있는 약이 발명된다면, 암환자는 물론이고 환자의 가족, 친구, 친지까지도 그 약을 사려고 하지 않을까? 분명히 완치만 된다면 가격이 아무리 비싸도 꼭 사려고 할 것이다. 제2부는 지구촌 달동네에 만연한 절대빈곤이라는 불치의 병을 완치할 그 특효약을 만들러 나가자는 내용이다. 물론 '그건 공상에 불과해!' 라면서 이 책을 덮어버릴 수도 있다. 하지만 세상의 많은 변화가 공상으로부터 출발했다는 사실을 상기한다면 이 책을 한번 끝까지 읽어볼까 하는 마음이 들지 않을까?

물론 이 책이 모든 해답을 담고 있지는 않다. 이 책에서 주장하는 것처럼 개발협력의 핵심은 '사람'이다. 피플 투 피플 개발협력은 사람들이 참여하면서 만들어가는 과정이다. 이 책에 담긴 방법론들도 그러한 과정을 위해 제시된 것들일 뿐이다. 진정한 해답은 개발협력현장에서 일하는 체인지 에이전트들과 마을 주민들이 만들어낼 것이다.

이 책의 저자 두 사람은 어떻게 책을 같이 쓰게 되었을까? 혹 이렇게 생각하시는 독자가 계실지 모르겠다.

2000년 겨울, 기록적인 한파로 몽골에 자연재앙이 내린 것이 두 저자가 만나게 된 동기였다. 아니 그 이전에 스무 명에 가까운 탈북자들이 중국을 거쳐 몽골로 탈출을 하다가 탈진한 나머지 동사했던 사건이 근원적인 동기가 되었다고 할 수 있겠다. 당시 몽골은 남북한을 동일선 상에 놓고 등거리외교를 천명하고 있던 때였다. 사회주의국가였던 몽골과 북한과의 관계는 이미 오래 전부터 지속돼오던 것이었고, 냉전 이후 새롭게 형성된 대한민국과의 관계는 미지수였던 터라 어느 한 쪽도 등한시 할 수 없던 때였다. 그런데 북한을 탈출해서 남한으로 가겠다는 탈북자들이 빈털터리로 몽골 땅에 들어와 외교문제를 일으키니 골칫거리일 수밖에…

신동철 목사는 그 얼마 전부터 탈북자들을 중국에서 몽골로 데려가는 일을 하고 있었다. 그가 당시 김혜경 교수가 사무총장으로 있는 '지구촌나눔운동' 이라는 개발 NGO의 문을 두드렸다. 몽골의 대재앙으로 인한 유목민 피해자들을 도우면서 몽골정부가 탈북자들에게 우호적인 정책을 펴도록 측면지원하자고 제안하기 위해서였다. 지금으로서는 아무 문제가 없어 보이는 제안이지만 당시로서는 파격적인 발상이었다. 당시 한국정부는 북한과의 관계를 의식해서 탈북자 문제에 적극적이지 않았던 시기였고, 지구촌나눔운동 같은 NGO가 그런 목적으로 사업을 시작하는 것은 정치적 색깔을 띠는 것이라는 반대도 컸다. 결국 지구촌나눔운동은 탈북자문제와 관계없이 몽골사업을 시작했고, 신동철 목사는 독일의사 노베르트 폴러첸과 함께 탈북자문제를 세계적인 이슈로 만드는데 성공했다.

그리고 두 사람은 이 책을 구상하면서 다시 만나게 되었다. 두 사람의 갈급한 마음이 통한 것일까? 한국이 OECD에 가입했을 때부터 우리나라가 세계 빈곤퇴치의 모델로 특별한 역할을 해야 된다고 주장했던 김혜경 교수는 20년 가까이 지난 후에도 우리나라가 빈곤퇴치 특효약을 개발해내지 못하고 있는 것에 대한 커다란 실망과 답답함으로 고민하고 있었다. 한편 신동철 목사는 통일한국을 앞두고 통일 후 북한 구석구석의 변화를 어떻게 이끌어낼지 빨리 방도를 찾아야 한다는 생각으로 머리가 깨어지게 아픈 상태였다.

두 저자는 이런 고민의 원천적인 해결방법은 결국 한 가지라는 결론에 도달했다. 바로 이 책에 등장하는 것 같은 체인지 에이전트들을 훈련시켜 지구촌 곳곳으로 내보내고, 나중에는 그들이 통일한국 구석구석에서 변화를 일으켜내야 한다는 결론이다.

우리는 이 일이 충분히 실현가능한 일이라고 본다. 우리나라는 연간 수천 명의 해외봉사단과 개발협력 일꾼들을 해외에 파견하고 있으며, 공적개발원조(ODA) 규모도 2조원을 넘어섰다. 어차피 지구촌 달동네를 위해서 써야 할 이 인력과 돈을 보다 전략적으로 사용한다면 굳이 새로운 예산을 편성하거나 모금을 하지 않아도 될 터이니, 사실 그다지 어려운 일도 아니다. 기왕 쓰기로 마음먹은 예산이라면, 멋진 작품을 만들어야 하지 않을까? 지구촌 방방곳곳에 남아있는 절대빈곤이라는 불치의 병을 완치할 멋진 작품을!

이 책이 그런 특효약을 만들어내는 계기가 되기를 간절히 소원한다.
그리고 멋진 통일한국을 가꾸어 나가는 밑거름이 되기를 간절히 소원한다.

이 책이 쓰여지고 수정되는 과정에 많은 분들이 도움을 주셨다. 본인들의 이야기를 책에 담을 수 있도록 허락해주신 김형식 교수님 이하 이야기의 주인공들에게 감사를 드린다. 길고 딱딱한 내용을 꼼꼼히 읽고 세세한 것까지 지적을 해주신 한재광 총장님과 조현주 총장님, 그리고 신상협 교수님, 정갑진 원장님, 김인 이사님, 김정일 교수님, 오병규 교수님, 고윤숙 팀장님께 감사를 드린다. 또한 봉사단으로 파견된 경험이 있는 분들도 원고를 읽고 여러 가지 말씀을 주셨는데, 특별히 김운성 대표님, 김미행 이사님, 이창덕군과 지성혜양에게 감사를 드린다. 지구촌에 대한 애틋한 사랑으로 '오다가다 북카페'를 운영하는 차윤희 이사님, 강승모씨, 강동렬군, 윤혜원양, 이여진씨, 굿피플의 유익한 사례를 제공해 준 홍인경 팀장님 등에게도 감사를 드린다.

지난 여름 매주 화요일 저녁마다 스무 명의 개발협력 활동가들이 모여 참여개발 공부모임을 가졌다. 20대부터 60대까지 세대가 다르고 생각이 다른 사람들이 토론에 토론을 거듭하면서 참여개발의 어려움도 느꼈고 성과도 체험했다. 워크숍에서 지적해주신 여러 가지 내용들도 이 책을 완성하는데 큰 도움이 되었음에 참석자 모두에게 다시 한 번 감사드린다.

또 자신의 저서의 내용을 맘껏 사용해도 좋다고 허락한 스탠 버키와 토리 호건의 관대함에도 감사를 드린다. 아울러 이 책에 등장한 무수한 이야기들의 소재가 되어준 지구촌나눔운동과 개발협력 동지들, 특히 이 책의 출판을 담당했던 한지혜 간사님과, 한 달 여 만에 책이 나올 수 있도록 애써주신 라온누리 이승훈 부장님과 유재은, 장정선 자매님들께도 무한한 사랑과 감사를 드린다.

2014년 11월

김혜경, 신동철

1부_ 서구 선진국들과 지구촌 달동네

한국시민단체협의회는 1995년 해방 50주년을 맞는 해에 아태시민사회포럼(아태포럼, Asia Pacific Civil Society Forum)을 개최하였다. 협의회의 사무국을 맡았던 '경제정의실천시민연합(경실련)'이 포럼을 조직했는데, 미국에서 귀국한 후 사회운동을 할 생각으로 경실련에 들어간 내가 불과 1년 만에 그 일을 맡게 되었다.

아태포럼은 아시아 태평양지역의 시민사회지도자 100여 명이 한국에 모여서 개최된 국내 최대의 시민사회 국제회의였다. 이 회의의 주제는 아태지역의 민주화와 발전을 위해 아태지역 시민사회의 네트워크를 만들자는 것이었다. 이 회의에서 가장 인상 깊었던 것은 원조를 받는 아태지역 국가 참석자들이 서구사회의 원조방식에 대해 대단히 불만이 많았다는 점이었다.

나는 미국과 독일 등 서구사회의 원조에 대해 고맙게 생각했고, 나중에 여건이 되면 우리나라도 가난한 나라들을 도와야 되겠다고 생각했기 때문에 그들이 그렇게 불만이 많다는 점에 놀랐다. 그룹 토론에서는 서구 국가들이 일방적으로 제공하는 원조, 원조를 주면서 이래라 저래라 서구식 정책을 강요하는 것, 원조의 대부분을 서구인이 되가져가는 것, 인권이나 환경에는 아랑곳없이 독재국가들에게 원조를 제공하는 모순 등에 대한 비판이 제기되었다.

아태포럼은 첫 회의에서 아태지역의 새로운 발전을 모색하기 위해 시민사회가 힘을 합해야 한다는 점에 합의했으며, 아태시민사회포럼을 상설기구로 만들어 사무국을 서울에 두기로 결정했다. 그러나 시민사회의 이러한 시도는 1997년 말 아시아 경제위기를 맞으면서 물거품이 되었다. 아태지역의 개도국들은 한국과 일본 등에 큰 기대를 걸었으나, 상설기구의 운영과 사업비에 쓸 재정을 확보하지 못하게 된 포럼은 몇 년 후 슬며시 사라지게 되었다.

1995년 베이징에서 열렸던 유엔 세계여성대회에서 만났던 어떤 아프리카 여성이 서구 원조기구 참가자들에게 흥분해서 쏟아내던 말들이 기억난다. "당신들의 원조는 다 컨설턴트들에게 간다. 서양 컨설턴트들은 좋은 집에서 요리사, 정원사, 청소부를 고용해서 귀족처럼 산다. 영어로 몇 장의 사업제안서를 만들어주고 몇 만 달러씩 받는다. 그런 사업제안서만 당신들 심사과정을 통과할 수 있기 때문에 큰 단체들은 비싼 컨설턴트들을 고용한다. 하지만 우리같이 가난한 여성단체들은 그런 컨설턴트를 고용할 돈이 없다. 어쩌다 큰 단체들이 부스러기 돈을 주더라도 보고서조차 잘 쓸 사람이 없다. 그래도 우리 마을 일은 우리가 더 잘한다. 당신들은 영어 사업제안서를 잘 쓰는 단체에 돈을 줄 것이 아니라, 우리처럼 일을 잘하는 풀뿌리단체들을 찾아서 돈을 줘야한다."

20여 년이 지난 지금, 그 여성을 다시 만난다면 그는 무슨 얘기를 할까?

1장 _ 서구 선진국들의 원조는 왜 실패했을까?

우리나라는 한때 원조로 연명하던 나라였다. 내가 어렸을 때는 초등학교에서 배급으로 나눠주던 옥수수빵이 가장 맛있는 간식이었고 때로는 주식역할을 하기도 했는데, 이는 미국에서 원조식량으로 들어온 옥수수가루로 만든 것이었다. 1960년대와 70년대에 이뤄낸 우리 경제의 초기 고속성장은 저리(低利) 차관을 포함한 해외원조가 없었다면 거의 불가능했을 것이다. 그러나 원조에 관한 한 우리나라는 모범생 중의 모범생이었다. 원조의 효율이나 부패로 인한 원조의 착복율로 치자면 우리나라는 거의 완벽에 가까운 지극히 이상적인 원조수혜국으로, 이는 지난 60여 년간의 개발원조 역사에서 보기 드문 예외적 경우에 해당한다. 원조를 받아야만 나라 살림을 꾸려나갈 수 있는 많은 후발개도국들 가운데 우리나라처럼 원조가 중간에서 새지 않고 국가경제의 발전을 위해 효율적으로 사용된 경우는 전무후무하다고 해도 과언이 아니다. 대부분의 제3세계 국가에서 개발원조는 중간에서 부패한 정치인의 손에 의해 스위스 비밀구좌로 빠져나가거나, 국가경제에는 별로 도움도 안되는 도깨비 같은 시설물 건설에 낭비되는 경우가 보통이었다.

개발원조가 성공하기 어려운 이유는 단지 부패 때문만은 아니다. 주는 쪽과 받는 쪽에 각각 다른 꿍꿍이가 도사리고 있는 것도 그 이유 중 하나이다. 이제부터 살펴볼 원조에 관한 이론들과 원조를 주는 쪽과 받는 쪽이 갖고 있는 다양한 현실적 문제점들은 원조전문가들에게나 필요한 것처럼 느껴질 수도 있는 딱딱한 주제들이다. 그러나 굳이 이런 것들을 살펴보고자 하는 이유가 있다. 그것은 우리 청년들이 앞으로 일하게 될 후발개도국의 개발협력사업에서 과거 서구사회의 원조가 보여줬던 과오를 되풀이하지 않도록 하기 위해서이다. 서구사회의 원조가 실패했던 원인들을 학구적으로 진지하게 분석하여 이해할 수 있다면, 장차 임지에 나갔을 때 이 어려운 일을 우리만의 독창적 방식으로 잘 풀어나가는데 적지 않은 도움이 될 수 있을 것이다.

1. 원조의 역사와 현실

1) 개발원조의 역사

뉴욕대의 윌리엄 이스털리 교수가 쓴 『세계의 절반 구하기』*는 2005년 1월 고든 브라운 당시 영국 재무장관이 선진국들의 원조를 두 배로 늘릴 것을 호소하면서, 온 세상의 빈곤층들을 위한 마셜플랜이 필요함을 역설하는 이야기로 시작한다.[1] 원조에 회의적인 이스털리가 더 많은 원조를 호소한 고든 브라운의 얘기를 꺼낸 것은 지구상의 빈곤층들이 겪는 두 번째 비극을 소개하기 위해서다. 그것은 다름 아닌 12센트의 비극이다. 브라운 장관은 온 세상에서 말라리아로 죽는 사람들의 절반을 구하는데 한 생명 당 12센트의 약값이면 된다는 예

---

* 원제는 *The White Man's Burden: Why the West's Efforts to Aid the Rest Have Done So Much Ill and So Little Good* (2006년)

를 들었다. 그런데 이 돈이 없어 그 많은 생명이 죽어가는 것이 첫째 비극이라면, 둘째 비극은 지난 반세기 동안 2조 3천억 달러를 원조로 퍼부은 서구 선진국들이 말라리아로 죽는 사람들의 절반을 구하는데 한 생명 당 12센트밖에 안드는 약을 왜 아직도 제대로 공급하지 못하고 있는가라는 것이라고 주장한다. 2조 3천억 달러가 다 어디로 갔는가. 그 천문학적 금액의 원조가 사용되기 전이나 사용된 후나 지구촌에 빈곤이 존재하기는 마찬가지라는 것이다. 아니 오히려 빈곤이 더 심해진 곳도 많다. 우리나라처럼 빈곤을 탈출하고 경제개발에 성공한 개도국들은 손가락으로 꼽을 수 있을 만큼 희소하다. 그러니 서구의 원조는 실패했다고 해도 틀린 말이 아니다.

서구의 개발원조가 실패한 이유는 한 마디로 말해서 주는 쪽의 입장만 생각하고, 받는 쪽의 특수한 사정들은 무시하면서 신생독립국들의 부패한 최고통치자의 비현실적 국가개발관을 그대로 따랐기 때문이다. 거기다 1949년부터 시작된 미국의 개발원조가 대부분 소련과의 냉전을 위한 정치적 도구로 쓰인점, 냉전에서 피원조국을 소련에 뺏기지 않는 한 개발원조의 낭비에 대한 책임 추궁이 없었던 점, 원조액수가 실제로 개도국에 공여된 액수보다 엄청나게 부풀려져 외부에 홍보된 점 등을 추가적 실패원인으로 꼽을 수 있다.

이제 그 원조의 역사를 개관하면서 서구의 개발원조가 실패할 수밖에 없었던 이유들을 좀 더 자세히 살펴보자.[2]

마셜플랜과 공적개발원조(ODA)의 기원

모든 경제문제가 주어진 정치상황에 의해 좌우되듯이 서구의 개발원조 역시 그때그때의 국제적 정치상황에 따라 많은 변동을 겪어왔다. 2차 세계대전 직후 폐허가 된 서유럽의 재건을 위해 미국이 제공한 사상 최대 규모의 공적개발원조(Official Development Assistance, ODA)인 마셜플랜의 경우도 지극히 정치적인 발상의 산물이었다.

마셜플랜을 있게 한 정치적 배경은 크게 둘로 나눠볼 수 있다. 첫째는 1차 세계대전을 일으킨 독일이 패전 후 막대한 전쟁배상금 때문에 경제가 피폐해졌고, 이는 히틀러의 등장으로 이어졌으므로 2차 대전 후에도 그 같은 상황이 되풀이되어서는 안된다는 미국의 정치적 분위기였다. 이는 흡사 오늘날 알 카에다 테러리스트들이 주로 가난한 이슬람 국가에서 반미주의를 선동해가면서 테러범들을 모집하므로 미국이 앞장서 원조를 베풀어 세계의 빈곤을 추방해야만 테러가 예방될 수 있다는 논리와 닮았다.

둘째는 당시 미국의 새로운 주적으로 등장한 소련이 동유럽을 차지한 상황에서 서유럽을 한시바삐 재건하지 않으면 미소간의 냉전에서 소련에게 기선을 제압당할 수 있다는 우려였다. 이는 그 후에도 냉전이 끝날 때까지 수십 년간 ODA의 이데올로기가 되어 많은 모순을 불러왔다. 가능하면 하나라도 더 많은 제3세계 국가들을 공산진영에 빼앗기지 않고 자유진영에 붙들어 두기 위해서, 빈곤탈출이나 경제개발에는 전혀 신경을 쓰지 않는 부패한 독재정권인 줄 뻔히 알면서도 ODA를 계속 제공했던 것이다. 우간다의 이디 아민, 자이레(현 콩고민주공화국)의 모부투 세세 세코, 에티오피아의 멩기스투 하일레 마리암, 라이베리아의 새뮤엘 도가 그 대표적인 예다.[3] 1974년 하일레 셀라시에 황제를 몰아내고 집권한 에티오피아의 멩기스투 공산주의 군사정권은 매년 소련이 아프리카 전체에 제공하는 평균 3억 달러 원조의 58%씩을 받아가면서 미국의 인도주의 지원도 꼬박꼬박 받아 챙기는 이중 플레이를 하기도 했다.[4] 이처럼 개발원조의 정치적 속성은 공여국의 정치적 입지를 훤히 들여다보면서 이를 역이용하는 '똑똑한' 제3세계 정치인들의 손을 거치면서 원조 본연의 목적인 개발과는 점점 더 거리가 멀어져 부패한 정치인들의 사리사욕을 채우는 도구로 전락하는 경우가 비일비재하게 되었다.

그런가하면 경제적 이유도 있었다. 2차 세계대전 중 연합군이 사용할 전쟁물자들의 생산기지 역할을 했던 미국은 전쟁기간 동안 경제특수를 경험한 유일한 국가였다. 그러나 전쟁이 끝나자 미국산 제품들의 소비처가 사라질 위기를 맞았다. 따라서 미국정부로서는 경제적으로 큰 부담을 갖게 되었고, 마셜플랜의 등장은 이 위기를 해소하기 위한 한 가지 방법이기도 했다.

어쨌든 이런 정치적, 경제적 배경에서 시작된 마셜플랜은 1948년부터 1952년까지 4년간 130억 달러라는 사상 초유의 거금을 서유럽 경제의 재건을 위해 퍼부었다.[5] 이는 1948년의 미국 GDP(국민총생산)였던 2,580억 달러의 약 5%에 해당하는 금액으로 이를 4년으로 나누어보면 연간 1.25%에 달한다. 오늘날 미국의 연간 ODA가 GNI(국민총소득)의 0.2%에 불과한 것과 비교해 보면 미국이 서유럽의 재건을 위해 얼마나 큰 투자를 했는가를 짐작할 수 있다. 2012년 미국의 GDP는 약 15조 7천억 달러였으니, 매년 2천억 달러씩 4년 동안 8천억 달러에 가까운 돈을 무상으로 지원한 셈이다. 게다가 이와는 별도로 2차 대전 종전 후 마셜플랜이 실행되기 전까지 미국이 유럽에 제공한 원조도 총 90억 달러에 달한다.[6] 우리가 보기에는 아무래도 미국인들이 자기들의 문화적, 심리적 고향이라고 할 수 있는 서유럽이니까 이렇게 큰 인심을 썼지 다른 인종, 다른 지역 같으면 이렇게까지 통큰 원조를 했을 것 같지는 않다. 또 미국 외에는 경제가 온전하게 남아있던 국가가 거의 없었던 당시의 상황을 고려해 보면, 유럽 경제가 살아나는 것은 미국의 경제와 국가 위상을 유지하기 위해서도 꼭 필요한 전제조건이 아니었던가 싶다. 다시 말하면 마셜플랜이 꼭 이타적인 박애주의에서 나온 것만은 아니라는 말이다.

마셜플랜은 대성공이었다. 1952년 마셜플랜이 끝나기 1년 전에 이미 모든 원조수혜국들은 2차 대전이 시작된 1938년보다 최소 35% 이상 증가한 총생산을 기록할 만큼 서유럽의 경제는 급속도로 부활했다.[7]

이제 세계의 관심은 저개발국가들의 경제개발로 이어졌다. 미국, 그리고 다시 선진국의 반열에 올라선 서유럽은 마셜플랜의 성공을 벤치마킹한 개발원조를 이제 막 자신들로부터 독립한 신생독립국들을 상대로 일제히 베풀기 시작했다. 마셜플랜의 성공으로 재미를 본 미국과 산업기반이 재건되어 살만해진 서유럽 각국은 이들 신생독립국들도 마셜플랜 같은 ODA를 베풀면 곧 개발이 될 것으로 단순하게 생각하고 덤벼든 것이다.[8] 서유럽 각국으로서는 이제까지 식민지였다가 독립한 지역을 지속적으로 자국의 영향력 하에 두기 위해서 원조를 시작한 측면도 없지 않았다. 또한 소련의 영향력이 이들 제3세계 국가들로 확장되는 것을 의식해 이를 견제하기 위한 포석에서 원조를 시작한 것도 무시할 수 없는 이유 가운데 하나였다. 어쨌든 오늘날 우리가 보는 ODA의 기원은 마셜플랜과 적지 않은 연관성을 가지고 시작되었다.

잠비아 출신의 개발경제학자인 담비사 모요의 『죽은 원조』[†]에 따르면 미국 정부의 엄청난 원조가 마셜플랜을 통해 서유럽으로 흘러들어가면서 국제부흥개발은행(IBRD)과 국제통화기금(IMF)에 마셜플랜 이전부터 할당되어 있던 서유럽 재건자금이 남아돌게 되었고[‡], 이 자금이 초기 신생독립국 원조에 투입되었다고 한다.[9] 1944년 7월 44개국의 대표들이 미국 뉴햄프셔주의 소도시 브레턴우즈에 모여서 맺은 브레턴우즈 협정에 따라 1946년 유럽의 전후복구를 돕기 위해 IBRD(International Bank for Reconstruction and Development)라는 이름으로 설립된 지금의 세계은행은 1960년 저개발국가의 개발사업을 돕기 위해 국제개발협회(IDA)를 설립하고, IBRD와 IDA를 합쳐서 이때부터 비로소 세계은행이라고 불리게 된다.

사실 제3세계에 대한 개발원조는 마셜플랜이 성공하기 이전인 40년대 말에 이미 시작되었다고도 할 수 있다. 트루먼 대통령은 일찍이 1949년 1월 20일 취임연설을 통해 세계 인구의 절반 이상이 살고 있는 저개발지역의 발전과 성장을 위해 미국의 발전된 과학기술을 제공하는 원조 프로그램을 추진해야 한다고 역설하고 바로 그해부터 원조를 시작했다.[10] 취임연설 가운데 네 번째 주요

[†] 원제는 Dead Aid: Why Aid Is Not Working and How There Is a Better Way for Africa (2009년)
[‡] 마셜플랜은 브레턴우즈 협정에 따라 탄생한 국제통화기금과 국제부흥개발은행과는 아무 상관이 없는 양자간 원조였다.

포인트여서 '포인트 포(Point Four) 원조'라는 이름으로 불렸던 이 트루먼의 개도국 원조는 제3세계를 위한 ODA의 효시라고 할 수 있다.[11] 2년 후 UN의 전문가들이 이들 개도국의 국민소득을 2% 높이기 위해서는 얼마나 원조가 필요한지를 계산했는데, 그 필요한 원조금액은 30억 달러였다.[12] (이 돈은 앞서 계산한대로 하면 요즘음 화폐가치로 약 1천 8백억 달러에 해당한다.)

1960년 월트 로스토우는 『경제성장의 단계들』[§]이라는 베스트셀러에서 아시아, 중동, 아프리카, 남미 전체의 경제를 연 1.5%씩 성장하도록 하려면 대외원조를 40억 달러 더 늘려야 한다고 주장했다.[13] 로스토우를 국가안보 부보좌관으로 등용한 케네디 대통령은 1961년 해외원조 프로그램과 원조 컨셉트를 대폭 확장해 60년대가 끝나기 전에 저개발국가들이 더 이상 원조가 필요 없는 날을 맞을 수 있도록 하겠다는 포부를 밝히기도 했다.[14] 케네디는 이를 위해 미국의 기존 원조기관들을 국제개발처(USAID)라는 새로운 조직으로 통합 개편했다. 케네디는 또 USAID와는 별도로 평화봉사단(Peace Corps)을 만들어 미국의 젊은이들을 개도국에 자원봉사자로 파견하는 피플 투 피플(People to People) 운동을 시작했다. 이에 앞서 UN은 60년대를 '개발을 위한 10년(Development Decade)'으로 선포했다. 당시의 저개발국가 개발원조 열기는 거기서 그치지 않고, UN이 70년대도 다시 '개발을 위한 제2의 10년(Second Development Decade)'으로 선포하는 일로 이어졌다.[15] 인류는 핑크빛 환상에 물들어 곧 빈곤국가들이 지구상에서 사라질지도 모른다는 기대에 들떠있었다.

이 당시 로스토우 등이 중심이 되어 형성된 5단계 개발이론은 우선 서구문명과 과학기술을 이식함으로써 저개발국가의 근대화를 추진하고, 다음 단계로 점점 더 많은 자본을 투입하면 경제가 서서히 성장하다가, 마침내 도약(take-off)의 단계를 맞게 되고, 성숙기를 거치면 서구사회와 같은 대량 소비단계로의 개발이 이루어질 수 있게 된다는 논리였다. 다시 말하면 서구사회의 산업혁

---

§ 원제는 *The Stages of Economic Growth: A Non-Communist Manifesto* (1960년)

명과 자본주의 발전단계들을 그대로 답습하게 하려는 서구모방형 개발이론이었다. 이때 필요한 자본은 국내저축과 해외로부터의 자본투자, 그리고 서구의 원조로 충당하면 될 것으로 생각했다.[16] 그러나 이는 과학기술문명을 과신한 당시 서구사회의 자만에 찬 착각이었다.

한편 트루먼의 포인트 포 원조가 시작된 지 10년도 안 된 1958년 미국에서는 『추한 미국인』**이라는 책이 출판되어 첫 해에만 20쇄를 돌파하는 베스트셀러가 된다. 바로 해외에 나가 현지의 문화나 관습을 무시한 채 거들먹거리는 호화판 생활로 나라망신을 시키는 미국의 외교관과 원조기관 직원들의 모습을 다룬 책이었다. 그중 당시의 포인트 포 원조는 제3세계의 고유한 특수성들을 무시해 많은 부작용을 낳았다는 것이 원조부문에 대한 이 책의 핵심요지였다. 이 책을 탐독한 케네디 상원의원은 동료 상원의원들 전원에게 이 책을 한 권씩 선물로 돌리는가 하면, 대통령 후보로 출마하고 나서는 아이젠하워 정권의 외교정책과 원조정책을 비판하기 위한 무기로 활용했다. 그러나 그런 케네디 대통령이 채택한 원조정책도 제3세계의 특성을 고려한 방식은 아니었다. 그저 월트 로스토우의 5단계 개발이론을 추종한 것일 뿐이었다.[17]

60년대의 개발원조: 산업화 원조

아프리카 식민지들이 독립하기 시작한 50년대 후반부터 본격적으로 시작된 저개발국가 개발원조는 마셜플랜처럼 산업개발을 위한 발전소나 도로, 철도, 항만, 공항, 상하수도, 통신시설, 현대식 공장 등을 지어주는 토목·건설사업이 주종을 이루었다. 그러나 마셜플랜을 본 따 대규모 산업시설의 건설을 주종으로 했던 50년대 후반부터 60년대의 개발원조는 정작 액수 면에서는 마셜플

** 원제는 *The Ugly American* (1958년)

랜의 수십 분의 1에 지나지 않았다. 담비사 모요에 의하면 50년대 말부터 1965년까지 사하라 이남 아프리카††의 30여 신생독립국들에 제공된 원조는 모두 합쳐 9억 5천만 달러였다. 마셜플랜의 4년간 총액 130억 달러와 마셜플랜 이전에 미국이 유럽에 제공한 원조 90억 달러에 비하면 그야말로 간에 기별도 안갈 액수였다. 게다가 전쟁 전까지 모든 것을 갖추었던 유럽과 달리 신생독립국들은 아무 것도 없는 상태에서 시작하는 나라들이었다. 서구 원조의 명분은 신생독립국들이 자신의 힘으로는 도저히 해낼 수 없는 대형 프로젝트들을 대신 지어주자는 것이었으나, 그 명분을 살리기에는 원조의 액수가 너무도 미미했다. 그 예가 잠비아와 짐바브웨 국경에 있는 수력발전소인 카리바 댐으로, 세계최대 규모의 인공호수를 만들어낸 이 댐은 이 지역이 영국 식민지였던 1955년에 착공해 22년이 지난 1977년에야 완공되었다. 총 공사비는 4억 8천만 달러가 들었다.[18] 이처럼 명분만 그럴듯하고 실속은 별로 없는 원조 때문에 아프리카 사람들이 일은 안 하고 원조에만 의존하는 버릇이 들었고, 그나마 그 원조된 돈도 대부분 독재자의 주머니를 채우는 데 쓰였다는 것이 대표적인 원조 반대론자로 꼽히는 담비사 모요의 주장이다.

한 가지 주목할 만한 사실은 우리나라와는 달리 당시 대부분의 신생독립국들, 특히 아프리카 신생독립국들의 최고통치자들은 우스꽝스러울 정도로 서구문화에 대한 맹목적인 숭배에 빠져 기근과 도탄에 빠진 자기나라 국민들을 돌보려는 마음은커녕 자기 국민들을 철저하게 깔보고, 그들을 식민시절보다 더 탄압하고 착취하려 했다는 점이다. 그 한 예로 가나의 국부로 추앙받는 콰메 은크루마 초대대통령은 가나 농민들의 주산물인 코코아 경작을 "가난뱅이 깜둥이들이 하는 일(poor nigger' s business)"이라고 조롱했다.[19] 이들은 국가개발에 대해서도 무조건 서구사회를 모방하는 것을 지상목표로 삼았다. 그 결과

---

†† 영미권에서 아프리카라고 할 때는 보통 사하라 이남 아프리카(Sub-Saharan Africa, SSA)를 의미하는 경우가 많다. 북아프리카는 중동과 함께 MENA(Middle-East & North Africa)라고 부른다.

모든 개발예산의 절반 이상이 오직 자기 나라 수도를 유럽이나 미국의 대도시처럼 보이게 하는 일에 투자되었고, 나머지 개발예산도 국민 대다수가 종사하는 소규모 농업보다는 대규모 산업시설 위주로 투자가 진행되었다. 런던의 이층버스를 도입하는가 하면, 미국식 농업을 흉내 내기 위해 대형 트랙터와 콤바인을 수입하기도 했다. 그런가 하면 국영 신발공장 조립라인에는 미국에서도 거의 사용하지 않는 콘베이어 벨트를 설치했다. 은크루마 가나 대통령은 1963년 가나의 수도 아크라 중심가가 런던의 피카딜리 광장처럼 보이도록 아크라의 모든 광고판은 네온사인으로 조명해야만 한다는 시조례를 채택하도록 아크라 시의회에 종용해 관철시키기도 했다.[20]

70년대의 개발원조: 빈곤감소를 위한 원조

무늬만 닮은 마셜플랜 스타일의 원조는 신흥 독립국들에게 크게 도움이 되지 않았다. 그들은 여전히 가난했고, 경제성장률은 2%를 밑돌았다. 서구모방형 개발이론은 한마디로 실패작이었다. 신생독립국들은 식민지 시절을 거치며 이미 근대화 과정을 수료한 엘리트층과 아직도 전근대적 전통사회로 남아있는 국민 대다수층으로 구성된 이중구조로 되어있다는 점을 간과한 것이 가장 큰 원인이었다. 이런 이중구조를 가진 사회는 외부에서 주도해 현대식 공장을 짓고, 녹색혁명을 일으켜 줘도 대부분의 혜택이 소수의 엘리트층에서 다 흡수되어 버리고, 전통사회에는 거의 혜택이 돌아가지 않는다. 1960년대 들어 신생독립국 곳곳에는 방직공장, 제지공장, 합판공장, 통조림가공공장, 제분공장, 시멘트공장, 그리고 얼음공장까지 수많은 현대식 공장들이 우후죽순 격으로 세워졌다. 그러나 이들 공장에서 나오는 생산품들을 사줄만한 소비자들은 극히 제한되어 있었다. 오히려 대규모 공장들이 세워지면서 가내수공업에 종사하던 적지 않은 수의 국민들만 실직자로 전락했다. 녹색혁명도 마찬가지였다. 다수확 품종은 가뭄과 병충해에 약했고, 많은 양의 비료를 필요로 했다. 따라서 다수확 품종을 심기로 결심한 소농들은 외상으로 비료와 살충제를 구입해야만 했다. 그러다 가뭄이 닥치면 관개시설을 갖춘 부농들은 살아남을 수 있었지만, 소농들은 꼼짝없이 빚더미에 올라앉을 수밖에 없었다. 이런 피해를 목격한 영세농가들은 리스크가 큰 다수확 품종보다 안전한 재래종을 고수했다. 서구모방형 개발정책은 결국 빈부격차만 늘려놓았고, 60년대에서 70년대로 넘어가면서 빈곤의 골은 더욱 더 깊어져만 갔다.

한편 이때 세워진 현대식 공장들과 대규모 수리관개시설들은 관리인력 부족, 높은 관리비용, 수요부족으로 애물단지로 전락하더니 곧 방치되기 시작해 지금은 대부분 폐허로 변해버렸다. 이런 현상에 대한 반작용으로 첨단기술보다는 그 나라 수준에 맞는 중간 정도의 기술, 특히 자체생산과 보수가 가능한 기술이 개발에 참된 도움을 줄 수 있다는 적정기술(appropriate technology)론이 1970년대 초부터 대두되기 시작했다.

서구모방형 근대화 이론의 실패에 대한 또 한 가지 반작용은 종속이론의 등장이다. 주로 남미에서 각광을 받은 이 종속이론은 모든 무역과 원조는 무역의 중심에 있는 서구 선진국들에게만 유리하고, 남미 같은 주변국가는 이들 중심국가에 영구적으로 종속되는 신식민주의적 결과를 가져온다는 주장을 말한다. 이에 대한 처방으로 경제자립을 위한 수입대체산업 진흥, 국가주도의 계획경제, 인근국가들과의 지역경제공동체 개발 등이 시도되었다. 그러나 국내시장이 협소하고, 수입대체품을 생산하기 위한 시설 도입에 필요한 외환이 부족하며, 계획경제의 비효율성과 지역경제공동체 구성의 어려움 등으로 인해 이 대안들은 주변국가들의 경제개발에 크게 도움을 주지 못했다.

1970년대의 세계경제에 큰 파장을 일으켰던 사건은 두 차례에 걸친 오일 쇼크였다. 1973년 1차 오일 쇼크가 나면서 세계경제에는 두 가지 큰 변화가 일어났다. 하나는 유가가 몇 배로 뛰면서 산유국이 원유를 수출해서 벌어들인 외화를 서구은행에 입금하는 바람에 은행에 돈이 넘쳐난 것이다. 미국과 영국 정부는 경기침체를 우려해 오히려 단기이자율을 낮추는 확장정책을 시행했다. 이 자율은 네거티브로 갈 정도로 떨어졌고, 은행은 신용도와는 관계없이 개도국을 비롯해 아무에게나 '묻지마' 융자를 해주기 시작했다.[21] 또 하나는 유가와 함께 모든 물가가 올라 가난한 사람들은 살림살이가 더욱 팍팍해진 것이다. 1971년 미국의 금본위제 포기로 달러가치가 폭락하고 서구 국가들이 화폐를 마음대로 찍어내는 바람에 인플레이션이 시작된 데다가, 오일 쇼크로 더욱 물가가 올라 미국 같은 선진국에서도 두 자리 수의 높은 인플레이션을 겪었다. 개도국들의 경우는 문제가 더 심각했다. 아프리카에서는 그나마 2%를 약간 밑돌고 있던 경제성장률이 70년대 중반부터 갑자기 곤두박질하기 시작했다. 이에 따라 원조도 늘어났고, 원조가 아프리카 전체의 GDP에서 차지하는 비율은 오일 쇼크 초기의 6%에서 10년 후인 80년대 중반에는 10%로 껑충 뛰었다.[22] 그러나 원조만으로는 부족해서, 개도국 정부들은 국민들 입에 풀칠이라도 하기 위해 서구은행으로부터 더 많은 돈을 빌려오지 않을 수 없었다. 아직은 서방은행들이 개도국에 기꺼이 돈을 빌려주려 할 때였다.

70년대를 지나면서 개도국의 빈곤문제는 심각한 수준으로 악화되었다. 원조의 무게중심도 지난 10여 년간 별로 효과가 없던 산업화를 통한 경제성장보다는 빈곤감소 쪽으로 이동했다. 1973년 미국정부는 그동안 주로 USAID를 통해 해외원조를 집행해 오던 관행을 바꿨다. 정치적 거물인 로버트 맥나마라 전 국방장관이 세계은행 총재자리로 옮겨 앉은 지 5년 만에 세계은행을 해외원조의 주 집행기관으로 삼은 것이다. 맥나마라 총재는 앞으로 미국의 해외원조가 빈곤문제에 주력할 것임을 천명했다. 그 뒤를 따라 1975년 영국도 『절대빈곤층을 위한 원조를 늘이자』[‡]라는 백서를 발간했다. 1975년에는 미국도 국제개발 및 식량원조법을 만들어 식량원조의 75%가 1인당 국민소득이 300달러 미

---

‡ 원제는 *More Aid for the Poorest*

만인 나라에 돌아가도록 정했다. 이를 계기로 ODA의 성격도 서서히 산업개발을 위한 대형 토목·건설사업보다는 식량증산을 위한 농업개발, 농촌발전, 주거환경개선이나 교육, 보건, 빈민구제 같은 사회복지 쪽으로 방향을 전환하기 시작했다. 60년대에는 10%도 안됐던 이런 사회복지 원조가 70년대 말에는 전체 원조의 50%에 달했다. 원조 총액도 늘어났다. 모요에 따르면 70년대 말까지 사하라 이남 아프리카가 받은 원조의 총액은 360억 달러에 달했다.[23] 50년대 말부터 1965년까지 사하라 이남 아프리카에 제공된 원조 총액이 9억 5천만 달러였던 것에 비하면 1965년부터 15년간 받은 액수는 그 수십배로 늘어난 것이다. 70년대 말에는 매년 50억 달러의 원조가 아프리카로 들어왔다. 초기 원조가 대부분 무상원조였던 것에 비해 70년대의 원조는 유상원조, 즉 차관이 40% 가량 되었으므로 이 360억 달러 가운데 상당 부분은 이자를 내야 하는 차관이었다. 한편 개도국들이 서구의 민간은행으로부터 끌어다 쓴 외채도 눈덩이처럼 늘어만 갔다.

80년대의 개발원조: 구조조정 조건부 원조의 시작

1979년 이란의 이슬람 혁명으로 촉발된 2차 오일 쇼크는 개도국들을 더욱 어렵게 만들었다. 이번에는 미국이 이자율을 최고로 끌어올리는 긴축정책을 쓰는 바람에 그동안 외채가 산더미처럼 늘어난 개도국 정부들은 이 은행 빚을 상환[§§]할 길이 막막해졌다. 1975년에 20억 달러였던 아프리카 전체의 일 년 상환금 규모가 1982년에는 그 네 배인 80억 달러로 뛰었다. 개도국들은 달리 방법이 없게 되자 1982년 멕시코를 필두로 하여 줄줄이 디폴트를 내게 된다. 아프리카에서만 11개국이 디폴트를 냈다.[24] 북한도 이때 디폴트를 내는 바람에

---

§§ 대출금에 대한 이자를 내거나, 이자와 함께 원금을 나누어 상환하는 것을 영어로는 loan을 service한다고 한다.

그 후 서방에서는 북한에 돈을 빌려주려는 은행이 없어지고 말았다. 우리나라 역시 이 무렵 경제위기가 왔으나 IMF의 구제금융을 받아 살아났다.

개도국들에게 무더기로 돈을 떼이게 된 서구의 민간은행들은 세계적인 금융위기를 맞았다. 민간은행들이 더 이상 개도국 정부에 돈을 빌려줄 수 없게 되자 세계은행과 IMF가 이들 개도국 정부에 추가원조와 구제금융을 제공하면서 까다로운 조건들을 달기 시작했다. 이른바 구조조정(structural adjustment) 조건부 원조가 시작된 것이다. 조건의 또 다른 일부는 이 구제금융을 사용해 디폴트(채무불이행)를 선언했던 묵은 부채를 다시 상환하는 것이었다. 이처럼 IMF의 구제금융은 금융위기를 맞은 서방의 민간은행들을 구제하기 위한 방편이기도 했다.[25] 그런 사실을 알고 있어도 당시 원조수혜국의 형편으로는 배짱 좋게 디폴트를 계속 유지하겠다고 버티며 이 까다로운 조건들을 거부할 수 있는 나라가 한 군데도 없었다.

아이러니컬하게도 70년대 말까지 미국, 영국, 프랑스 등 주요 서방국가들은 정부 역할의 축소를 요구하는 구조조정 조건들과는 정반대로 정부가 경제를 주도하는 큰 정부를 지향했었다. 이건 크게 보면 소련식 계획경제와 같은 방향이었다고 볼 수도 있다. 그 영향으로 공산권은 물론이고, 이데올로기로는 자유진영에 속했던 개도국들마저도 경제개발 5개년 계획이니 하는 식의 계획경제를 지향하고 있었다. 심지어는 나중에 구조조정 원조의 총본산이 된 세계은행조차도 60년대와 70년대에는 개도국 정부가 주도하는 대규모의 국가차원 사업들을 지원하는 일만 했지, 시장의 확대니 정부 역할의 축소니 하는 따위의 일에는 관심조차 없었다. 선진국이고 개도국이고 모든 것을 시장에만 맡기고 있지는 않았다는 얘기다.

80년대에는 또 원자재 가격도 폭락했다. 경기순환에 따라 70년대의 원자재 붐(boom) 다음으로 80년대에는 원자재 버스트(bust)가 온 것이다. 원유는 1980년 배럴당 38달러에서 1986년 15달러 10센트로 떨어졌고[26], 같은 기간 설탕은 파운드 당 32센트에서 8.5센트로 떨어졌다. 이자율이 올라 외채의 상환금 부담은 점점 커지는데, 주요 수출품인 원자재 가격은 떨어지고 공산품도 선진국의 경기침체로 수출이 쉽지 않았다. 결국 빚으로 빚을 갚으면서 개도국들은 빚만 늘었다.

IMF는 1982년 모두 80억 달러의 구제금융을 제공했는데, 1년 후 1983년에는 구제금융 액수가 120억 달러로 늘었다. 이 돈이 모두 개도국의 빚이 되었다. 70년대의 화두였던 빈민구제, 빈곤감소 원조 같은 용어는 슬며시 사라지고, ODA는 이제 안정화나 구조조정 프로그램 원조가 중심이 되었다. 다자간 원조를 집행하는 IMF와 세계은행의 위상과 실적은 80년대를 거치면서 더욱 높아졌다. 워싱턴에 소재한 세계은행, IMF, 그리고 미국 재무성이 세 기관의 경제정책을 의미하는 워싱턴 컨센서스가 세상을 지배하기 시작했다. 그나마 다행한 것은 양자간 원조의 무상원조 비율이 90%까지 늘어난 점이다.[27]

80년대 말 워싱턴 컨센서스의 파워는 그야말로 막강했다. 당시 개도국들이 지고 있던 빚은 총 1조 달러를 넘어섰고, 이로 인해 선진국으로부터 받는 원조보다 외채의 상환금액이 더 많아졌다. 모요에 따르면 1987년에서 1989년 사이엔 외채 상환금으로 개도국에서 선진국으로 나가는 액수가 원조나 수출, 외국인직접투자(FDI) 등으로 선진국에서 개도국으로 들어오는 액수보다도 훨씬 커서, 이로써 발생하는 순 유출액이 매년 150억 달러에 달했다.[28] 이러니 세상은 워싱턴 컨센서스대로 움직일 수밖에 없었다. 한편 원조도 계속 늘어나 70년대 말에는 사하라 이남 아프리카가 받은 원조 총액이 매년 50억 달러 정도였는데, 90년대 초에는 그 세 배인 매년 150억 달러에 달했다.[29]

이 시기에 시작된 구조조정원조(Structural Adjustment Program, SAP)는 서구 원조방식의 가장 커다란 결함으로, 두고두고 그 후유증을 드러냈다. 구조조정 원조를 비판하는 대표적인 학자인 이스털리는 이를 두고 '시장은 계획할 수 없다'는 함축적인 표현을 써서 꼬집는다.[30] 시장경제를 강요하는 것은 자유시장의 원리에 위배된다는 말이다. 시장경제가 계획경제와 다른 점은 시장의 자율기능에 모든 것을 맡기는 것인데, 구조조정 원조는 미리 계획한 대로 타율적으로 요구하는 것이기 때문이다. 목표는 자율이면서 수단은 타율이라는 모순을 지적하는 것이다.

보통 온정주의라고 번역되는 영어 단어 paternalism의 'pater-'는 아버지를 의미한다. 즉 상대방을 어린애 취급하는 것을 온정주의라고 하는데, 구조조정 원조에는 바로 이 온정주의적 요소가 듬뿍 담겨있다. 돈도 제 손으로 벌어야 값진 것처럼, 원래 경제는 개도국 스스로 계획을 세우고 노력해서 개발하는 것이 가장 바람직하다. 그럼에도 불구하고 원조를 받아야 한다면 이것부터가 자존심 상하는 일이다. 그러니 내가 주는 것은 좋은 것이고, 너는 아무 것도 모르는 어린애 같은 존재라는 식의 부정적인 감정이 깔려있는 구조조정 원조는 처음부터 뚜껑이 열린 휘발유 통을 들고 불속으로 뛰어든 것이나 한 가지다. 그만큼 없는 사람들의 자존심을 건드리기 쉬운 제도다.

이스털리에 의하면 구조조정 융자는 1979년 9월 세계은행과 IMF의 연례총회가 열렸던 베오그라드로 가던 비행기 안에서 세계은행의 로버트 맥나마라 총재와 어니스트 스턴 부총재가 구상해 낸 프로그램이다.[31]

만일 그 다음 해 레이건이 대통령에 당선되어 레이거노믹스가 경제의 새로운 패러다임이 되지 않았다면 이 구조조정 융자는 크게 햇빛을 보지 못했을지도 모른다. 그러나 우리가 잘 알듯이 80년대는 레이거노믹스와 대처리즘이라는 작은 정부, 큰 시장을 지향하는 사조가 막강한 위세로 온 세계를 뒤덮었던 시절이었다. 원조수혜국들은 멋도 모르고 그 폭풍 속으로 빨려들어 갔다. 바로 몇 년 전까지는 선진국들도 모두 다 큰 정부를 지향하고 있었다. 그러나 로널드 레이건과 마가레트 대처라는 두 지도자의 등장으로 온 세계의 판도가 180도 뒤바뀌었다.

물론 형식적으로는 IMF가 구조조정을 강요하는 것이 아니다. 그러나 디폴트가 나고 국가신용도가 땅에 떨어져 다른 곳에서는 도저히 돈을 빌릴 수가 없을 때, 오직 IMF만이 돈을 빌려주겠다면서 구조조정을 조건으로 내세울 때는 실질적인 강요라고 볼 수밖에는 없다. 자기들이 빌려주는 돈을 돌려받기 위해 그런 조건을 거는 것이라고는 하지만 IMF가 진정 개도국의 장래를 생각한다면 시장의 자유를 강요하기보다는 서구 선진국들이 지난 수 세기에 걸쳐 해왔듯이 점진적인 정치과정을 통해 서서히 개혁을 하도록 내버려두어야 한다. 서로 부딪쳐 가면서 합치점을 찾아나가는 게 민주적 정치이고 시장경제다.

시장경제는 좋지만, 시장경제를 도입하기 위한 갑작스런 개혁은 성공하기 어렵다. 서구의 자유시장 경제는 하루아침에 이루어지지 않았다. 수 세기 동안 여러 가지 복잡한 세력들이 만들어 낸 제도와 그 제도들 간의 상호작용, 시행착오, 융합과 분열을 거치면서 이루어진 현재진행형의 산물이 비교적 발전된 서구의 시장경제이다. 그런 만큼 그 지역 사정을 잘 모르는 외부세력이 억지로 자기들 식의 시장개혁을 밀어붙이면 부작용이 심해질 수 있다. 모든 사회에는 그 사회에서 자연발생적으로 형성된 시장들이 있으므로, 그 시장들을 점진적으로 개혁하는 것이 좋다. 시장경제 개혁을 잘못하면 자칫 계획경제보다 못한 결과가 나올 수도 있다. 소득이 미미한 곳에서는 시장이 이론처럼 잘 돌아가지 않을 때도 있기 때문이다. 그런 곳에서는 시장의 힘이라는 것도 별 것이 아닐 수 있다. 결국 80년대, 90년대의 구조조정 조건부 원조는 폴란드, 헝가리를 제외한 구공산권과 아프리카 전역에서 실패했다.[32]

90년대의 개발원조: 민주화 원조

공산주의의 몰락으로 냉전이 끝난 90년대의 원조는 민주주의와 거버넌스 (governance)를 위한 원조였다. 당시의 시대정신은 뭐니뭐니해도 구 공산권 국가들의 시장경제 전환과 민주주의 정착이었다. 또 이 시기에는 이미 아시아와 남미의 원조수혜국 가운데 상당수가 탄탄한 경제성장의 궤도에 올라가 있었다.[33] 그러므로 원조의 대상이 구 공산권 국가들과, 아직도 경제는 물론 정치발전에서도 뒤져있던 아프리카로 범위가 좁혀졌다. 자연히 구 공산권 국가들의 민주화와 시장경제 전환이 급선무가 되었다. 이들 구 공산권 국가들을 한꺼번에 싸잡아 부르는 호칭으로 전환국가(transition countries), 그런 나라들의 경제를 지칭하는 전환경제(transition economies)라는 신조어까지 등장했고, 서방의 외교역량은 이들 전환국가의 향배에 총동원되다시피 했다. 따라서 외교정책에 종속된 하위변수였던 원조의 성격도 이에 따라 변할 수밖에 없었다. 그러나 이처럼 서방의 외교정책과 원조가 총력을 기울였음에도 불구하고 90년대가 다 가기 전에 경제가 이전 수준을 회복한 동유럽 국가로는 폴란드와 헝가리 정도가 있을 뿐이다. 외부로부터 원조를 받아 시작한 시장개혁이 결실을 맺는다는 것은 그만큼 어렵고 오랜 세월이 소요되는 일이었다.

　동유럽의 시장개혁은 그래도 나은 편이었다. 90년대의 아프리카는 그보다 훨씬 더 형편없었다. 아프리카의 독재자들은 당시 선진국들이 ODA를 앞세워 추구했던 민주화를 받아들이는 시늉만 했지, 실제로는 아무런 정치적 진전도 허용하지 않았다. 독재자들의 주머니로 직행할 원조를 받기 위한 통과의례는 민주주의 선거를 치르는 것으로 대충 때우고, 나머지는 철저하게 립서비스로 일관한 무늬만의 민주주의였다. 그나마 부족 단위로 몰표를 던지는 것이 예사인 아프리카 선거에서는 그 부족의 지도자만 회유하거나 매수하면 그만이었다. 참다운 민의가 선거에 반영될 수 없었다. 지도자만 국민 손으로 뽑는다고 민주주의가 제대로 돌아가는 것이 아니라는 사실은 아프리카에서 여실히 증명되었다. 민주주의는 입법부와 사법부의 견제와 균형이 필요하고 여러 가지 제도적 장치와 관료들이 필요한데, 이런 것들이 아프리카에는 거의 없거나, 있어도 모두 빈약하기 짝이 없었다. 거버넌스 원조란 이런 제도적 장치와 관료들을 갖추도록 돕는 것을 말한다. 구체적으로는 정부의 투명성이나 효율을 높이는 방법, 국정운영 기술, 공무원 조직 등에 관해 가르쳐주는 것이다.
　폴란드나 헝가리는 2차 대전 전까지만 해도 상당히 발전된 시장경제에, 정치적으로도 유럽의 선진국 체제를 갖추고 있었다. 채무 탕감을 포함한 ODA의 도움을 받아 그전에 잘 돌아가던 제도적 장치들을 복구하여 유럽경제에 다시 편입시키기만 하면 되었다. 그에 비하면 아프리카에서는 모든 것들을 새로 만들어야 했으므로 갈 길이 훨씬 험했다. 그러나 90년대 중반부터 본격적으로 시작된 아프리카의 민주화 원조와 거버넌스 원조는 다행히 요즈음 조금씩이나마 열매를 맺고 있는 듯하다.

이스털리에 의하면 70년대 중반부터 급전직하로 추락한 아프리카의 경제성장률은 80년대 중반 제로성장을 기록한 뒤 그 후로는 90년대 말까지 제로에서 네거티브 0.5% 사이를 오락가락했다.[34] 이에 반비례해서 원조가 아프리카의 GDP에서 차지하는 비율은 70년대 중반의 7%에서 꾸준히 상승해 90년대 중반에는 20%까지 올라갔다. 그러나 이 현상은 축소되고 있던 아프리카의 경제가 반영된 것으로 원조 자체가 그만큼 늘어난 것은 아니었다. 모요에 따르면 사하라 이남 아프리카가 받았던 원조총액은 1992년 170억 달러로 최고에 달했다가, 그 후 서서히 감소해서 1999년에는 120억 달러로 줄었다.[35] 아프리카 이외의 타 지역을 포함한 세계 전체 ODA를 보더라도 90년대는 액수나 GNI 비율 면에서 ODA가 감소했던 특이한 시기였다. 밑 빠진 독에 물을 붓다 보면 심신이 피곤해지는 일종의 기부자 피로(donor fatigue) 현상이라고 할 수 있다. OECD 웹사이트에 따르면 선진국 ODA 총액은 1991~92년 928억 달러(2011년 물가와 환율 기준)에서 2001~02년에는 889억 달러로 줄었다. GNI 비율로는 0.33%에서 0.22%로 줄어든 것이다. 그러나 10년 후 2011~12년에는 다시 1,322억 달러(GNI 비율로는 0.30%)로 늘어났다.[36]

2000년대의 개발원조: 요란스러운 MDG 원조

2000년대 들어서 세계 ODA계의 판도를 바꿔놓은 가장 큰 변화는 개도국에 대한 대대적인 부채탕감이다. 아무리 원조를 퍼부어도 경제가 꿈쩍도 안하고 있는 데 대한 선진국들의 반응이 기부자 피로현상이었다면, 이건 정반대의 논리라고 볼 수 있다. 산더미 같은 빚을 등에 지고 있어 개도국들의 경제가 꼼짝 못하고 있으니 이 짐만 제거해 주면 곧 경제가 나아질 수 있다는 주장이었다. 사실 70년대의 원조는 무상원조가 40%밖에 안 되고, 그 나머지 60%는 저리이긴 하지만 그래도 이자가 붙는 유상원조, 즉 융자였다. 80년대 들어서 바뀌기 시작한 이 비율은 이제 무상원조가 90% 정도지만, 아직도 10%는 이자가 붙는 융자다. 그런데 융자를 받아 추진한 개발사업이 실패하거나, 융자를 받은 부패 정치인들이 먹튀하고 나면, 그 원조는 고스란히 후세 사람들이 갚아야 하는 빚더미가 되었다. 가뜩이나 가난한데 빚까지 지고 나니, 저개발국가 예산 가운데는 빚을 갚는 데 들어가는 예산이 그 나라의 보건이나 교육 예산, 때로는 이 둘을 합친 것보다 많은 적도 있었다. 제프리 삭스는 그의 2005년 저서 『빈곤의 종말』***에서 케냐의 예를 들면서 인구의 대부분이 농민인 케냐에서 농업지원을 제대로 하려면 일 년에 15억 달러가 드는데 이를 위한 원조는 고작 1억 달러에 그치는 반면, 일 년에 외채상환금은 6억 달러에 달한다고 지적했다.[37] 그나마 그 돈을 못 갚으면 원조로 진 빚 때문에 디폴트를 선언하게 되니까, 대개는 원조기구들이 나서서 돌려막기를 하라고 빚진 개도국에 억지로 융자를 해주기도 한다. 융자를 해 준 선진국이나 원조기구의 체면이 걸린 문제이기 때문이다. 그러면 새로 융자받은 돈으로 옛 융자를 갚으니 빚은 그대로라도 기술적으로는 디폴트가 아니게 된다. 적어도 선진국은 면피를 할 수 있는 것이다. 그러느니 차라리 깨끗하게 빚을 포기하는 편이 더 합리적인 선택이 아닌가.

세계은행과 IMF는 1996년 이런 주장을 펼치는 영국의 NGO 옥스팜 등의 로비에 영향을 받아 사하라 이남 아프리카의 33개국을 포함 고채무빈국(Heavily Indebted Poor Countries, HIPC) 39개국의 외채를 탕감 또는 경감

*** 원제는 *The End of Poverty: Economic Possibilities for Our Time* (2005년)

해주는 프로그램을 시작했다.[38] 영국의 애드보커시 NGO들은 이와 함께 기독교 청년그룹을 중심으로 '쥬빌리 2000'이라는 캠페인을 벌여 나갔다. 이 캠페인은 50년 마다 희년(Jubilee)이 돌아오면 가난 때문에 조상 대대로 물려받은 땅을 팔았던 사람에게는 땅을 돌려주고, 종으로 팔려갔던 사람은 자유인으로 해방시켜 주라는 구약성경의 가르침을 따라 이름을 붙인 것이다. 쥬빌리 2000의 핵심은 고채무빈국들이 진 900억 달러의 부채를 탕감해 370억 달러로 줄여주자는 내용이었다. 초기에는 채권국들이 강력하게 저항을 했으나, 1998년 영국 버밍햄에서 열린 G8 정상회의에서 '쥬빌리 2000' 캠페인 등이 대규모 시위를 벌인 결과 토니 블레어 총리로부터 지지를 얻어냈다. 다음해 독일의 쾰른에서 열린 G7 재무장관 회의에서는 미국의 약속을 받아내어 대세를 뒤집었다. 미국 의회는 이 약속을 이행하라는 로비에 밀려 2000년 채무구제를 위한 예산 7억 6천 9백만 달러를 책정했다. 이 캠페인에는 록밴드 U2의 보노, 밥 겔도프, 퀸시 존스, 무함마드 알리, 그리고 2000년을 대희년으로 크게 기념하고자 했던 교황 요한 바오로 2세까지 동참했다. 2005년 G8 정상회의에서 결정되고 2006년에 시작된 다자간부채탕감구상(Multilateral Debt Relief Initiative, MDRI)까지 합치면 2011년 말까지 1,131억 달러가 탕감되어 전체 탕감대상 부채 중 90% 이상이 감소되었다.

2000년대 ODA를 결정짓는 또 다른 변화는 2000년 9월 역사상 최대 규모로 147개국 정상들을 포함한 189개국 UN 회원국 대표들이 참석한 가운데 열린 밀레니엄 정상회의에서 채택된 밀레니엄 선언과 밀레니엄 선언문 챕터 3, 문단 19의 내용을 발전시켜 만든 밀레니엄 개발목표(Millennium Development Goals, MDG)다. MDG의 8개 목표는 ① 2015년까지 절대빈곤층과 기아인구를 1990년의 반으로 줄이고, ② 2015년까지 남녀 초등교육을 완전보급하며, ③ 남녀평등과 여권신장을 위해 초·중등학교의 남녀 불균형을 가능하면 2005년까지, 늦어도 2015년까지는 완전히 없애고, ④ 5세 이하 사망률을 2015년까지 1990년의 3분의 1 이하로 줄이며, ⑤ 임산모의 사망률을 2015년까지 1990년의 4분의 1로 줄이고, 출산보건 서비스를 완전보급하며, ⑥ 에이즈, 말라리아 등의 전염병 감염률을 2015년까지 역전시키고, 에이즈 환자의 치료 서비스는 2010년까지 완전보급하며, ⑦ 2015년까지 환경의 지속가능성을 확보하고, ⑧ 2015년까지 개발을 위한 글로벌 파트너십을 구축한다는 것을 그 내용으로 하고 있다.

이로써 2000년대 원조의 초점은 종전에 중요시되던 원조에 투입되는 물량(inputs)에서 그 원조로 발생해야 할 결과(results)로 옮겨졌다.[39] 이는 분명 진전을 보인 것이다. 그러나 아프리카 경제 전문가이자 옥스퍼드 대학의 개발경제학 교수인 폴 콜리어의 표현을 빌리면 원조 커뮤니티에 종사하는 사람들은 이 변화 이후에 경제성장률보다는 빈곤감소 효과에 몰입하는 경향을 보였다. 총체적 경제성장보다는 더 많은 여자아이들을 학교에 보내는 방법 같은 가시적 효과를 추구하는 경향이 생겼다. 그러다 보니 '경제성장'이라는 단어 자체가 이제 원조전문가들 사이에서 일종의 기피 대상이 되다시피 하였고, 굳이 사용해야 할 때는 경제성장 앞에 수식어를 붙여 '지속가능한 경제성장', '친(親)빈곤층 경제성장' 같은 표현으로 대체하는 것이 관행이 되었다.[40] 선진국과 원조기구들은 지난 수십 년간의 원조를 통해 경제성장을 유발하지도 못했고, 구조조정을 한다면서 작고 효율적인 정부를 만들거나 활발한 시장경제를 정착시키는 데도 실패했다. 그런 면에서 이 거창하고 요란한 MDG는 결국 그 동안의 원조정책이 빚어낸 실책들을 얼버무리려는 꼼수가 아니냐는 의심을 받기에 딱 좋은 것이었다.

한편 외채탕감과 MDG, 이 두 가지 변화를 모두 주도한 제프리 삭스는 2002년 MDG를 총괄하는 밀레니엄 프로젝트의 디렉터이자 코피 아난 UN 사무총장의 특별보좌관이 되면서 모교인 하버드대를 떠나 뉴욕시 콜럼비아 대학의 지구연구소(Earth Institute) 소장으로 부임했다. 2006년부터는 밀레니엄 프로젝트를 떠나 지구연구소, UNDP, 그리고 자신이 만든 NGO 밀레니엄 프로미스가 주관하는 밀레니엄 빌리지 프로젝트를 시작해 운영하고 있으며, 아직도 반기문 UN 사무총장의 특보로 활동하고 있다.

MDG를 달성하기 위해서는 막대한 재원이 필요하게 되었다. 2002년 세계은행의 연구보고서는 매년 400억 달러에서 700억 달러가 기존 ODA에 추가로 필요하다고 보았고[41], 2005년 UN 밀레니엄 프로젝트는 매년 추가로 필요한 액수를 1,300억 달러라고 발표했다.[42] 또한 2011년 OECD 개발센터는 매년 1,200억 달러가 추가로 필요하다는 결론을 내렸다.[43] 이 막대한 재원을 마련하기 위해서 1970년 UN 총회에서 채택된 결의문에 등장한 이래 국민소득 중 ODA 비율의 타겟이 되어버린 GNI의 0.7% 지출이 더욱 시급한 과제로 부상했다. 이 0.7% ODA 달성 캠페인은 삭스를 중심으로 지금도 강력하게 추진되고 있다. 0.7%라면 얼마 안 되는 것 같다. 하지만 선진국들의 국민소득 가운데 약 30%가 세금으로 걷혀서 정부의 예산이 되니까 GNI의 0.7%는 정부 예산의 2%가 넘는 액수이다. 이만한 금액을 해외원조로 쾌척하는 나라가 드문 것은 그리 놀랄 일이 아니다. 그럼에도 불구하고 미국을 포함한 세계 각국은 기회 있을 때마다 이 0.7% 타겟을 재확인하고, 이에 못 미치는 선진국들에게 이를 달성하기 위한 구체적 노력들을 하도록 촉구하고 있다.[44]

미국은 0.7% 목표를 달성하기에는 너무도 갈 길이 멀지만 나름대로 국제사회에서 원조증액 트렌드에 앞장서려는 노력을 하고 있다. 우선 2002년 부시 대통령은 밀레니엄 챌린지 기금(Millennium Challenge Account, MCA)의 설립을 발표했다.[45] MCA는 일반 ODA와는 별도로 운영하는 특별원조기금으로 향후 3년간 단계적으로 2004 회계연도에는 17억 달러, 그 다음 해에는 33억 달러, 그 다음 해인 2006 회계연도부터는 매년 50억 달러씩을 책정하여 집행하겠다는 구상이었다. 이는 당시 미국의 ODA가 매년 100억 달러를 조금 넘는 수준이었던 것을 감안하면 ODA의 약 50%에 해당하는 금액이었다.[46] 이를 바탕으로 2004년 밀레니엄 챌린지 법인(Millennium Challenge Corporation, MCC)이 설립되었다. 밀레니엄 챌린지란 빈곤국 정부가 먼저 자국 국민들을 위해 부패추방, 인권개선, 교육 및 보건서비스 제공, 건전한 경제정책 추진 등의 조치를 취하면 미국이 이 MCA로 별도의 추가원조를 해주겠다는 발상이다. 부시 대통령은 이어서 2003년 1월 국정연설에서 에이즈 퇴치를 위해 매년 30억 달러씩 5년간 150억 달러를 제공하겠다는 약속을 했다. 이는 공식명칭으로 대통령의 긴급 에이즈 구호계획(PEPFAR)이라는 프로그램으로 발족했다. 부시 대통령은 또 2005년 6월 말라리아 퇴치기금으로 5년 동안 12억 달러를 쓰는 대통령의 말라리아 구상(PMI)을 발표하기도 했다.

부시만 원조 증강에 열심을 보인 것은 아니다. 당시 영국의 재무장관이었던 고든 브라운은 2005년 1월 영국 정부의 원조기구인 국제개발부(DFID)와 UNDP가 공동으로 주최한 세미나에서 세계 빈곤층을 향한 영국판 마셜플랜을 주창하면서, 영국의 해외원조를 두 배로 늘릴 것을 제안했다. 블레어 총리도 1998년 G8 정상회의에서 개인적으로 쥬빌리 2000 캠페인을 지지해 그 운동의 큰 물꼬를 튼 이래, 고든 브라운과는 별도로 2005년 1월 다보스 포럼에서 MDG 달성을 위해 아프리카 원조를 대대적으로 늘여야 한다는 '빅 푸시(Big Push, 통큰 원조)'를 주창했다. 2004년 블레어 총리가 주창해 설립된 아프리카위원회도 2005년 3월 아프리카보고서를 발표해 원조의 대폭적인 증액을 요구했다.[47] 영국이 앞장서서 원조의 증액을 요구한 빅 푸시는 2005년 7월 스코틀랜드 글렌이글스에서 열린 G8 정상회의에서 주요 의제로 부상했다. 이때는 1985년 밥 겔도프가 시작해 큰 영향력을 발휘한 라이브 에이드(Live Aid) 콘서트의 20주년을 맞는 시점이었다. 밥 겔도프는 라이브 에이드 20주년을 맞아 라이브 에이드 멤버였던 엘튼 존, 마돈나뿐 아니라 콜드플레이 같은 신세대 밴드를 동원하여 G8 국가들과 남아공에서 라이브 에이트(Live 8)라는 연쇄공연을 벌이고, 글렌이글스에서는 수십만 명이 동원된 시위에 참가했다. 이 콘서트와 글렌이글스 시위는 영국을 비롯해 나이지리아, 남아공, 뉴질랜드, 덴마크, 루마니아, 미국, 아일랜드, 캐나다, 핀란드, 호주 등에서 대대적으로 펼쳐진 '빈곤을 역사 속으로(Make Poverty History)'라는 캠페인이 주도한 행사였다.[48] 결국 글렌이글스 G8 정상회의에서는 아프리카 원조를 두 배로 증액하기로 합의했다. 그러나 대표적인 원조 반대론자인 모요는 아프리카를 위한다는 원조에 정작 아프리카인의 목소리는 전혀 반영되지 않았음을 개탄한다.[49] 아프리카를 위한 원조가 유명 정치인이나 록스타, 영화배우에 의해 연예계의 주요 행사로 변해가고 있는 것을 한탄한 것이다.

2) ODA의 실상

앞서 살펴본 대로 선진국들의 해외원조 증액 캠페인에는 점점 더 많은 연예인, 정치인, 학자들이 동원되어 21세기의 ODA 이슈는 갈수록 더 화려하게 서구의 미디어를 장식하고 있다. 또 그 바람에 ODA나 개발NGO 커뮤니티에는 전보다 훨씬 더 광범위한 부류의 사람들이 관심을 갖고 참여하게 된 것이 오늘날의 추세이다. 그러나 실제 ODA의 세계는 그처럼 화려하지도 광대하지도 못하다. 서구의 원조가 왜 실패했는지를 좀 더 구체적으로 살펴보려면 ODA의 실상에 대해서도 알아야 한다.

ODA를 주는 쪽의 실상

OECD 웹사이트를 보면 가장 최근 통계인 2012년 OECD의 개발원조위원회(DAC) 소속국가들의 ODA 총액은 1,268억 8천 1백만 달러였다.[50] 이는 2011년의 1,346억 7백만 달러에서 5% 이상인 77억 2천 6백만 달러가 감소한 것이다. 1,269억 달러는 언뜻 보면 우리나라 1년 예산의 거의 3분의 1에 해당하는 거액이다. 그러나 이는 DAC 회원국가 전체의 GNI 비율로 보면 2011년에는 GNI의 0.31%, 2012년에는 0.29%에 해당한다.[51]

우리나라는 1945년부터 1999년까지 모두 약 127억 달러의 원조를 받았다. 1973년 원조수혜국 클럽이라고 할 수 있는 세계은행의 IDA를 졸업한†††우리나라는 서울 88올림픽 직전인 1987년 재무부에 유상원조, 즉 차관을 제공하기 위한 대외경제협력기금(EDCF)을 설립하여 그해 2,351만 달러의 대외원조를 시작했다. 그 후 우리나라의 대외원조는 1993년 전체 원조규모가 1억 달러를 돌파하였고, 2010년에는 10억 달러를 돌파했으며, 2012년까지의 ODA 누적 총액이 100억 달러를 돌파할 정도로 성장했다. 세계에서 유일하게 대규모 원조를 받던 수혜국에서 대규모 원조를 베푸는 공여국으로 변신한 것이다. 우리나라의 ODA는 무상원조의 경우 주로 한국국제협력단(KOICA)을 통해, 유상원조는 대외경제협력기금(EDCF)을 통해 집행한다. 2010년 1월부터 OECD DAC의 24번째 회원국으로 활동을 시작한 우리나라의 ODA는 2011년 13억 2천 5백만 달러, 2012년에는 15억 9천 7백만 달러에 달했다.[52] 이 금액은 2011년에는 GNI의 0.12%였다가 2012년에는 0.14%로 늘어난 셈이지만, GNI 비율로 볼 때 DAC 회원국 중 최하위권에 해당한다. 그러나 우리나라는 2015년까지 ODA 규모를 두 배 이상으로 늘려 GNI의 0.25%에 달하게 한다는 목표를 설정해 놓고 있다.

2012년 ODA가 GNI 대비 최상위권에 해당하는 국가들은 룩셈부르크 1%(3억 9천 9백만 달러), 스웨덴 0.97%(52억 4천만 달러), 노르웨이 0.93%(47억 5천 3백만 달러), 덴마크 0.83%(26억 9천 3백만 달러), 네덜란드 0.71%(55억 2천 3백만 달러) 등이다. 액수로 가장 많은 나라는 미국으로 306억 8천 7백만 달러(GNI의 0.19%)이다. 일본은 106억 5백만 달러로 GNI의 0.17%이다.[53]

그렇다면 국민 1인당 부담한 ODA 액수는 얼마나 될까? 2011~12년 국민 1

---

††† KOICA 웹사이트의 '한국의 개발원조' 페이지에서는 우리나라가 1995년 세계은행의 차관졸업국이 되었다고 기록하고 있으나, 세계은행의 웹사이트 IDA 페이지에서는 우리나라의 졸업연도를 1973년으로 기록하고 있다. 우리나라는 1973년부터 1994년까지 IBRD의 지원을 받았다. 이 기간은 우리나라가 IDA의 회원은 아니었지만 IBRD의 차관은 쓰고 있던 기간이었다. (IBRD의 기능에 대해서는 뒤에 나오는 '3. 국제원조기구들'의 세계은행 부분 참고)

인당 가장 많은 ODA를 제공한 나라는 노르웨이로 국민 1인당 949달러에 해당하는 원조를 제공하였다. 다음으로는 룩셈부르크(800달러), 스웨덴(577달러), 덴마크(517달러), 스위스(392달러), 네덜란드(367달러)의 순이며, 미국은 1인당 98달러, 일본은 84달러, 우리나라는 29달러를 부담하였다. DAC 회원국 평균은 1인당 129달러이다.[54]

문제는 2012년 1,269억 달러에 달했던 이들 선진국 공여 ODA 가운데 실제로 얼마나 많은 돈이 개도국, 그것도 빈곤국가의 빈곤층 주민들에게 돌아갔는가이다.

2012년 ODA를 전체적으로 볼 때 상위중소득국가(UMIC)[†††]에 16.4%, 하위중소득국가(LMIC)에 32.4%, 최빈개도국이 아닌 기타 저소득국가(LIC)에 4.3%, 최빈개도국(LDC)에 46.8%가 배분되었다.[55] 약 절반 정도가 저소득국가 몫으로 돌아간 것이다. 그런데 이 가운데 실제로 저소득국가로 들어간 돈은 얼마나 될까?

우선 전체 ODA에서 28억 6천 7백만 달러는 개도국이 이전에 졌던 빚을 선진국이 받지 않기로 한 부채탕감 자금이었으므로 실제로 돈이 선진국에서 개도국으로 넘어가지는 않았다. 66억 6천 7백만 달러는 원조공여국의 행정비용으로, 46억 5천만 달러는 원조공여국 내에서 발생한 기타 비용으로 역시 돈이 개도국으로 넘어가지 않고 선진국 내에서 소비되었다. 이들을 모두 합치면 141억 8천 4백만 달러로 전체 ODA의 11%가 넘는다.

또한 UN으로 간 66억 3천 5백만 달러, EU로 간 119억 3천 2백만 달러, 세계은행내의 국제개발협회(IDA)로 간 76억 8천 2백만 달러, 기타 지역개발은행

[†††] 세계은행은 매년 7월 1일에 전년도 GNI에 따른 국가별 분류를 발표하는데, 2012년도에는 1인당 GNI가 12,476달러 이상인 나라는 고소득국가(HIC), 4,036~12,475달러인 나라는 상위중소득국가(UMIC), 1,026~4,035달러인 나라는 하위중소득국가(LMIC), 1,025달러 이하인 나라는 저소득국가(LIC)로 구분하였다. 또 저소득국가 중에 49개국을 최빈개도국(LDC)으로 구분하였다.

으로 간 39억 3천 1백만 달러 등 다자간 국제원조기구로 간 383억 3천 1백만 달러도 개도국으로 직접 넘어간 돈이 아니다. 전체 ODA의 약 30%가 다자간 원조로 여기에 해당한다. 이 가운데 상당액이 이들 국제기구의 사업을 통해 개도국으로 들어가기 전에 이 국제기구들의 대부분이 소재한 선진국에서 사용된다.

그 나머지 743억 6천 6백만 달러, 즉 전체 ODA의 59% 가운데 비교적 확실하게 개도국으로 들어간 돈은 개도국의 예산지원이 7억 2천 1백만 달러, 개도국의 NGO 사업지원이 14억 8천 2백만 달러, 프로젝트 투자가 73억 6천 3백만 달러이다. 이를 합치면 95억 6천 6백만 달러로 전체 ODA의 7.5%이다.

ODA 통계 가운데 기술지원(Technical Assistance, TA), 혹은 기술협력(Technical Cooperation)이라고 하는 부문이 있는데, 이 부문에는 선진국에서 파견된 컨설턴트에게 지불되는 급여와 여행경비, 선진국에서 진행되는 연수경비 등이 포함된다. 개도국으로 들어가는 돈 같이 보이지만 실제로는 선진국의 원조전문가나 원조기관들이 쓰는 돈이다. 2012년에는 183억 6천만 달러로 전체 ODA의 14%가 넘는다.[56] 학자들은 보통 이 비율을 20%에서 25%로 잡는다. 이 기술협력 원조가 전체 ODA에서 차지하는 비율은 미국과 독일의 경우 40%가 훌쩍 넘으며, 호주는 한때 58%에 달했던 것으로 알려졌다.[57]

ODA 안에는 기술지원 외에 원조공여국의 기업으로 흘러간 돈이 대거 포함되어 있다. 사실 미국을 비롯해 많은 선진국 정부들은 양자간 ODA 명목으로 진행하는 건설사업 등에 반드시 자국기업을 활용하도록 조건을 달고 있다. 이런 것을 구속성 원조(tied aid)라고 하는데, 이는 개도국의 빈곤층에게는 별 도움이 안 되는 대형 프로젝트 위주로 원조사업을 벌이게 만드는 경향이 있다. 또 구속성 원조는 원조공여국 기업들이 일거리를 차지하는 바람에 정작 수혜국의 산업발전에는 별로 도움이 안 된다. 구속성 원조 비율이 높은 국가는 전체 ODA에서 기술협력 원조가 차지하는 비율도 높은 것으로 알려졌다. 구속성 원조와 기술협력 원조는 식량 원조와 함께 대표적인 비효율적 원조방식이라고 할 수 있다.[58] OECD에서는 이 구속성 원조 비율을 낮추기 위해 많은 노력을 하고 있다. 그 덕분에 1999~2001년에는 양자간 ODA 가운데 비구속성 원조의 비율이 46%에 그쳤으나 2008년에는 82%로 늘어났다.[59] 2012년에는 이 비율이 82.2%였다.[60] 구속성 원조 비율이 가장 심한 국가는 미국으로 미국은 해외원조의 4분의 3을 미국 상품 혹은 서비스에 써야 한다고 법률로 의무화하고 있다. 그러나 미국도 2012년에는 USAID의 조달규정을 고쳐 원조수혜국의 상품이나 서비스를 더 많이 사용할 수 있도록 허용하기 시작했다.[61]

미국의 구속성 원조 가운데 상당 부분은 자국의 잉여농산물을 미국 정부가 원조자금으로 구입해 미국 선박회사들을 통해 수송하는 식량원조이다. 다행히 2005년 캔자스시티에서 열린 국제식량원조회의에서는 미국의 식량원조 기금 가운데 4분의 1을 원조수혜국이나 그 주변 지역에서 생산된 식량을 구입해 공급할 수 있도록 했다.[62] 일반적으로 선진국들은 자국 농민들을 보호하기 위해 막대한 보조금을 농가에 지급하는데, 그 바람에 국제시장에서 농산물 가격이 싸다. 이는 아프리카처럼 농산물 외에는 수출할 물건이 별로 없는 개도국들의 수출경쟁력을 약화시킨다. 그런 마당에 선진국들이 배고픈 사람들을 구제한다면서 자국 농산물을 개도국에 무상으로 원조해주면 개도국의 농산물 가격마저 떨어져 개도국 농가는 더욱 피폐해질 수밖에 없다. 그 대안으로 개도국의 농산물을 구입하도록 한 LRP(Local and Regional Procurement, 지역농산물구매)라는 방법은 2008년 미국 의회에서 관련 법안이 통과된 후 조금씩 확대되어 가고 있다.

양자간 ODA의 제한 요인은 자국기업 활용 같은 구속성 원조에만 그치는 것이 아니다. 원조는 그때그때마다 정치적으로 필요한 동맹국이나 역사적으로 빚을 지고 있는 구 식민지에 돌아가기도 한다. 그런데 스칸디나비아 국가의 양자간 ODA에는 이런 구속성 조건이나 동맹국 편향 같은 제약이 거의 없다. 국제기구를 통해 집행하는 다자간 원조에서는 물론 이런 일이 있을 수 없다. 적어도 원칙적으로는 그렇다.

여행기 작가이자 아프리카의 정의와 구원을 위한 블로그를 운영하는 캐나다의 게리 게디스는 최근 아프리카 분쟁지역을 돌아보고 『쓴 뿌리를 마셔라』[§§§](국내 미출판)라는 여행기를 썼다. 쓴 뿌리 즙을 함께 나눠마심으로써 원수를 용서하는 아프리카의 토속적 풍습에서 나온 제목이다. 게디스는 같은 타이틀의 블로그에서 이 같은 서구 원조의 관행 때문에 정작 아프리카에 떨어지는 돈은 외부적으로 발표되는 ODA 액수의 10%밖에 되지 않는다고 주장한다. 그나마 현지인들과는 상의도 없이 자신들의 경험만으로 프로젝트를 진행하는 바람에 이탈리아에서 에티오피아에 제공한 차관으로 이태리 회사가 건설한 2억 9천만 달러짜리 댐은 토사가 쌓여 무용지물로 변했고, 정미공장과 관개용 파이프 공장 역시 흉물로 변해가고 있다고 한탄한다. 이는 게디스가 아디스아바바에서 만난 에티오피아인 울드 셀라시에 박사의 말이다.[63] 셀라시에는 또 일 년에 15만 달러의 운영예산을 쓴다는 외국 NGO의 예를 들면서 사무실 임대료와 봉급, 그리고 단 한 명의 외국인을 위해 운용하는 랜드로버 유지비를 빼고 나면 정작 현지인을 위한 프로젝트에 쓸 돈은 한 푼도 안 남는 경우도 비일비재하다고 지적했다.[64] 그보다는 오히려 누군가가 기증한 10만 에티오피아 비르(약 1만 달러 상당)의 현금을 두고 지역사회 지도자들이 모여서 청소년 그룹, 상조회, 교회 그룹, 무슬림 그룹 등 열 그룹에 각각 1만 비르씩 나눠주고, 각 그룹은 또 자기 단체에 속한 구성원 열 명에게 각각 1천 비르씩 나눠주기로 결정한 에티오피아 남부 어느 마을의 사례를 높이 평가했다. 1인당 약 10만원에 해당하는 이 돈을 받은 열 명의 청소년 그룹은 제각기 구두를 닦거나 검을 팔아 생계를 이어갈 수 있었고, 교회 그룹은 양초 만드는 사업을 시작했다.[65] 그 지역 사정은 현지인이 가장 잘 꿰뚫고 있으니, 오히려 그냥 돈으로 직접 지원하는 것도 나쁘지는 않다.

[§§§] 원제는 *Drink the Bitter Root: A Search for Justice and Healing in Africa* (2011년)

거액의 원조 자금을 보내도 부패한 개도국 관리들이 거의 다 떼어먹고, 그 나머지를 가지고 프로젝트를 꾸려 봐도 별 효과를 못 보는 것 같으니, 이처럼 아예 현금을 수혜국 주민들에게 골고루 나눠주자는 주장이 가끔 등장한다. 또 실제로 그런 프로그램들이 등장해서 성공하는 경우도 종종 있다. 정부가 자국 국민들 가운데 특정조건을 충족한 사람들에 한해 인센티브로 현금을 지불하는 프로그램이 있는데, 이 같은 프로그램들을 통 털어 '조건부 현금 지원 (Conditional Cash Transfer, CCT)'이라고 부른다. 이를테면 아동노동을 막기 위해 자녀를 학교에 보내도록 한다든가, 보건향상을 위해 정기검진을 받고 예방접종을 받게 하는 등의 프로그램이 이에 속한다. 돈을 타려면 학교출석 증명이나 정기검진 혹은 예방접종 증명이 있어야 한다. CCT는 과테말라, 니카라과, 멕시코, 방글라데시, 브라질, 온두라스, 이집트, 인도네시아, 자메이카, 칠레, 캄보디아, 콜롬비아, 터키, 파나마, 페루, 필리핀 등에서 광범위하게 시행되고 있다. CCT에는 반드시 해외에서 원조를 받아 행하는 프로그램만 있는 것이 아니라, 정부가 자체 예산으로 진행하는 것들도 있다. 심지어는 미국 뉴욕시에서도 2010년까지 이런 프로그램을 운용했던 적이 있었다.[66]

ODA는 또 상업적, 정치적 이해관계와도 상당한 관련이 있다. 저소득국가 (LIC)만 원조를 받는 것이 아니라, 중소득국가(MIC)도 상당한 규모의 원조를 받는다. 앞서 보았듯이 2012년 ODA 가운데 16.4%는 상위중소득국가(UMIC)에, 32.4%는 하위중소득국가(LMIC)에 배정되었다. 중소득국가들이 전체 ODA 가운데 50% 가까운 원조를 받는 이유는 저소득국가들보다 이 중소득국가들이 원조를 주는 쪽과 더 밀접한 상업적, 정치적 이해관계를 가지기 때문이다. 중소득국가로 가는 원조는 주로 유럽에서 많이 나오는데, 이는 유럽과 이들 중소득국가간의 상업적, 정치적 이해관계 때문이다. 반면에 세계은행의 원조는 거의 다 저소득국가로 간다. 문제는 세계은행의 원조는 최근까지 상환을 전제로 하는 융자가 전부였고, 유럽 국가들의 원조는 모두 무상원조라는 데 있

다. 중소득국가에는 무상원조, 저소득국가에는 융자형식으로 원조를 하는 모순이 존재했던 것이다.[67]

ODA를 받는 쪽의 실상

ODA를 받는 쪽의 실상이란 사실은 대부분이 아프리카에 대한 이야기다. 우선 우리에게 생소한 아프리카 대륙, 그 중에서도 지구상에서 가장 오지 중의 오지로 알려진 사하라 사막 이남의 아프리카에 대해 간략하게 알아보자.

제프리 삭스는 『빈곤의 종말』에서 아프리카의 비극을 질병(disease), 가뭄(drought), 그리고 세계시장으로부터의 거리(distance)라는 3D로 풀어서 설명했다.[68] 아프리카에는 다른 곳에 없는 병이나 기생충도 많고, 강수량이 일정치 않아 가뭄이 찾아오면 사람이고 짐승이고 대책 없이 아사하는 지역이 예상 외로 많다. 특히 요즘은 엘니뇨의 영향으로 가뭄이 자주 온다. 그런 곳은 토지도 척박해, 양분이 다 빠져나간 땅에 오랫동안 비료를 주지 못한 터라 뭘 심어도 북한만큼이나 소출이 빈약하다. 케냐에는 1헥타르에서 겨우 옥수수 1톤이 생산되는 땅이 사방에 널렸다. 이건 북한보다도 못한 수준이다. 아프리카의 강은 거의 다 큰 배가 항해할 수 없는 강이고, 도로사정도 형편없어 외부로부터 고립된 곳이 너무나 많다. 세계시장으로부터 너무 멀리 떨어졌다는 말이다. 그러니 해안지역이 아니고는 수출산업을 일으키려 해도 내륙운송비가 너무 많이 들어 포기해야만 한다. 그러나 아프리카의 인구밀집 지역은 해안지방이 아니고, 르완다나 에티오피아 같은 고지대이다. 해안이나 내륙저지대보다 더 많은 사람들이 이 고지대에 몰려 사는 이유는 강우량이 고르고, 토양이 비옥하기 때문이다. 그러나 고지대는 고립되어 있어 외부와의 교역이 어렵다. 이래저래 아프리카 사람들은 수출시장으로부터 고립된 상태이다.

게리 게디스의 『쓴 뿌리를 마셔라』에는 서구 선진국들이 아프리카에 베풀고 있는 ODA의 한 단면을 엿볼 수 있게 해주는 이런 이야기가 나온다.[69] 우간다의 유서 깊은 멩고(Mengo) 병원을 방문한 저자가 그곳에서 오랫동안 봉사활동을 해 온 캐나다 의사 짐 스팔링('닥터 짐')에게 선진국의 원조가 얼마나 효과가 있는지를 물었다. 의사는 대답대신 자신이 진단한 미국국제개발처(USAID)의 한 미국인 직원에 대한 일화를 소개했다. 별로 큰 병이 난 것도 아닌데 소형 자가용 제트기에 태워 이 직원을 미국으로 호송하기로 결정을 내린 USAID는 1인당 5백 달러짜리 호화판 송별파티를 열면서 이 의사를 초청했다. 대리석으로 치장된 USAID 공관에서 현지인 하인들의 시중을 받으며 파리에서 공수해 온 술과 음식을 나눌 광경이 역겨워 닥터 짐은 초청받은 파티에 가지 않았다.

선진국의 개발원조는 빈곤국가, 특히 사하라 이남 아프리카에서 심각한 수준의 병폐를 초래했다. 그 가장 큰 해악은 부패정권을 낳은 것이다. 정치가 불안한 개도국, 특히 아프리카에서는 황금알을 낳는 거위인 지하자원과 해외원조를 차지하기 위해 정권을 찬탈하는 경우를 흔히 볼 수 있다. 총칼로 권력을 잡을만한 이유가 이 두 가지 외에는 별로 없는 것이다. 아프리카 통치자들의 부패는 가히 기네스북에 오를만하다. 자이레의 모부투 대통령은 레이건 대통령을 만나 자이레의 외채 50억 달러에 대한 상환조건을 유리하게 협상하는 회담을 마친 후, 자기 딸이 코트디부아르의 아비잔으로 날아가 결혼식을 올릴 수 있도록 콩코드 초음속기를 전세 내 주었다고 한다.[70] 당시 아비잔은 아프리카의 파리라고 불리던 곳이었다. 모부투는 레이건 재임 시 세 번이나 백악관에 초청되었는데 레이건은 한 번도 자이레의 인권문제를 언급한 적이 없다. 오히려 1983년 국빈방문 때는 레이건으로부터 "양식과 선의를 대변하는 목소리(a voice of good sense and goodwill)"라는 찬사를 듣기도 했다. 모부투가 레이건의 환심을 산 것은 레이건 대선 캠페인에 정치헌금을 했기 때문이라는 설이 있다. 그는 또 레이건에 이어 백악관의 주인이 된 부시 대통령이 처음으로 백악관에서 맞은 아프리카 국가수반이기도 했다.[71] 모부투가 재임 중 빼돌린 돈은 자이레의 외채 전부를 합친 50억 달러보다 많은 것으로 알려졌다.[72] 50억 달러는 나이지리아의 사니 아바차 대통령이 스위스 비밀구좌에 감춰둔 액수이기도 하다.[73] 아바차는 1960년대부터 이어진 여러 차례의 쿠데타에 가담하면서 국방장관 등 요직을 거쳐 1993년에서 1998년까지 5년간은 나이지리아의 대통령을 지냈던 인물이다.

비록 원조수혜국에 실제로 들어오는 금액은 공식 집계되는 ODA의 10% 수준이라고 해도 외화가 고갈된 빈곤국가에는 엄청난 금액이라고 할 수 있다. 에티오피아는 한때 정부 예산의 97%가 ODA로 충족되기도 했다.[74] 그런데 이렇게 거액의 외화가 가난한 나라로 흘러들어 오면 어떤 경제적 변화가 올까?

부패한 어느 아프리카 국가에 원조로 현금 1억 달러가 들어왔다고 치자. 물론 국민들에게 갈 돈이지만 통치자가 5천만 달러를 횡령해 그중 2천 5백만 달러는 스위스 은행의 비밀구좌에 입금시키고, 2천 5백만 달러는 국내에서 사용한다고 하자. 국내에서 사용할 때는 정부의 예산이든 통치자의 개인 돈이든 국내 통화로 환전을 해야 한다. 국내 통화는 일정한데 거액의 외화가 흘러 들어오면 수요공급의 원칙에 의해 환율이 내려간다. 국내 통화의 가치가 올라가는 것이다. 그러면 우선 수출품의 달러 가격이 올라가 수출이 어려워진다.

이런 걸 '네덜란드병(Dutch disease)'이라고 하는데 1960년대 네덜란드가 북해에서 발견된 천연가스 붐 때문에 겪었던 고통에서 나온 말이다.[75] 처음에는 막대한 외화수입을 올렸지만, 곧 자국 상품의 수출이 막히고 제조업이 침체되면서 극심한 경제 불황을 맞게 되었다. 보통 산유국들을 보면 소득수준으로는 부자지만 국내 산업이 빈약하여 수출품이라고는 고작 원유나 일부 석유제품에 국한되어 있는 것을 많이 본다. 산업이 발전하지 못하니 극소수 왕족들 외에는 대부분의 국민들이 실업자가 되는 것이다. 이런 것은 '자원의 저주(resource curse)'라고 하는데 네덜란드병과 같은 의미로 쓰인다. 즉 특정 지하자원이 풍부한 것이 오히려 경제발전을 저해한다는 말이다. 산유국이 자원의 저주를 피하려면 정부가 아주 잘 처신하여 이렇게 쏟아져 들어오는 외화를 적절히 관리하고, 산업발전에 재투자해야만 한다.

원조로 외화가 쏟아져 들어와도 같은 결과가 생긴다. 물론 원조는 궁극적으로 수혜국 정부가 아닌 원조기구에서 집행을 하므로 원유수출과는 좀 다를 수 있지만, 이 역시 일 안하고 생긴 지대수입(地代收入, rent)이라는 면에서는 크게 다를 바 없다. 지하자원을 제외하면 아프리카의 다른 수출품이라고 해봐야 농산물이 고작인데, 외화가 쏟아져 들어와 수출길이 막히면 그 농업분야 산업이 피폐해진다. 그래서 1970년대 나이지리아가 원유수출국이 되면서 가장 먼저 피해를 본 사람들은 땅콩과 코코아 농사를 짓는 농민들이었다. 그 다음으로는 노동집약적인 제조업이 생겨날 길이 아예 막혀버린다. 우리나라를 포함해 대부분의 신흥부국들이 노동집약적 제조업을 발전시켜 그 제품을 수출하면서 경제성장의 신화를 이루어냈다는 점을 생각할 때, 원조나 지하자원은 아프리카의 경제성장을 원천봉쇄하는 걸림돌이 될 수도 있다. 쉽게 들어온 돈은 쉽게 나가버리고, 사람을 게으르게 만들어 국가발전에 도움이 안 된다는 말이다.

2004년 차드에서는 그 나라 수도에 소재한 재무부에서 시골 보건소용 예산으로 지출된 자금을 추적해 봤던 적이 있었다. 그 결과 실제로 보건소에 도달한 금액은 원래 의도된 금액의 1%도 채 안 되었다.[76] 중도에서 모두 증발해버린 것이다. 차드는 원유와 원조, 그리고 사방이 육지로 둘러싸인 내륙국가라는 3중 악재를 가진 나라다. 원유와 원조는 정부가 올바로 선 나라가 아니면 네덜란드병을 일으키는 잠재적 위해요소이다. 그런데 거기에 이런 극심한 부패까지 가세한 것이다. 2005년 국제투명성기구(TI, Transparency International)에서 차드와 함께 세계 최악의 부패국가로 발표한 방글라데시는 차드와 달리 완만하지만 꾸준한 경제성장을 보여 왔다. 원조는 받지만 산유국이 아니고, 또 해안국가이므로 수출공단(Export Processing Zone, EPZ)을 잘 운영해 그 EPZ 안에서만은 부패가 없는 비교적 효율적인 정부기능을 발휘했다. 그 덕분에 방글라데시는 수출이 늘어났다. 차드는 내륙국가라 수출공단을 세우기가 어렵다. 그러니 원유, 원조, 내륙국가라는 세 가지 악재를 모두 갖춘 차드가 사는 길은 오직 정부에 달려 있다. 그런데 정부의 부패가 이렇게 심하다면 국민들은 기댈 곳이 없어진다. 보건소 예산이 중도에서 모두 증발했다는 사실은 그나마 정부의 공공서비스마저 받을 길이 없어져버렸음을 의미한다.

2005년 EU는 차드에 예산지원 명목으로 2천만 유로를 제공했다. 예산지원이란 수혜국 정부가 예산으로 집행하도록 현금을 주는 것이다. 그러나 아마도 차드 정부는 이 돈의 대부분을 관리들이 착복했거나, 그렇지 않더라도 국민을 위한 보건·교육 예산으로보다는 국방비에 썼을 것이다. 콜리어는 이렇게 군사비 지출로 전용된 원조가 전체 ODA의 약 11% 정도에 이른다고 보고 있다. 이는 아프리카 전체 군사비 지출의 약 40%를 차지한다.[77] 아프리카 국가들은 쿠데타의 리스크가 높아질수록 군사비 지출을 늘린다. 군부에게 잘 보여 쿠데타를 막아보려는 시도이다.[78] 결국 원조는 돌고 돌아 쿠데타를 막는 일에도 쓰이는 셈이다.

다시 1억 달러의 원조가 들어온 아프리카 어떤 국가로 돌아가 보자. 통치자가 횡령한 돈을 외국 은행에 예금하는 것을 부정적 부패(negative corruption)라고 하고, 국내에 투자를 하면 긍정적 부패(positive corruption)라고 한다. 아시아 국가들이 대개 다 부패한 국가들이었는데도 결국은 경제성장을 한 것을 두고 나온 말이다. 아시아 국가에서는 부패한 정치인이 횡령한 돈이라도 국내에서 투자되어 산업발전과 일자리 창출에 기여를 하는데, 아프리카에서는 이런 돈이 거의 다 극소수의 특권층을 위한 과소비에 쓰이고 만다. 부정적 부패의 상징인 아프리카의 어떤 국가에서는 통치자가 횡령한 5천만 달러 가운데 국내 사용분 2천 5백만 달러조차 국내 통화로 환전된 후에 그 돈이 투자에 쓰이기보다는 통치집단에 속한 극소수 계층을 위한 사치스런 소비에 쓰이게 될 것이다. 독재를 계속하려면 군부를 달래야 하므로 아마도 상당 부분이 군 고위층에게 배분될 것이다. 투자를 하려 해도 아프리카에는 수익이 보장되는 마땅한 투자처가 없는 탓도 있다. 그래서 외화는 보통 스위스 은행 비밀구좌로 직행한다. 아프리카에서 매년 해외로 불법 유출되는 외화는 약 100억 달러 가량인데, 이는 아프리카가 2003년에 받은 원조액의 거의 절반에 가까운 금액이다.[79]

고도로 발달한 정상적인 경제에서는 소비가 늘어나면 경제가 활성화되어서 좋지만 아프리카는 그런 것도 아니다. 소비가 늘어도 그 늘어난 쪽으로 자원이 재분배되어 생산의 증가로 이어지는 결과를 낳지 못한다. 재화가 지극히 제한되어 있어서 그냥 물가만 뛰게 하는 것으로 그친다. 그러나 아프리카라도 제조업을 일으켜 수출로 외화를 벌어들이거나, 해외로 나간 국민들이 돈을 벌어 본국으로 송금을 하는 경우에는 외화가 서서히 유입되므로 몇 가지 단계를 거쳐 투자로 이어질 수 있다. 그러나 원조는 한꺼번에 들어와서 환전이 된다. 과소비로 이어져 물가만 뛰게 한 그 돈을 환전해 준 은행은 그만큼 보유한 통화가 줄어들어 기업에 대출을 해 줄 수가 없다. 국민들이 저축한 예금을 가지고 은행이 기업에 대출을 해주면 기업은 그 돈으로 투자를 하는 선순환이 사라지고, 사치성 소비만 늘어나 물가만 뛰게 하는 것이다. 이 물가를 잡으려면 은행이 돈을 다시 회수해 들여야 하므로 이자율을 올려야 하는데, 그러면 기업은 이자 부담이 늘어나 더욱 투자를 할 수가 없게 된다. 이럴 때 돈을 더 찍어내 은행에 공급하면 인플레이션이 심해지므로 이 역시 못할 짓이다.

네덜란드병을 고치는 방법 중에 '소독' 혹은 '불임수술'로 해석되는 단어, sterilization이라는 것이 있다. 원자재 시장 호황으로 유가가 뛰면 산유국은 인플레이션이 우려된다. 원조가 유입될 때도 마찬가지다. 인플레이션을 잡기 위해 통화량을 줄이는 방법 중에 이자율을 올리는 것 말고 또 다른 방법은 정부가 채권을 발행해 돈을 흡수하는 것이다. 이를 두고 유입된 외화를 sterilize 한다고 한다. 그런데 이렇게 정부가 흡수한 돈을 다시 투자해 채권에 대한 이자 이상의 수익을 올리지 못하면 정부는 손해를 보게 된다. 모요에 의하면, 실제로 2005년 우간다 정부가 원조 때문에 그런 국채를 7억 달러 어치나 발행해 1년에 이자 부담만 1억 1천만 달러씩 지게 된 사례도 있다.[80] 우간다 정부가 이자보다 더 많은 수익을 올렸을 것 같지는 않다. 그렇다면 정부가 발행한 국채에 대한 이자는 고스란히 세금으로 부담해야 한다. 이렇게 원조가 거액의 외화유입을 흡수할 능력이 부족한 경제 시스템으로 흘러들어 오면 결국 혈세의 낭비로 이어질 수도 있다.

이런 비효율적인 정부를 감시하는 기능은 혈세를 내는 중산층이 두터워져야만 제 구실을 하게 된다. 그러나 원조를 받아야 비로소 정부가 돌아가는 나라에서는 세금 내는 중산층이 거의 없으므로 정부를 감시하는 기능도 기대하기 힘들다. 그나마 극소수의 중산층은 정상적인 생산경제에 종사하기 보다는 고도로 정치화되어서 정부의 눈치나 살피는 존재로 전락하고 만다. 그 대가로 특혜를 따내 불로소득이나 올리려고 하는 소위 지대추구 세력으로 전락하면서 건전한 사회발전을 점점 더 어렵게 만드는 것이다. 빈곤국가일수록 교육을 받은 쓸만한 인재는 드문 것이 현실인데, 그나마 이런 식으로 사람을 버려 놓는 것이 원조의 해독성이다. 그러다 보면 법치주의, 투명성 있는 사회제도, 정치적 자유의 정착은 물 건너가고, 기업이 성공하기 어려운 불량사회로 전락하여 해외자본이 투자를 꺼리는 국가가 되는 악순환이 되풀이된다. 이런 국가를 원조의존형 국가라고 한다.

2005년 5월, 하버드대 교정에서 제프리 삭스 교수를 처음 만났다. 하버드대 최연소 경제학 교수, 세계적인 개발경제학자, 지구촌 빈곤퇴치의 전도사인 삭스 교수는 하버드대 학생들에게도 인기 만점이었다. 특강을 듣기 위해 몰려 든 학생들로 대형 강의실은 이미 만원이었다. 자리를 못 잡은 사람들은 바닥에 앉거나 벽에 기대서서 강사를 기다렸다. 수수한 옷차림에 짙은 감색

자켓을 입고 나타난 삭스 교수는 몸가짐이나 말투가 매우 겸손해 보였다.

그의 강의는 부인과 함께 갔던 아프리카의 한 나라에서 에이즈 고아들을 만난 이야기로부터 시작되었다. 에이즈로 부모를 잃은 손주들을 키워내야 하는 조부모들의 생활고에 지친 모습을 그림 그리듯 이야기해 나갔다. 녹색혁명에서 배제되어 식량이 부족한 아프리카, 치명적인 말라리아를 매개하는 모기들이 설쳐대는 아프리카, 해안에서 멀찍이 떨어져 살기 때문에 이동이나 무역이 어려운 곳, 이렇게 아프리카의 문제점을 하나하나 짚어 나갔다.

"무언가를 보기 위해서는 마음 문을 열어야한다"고 주문하는 그는 아프리카인들이 우리와 파트너가 되고 싶어 한다고 말했다. 아프리카의 빈곤문제는 우리들의 마음먹기에 따라 충분히 해결할 수 있는 것이라며, 어떻게 해결해 나갈 수 있는지 구체적인 방법을 이야기하기 시작했다. 삭스의 강의를 들으며, 그가 학자라는 생각보다는 설교자나 구호 NGO의 펀드레이저 같다는 생각이 들었다. 가슴으로 전하는 그의 강의를 들으면서 나도 언젠가 아프리카인들의 파트너가 되어야겠다는 생각을 하게 되었다.

제프리 삭스 교수로부터 감동적인 강의를 들었던 터라, 그를 비판하는 이스털리 교수의 글을 읽으면서 이스털리가 공연히 뒷다리를 잡는 것 같다는 느낌이 들었다. 그러나 글을 읽어갈수록 이스털리의 논리와 주장에 공감이 가기 시작했다. 제한된 자원으로 일정기간에 효과를 내야하는 개발협력사업을 해왔던 나로서는 이스털리의 주장이 보다 현실적이라는 생각을 하지 않을 수 없었다,

2. 삭스와 이스털리의 논쟁

서구의 개발원조는 별 효과가 없음에도 불구하고 21세기 들어 거침없는 증가일변도의 추세를 보이고 있다. 그 배경에는 새천년이 불러온 전방위적 낙관론이 깔려있다. Y2K로 대변되는 세기말의 불안이 지나가고 새천년이 시작되면서 마침내 인류는 가난과 질병이 사라진 유토피아를 건설할 수 있게 될 것이라는 막연한 기대감이 선진국의 일부 엘리트들 사이에 팽배해졌다. 특히 IT 혁명이 지속되어 지구촌을 급속도로 작아져 보이게 하면서, 사람들은 21세기에 이룩할 과학기술의 발전이 개도국의 가난까지도 일소할 수 있을 것이라는 자신감을 갖게 되었다. 이 기대감과 자신감의 산물이 밀레니엄 개발목표(MDG)이고, MDG가 대표하는 유토피아적 사고의 이면에는 제프리 삭스 같은 인물이 자리잡고 있다. 삭스라는 인물과 그의 주장을 잘 살펴보면 서구의 개발원조가 어떤 것인지, 왜 그동안 실패할 수밖에 없었는지를 이해하는데 많은 도움이 된다.

빅 푸시

제프리 삭스의 지론은 한마디로 빅 푸시(Big Push)이다. 우리말로 바꾼다면 '통큰 원조'라고 할 수 있다. 저개발국가에는 뒤쳐진 것들이 한두 가지가 아니므로 찔끔찔끔 도와줘 봤자, 도움을 받아 겨우 일어서려는 영역을 다른 영역들이 끌어내리면 모두 헛수고로 끝나고 만다. 그러므로 기왕 도와주려면 통 크게 모든 영역을 한꺼번에 도와줘야 한다는 것이 빅 푸시 이론이다. 빅 푸시 이론은 1943년 폴란드 태생의 폴 로젠스타인 로댄이라는 경제학자가 창안해 냈다. 삭스는 여기다 한 술 더 떠 극심한 가난이 널리 퍼지면 아무리 노력을 해도 빠져나오기 어려운 일종의 덫이 된다는 뜻으로 '가난의 덫(poverty trap)'이라는 용어를 만들어 하나의 이론으로 발전시켰다. 콜리어는 이 '덫' 이론을 더욱 세분화하여 '내전의 덫', '자원의 덫', '불량이웃들로 둘러싸인 내륙국가의 덫', '거버넌스가 망가진 소국의 덫'이라는 네 가지 덫을 내용으로 하는 『빈곤의 경제학』****을 썼다.[81]

빅 푸시는 아프리카 원조를 두 배로 늘려야 한다는 주장을 펼친 토니 블레어, 고든 브라운 등 영국의 정치인들로부터 제프리 삭스, 폴 콜리어 같은 개발경제학자들에 이르기까지 다양한 사람들이 단골메뉴로 사용하는 개념이다. 뿐만 아니라 보노 같은 록 스타, 뉴욕타임스 등의 진보언론까지 이를 들먹이며 가세하는 바람에 빅 푸시는 21세기 들어 원조가 급증하는 트렌드를 만들어냈고, 아프리카 바람을 일으키는데도 지대한 공을 세웠다. 뉴욕타임스의 유명한 칼럼니스트 니콜라스 크리스토프는 종종 사비로 아프리카로 날아가 1인 원조기구 성격의 이벤트를 치르고 나서, 그 경험에 기반한 칼럼을 쓰곤 한다.

그 덕분에 사하라 이남 아프리카에 대한 원조총액은 1995년 222억 달러(2010년 물가와 환율 기준)에서 2000년에는 207억 달러로 줄었다가, 2007년 355억 달러, 2008년 385억 달러, 2009년 425억 달러, 2010년에는 438억 달러로 늘었다.[82]

제프리 삭스는 『빈곤의 종말』에서 빅 푸시와 과학기술의 힘으로 2025년까지는 절대빈곤층을 지구상에서 완전히 사라지게 할 수 있을 것으로 내다보았다.[83] 삭스는 1995년 사하라 이남 아프리카를 처음으로 가 본 이래 남미와 동유럽에서 아프리카로 눈을 돌렸다. 그러면서 IMF나 세계은행 두 기관이 아프리카의 보건 및 교육 부문에서는 전혀 원조를 안 한 셈이나 마찬가지라고 신랄하게 비판했다. 사실 2000년 이전의 IMF나 세계은행은 이런 방식의 미시적 원조에 대해서는 고작 립서비스나 했지, 실제로는 거의 신경을 쓰지 않았다.[84] 돌이켜보면 80년대와 90년대 아프리카에서 에이즈가 만연해 가는 동안, 서방에서는 전문가들만 이런 사실을 주목하고 있었다. 언론이나 정치인들은 별로 개

**** 원제는 *The Bottom Billion: Why the Poorest Countries Are Falling and What Can Be Done About It* (2007년)

의치 않았다. 언론이 크게 보도를 안하니 일반인들은 거의 몰랐고, 유권자들이 모르고 있으니 정치인들도 당연히 무관심했다. 그러니 원조기구들도 움직이지 않았다. 이스털리에 의하면 1988년부터 1999년까지 세계은행이 아프리카에서 에이즈를 위해 쓴 돈은 일 년에 고작 1천 5백만 달러였다.[85] 이 금액은 선진국들이 2000년대 들어 아프리카에서 매년 에이즈를 위해 쓰게 된 수십억 달러에 비하면 1%도 안 되는 금액이다. 이 시기는 선진국의 원조기구들이 구조조정에만 올인했던 시기였다.

그 바람에 2000년대 초에는 아프리카에만 3천만 명이 넘는 에이즈 환자가 생겼고, 이 가운데 매년 2백만 명이 죽어나갔다. 에이즈에 대해서는 전혀 원조를 안 하다시피 했던 90년대가 지난 지 불과 5, 6년 만에 원조기구들은 에이즈뿐만 아니라 말라리아에도 뒤늦게 엄청난 돈을 퍼붓기 시작했다. 부시 대통령이 에이즈와 말라리아를 퇴치하는 일에 지원하겠다고 약속한 것만 해도 5년간 162억 달러나 된다.

그밖에 MDG 달성을 위한 150여 가지 개별적 개입 프로그램이나 공공서비스 제공에 필요한 재정도 엄청나다. MDG를 위해 필요하다고 계산된 예산이 기존 ODA에 추가로 매년 적게는 400억 달러에서, 많게는 1,300억 달러에 달한다.[86] 물론 이 금액들이 다 걷혀지는 것은 아니다. 그러나 10여 년 전에 비하면 그야말로 패러다임이 바뀐 셈이다.

실제로 부시 대통령이 주도한 긴급 에이즈 구호계획(PEPFAR)은 2004 회계연도 이후 매년 23억 달러, 27억 달러, 33억 달러, 45억 달러, 60억 달러, 67억 달러, 69억 달러, 67억 달러, 66억 달러(2012 회계연도)를 지출함으로써 한 국가가 질병을 위해 지출한 원조로는 역사상 최대 프로그램이 되었다. 현재까지 지출된 총액은 457억 달러이며, 2013 회계연도와 2014 회계연도에도 각각 64억 달러와 67억 달러를 신청해 놓은 상태이다.[87]

2002년 빌 게이츠가 종자돈을 제공해 설립된 '에이즈, 말라리아, 결핵을 퇴치하기 위한 글로벌 펀드'도 막대한 규모의 기금이다. 2012년 중반까지 229억 달러를 모금했으며, 151개국에서 1천개가 넘는 프로그램을 운영하고 있다. 2012년 말까지 3억 1천만 개의 살충제 코팅 모기장을 보급했고, 970만 명에게 결핵치료를, 420만 명에게 에이즈 치료를 받게 해줬다. 2012년 말 현재 전 세계 에이즈 퇴치기금의 21%, 결핵 퇴치기금의 82%, 말라리아 퇴치기금의 50%는 이 글로벌 펀드에서 나오고 있다.[88]

삭스는 이렇게 2000년대의 원조 트렌드가 80~90년대의 구조조정 원조라는 거시적 경제정책 추진으로부터 주로 과학기술 발전에 의존한 아이템별 개입으로 바뀌는 데 지대한 영향을 미쳤다. 이는 빈곤퇴치를 사회전반적인 경제성장으로 간접 해결하기보다는 개별적이고 가시적인 직접개입을 통해 이루려는 시도다. 삭스는 이 같은 스타일의 원조를 보건, 교육, 농업지원, 식수 및 화장실 개선, 인프라(전기ㆍ운송ㆍ통신)개선의 다섯 부문으로 나누어 이를 빅 파이브로 부르기도 했다.[89] 이때 동원되는 과학기술은 자신이 운영하는 콜롬비아 대학 내 지구연구소의 연구결과를 활용했는데, 이스털리에 의하면 삭스가 관여하는 이런 저런 개입 프로젝트는 모두 449개에 달한다.[90] 지구연구소의 대표적인 성과로는 에티오피아의 말라리아 확산을 추적, 예측, 대응하는 지리정보시스템(GIS), 르완다 시골벽지에서 수도의 보건부에 보건 데이터를 전송할 수 있도록 해주는 특수 프로그램이 장착된 휴대전화, 전기보급이 안 된 벽촌에서 쓸 수 있는 저렴하고 효율적인 배터리, 공기 중의 질소를 흡수해 질소가 고갈된 토양에 공급해주는 콩과식물, 방글라데시 식수원의 비소오염 대책 등이 있다.[91]

서처

제프리 삭스의 『빈곤의 종말』이 빅 푸시를 지향하는 개발경제학의 고전이라면 윌리엄 이스털리의 『세계의 절반 구하기』는 그 정반대를 지향하는 사람들의 고전이다. 앞서 언급한대로 『세계의 절반 구하기』는 2005년 1월 고든 브라운 당시 영국 재무장관이 선진국들의 원조를 두 배로 늘릴 것을 호소하는 장면으로 시작한다. 이스털리가 빅 푸시를 호소한 고든 브라운의 얘기를 꺼낸 것은 지구상의 빈곤층들이 겪는 비극을 논하려는 것이 아니라, 지난 반세기 동안 2조 3천억 달러를 원조로 퍼부은 서구 선진국들이 왜 아직도 온 세상에서 말라리아로 죽는 사람들의 절반을 구하는 데 한 생명 당 12센트밖에 안 드는 약을 제대로 공급하지 못하고 있느냐는 비판을 하기 위해서이다.[92] 그 돈이 다 어디로 갔는가. 2조 3천억 달러면 빅 푸시도 할 만큼 한 것 아닌가.

저개발국가의 개발을 가로 막는 병목이라고 할 수 있는 다수의 취약부문들에 대한 동시다발적인 원조를 베푸는 것이 빅 푸시이다. 이와는 대조적으로 그런 빅 푸시 원조가 시너지 효과를 가져 오기는커녕, 돈과 시간만 잡아먹어 정작 해야 할 원조를 못하게 가로 막는다는 것이 이스털리가 내세우는 논리이다.[93] 원조는 커질수록 비효율적이 된다. 가장 좋은 원조는 가급적 적은 금액을 가지고 그 금액을 가장 효율적으로 쓸 수 있는 특정부문을 골라서 투자하는 것이다. 여러 병목들 가운데 가장 취약한 곳 한 곳을 골라, 혹은 가장 효율적으로 개입할 수 있는 곳 한 곳을 골라 투자하는 것이다. 그런 투자는 꼭 필요한 여러 곳에 분산해서 소규모로 하는 것이므로 총액이 늘어나도 효율은 떨어지지 않는다. 또 조금씩 유입되므로 네덜란드병을 일으키지도 않고, 부패세력의 손에 넘어가기도 어렵다. 일단 투자가 이루어지고 나면 외부에서 간섭할 필요도 없고, 가급적 원조수혜자에게 모든 것을 맡기면 된다. 문제는 그렇게 효율적으로 투자할만한 원조대상을 찾는 일이다. 이는 지역사정에 어두운 외부인은 하기 어렵다. 오직 현지사정에 밝고, 참신한 아이디어와 개혁 마인드를 가진 내부자라야만 할 수 있는 일이다. 또 시장기능처럼 저절로 최적의 가격과 물량을 결정해 주는 메커니즘, 곧 '보이지 않는 손'이 뒷받침되어야 한다. 이스털리는 이런 인물을 서처(Searcher)라고 부른다.[94] 서처는 대개 점진적이고, 단계적이며, 더디 가더라도 가장 효율적인 길이 어디 있는가 하고 가는 길을 요리조리 살펴보며 나아간다. 서처는 개혁가이다.

반대로 빅 푸시를 지향하는 사람들을 이스털리는 플래너(Planner)라고 부른다.[95] 공산주의 계획경제에서 나온 말이다. 플래너는 대개 사회공학으로 유토피아를 건설하려는 혁명가이며, 중앙집권적이고, 권위주의적이다. 사회공학으로 유토피아를 건설하려는 발상의 대표적인 예는 구소련과 동구권의 5개년 경제계획이다. 공산주의 계획경제에서 시장경제로의 전환을 도모했던 폴란드에서 삭스 교수가 활용했던 쇼크요법도 아이러니컬하게 사회공학적 방식이다.[96] 점진적 개혁이라기보다는 혁명적 발상이다. 빅 푸시, 빅 플랜으로 빈곤의 종말을 이룩하려는 삭스의 밀레니엄 계획 역시 사회공학적 발상이다.

이스털리가 지적한 또 하나의 사회공학적 발상은 80년대, 90년대에 워싱턴 컨센서스를 지향하는 원조기구들이 원조의 조건으로 내세웠던, 더 완전한 시장경제로의 구조조정 개혁이다.[97] 시장의 자유를 위한 개혁을 한다면서 구조조정을 강요한 원조야말로 삭스의 쇼크요법보다 더한 아이러니가 아닐 수 없다. 목표는 자유이면서 수단은 전혀 그 목표에 걸맞지 않았다.

거시적 접근방식과 미시적 접근방식

플래너는 중앙에서 결정한 내용과 예산을 아래로 내려 보내 시행하게 하는 하향식(top-down) 방식으로 일을 하고, 서처는 풀뿌리들이 모여 소기의 목적을 달성하면서 그런 일들이 모여서 점점 위로 올라가 사회를 변화시키는 상향식(bottom-up) 방식을 선호한다. 개발경제학에서는 이와 유사하게 거시적(매크로) 접근방식과 미시적(마이크로) 접근방식으로 구분하기도 한다. 매크로 방식은 국가차원에서 경제에 영향을 미치는 정책을 바꾸어 투자가 늘어나게 하고, 시장이 잘 돌아가게 하는 것을 말한다. 이것은 종종 하향식 방식과 겹치기도 한다. 구조조정은 전형적인 하향식 매크로 개발방식이다. 반면에 마이크로

방식은 NGO들이 주로 사용하는 방식이다. 작은 지역을 대상으로 한 가지 문제씩 차근차근 다뤄나간다. 국가차원이 아닌 지역차원에서 개발을 도모한다. 마이크로 방식은 항상 상향식 방식이다. 서처는 전형적인 상향식 마이크로 개발방식을 추구하는 사람이다.

좌파와 우파

개발경제학에서 좌파의 대표주자는 플래너인 제프리 삭스이고, 우파의 대표주자는 서처인 이스털리이다.[98] 좌파 플래너는 돈이 없는 절대빈곤층 사람들이니 모기장이나 보건소의 약품을 거저 주자고 하고, 우파 서처는 그럴수록 아주 적은 돈이나마 받고 팔아야 한다고 주장한다. 사실 무상배급으로 했을 때는 모기장이 말단 보건소까지 전달이 안 되거나, 없을 때가 있을 때보다 더 많은 것이 현실이다. 그러나 이스털리는 워싱턴에 본부를 둔 PSI(Population Services International)라는 NGO가 말라위에서 시도한 방법을 소개한다. 원가가 4달러인 모기장을 말단 보건소에서 50센트에 팔게 하고 그렇게 판 보건소의 간호사가 9센트를 커미션으로 받게 했더니 한 번도 보건소에 모기장이 떨어지지 않았다. PSI는 또 도시에서는 돈 있는 사람들에게 모기장을 5달러에 팔았다. 여기서 나온 수익으로 시골 보건소의 적자를 일부 메웠다. PSI의 모기장 사업에 힘입어 말라위에서 모기장을 사용하는 5세 이하 어린이의 비율은 2000년의 8%에서 2004년에는 55%로 늘어난 것으로 조사됐다. 임신부에 대한 조사도 비슷한 성과를 나타냈다. 다른 조사에서도 모기장을 돈 주고 산 사람은 거의 다 모기장을 사용하고 있는 것으로 나타났다. 반면에 플래너 방식을 채택한 잠비아에서는 모기장을 거저 받은 사람들 가운데 70%가 이를 사용하지 않는 것으로 나타났다. 이제 '말라위 모델'은 아프리카 전역으로 확대되고 있다. 이 모델은 워싱턴의 PSI 본부에서 연구해 지시한 것이 아니다. 말라위의

PSI 지부에서 이미 수 년 동안 모기장 관련 사업을 벌여오던 말라위 현지인들이 고안해 낸 것이다.[99]

서처의 가장 큰 문제는 필요한 수만큼의 서처를 구할 수가 없다는 점이다. 일할 곳은 많은데 마땅한 서처는 가물에 콩 나듯 귀하다. 그렇다고 아무나 붙들고 서처 노릇을 맡길 수는 없다. 세계의 절반을 구하는 길은 바로 이 서처를 많이 생산해 내는 일이다.

좌우가 꼭 다른 것만은 아니다. 로버트 무가베가 통치하는 짐바브웨를 몇 차례 방문한 삭스는 짐바브웨야말로 가난이 정부 탓이라는 우파적 관점의 대표적 사례라고 토로했다. 그는 또 반대로 아프리카에서 시장개혁과 수출증대라는 우파의 경제성장 공식이 성공한 예로 모리셔스를 들었다. 아프리카 동쪽 인도양 위의 작은 섬나라인 모리셔스는 노예들이 경작하는 사탕수수 농장이 가득한 영국 식민지였다. 1968년 모리셔스가 독립하자마자 이 나라에 살던 한 중국계 학자가 당시 대만에서 한창 붐을 타기 시작한 수출공단(EPZ)들의 책임자로 일하던 친지를 방문하고 돌아와 모리셔스의 초대 총리를 만났다. 그 결과로 1971년 모리셔스 최초의 봉제 수출공단이 문을 열었다.[100] 현재 모리셔스는 보츠와나와 함께 국민소득이 1만 5천 달러(구매력 기준) 이상인 아프리카의 대표적 성공 사례이다.

삭스는 또 나쁜 정권이 들어섰을 때 그동안 쌓아온 경제개발의 성과가 하루아침에 물거품이 될 수 있음도 인정한다.[101] 실제로 그런 일은 아프리카에서 꽤 자주 일어난다. 아프리카에서 모리셔스와 나란히 수출공단 개발에 선구자 역할을 했던 마다가스카르는 90년대 말 상당한 규모의 EPZ를 갖추고 있었다. 그러다가 2000년 5월 미국이 사하라 이남 아프리카에서 수입되는 거의 모든 품목에 대해 면세혜택을 주는 '아프리카의 성장과 기회를 위한 법(AGOA)'을 만들자 수출공단의 일자리가 하루아침에 30만개로 늘어났다. 마다가스카르의 인구가 1천 5백만이었으니, 일자리 30만개면 엄청난 기회가 찾아온 것이다. 그러나 AGOA 시행 1년반 만에 마다가스카르는 대선을 치르면서 큰 혼란에 빠졌다. 2001년 12월 치러진 대선 1차 투표에서 오랫동안 마다가스카르를 통치해 오던 디디에르 라치라카 대통령이 2위로 밀리고, 과반수 이상 득표자가 나오지 않아 2차 투표를 하게 되었다. 그런데 최다득표를 한 마크 라발로마나나가 국민들의 지지를 등에 업고 선거부정을 주장하면서 자신이 과반수이상의 득표를 했다고 천명하고, 2002년 2월 대통령에 취임해 버렸다. 그러자 라치라카는 자신의 지지기반이었던 지방으로 내려가 계엄령을 선포하는 등 촌극을 벌이다 7월에 프랑스로 망명해 버렸다. 이 혼란기 동안 EPZ들이 몰려있던 수도권이 라치라카 일당에 의해 봉쇄되었고, 외국인 투자자들이 떠나고 나자 30만개 일자리는 일 년도 안 되어 4만개로 줄어들었다.[102]

삭스는 궁극적으로 좋은 정부와 시장개혁 만으로는 아프리카가 가지고 있는 핸디캡을 극복하기에 불충분하다고 주장한다. 극도의 가난, 문맹, 자본의 부족, 늘어나는 외채, 에이즈, 말라리아, 잦은 가뭄-이런 핸디캡들을 극복하려면 수출공단 같은 것 만으로는 역부족이라는 말이다. 게다가 사하라 이남 아프리카에는 해안이 없는 내륙국가도 열다섯 나라나 된다. 이런 나라는 수출공단을 세우기도 어렵다. 이 모든 핸디캡 덕분에 아프리카는 비슷한 소득수준, 비슷한 거버넌스 수준의 다른 지역에 비해서 경제성장이 3%나 뒤지는 것으로 나타났다. 그래서 더 많은 원조가 필요하다는 것이다.

그래도 역시 시장이 가장 중요하다. 삭스도 시장의 힘을 인정한다. 최근 들어 아프리카 개발의 분수령이 될 것으로 모두가 입을 모아 인정하는 두 가지 아이템이 있는데, 바로 휴대전화와 인터넷이다. 아프리카에서 이 두 가지의 사용량 급증은 원조 때문이 아니다. 정부의 노력 때문도 아니다. 돈이 될 만하니까 이 사업에 뛰어든 아프리카 현지의 소규모 자본과 소상인들이 이루어 낸 성과다. 외부의 대기업들은 시장규모가 너무 작고, 정치불안과 내전 등 위험이 커서 투자를 꺼리는 것이 보통이다. 자이레에서 휴대전화 사업을 처음 시작한 이 지역의 한 업체는 내전기간 동안에도 자투리 쇳조각을 망치로 두드려서 만든 중계탑들을 세워가면서 사업을 확장했다. 수요가 늘고 내전이 종식되자, 남아공의 보다콤이 들어와 이 업체와 합작회사를 설립했다.[103] 인프라가 취약한 아프리카에서는 휴대전화와 인터넷이야말로 생산자와 시장을 연결해 주는 소중한 통로다. 덕분에 그전에는 생각지도 못했던 소규모 신규사업이나 기존사업의 확장 방법들이 우후죽순 격으로 일어나고 있다. 삭스는 아프리카의 휴대전화 혁명을 이끈 시장의 힘이 농자재 구입을 위한 대출 분야와 전기보급에서도 시장의 혁명을 일으켜 준다면 아프리카가 개발되는 것은 시간문제라고 낙관한다.[104]

내게 싱가포르에 가본 적이 있느냐고 물으면 선뜻 대답할 수가 없다. 비행기가 싱가포르에 도착한 이후 공항 밖으로 나가보지도 못하고 강제출국을 당한 경험이 있기 때문이다. 공항에 내려 입국절차를 밟기 위해 창구에 갔다가 영문도 모른 체 별도의 사무실로 안내되었다. 그곳에서 몇 명의 직원들이 보안문제로 짐 검사를 해야 한다며 내 캐리어와 서류가방을 샅샅이 뒤졌다. 가방에서 꺼낸 서류를 복사하겠다고 해서 거절했더니 이번엔 공항 내 경찰서로 나를 데려갔다. 싱가포르를 거쳐 인도네시아 바탐에서 열리는 국제회의에 가는 거라고 여러 차례 설명을 했지만, 결국에는 '즉시 강제출국 및 6개월 입국금지' 통보서를 받고 임시수용소에 8시간 감금되었다가 강제출국을 당했다.

2006년 9월, 싱가포르에서는 세계은행과 IMF의 연차총회가 개최될 예정이었고, 나는 인도네시아 바탐에서 개최되는 GCAP(Global Call to Action against Poverty) 국제운영위원회에 참가하러 가는 길이었다. GCAP은 2015년까지 밀레니엄개발목표(MDG)를 달성해서 지구촌 빈곤퇴치를 실현하자는 캠페인을 벌이는 조직으로 세계 100여개 국가 시민단체들의 연대기구였다. GCAP이 하필 그 기간에 싱가포르에서 페리로 1시간 걸리는 바탐에서 연례

캠페인과 함께 국제회의를 개최하기로 결정한 것은 기왕이면 세계은행과 IMF 연차총회에 때와 장소를 맞추어 지구촌 빈곤문제에 대한 관심을 끌어보자는 이유에서였다.

세계은행과 IMF 연차총회를 앞두고 보안문제로 초긴장을 하고 있던 싱가포르 정부는 GCAP이 연차총회장 앞에서 시위를 할 거라는 제보를 받고, 참가자 명단을 입수하여 검색을 강화했는데 때마침 내가 걸려든 것이다. GCAP 본부를 통해 나의 강제출국 소식이 언론에 보도되었고, 세계은행의 폴 울포위츠 총재가 싱가포르 정부에 강제출국 재발방지를 요구함으로써 다른 참가자들은 무사히 회의에 참가할 수 있었다.

썰렁한 공항 임시수용소 철제 2층 침대에서 얄팍한 담요를 덮고 우두커니 누워 있다가 문득 피터 아이겐이 생각났다. 피터 아이겐은 세계은행 동아프리카 디렉터로 일하다가 사직하고 국제투명성기구(Transparency International, TI)를 설립한 분이다. 그는 아프리카 정부 관리들의 부패문제가 개발원조에 커다란 걸림돌이 된다는 사실을 깨닫고, 부패문제를 개발원조의 중요한 의제로 다뤄줄 것을 세계은행에 건의했지만 받아들여지지 않았다.

그러자 아이겐은 신이 내린 직장이라는 세계은행에 작별을 고하고, 1993년에 자기 집 부엌에서 인턴 한 명과 함께 TI를 설립했다. TI가 1995년부터 매년 발표하는 부패인식지수(Corruption Perception Index, CPI)는 이제 세계적인 투명성의 척도가 되었다. 개발원조의 심각한 문제점을 발견하고 세계은행에 정책변화를 주문했지만 받아들여지지 않자, 지구촌의 변화를 위해 용감하게 새로운 길을 선택한 피터 아이겐 덕분에 오늘날 부패와 투명성문제는 개발원조에서 빼놓을 수 없는 주요의제로 자리 잡았다.

비록 싱가포르 공항 임시수용소에 갇혀 있었지만, 나 역시 아이겐처럼 지구촌의 변화를 위해 일하고 있다고 생각하니 조금은 위로가 되었다. 몇 달 전 개발협력 동지들과 시작했던 'ODA Watch'가 생각이 났다. '하루빨리 ODA Watch의 역량을 키워서 국내 원조기구는 물론 국제원조기구까지 감시하는 세계적 NGO로 만들어야지! 이렇게 대단한 세계은행이나 IMF에 대한 감시까지 포함해서 말이야!'라고 마음속으로 다짐했다.

3. 국제원조기구들

ODA는 정부 대 정부 간에 직접 집행이 되기도 하지만, 다자간 원조기구를 통해 집행되기도 한다. 다자간 원조기구에는 세계은행과 더불어 아시아개발은행, 아프리카개발은행, 미주개발은행 같은 지역별 개발은행, 그리고 UN 산하 여러 기구들이 있다. EU는 원조기구라고 할 수 없지만, OECD DAC에서는 UN뿐 아니라 EU로 나가는 돈도 다자간 원조에 포함시킨다. 또 IMF도 원조기구는 아니지만, 원조와 밀접한 관계가 있는 국제금융기구(International Financial Institution, IFI)이다. IFI에는 물론 세계은행과 지역별 개발은행들도 포함이 된다.

세계은행

세계은행은 IBRD와 IDA라는 두 개의 기관으로 이루어져 있다. 1946년 유럽의 전후복구를 위해 설립된 IBRD는 초창기에는 뉴욕에서 채권을 발행해 조성된 기금을 유럽국가에 융자해 주는 형태로 활동했다.[105] 그러다가 유럽의 복구가 끝나고 나자, 저개발국가의 개발사업을 돕기 위해 1960년 국제개발협회(IDA)를 설립했다. 그러면서 IBRD에서 세계은행(IBRD/IDA)으로 바뀌었다.

IBRD는 신용기록이 좋은 중소득국가나 저소득국가의 정부를 상대로 저리융자를 해준다. IBRD에 신용을 잃고 나면 국제사회에서 다시는 저리로 돈을 융통할 수가 없으므로 IBRD 융자는 여간해서는 디폴트를 내지 않는 것으로 알려졌다. 따라서 IBRD는 늘 흑자운영을 해왔고, 외부의 지원을 필요로 하지 않는다.

IDA는 신용기록이 나쁜 중소득국가나 저소득국가의 정부를 상대로 무이자융자나 무상지원(grant)을 제공하고, 고채무빈국(HIPC)의 부채탕감 업무를 담당한다. 이런 업무의 특성상 흑자운영이 어려워 3년마다 선진국에서 갹출해낸 자금으로 운영된다. 이 IDA는 현재 아프리카 39개국을 포함해 77개국을 돕고 있는데, 인구로는 모두 28억에 해당한다. 이제까지 도와준 나라는 모두 112개국이며 그중 41개국이 '졸업'[††††]을 했다. 이중 열한 나라가 재가입하여 원조를 받기 시작한 후 아직도 졸업을 못했으므로, 실제 졸업국은 30개국인 셈이다.[106]

세계은행에서 16년 이상 이코노미스트로 일했던 이스털리는 세계은행이 베푼 원조의 대표적 성공 사례들로 방글라데시의 빈곤층 지원 프로그램, 페루의 지방도로 개선 프로젝트, 중국의 결핵퇴치 프로그램 등을 든다. 방글라데시에서는 여자아이를 학교에 보내면 부모에게 현금을 지급하는 프로그램과 영양실조 어린이들에게 영양공급을 하는 프로그램을 성공시켰다. 페루에서는 안데스 산맥 안의 지방도로망을 개선하여 농민들이 농산물을 시장으로 운반하는 데 소요되는 시간을 10분의 1로 줄였다. 중국에서는 1991~2000년까지 10년간 1억 3천만 달러를 들여 결핵퇴치 사업을 벌였다. 예전에는 결핵환자들이 약을

---

†††† 더 이상 도움을 필요로 하지 않는 나라가 되었음을 표현하는 세계은행의 공식용어이다.

제때에 복용하지 않아 완치가 어려웠는데, WHO가 개발해낸 DOTS(Directly Observed Treatment, Short-course, 약을 보는 앞에서 먹도록 해서 확인하는 방법)와 공산당의 말단 조직에서 상부로 보고하는 조직체계를 프로그램의 평가에 잘 활용하여 성공을 거뒀다.[107]

그렇다고 이스털리가 자신이 속했던 세계은행을 비호하는 것은 결코 아니다. 이스털리는 2001년 저서 『성장, 그 새빨간 거짓말』[††††]에서 세계은행은 모든 경제주체가 인센티브에 반응한다는 인간본연의 속성을 무시한 채 일을 해왔기 때문에 대부분의 개도국 경제성장과 빈곤탈출 프로그램들이 실패할 수밖에 없었다고 신랄하게 비난했다. 그는 이같은 주장을 파이낸셜 타임스지에 사설칼럼으로 기고함으로써 그동안 몸담고 있던 신의 직장 세계은행에서 권고사직을 하게 되었다.[108]

한국계 미국시민인 짐 용 김(한국명 김 용)이 총재로 있는 세계은행 그룹은 IBRD와 IDA 말고도 IFC, MIGA, ICSID를 포함한 다섯 기관으로 구성되어 있다. IFC(International Finance Company, 국제금융공사)는 개도국 정부가 아닌 민간영역만을 상대로 금융을 통한 개발사업을 벌인다. MIGA(Multilateral Investment Guarantee Agency, 다자간 투자보증기구)는 개도국에 제공된 외국인직접투자(FDI)가 그 나라의 정치적 상황변화로 물거품이 되어버릴 경우 이를 보상해주는 보험을 제공한다. ICSID(International Centre for Settlement of Investment Disputes, 국제 투자분쟁 해결기구)는 말 그대로 투자에 대한 국가 간 분쟁을 중재하는 기관이다.[109]

세계은행은 세계개발보고서(World Development Report)라는 연례보고서를 발간한다.

†††† 원제는 *The Elusive Quest For Growth: Economists' Adventures and Misadventures in the Tropics* (2001년)

IMF

세계은행이 저개발국가의 개발을 주업무로 삼고 있다면 IMF는 위기관리와 위기의 예방이 주업무이다. 정확하게 말하면 IMF는 원조기구는 아니다. 국제 금융기구로 세계은행과 함께 개도국들을 돕기 때문에 원조기구처럼 행동하는 것일 뿐이다. 세계은행이 2차 대전 직후 유럽의 전후복구를 위해 설립되었듯이, IMF도 원래 설립취지는 2차 대전 직후 미국과 유럽 간의 무역불균형과 통화불안정을 예방하기 위해서였다. 그러다가 이 목적이 달성된 후로는 전 세계의 경제위기를 수습하는 것으로 사업내용이 바뀌었다. IMF에서는 매년 세계경제전망(World Economic Outlook)이라는 보고서를 발간한다.

급전이 필요한 사람에게는 전당포가 유용하듯이 IMF도 그 원래 기능에는 큰 문제가 없다. 전당포에 물건을 맡긴 사람이 빠른 시일 안에 물건을 되찾아 간다면 높은 이자율이 큰 부담이 아니겠지만, 오래 지나면 이자가 산더미처럼 불어나고 심지어는 맡긴 물건을 남에게 팔아버리는 일도 생길 수 있다. IMF가 고리를 취하지는 않지만, 단기융자를 해주면서 내거는 조건이 문제다. 이 조건은 대개 그동안 정부의 살림이 헤퍼서 재정위기가 온 것이니 정부의 씀씀이를 줄이고, 세금을 높여서 융자금을 갚으라는 것이다. IMF가 빌려주는 돈은 기존의 다른 부채보다 가장 먼저 갚아야 한다. 그리고 무역 불균형을 시정하고, 공기업의 민영화나 국유재산의 매각을 통해 시장경제를 강화하라고 주문한다. 바로 구조조정을 하라는 것이다. 최근에는 환경보전 정책까지 조건으로 내걸기도 한다. 그런데 이런 요구를 하는 IMF가 저지르는 가장 큰 과오는 상대방의 복잡한 속사정을 자세히 알아보지도 않고, 그저 몇 가지 거시경제적 지표만 가지고 모든 판단을 한다는 데 있다.

재정적자는 수많은 복합적인 요인 때문에 생긴다. 대부분은 국내정치의 복잡한 사정 때문에 하는 수 없이 정부가 돈을 푸는 경우가 많다. 미국은 2012년 말 억지로라도 균형예산을 만들기 위해 이전에 정해 놓은 강제조치인 재정절벽이

도래하려고 하자, 그저 몇 달씩 연기하는 식으로 위기를 모면하는 방법을 택해 오고 있다. 그렇지 않으면 간신히 회복되고 있는 미국의 경기가 다시 꽁꽁 얼어 붙을 것이기 때문이다. 이처럼 IMF가 알려고 하지도 않고, 알려고 한다 해도 잘 알 수 없는 복잡한 국내사정은 아예 무시를 한 채 경제학 박사들이 알고 있는 이론적 방식대로 조건을 거는 것이 IMF의 가장 큰 문제이다. 그들이 활용하는 거시경제적 지표는 통계수치인데, 우선 이게 제대로 된 통계가 아닌 적이 많다.

이스털리는 IMF를 의사에 비유해 일단 환자가 납득할만한 진단과 처방을 내리는 기술은 꽤 발달했다고 말한다. 그러나 그 진단과 처방이 얼마나 엉터리인지 일반인은 잘 모른다. 이스털리는 그 진단과 처방이 엉터리일 수밖에 없다는 증거로 IMF가 사용하는 지표들이 얼마나 허망한 것인지를 하나하나 예를 들어가며 설명한다. 이스털리가 세계은행에서 일하기 시작한지 얼마 안 되었을 때 그는 감비아 중앙은행을 방문해 통화발행량, 중앙은행 여신, 외환보유고 등을 기록해 놓은 장부를 열람할 기회가 있었다. 그런데 이 숫자는 모두 연필로 쓴 것이었고, 지웠다가 고친 흔적이 여러 곳에서 발견되었다. 뿐만 아니라 합계도 맞지 않았다. 또 그는 IMF의 교육 매뉴얼에 실린 터키 중앙은행의 예를 든다. 중앙은행 장부에는 자산과 부채를 맞추기 위해 '기타 항목들, 순금액(net)'이라는 난이 등장하는데, 이게 무엇인지 아는 사람은 아무도 없었다.

그런가 하면 IMF 자체의 수치에도 문제가 많다. IMF는 두 가지 방법으로 데이터를 발표하는데, 하나는 IMF의 통계자료집인 국제금융통계이고 다른 하나는 IMF가 특정국가를 위한 프로그램을 만들면서 작성하는 국가별 통계이다. 그런데 이 두 통계자료 사이에 종종 큰 편차가 있다. 이스털리가 무작위로 추출한 샘플에서는 같은 IMF가 작성한 자료인데도 통계자료집과 국가별 수치 간에 167% 이상 차이가 나는 적도 있었다. IMF가 추계한 GDP 성장률에서는 2001년 말리의 성장률을 2003년 3월에는 1.5%로 잡았다가, 그해 8월에는 3.5%, 다시 2004년 1월에는 13.3%로 올려 잡은 웃지 못 할 예도 있다.[110]

이것은 IMF가 무능해서가 아니라 통계수치라는 것이 그만큼 신뢰하기 어렵기 때문이다. 특히 빈곤국가일수록 그렇다. 재정적자를 메우기 위한 방법들을 논할 때는 더욱 가관이다. 정부의 세출에서 세입을 뺀 금액이 재정적자이고, 이 재정적자는 국내여신, 즉 중앙은행이 돈을 찍어낸 액수와 외국에서 빌린 돈 등의 합계와 맞아 떨어져야 한다. 그런데 이 합계와 재정적자가 맞아 떨어지지 않아 IMF의 국가별 프로그램에는 '조정금액(adjustment)'이라는 항목이 있다. 국가별 금융통계라는 IMF의 공식자료에는 평균적으로 이 '조정금액'이 국내여신의 55%에 달한다. 그러니 국내여신이 정확히 얼마인지, 정부의 재정적자가 정확히 얼마인지, 그래서 그 재정적자를 메우려면 예산을 얼마나 삭감해야 하는지, 사실은 아무도 모르는 셈이다.[111]

IMF는 원래 현금흐름에 문제가 생긴 정부에 단기융자를 해줌으로써 경제의 안정성을 높이는 기능을 수행했던 기구였다. 이 기능만 발휘했으면 문제가 없었을 텐데, 구조조정이라는 이념에 사로잡혀 상환불가능한 정부에 단기융자를 돌려막기 식으로 반복해서 해줌으로써 문제를 일으켜 왔다. 신용불량정부에 실질적인 장기융자를 해주는 셈이다. 게다가 최근 들어서는 '빈곤감소 및 성장도구(Poverty Reduction and Growth Facility, PRGF)'라는 미명하에 아예 처음부터 최빈개도국에 장기융자를 제공하고 있다. 그러면서 이 PRGF 융자가 융자당사국의 주인의식을 높이고 더 많은 국민들의 자발적인 참여를 유도한다고 선전하지만, 이는 모두 구조조정에 반발하는 여론을 무마하기 위한 핑계일 뿐이다.[112] IMF가 남의 나라의 경제구조를 조정하려고 하는 한 그 나라 국민들의 자발적 참여를 기대하기는 어렵다.

이스털리에 따르면 IMF는 우선 신용불량정부에 상환불가능한 융자를 해주는 일을 그만두어야 한다. 둘째로는 융자에 주렁주렁 조건들을 달지 말고 융자금을 어떻게 갚을지는 전적으로 융자당사국에 맡겨야 한다. 갚을 수 있는 곳에만 융자를 해주면 처음부터 조건을 달 필요도 없다. 융자금을 안 갚으면 신용불량으로 낙인이 찍혀 어디에서고 더 이상 융자를 받을 수가 없다는 기본적인 원칙만으로 충분하다. 그 외에 다른 조건들을 붙이는 것은 별 효과도 없을 뿐

아니라, 빈곤국가의 복잡한 국내정치에 휘말려드는 지름길이 될 뿐이다.[113]

세계은행 · IMF vs UN기구

삭스는 1997~98년 아시아 경제위기에 대한 IMF의 수습방안을 놓고 공개
적으로 IMF와 설전을 벌였다. 이뿐 아니라 이즈음 삭스는 세계은행과 IMF가
아프리카에 수십 년간 원조를 해왔으면서도, 에이즈 확산이나 말라리아 피해
에 대해서는 전혀 손을 쓰지 않았다고 맹비난했다.[114] 이런 삭스는 UN맨이다.
UN은 1국 1표제이므로 부자나라나 가난한 나라나 투표장에서는 동등한 대접
을 받는다. 반면 IMF나 세계은행은 투자한 지분에 따라 투표권이 배당되는 1
달러 1표제이다. 투자지분이 많은 선진국, 그중에서도 미국에 압도적으로 유리
하다. 그러므로 미국은 쉽게 콘트롤이 되는 IMF나 세계은행을 통해 일하는 것
을 선호한다. 미국 워싱턴의 19번가에 서로 마주 보고 위치해 있는 세계은행과
IMF를 함께 부를 때는 '19번가의 자매들(Sisters of Nineteenth Street)'이라
는 표현을 쓰기도 한다.[115] 반면 IMF나 세계은행에서 발언권이 없는 개도국들
은 UN기구들을 선호한다.

이렇다보니 UN기구와 IMF나 세계은행 간에는 공조는커녕 서로 대화도 거
의 없다. UN은 각국에 컨트리 팀을 두고 있음에도 불구하고, 그 나라에서 IMF
나 세계은행이 무슨 일을 하는지 몰라 삭스에게 묻는 적이 종종 있다고 한다.[116]

삭스에 의하면, 문제는 IMF나 세계은행은 제너럴리스트 기구인데 반해 UN
기구들은 스페셜리스트 기구라는 데 있다. UN에는 분야별로 전문화된 많은
기구들이 존재한다. UNICEF는 어린이 보건과 교육, FAO는 농업기술, WHO
는 공중보건과 질병통제, UNDP는 저개발국가 개발, UNFPA는 인구문제와
산아제한, WFP는 기근대책에 각각 전문화된 UN 산하기구이다. 반면에 IMF
와 세계은행은 거시경제적 관점에서 원조를 다루는 능력이 뛰어나다. 이런 능

력은 UN기구에는 없는 능력이다. 따라서 삭스는 모든 원조기구들 간에 효율을 늘리기 위한 분업을 추진할 것을 제안한다. 이는 결국 세계은행과 IMF에게 전문화된 UN기구와 UN의 컨트리 팀을 더 많이 활용하라는 얘기다.[117] 또한 삭스는 IMF와 세계은행이 채권자 중심의 운영에서 회원국 모두가 참여하는 체제로 개혁되어야 한다고 주장한다. 그렇게 되어야만 이 두 기구가 몇몇 채권국 정부의 시녀에서 글로벌 경제정의의 수호자로 변신할 수 있다는 지적이다.[118] 그러나 이 같은 제안이 언제 실현될 수 있을지는 미지수이다.

원조기구의 문제점

양자간 원조기구이건 다자간 원조기구이건 모든 원조기구의 설립목적은 피원조국의 개발이지만, 이 개발을 달성하기 위한 직접적인 도구가 이들 원조기구의 손에 있지 않고 모두 피원조국의 수중에 있다는 점이 문제다. 원조기구가 활용할 수 있는 수단은 오직 원조뿐이다. 그러다보니 오랫동안 원조기구의 일상적 관심사는 원조로 얼마나 성과를 거두었느냐 보다는 얼마나 많이 원조를 했느냐였다. 원조의 초점이 개발의 성과로 옮겨진 것은 비교적 최근의 일이다. 그전까지는 원조의 성과는 물론 원조의 내역조차 공개되지 않고 지나간 적도 많다. 물론 여기에는 원조가 본연의 목적이 아닌 정치적인 목적에 이용된 것도 큰 요인으로 작용했다.

원조기구들은 보통 계획과 목표를 세우는 것에 따라 인정을 받는다. 효율이나 결과와는 무관하게 단순히 원조를 집행한 누계 금액이 많을수록 일을 잘한 것으로 평가를 받는 구조다. 효율을 챙길 수 없는 것은 물론이고, 책정된 예산을 다 소진하지 못하면 다음해 예산이 깎이게 되므로 담당자나 해당기관이 무능한 것으로 낙인이 찍히게 된다. 만일 누군가 이런 저런 꼬투리를 잡아 원조를 깎거나 차관을 거부한다면 그런 사람은 일을 잘한다는 소리는커녕 억대 연봉을 받던 직장에서 잘리는 위험에 처할 수 있다. 원조수혜국 관리들도 이들 원조기관과 몇 번 거래를 해보면 금방 이런 사정을 알게 된다.

게다가 세계은행 1만명, IMF 2천 5백명, 원조관련 UN 기구 5천명에다 아시아개발은행(ADB) 같은 각 지역 개발은행, OECD DAC의 EU를 포함한 24개 회원국 내 ODA 종사자 등을 다 합쳐봐야 2~3만명 안팎이다. UN에 등록된 2만 5천개 NGO와 기타 자선단체들을 다 합쳐도 원조업계에 종사하는 이들은 모두 50만명을 넘지 않는다.[119] 이들이 1년에 집행해야 하는 액수는 줄잡아 3천억 달러 정도이다. 원조전문가들을 컨설턴트라고 하는데, 예외 없이 억대 이상의 연봉을 받고 비행기는 비즈니스 클래스나 일등석을 타고 다닌다. 이들이 실제로 일하는 모습을 보면 원조수혜국을 방문해서도 주로 그 나라 수도의 최고급 호텔에 묵으면서 공무원들과 일을 하는 것이 대부분이다. 수도를 벗어나 개발현장을 찾아가 손에 흙을 묻히는 것을 즐기는 타입은 매우 드물다. 그렇다고 이 컨설턴트들이 무능한 것은 결코 아니다. 대부분이 직업의식이 투철하고, 자기 업무에 충실한 전문인들이다. 그러나 기본적으로 공무원보다 더 외교적 마인드를 가진 이들 원조기구의 컨설턴트 중에 수혜국 정부가 독재정권이나 부패정부라고 호루라기를 불 사람이 있으리라고는 상상조차 하기 어렵다. 자기가 하고 있는 방식의 개발원조가 잘못되었다고 고백할만한 사람은 더욱 더 없다. 그래서 별 성과도 못 올리고 늘 도마 위에 오르는 원조는 오늘도 끊이지 않고 계속된다.

원조기구 안을 들여다봐도 실제로 가난한 사람들을 돕는 자질구레한 일보다는 글로벌한 비전이나 거창한 개발계획에 상급이 돌아가는 인센티브 구조로 되어 있다. 계획된 목표의 달성은 측정하기도 어렵고, 실제로 달성하기는 더욱 어렵다. 대신 거창한 계획과 목표는 쉽게 눈에 띄고, 언론에서 취급하기가 용이하다. 언론은 대개 원조액을 발표하는 것으로 그친다. 사실 일반인은 원조에 별 관심이 없다. 삭스가 자주 인용하는 메릴랜드대의 PIPA라는 프로그램이 조사한 바에 의하면 미국국민들은 평균적으로 미국의 해외원조가 정부예산의 20%를 차지하는 것으로 믿고 있다. 그런데 사실은 정부예산의 1%도 안 된다. 2011

년 미국의 ODA는 309억 달러로 그 해 미국 연방정부가 나라살림에 지출한 3조 6,030억 달러의 0.9%였다.[120]

일반인들은 관심이 없지만 NGO들은 원조에 많은 관심을 둔다. NGO들이 자기들 관심분야와 관련이 있는 사안에 대해 언론과 대중을 동원한 바람몰이를 하면, 원조기구는 이 사안도 목표에 집어넣을 수밖에 없다. 그러다보면 목표가 여러 개 더 늘어난다. 하는 수 없이 원조기구들은 천편일률적으로 이것저것 안 하는 것 없이 다 건드리는 비효율적 운영을 하게 된다. 게다가 그것도 눈에 보이는 것 중심으로 한다. 그 덕에 원래 원조기구의 설립목적이던 저개발국가의 개발과 경제성장은 언제부터인지 립서비스에 그치고 있다.

원조기구들은 또 여럿이 공동으로 일하는 것을 좋아한다. 공동으로 일을 하면 성과가 없어도 책임을 면할 수는 있다. 반드시 그런 저의가 있어서 연대하여 일을 하는지는 모르겠으나, 책임소재가 불분명하면 좋은 성과는 나오기 어렵다.

또 한 가지 중요한 점은 원조집행의 메커니즘에 피드백이 빠져있다는 점이다. 이 점은 특히 이스털리가 누누이 강조하는 점이다.[121] 책임소재도 불분명하고, 피드백도 없이, 수백억 달러 이상의 돈이 투입되는 사업은 아마도 원조밖에 없을 것이다. 사전에 원조수혜국의 우선순위나 요구사항을 살펴서 그에 상응하는 원조를 베푸는 적이 많지 않다. 원조는 공급자 위주로 돌아간다. 수혜국과 공여국 사이에 의견일치가 없어도 원조가 이루어지는 것이 보통이다. 받는 쪽에서는 그 원조가 정말 필요해서가 아니라 일부 부패한 정치인들이나 관리들이 자기 주머니 속에 챙길 것만 보고 원조를 받는 적도 많다. 그러다보니 어처구니없는 비효율의 극치가 발생하기도 한다. 나이지리아의 아자오쿠타 제철소는 1979년에 착공하여 50억 달러 이상이 투입되었는데 아직도 완공되지 않고 있다. 철 생산은 물론 1톤도 못했다.[122] 항간에서는 이 프로젝트를 사장시킨다는 소문이 무성하다. 그밖에 도로, 학교, 병원이 완공된 후에도 거의 사용하지 않거나, 보수관리를 제대로 안 해 무용지물이 되는 경우가 셀 수 없이 많다. 모두 수요와 공급이 만나 최적의 자원배분점을 결정하는 시장기능이 결여된 시스템이기 때문이다. 또 일방적으로 떠넘기듯이 원조를 하는 경우, 내 것도 네 것도 아닌 불분명한 주인의식 때문이다.

원조의 주인의식을 높이고 원조를 보다 수혜국 중심으로 개선하려는 노력은 2005년 원조효과성 제고를 위한 파리선언, 2008년 가나의 아크라에서 열린 제3차 원조효과성에 대한 고위급 포럼, 2011년 부산에서 열린 제4차 원조효과성에 대한 고위급 포럼(우리말 행사명은 '부산 세계개발원조총회') 등에서 거듭 천명되고 있는 주제이기도 하다.

원조기구의 개혁

이스털리나 삭스나 전적으로 동의하는 점 가운데 하나가 원조기구들이 수혜국 정부에게 너무 많은 행정적 부담을 준다는 점이다. 『세계의 절반 구하기』나 『빈곤의 종말』에는 원조기구 때문에 탄자니아 정부가 얼마나 시달리는지가 설명되어 있다. 이스털리는 탄자니아 정부가 1년에 원조기구나 원조공여국에 제출하기 위해 작성하는 보고서가 2,400건이 넘으며, 뒤치다꺼리를 해야 하는 원조관계자들의 출장건수도 한 해 1천 건에 달한다고 꼬집는다.[123] 삭스는 2000년 탄자니아 원조에 대한 토론에서 "30개 원조기구가 (탄자니아에) 1천개 프로젝트를 위한 개발자금을 제공하면서 1년에 2,500건의 출장을 보내는데.... 모두 다 별도의 회계체계, 재정체계, 보고체계를 두고 있다는 지적이 있었다"고 말한다.[124] 삭스와 이스털리는 원조기구마다 이렇게 백화점 식으로 모든 종류의 사업에 다 뛰어들게 아니라, 비교우위를 살려서 특성화를 꾀하는 게 바람직하다는 데 의견일치를 보이고 있다.

더 근본적으로 원조기구를 개혁할 수 있는 방법은 정부를 거치지 않고 실수요자에게 직접 원조를 주는 길을 찾는 것이다. IMF와 세계은행의 설립헌장에는 이 두 기구가 반드시 상대국 정부하고만 거래를 해야 한다고 되어 있다. 정부하고만 상대하면, 우선 정부관리들은 빈곤층 친화적이 아니기 때문에 원조의 효율이 떨어진다. 둘째로는, 부정부패로 원조를 착복하는 경우가 더 늘어난다. 정부 안의 이런 부패세력들은 원조를 착복하는 맛에 민주화를 원치 않는다. '원조의 저주'는 주로 부패한 정부 때문에 일어나는 현상이다. 그러나 최근들어서는 이 정부의 벽을 넘어서려는 변화가 일어나고 있다. 2000년대 들어서 일어난 변화 가운데 하나는 피원조국의 주인의식을 높여주기 위한 시도로 그 나라의 시민사회가 폭넓게 참여하는 빈곤감소전략문서(PRSP)를 활용하는 것이다. PRSP 활용에는 세계은행과 IMF도 적극 참여하고 있다. 또 한 가지는 정부가 중간에 관여하더라도 원조기구가 직접 빈곤층을 상대할 수 있는 마이크로파이낸스나 조건부 현금지원 제도(CCT)를 활용하는 것이다.

한편 현존하는 원조기구의 가장 시급한 개혁과제는 모니터링과 평가방법의 개선이다. 일 년에 수백억 달러가 넘는 원조가 쓸데없는 곳에 낭비되는 것을 막는 유일한 길이 이것이기 때문이다. 모니터링과 평가가 왜 중요한지는 『세계의 절반 구하기』에 나오는 다음 사례를 보면 금방 알 수 있다.

따바 쩨카라는 레소토 산간지방의 농민들을 돕기 위해 캐나다국제개발처(CIDA)와 세계은행이 공동으로 추진한 이 프로그램은 원래 제대로 된 모니터링과 평가절차가 없이 진행되었다. 그러다가 우여곡절 끝에 외부의 인류학자가 이 프로그램을 독자적으로 평가하게 되었다. 그 결과에 의하면, 과도한 방목으로 목초지가 망가지는 것을 예방하고, 과학적인 방목지 관리로 현재보다 두 배 많은 가축을 방목하게 만들며, 가축의 무게도 20% 더 나가게 하겠다던 프로그램의 원래 목표는 전혀 실현되지 않았다. 레소토에서는 토지가 공공소유이고, 누구나 자유로이 가축을 방목할 수 있어서 방목지 관리란 아예 불가능하다는 기본적인 사실조차 모르고 세운 계획이었기 때문이다. 그 바람에 과학적인 방목지 관리는 시작도 해보지 못했다. 또한 농지의 소출을 네 배로 늘리겠다던 목표도 일기불순, 병충해, 관리소홀 등으로 실현되지 못했다. 더 가관인 것은 주민들이 농사에 관심이 없음을 한탄한 프로젝트 담당자들이었다. 이 지역 주민들의 대부분은 남아공의 광산으로 일하러 다니는 이주노동자들임을 간과했던 것이다. 한 가지 목표는 달성이 되었다. 그것은 농산물과 가축을 시장으로 운반하기 위한 도로의 건설로, 새 도로는 남아공의 농산물을 수입하는 데 주로 사용되었다. 이로써 그나마 연명하고 있던 소수의 농민들은 모두 망해버렸다.[125)]

평가에 대해 연구한 세계은행의 2000년 보고서는 "그동안 개발을 위해 매년 수십억 달러를 투자했으나, 그 프로젝트들이 실제로 빈곤층에 미친 영향에 대해서는 거의 알려진 바가 없다"고 서두에 고백하고 있다. 문제는 외부의 독립된 기관이 모니터링과 평가를 맡아야 하는데, 아직은 모든 원조기관이 내부 평가에 의존하고 있다는 점이다. 그나마 IMF가 2001년에 독립된 평가부서(Independent Evaluation Office)를, 세계은행이 2004년에 새로운 방법을 적용하는 개발영향평가TF(Development Impact Evaluation Task Force)를 발족시킨 점은 고무적이다.[126)]

아울러 피드백이 가능한 메커니즘을 만드는 것도 중요하다. 이스털리는 사용자의 피드백이 모든 것을 좌우하는 시장 메커니즘을 원조에 도입할 것을 제안한다. 피원조 대상에게 일종의 상품권인 바우처를 나눠주고, 그 바우처로 NGO나 기타 원조기구가 제공하는 서비스나 재화를 구입하도록 하자는 것이다. 바우처를 받은 원조기구나 NGO는 원조액 중 일부로 설립한 바우처 펀드에서 바우처를 현금으로 교환할 수 있다. 이런 방법을 쓰면 자연히 비효율적으로 운영해 가격이 높거나, 아예 불필요한 서비스 혹은 재화를 공급하는 NGO나 원조기구는 원조시장에서 도태될 것이라는 구상이다. 이는 일부국가에서 이미 사회보장제도에 사용되고 있는 제도를 원조에 도입하는 것으로, 상당히 실현가능성이 있는 발상이다.[127)]

지구촌나눔운동에서 2009년 르완다에 첫 번째로 파견한 실무자는 성혜였다. 영국에서 대학원을 졸업한 성혜는 굉장히 적극적인 성격의 소유자라서, 자신감으로 똘똘 뭉쳐 있었다. 어찌나 극성맞았던지 르완다에서 UN기구나 선진국 원조기관들이 참여하는 원조기관회의를 빠짐없이 참석하고 있었다. 당시 르완다에는 한국대사관도 없었고, KOICA에서도 해외봉사단을 관리하는 요원 1명만 파견했을 뿐이었다.

르완다를 방문한 나는 성혜를 따라서 원조기관회의에 참석해 봤다. 회의실에 들어선 성혜는 USAID, JICA, FAO 등 쟁쟁한 원조기관이나 국제기구들의 르완다지부 대표들과 반갑게 인사를 나누었다. 회의에 정기적으로 참석을 해 온 성혜는 그 대표들과 함께 회의석상에 앉고, 옵저버로 따라간 나는 뒤에 마련된 자리에 엉거주춤 앉았다. 회의시간이 되자 40대 중반 정도의 기품 있는 흑인여성이 들어와서 돌아가며 악수를 했다. 알고 보니 그 여성이 바로 농업부 장관이었다.

농업부 장관은 '르완다의 농업 전환을 위한 제2단계 전략계획'을 발표하면서 원조기관들의 협조를 구했다. 정부예산이 부족한 개도국들의 경우, 이런 회의에서 원조기관 및 국제기구들과 중장기계획을 공유하고 협조를 요청하는 노력이 반드시 필요하겠다는 생각이 들었다. 흥미로운 것은 농업부 장관 발표 중에 한국의 경운기에 대한 소개와 구입계획이 들어있다는 사실이었다. 장관의 발표가 끝나자, 일본의 원조기관인 JICA 대표가 발언권을 요청하더니 일본도 경운기를 생산하며 다음 주에 일본 농업전문가들이 르완다를 방문하니 장관께서 한번 만나보시면 좋겠다고 제안하는 것이었다. 나는 한국 경운기 구입계획이 졸지에 일본 경운기로 바뀔까봐 조바심이 나서 귀국하자마자 경운기를 만드는 회사에 이 정보를 전달했다.

이 회의에서 받은 계획서를 들여다보니, 르완다의 경제개발 및 빈곤감소전략(EDPRS)을 소개하면서 그 맥락에서 농업 전환 2단계 전략계획이 어떤 방향으로 수립되었는지에 대해 자세히 설명이 되어 있었다. 이처럼 농업, 보건, 교육, 인프라 등 분야별 발전계획은 르완다의 EDPRS 선상에서 수립되며, 원조기관들도 EDPRS 및 발전계획을 토대로 국가지원전략(CAS)을 수립하는 노력을 한다. 또 르완다 정부는 EDPRS에 따라 지역별로 발전계획을 세우고, NGO들의 사업까지도 EDPRS 및 지역의 발전계획과 일치하도록 유도하고 있다.

2장 _ 서구 선진국들은 어떤 실험들을 하고 있나?

제 1장에서 살펴본 것처럼 문제점투성이인 개발원조를 두고, 서구사회는 90년대에 잠깐 기부자 피로현상(donor fatigue)의 영향으로 ODA 규모가 대폭 줄어들었던 것을 제외하곤 별 다른 반응 없이 관행을 답습해왔다. 그런 가운데 2000년대를 맞아서도 커다란 지각변동 없이 몇 가지 지엽적인 실험들만이 시도되고 있다. 이제 그 가운데 중요한 몇 가지를 함께 살펴보기로 하자.

1. 빈곤감소전략문서

2000년대 들어서서 일어난 개발원조 방식의 변화 가운데 하나는 피원조국의 주인의식을 높여주기 위한 시도로 그 나라의 시민사회가 폭넓게 참여하는 빈곤감소전략문서(Poverty Reduction Strategy Paper, PRSP)를 활용하는 것이다. PRSP는 세계은행과 IMF의 작품인 만큼, 세계은행과 IMF도 이 PRSP

의 활용에는 적극 참여하고 있다. PRSP의 탄생 배경은 세계은행과 IMF가 구조조정 요구 등으로 너무 원조수혜국들의 주권을 침해하는 것 아니냐는 비난도 피하고, 원조의 효율도 높일 겸 해서 원조에 대한 개도국들의 오너십(주인의식)을 강화해 주고자 하는 의도에서 나왔다. 1999년 고채무빈국(HIPC)의 부채탕감 여론이 한창 들끓을 때, 부채탕감 원조를 받을 나라에 이런 식으로 하라고 요구하기 위해 세계은행과 IMF가 모범답안격인 PRSP를 만들었다. 그 후 세계은행과 IMF는 원조수혜국들에게도 자체적으로 자국의 PRSP를 만들도록 권고하면서, 그 과정에 그 나라의 시민사회가 폭넓게 참여하도록 종용했다. 시민사회로 하여금 어떤 빈곤감소 프로그램이 우선순위를 가질 것인지를 정하고, 빈곤감소 프로그램 전반에 대한 국민들의 인식을 증진시키는 데 기여하도록 한 것이다. 시민사회는 또 프로그램의 실행을 직접 주관하기도 하고, 원조를 둘러싼 부정부패를 예방하는 감시자 역할을 하기도 한다. 이 PRSP는 1999년 세계은행이 자체적 개혁을 위해 시작한 '종합개발체제(Comprehensive Development Framework)'의 일환으로 취해진 조치로서, 구조조정 원조와는 반대방향의 트렌드라고 할 수 있다. 원조수혜국들이 각 나라마다 작성한 PRSP는 밀레니엄개발목표(MDG)에 맞게 'MDG 달성을 위한 빈곤감소전략(MDG-based PRS)'으로 각색되어 밀레니엄 프로젝트의 기본 틀로도 쓰인다.

PRSP의 작성에 시민사회가 참여하는 것은 반드시 지켜야 하는 의무사항은 아니지만 강력하게 권고되고 있는 사항이다. PRSP에는 어떤 형식으로, 어디서, 얼마나 자주 시민사회가 참여했는지와 어떤 이슈들이 토의되었으며 주요 참가자들의 견해는 무엇이었는지, 그 결과가 어떻게 반영되었는지, 그리고 향후 빈곤감소 사업의 집행과 모니터링에 시민사회가 어떤 역할을 담당할 것인지 등을 상세히 기술해야만 한다. 이 PRSP를 근거로 세계은행은 '국가지원전략(Country Assistance Strategy, CAS)'을 작성하고, 원조수혜국 정부와 세계은행은 이 두 가지 문서(PRSP와 CAS)를 함께 검토하면서 수혜국 정부가 최종적으로 자국을 위한 세계은행의 원조 프로그램을 작성하게 된다.[1]

한국에 새마을이 있다면, 아프리카에는 제프리 삭스 교수가 만든 밀레니엄 빌리지가 있다. 르완다의 수도 키갈리에서 남쪽으로 40킬로 쯤 가면 나오는 마얀제라는 곳에서 이 밀레니엄 빌리지를 만날 수 있다. 내가 2009년에 그곳을 찾았을 때 눈에 띄었던 것은 학교건물에 장착해 놓은 깔끔한 빗물 집수장치였다. 강수량이 부족한 곳이라 요긴하게 쓰일 듯 싶었다. 주변에 위치한 공동작업장을 찾아가 봤더니, 주민들이 수확한 카사바를 모아서 일련의 작업을 거쳐 가루로 만든 후 봉투에 넣는 가공과정을 공동으로 작업하는 곳이었는데 수확량에 따라 수익금을 배분한다고 했다.

마을회관에 마련된 밀레니엄 빌리지 사무실을 찾아갔더니, 젊은 서양여성이 르완다 청년과 이야기를 나누고 있었다. 그 여성은 미국 콜롬비아대 대학원생으로 제프리 삭스가 책임자로 있는 지구연구소에서 일한다고 했다. 밀레니엄 빌리지에 파견되어 그가 하는 일은 자료조사, 모니터링과 평가 작업이었다. 사업 시작 전부터 그 마을의 관련 데이터를 수집하고, 단계별로 데이터를 축적해 나가면서 어떤 성과가 있었는지 평가하는 작업을 하는 것인데, 아마도 그렇게 수집된 데이터는 그 여학생의 석사논문 자료가 될 것이다.

그동안 그 마을이 어떻게 됐나 궁금해서 유튜브 영상을 찾아보았더니, 아주 깔끔하게 변해 있었다. 농업생산성이 높아져서 더 이상 배곯는 이가 없고, 모기장 보급과 보건소 개선으로 더 이상 아픈 이도 없으며, 마을의 모든 어린이들이 초등교육을 받게 되었고, 아주머니들은 바구니를 만들어 팔아 소득을 올리게 되었다. 유튜브 동영상은 후원해준 분들에게 전달하는 "고맙습니다(Thank you!)"라는 인사말로 끝이 났다.

밀레니엄 빌리지 홈페이지에는 2015년에 한국정부가 3백만 달러를 지원하기로 했다는 뉴스가 실려있다. 2009년부터 밀레니엄 빌리지를 지원했던 한국국제협력단(KOICA)은 계속해서 탄자니아와 우간다 마을들을 지원한다는 것이다. 이 기사에는 밀레니엄 빌리지 프로젝트가 1970년대에 한국에서 시작되어 농촌경제와 생활여건을 탈바꿈시켰던 성공적인 빈곤퇴치 이니셔티브 '새마을운동'과 공통점이 많다는 점이 강조되어 있다. 밀레니엄 빌리지 프로젝트도 새마을운동처럼 지역의 과제들을 풀어나가는데 초점을 맞춘 지역사회공동체 주도의 이니셔티브라는 것이다.

2. 밀레니엄 빌리지

2006년 밀레니엄 프로젝트의 디렉터 자리에서 물러난 삭스교수가 자신이 설립한 NGO 밀레니엄 프로미스와 UNDP, 그리고 자신이 소장으로 있는 콜롬비아 대학의 지구연구소 공동주관으로 시작한 대규모 시범마을 프로젝트로 밀레니엄 빌리지 프로젝트(Millennium Villages Project, MVP)라는 것이 있다. 밀레니엄 개발목표(MDG)와 더불어 21세기의 개발원조를 대변하는 대표적인 이벤트라고 할 수 있는 이 MVP를 통해 우리는 서구의 ODA 커뮤니티가 오늘날 어떤 시도를 하고 있는지를 엿볼 수 있다.

2004년 삭스는 코피 아난 당시 UN 사무총장의 특별보좌관 자격으로 UN 밀레니엄 프로젝트 팀과 지구연구소 팀을 이끌고 인구가 5천 명 가량인 케냐의 사우리라는 마을을 방문했다.[2] 그곳에서 탄생한 밀레니엄 빌리지 프로젝트(MVP)는 2005년 사우리를 첫 빌리지로 시작해, 현재 아프리카 10개국 14개 지역에서 50만 명 이상의 주민들을 대상으로 진행되고 있다.[3] 모금의 달인인 삭스는 이 MVP를 위해서 폴란드 시장경제 전환 때부터 함께 일했던 조지 소로스로부터 2006년 5천만 달러를 지원받았다. 5년 후 2기 프로젝트를 시작하면서는 다시 4,740만 달러의 지원을 약속받았다. 2011년에 끝난 1기가 빈곤탈출을 위한 사업에 초점을 맞췄다면, 2기는 소규모 비즈니스 창업과 보다 넓은 시장으로의 진출에 중점을 두고 있다. 소로스의 지원금 가운데 2천만 달러는 이 같은 창업자금을 위한 융자기금으로 책정되었다.[4] 이밖에도 영국 정부가 2015년까지 5년간 1,150만 파운드(1,830만 달러)를 지원하는 가나 북부의 15번째 빌리지도 있다. 말이 빌리지이지, 사실은 34개 마을에 주민수 2만 7천 명으로 이루어진 사반나 가속개발지구(SADA)다. MVP가 직접 관할하는 14개 빌리지도 1개 마을에 주민수가 6,150명인 케냐의 데르투부터 11개 마을에 주민수는 7만 5천 명인 말리의 티비까지 다양하다. 이들 빌리지의 공통점은 모두 대책 없는 절대빈곤층이 사는 지역이라는 점이다. 자력으로는 도저히 가난의 덫을 빠져나올 수 없는 환경에서 에이즈나 말라리아 같은 질병은 더욱 심해지고, 땅은 비료를 못 써서 더욱 더 척박해져만 가는 상황에 처한 곳들이다.[5]

MVP는 이들에게 비료, 종자, 수리 및 관개, 곡물저장창고, 농업신기술로부터 보건소 의사와 간호사의 월급, 약품, 살충제 코팅 모기장, 식수와 화장실, 학교급식, 마을주민 교육, 취사연료, 전기보급, 그리고 마을공용 휴대전화와 트럭에 이르기까지 전폭적인 지원을 2006년부터 2011년까지 5년간, 혹은 2015년까지 거의 10년간 펼친다. 이는 지난 60년대부터 일부 개발NGO들이나 개도국 정부가 벌여온 농촌종합개발(Integrated Rural Development) 사업과 별반 다를 것이 없다. 다만 삭스만큼 통 크게, 그리고 세계 최고의 기술력을 동원해 벌여 본 적이 없다는 것뿐이다. MVP는 2013년 여름에도 이슬람개발은행(IsDB)으로부터 6천 7백만 파운드(1억 4백만 달러)의 무이자 융자지원을 약속받았다.[6]

삭스는 이들을 통해 실험을 하는 것이다. 만일 자신이 예상하는 대로 이 모범 케이스들이 작동을 한다면 5년이나 10년 내에 주민들이 건강해지고, 자체적으로 능력을 배양해 생산이 늘어나면서 잉여수입을 저축하게 되고, 그 저축의 재

투자가 가능해진다. 그때는 이 같은 사업을 아프리카 전체로 확대*하겠다는 야심찬 계획이다. 사하라 이남 아프리카의 주민 대부분이 농업에 종사하고, 밀레니엄 빌리지는 그들을 대표할 만큼 전형적인 아프리카 농촌이다.[7] 그런 밀레니엄 빌리지가 2015년 이후 아프리카 전역으로 확대된다면 10년 후인 2025년에는 정말 아프리카에서 절대빈곤층이 사라질 수 있다는 것이 삭스의 지론이다. 그렇게 되면 저절로 외부에서 투자가 몰려들어 인프라가 건설되고, 아프리카는 마침내 본격적인 개발궤도에 진입할 수 있게 될 것으로 내다보고 있다.

이를 위해서는 마을 주민 1인당 1년에 120달러의 투자가 필요하다. 그 절반은 MVP가 자체적으로 조달한 원조로 부담하고, 나머지 60달러는 주민들이 근로봉사 등으로 10달러, 그 마을이 소재한 국가에서 30달러, 그리고 MVP와 제휴한 NGO가 20달러를 분담하는 것으로 되어 있다.[8]

매크로 경제학자인 삭스 교수가 고안해 낸 MVP는 특이하게도 마이크로 방식이다. 그러면서 하향식이다. MDG라는 전체적인 개발목표에 맞추되 개별 마을마다 특성을 살려 독립적으로 프로젝트를 운영한다.

MVP는 처음부터 자질구레한 구설수에 휘말리기 시작했다. 2007년 봄 '윌슨 쿼털리'라는 미국 계간지에 사우리의 첫 밀레니엄 빌리지를 탐방하고 온 기사가 실렸다. 그곳에서 며칠을 묵으면서 쓴 이 기사는 밀레니엄 빌리지의 실상을 가감 없이 소개하고 있다.[9] 비료를 주민들이 경작하는 면적에 비례해 나눠주니 금방 불공평하다는 볼 멘 소리가 나왔다. 부익부 빈익빈 현상을 부추기는 조치라는 논리였다. 지역관행에 어긋난다고도 했다. 그래서 앞으로 새로 시작하는 마을에서는 경작면적에 관계없이 비료를 균등하게 나눠주기로 했다. 비료를 시장에 내다 파는 사람도 있었다. 모기장을 거저 나눠주니 어떤 이는 고

---

* 영어로는 scaling up 혹은 replication이라고 하는데, 이는 실험적으로 몇 군데서 시도해 보아 효과가 입증된 사업을 더 넓은 지역으로 확대해 실시하는 것을 의미하는 NGO 전문용어이다.

기 잡는 그물로 쓰고, 어떤 이는 역시 시장에 내다 팔았다. 시장에서는 모기장을 뜯어 웨딩드레스의 면사포로 개조해 파는 재간을 부렸다. 공짜로 나눠주면 앞으로 또 주겠지 하는 생각에 먼저 것은 팔고, 새로 얻을 궁리를 하는 게 사람이다. 그래도 대부분의 비료나 모기장은 제 구실을 했다.[10]

　원조에 대한 주민들의 주인의식이 항상 문제다. 그래서 보건, 교육, 농업 등 각종 위원회를 구성해 선거로 위원장을 뽑았다. 그랬더니 선거를 앞두고 상대방 후보를 저주하는 사악한 주술이 행해졌다. 선거결과는 대개 다수부족 가운데 다수지파가 싹쓸이했다. 그렇게 권력을 잡은 지파 장로들 중에는 문맹이 많았다. 당연히 교육받은 젊은이들의 불만이 커질 수밖에 없었다. 부패가 시작되었다. 보건소를 리모델링하면서 새로 지은 건물이 날림공사로 쓸 수 없게 되었다. 보건소에서 이웃마을 사람들에게는 몰래 약값을 받는다는 소문이 돌았다. 이웃마을 어린이들이 먼 길을 걸어서 급식이 좋은 밀레니엄 빌리지 초등학교로 통학하는 경우도 많아졌다. 그러려면 빽이 없이는 안 된다. 각 분과 위원장은 자기 쪽 사람들을 스탭으로 천거해 더 많은 지원물자들을 빼돌렸다. 위원장 간에는 알력이 생겼다. 갑자기 돈벼락을 맞은 이들 MVP 위원회와 가난한 지방정부 간에도 불협화음이 계속되었다. 전달식까지 치르면서 기증된 마을공용 트럭은 서로 차지하려고 다투는 통에 그 후 아무도 보지 못했다.

　MVP 측 사람들은 프로그램을 시작하기 전에 충분한 의식화 작업이 앞섰어야 했다고 입을 모았다. 변화가 너무 빨라 사람들이 미처 따라갈 수 없다는 것이 결론이었다. 그만큼 흥청망청이었다. UN 소속으로 MVP를 돕는 한 고위관리는 지역개발을 전공하지 않은 삭스와 달리 자신은 그 분야를 전공했음을 강조했다. 이 관리는 지금처럼 옥수수만 재배하지 말고, 야채 같은 환금성 작물을 재배해야 한다고 지적했다. 옥수수는 주식이므로 마을에서 예전부터 재배해 왔으나, 단품종 재배는 지력을 고갈시킨다. 또 지원받은 비료와 종자 덕분에 사우리가 옥수수를 증산하면서, 주변에 옥수수가 넘쳐나고 가격도 떨어졌다. 상당히 기초적인 부분을 지적한 것이다.[11]

주인의식은 역시 자기 손으로 땀 흘려 얻은 것이 아니면 제대로 발휘할 수가 없다. 실제로 위원회에서 결정하는 것은 거의 시시콜콜한 것들뿐이다. 중요한 것은 다 주는 쪽에서 결정되어 내려온다.

그런데 이런 것은 다 자질구레한 문제들이고 진짜 중요한 것은 과연 투자한 만큼 효과를 보았는가 여부다. MVP 1기 5년이 끝난 2011년 말 개발경제학자들이 앞을 다투어 MVP 5년이 이룩한 성과를 평가하기 시작했다. 막대한 물량을 투자한지라 사업의 효과는 상당했으나, 저축이나 재투자로는 이어지지 못했다. 네덜란드의 대학에 재직 중인 어느 케냐출신 경제학자가 연구한 MVP 평가보고서는 사우리에서 농업지원을 받은 농가 236가구를 임의추출해, 역시 임의추출한 비지원농가 175가구와 비교했다. 그랬더니 지원받은 농가의 농업생산은 70%가 늘었지만, 모두 다 뱃속으로 들어가 버리고 저축된 것은 없었다.[12] 이렇게 되면 이건 어디까지나 구호(relief)지 개발(development)이 아니다. 구호는 원조가 끝나면 다시 배가 고파지지만, 개발은 원조가 끝나도 스스로의 힘으로 먹을 것을 만들어낸다. 아무리 개발원조를 해줘도 개발이 아닌 구호로 그치고 마니까 언제부터인가는 그냥 개발이라고 하지 않고 '지속가능한 개발(sustainable development)'이라고 못박은 말을 쓰기 시작했다. 구호와 개발의 차이는 흔히 말하는 대로 물고기를 주는 것과 고기 잡는 법을 가르쳐주는 것의 차이다. 요즈음 개발 커뮤니티에선 이걸 조금 바꾸어서 살충제 코팅 모기장에 빗대어 말하는 게 유행하고 있다. 한번 공짜로 모기장을 받아간 사람이 그 모기장이 못쓰게 됐을 때 다음 번 배급까지 기다리면 구호에 그친 것이고, 그 모기장이 얼마나 유익하고 장기적으로 얼마나 많은 약값을 절약해 주는지를 깨달아 시장에 나가서 새 모기장을 구입한다면 그건 개발에 성공한 것이다.

글로벌개발센터(Center for Global Development)의 마이클 클레멘스와 세계은행의 가브리엘 데몸바인즈가 MVP 1기에 대해 조사한 또 다른 평가보고서에 의하면 살충제 코팅 모기장 사용률이나 깨끗한 식수 지원효과는 이전에 비해서 각각 7배, 3.5배가 늘어난 좋은 결과를 낳았지만, 이들 밀레니엄 빌리지의 최종수치는 이런 물량지원을 못 받은 밀레니엄 빌리지 인근지역이나 전국 평균치와 비슷한 수치로 집계되었다. 큰돈을 안 쓴 곳도 그만큼은 나아졌다는 얘기다. 이에 클레멘스 등은 좀 더 과학적인 방법으로 MVP를 평가하기 위해서는 처음부터 비슷한 여건을 갖춘 마을을 통제집단(control group)으로 정한 후, 그곳에는 원조를 안 해주는 가운데 어떤 변화가 있는지를 밀레니엄 빌리지와 비교해야 한다고 제안했다.[13]

더 큰일은 그 다음에 일어났다. 2012년 5월 MVP 평가팀이 영국의 학술지 '란세트'에 실은 MVP의 효과에 대한 보고서에 대해 클레멘스 등의 학자들이 크게 문제를 제기한 것이다. 이 보고서는 통제집단이 빠졌다는 지적에 대응하는 차원에서 뒤늦게 비슷한 여건의 마을들을 비교대상으로 삼아, 지난 3년간 유아사망률, 모자보건, 홍역예방접종, 살충제 코팅 모기장 사용률 등 18개 항목에서 9개 밀레니엄 빌리지와 9개 통제집단 마을들을 비교한 것을 내용으로 하고 있었다. 그런데 대부분의 항목에서는 통제집단에 비해 MVP가 괄목할만한 실적을 올리지 못했고, 오직 5세 이하 유아사망률 감소에서만 통제집단 마을에 비해 32%가 더 감소한 것으로 나왔다.

문제의 핵심은 두 가지였다. 하나는 지난 3년간 밀레니엄 빌리지의 유아사망률은 대폭 하락한 데 비해 비교대상으로 삼은 통제집단 마을들의 사망률은 오히려 증가한 것으로 나타난 것이다. 이는 바로 며칠 전에 세계은행이 그 마을들이 있는 국가의 5세 이하 유아사망률이 최근 들어 대폭 감소했다고 발표했던 것과는 정반대였다. 학자들이 조사한 결과 이 MVP 보고서는 통제집단의 측정연도를 잘못 잡는 등 여러 가지 기술적인 오류로 자료가 왜곡되었고, 그에 따라 MVP의 성과가 부풀려졌음이 드러났다. 만일 이런 왜곡이 없었다면 유아사망률 또한 돈을 안 쓴 다른 마을과 별반 다르지 않았다는 얘기다. 데몸바인즈는 자기가 집계한 바에 따르면 오히려 해당국가 평균치보다 밀레니엄 빌리지의 유아사망률 감소폭이 약간 더 작았다고 주장했다. 두 번째 문제는 자료의 투명성에 있었는데, MVP 측은 보고서를 구성하는 기본자료의 공개를 거부했다. 많은 개발경제학자들과 개발 커뮤니티에서 벌떼처럼 들고 일어났다. 제프리 삭스는 연예인만큼이나 유명한 인물인지라 언론의 관심도 지대했다. 이런 사건을 그냥 지나칠 리가 없었다. 그 결과 한 달도 안 돼 보고서를 쓴 MVP 평가팀의 책임자가 물러났고, 삭스도 오류를 시인하고 외부인사들로 구성된 독립된 전문가 감독그룹을 두겠다고 약속했다.[14]

영국의 학술지 '네이처'는 이 사안이 단순한 자료의 분석에 관한 문제가 아니라, 그보다 훨씬 더 중요한 투명성에 관한 문제라는 내용의 사설을 실었다. 자료뿐 아니라 회계에 있어서도 문제가 있어서 비용에 관한 내역이 불투명하고, 그 바람에 비용 대비 효과 분석이 불가능하다는 지적이었다. 반면 최근 15번째 밀레니엄 빌리지를 시작한 영국정부는 모든 비용을 투명하게 공개하고, 처음부터 외부 기관에 감시를 의뢰했다는 점을 높이 샀다.[15] 이래저래 삭스의 빅 푸시 MVP는 이제 별 효과가 없다는 것이 정설로 굳어져 가고 있다. 그러나 그렇다고 해서 아주 효과가 없는 것은 아니다. 다만 MVP의 지원을 받지 않은 통제집단 마을과 비교해 비슷한 성장을 보였다는 것일 뿐이다. 밀레니엄 빌리지 주민들 입장에서 보면 5년 전보다 몇 배나 생활이 나아진 것은 틀림이 없다. 그렇다면 다른 마을은 어떻게 그렇게 잘 살게 되었을까? 아마도 사하라 이남 아프리카 전체가 2001년부터 평균 5% 이상의 경제성장을 거의 한 해도 빠짐없이 지난 10여년간 지속해 온 결과일 것이다.

베트남 지원을 위해 처음으로 기업에서 모금한 돈으로 시작한 것이 바로 마이크로크레디트 사업이었다. 마이크로크레디트 또는 마이크로파이낸스라고 하면 공연히 거창하게 들리지만, 쉽게 말해서 '소액융자'다. 어느 대기업 임원이 후원해 주신 50만원을 베트남 시골농가 가난한 가정들에게 병아리 살 돈으로 빌려준 것이 첫 번째 소액융자사업이었다. 그런데 병아리를 사주다

보니 전염병의 위험도 크고, 가계소득에도 큰 보탬이 되지 않았다. 그래서 병아리 대신 암송아지로 아이템을 바꿨다. 우리나라가 가난했던 시절, 농가에서 기르던 소를 팔아 자식들을 교육시켰던 경험에서 착안한 아이디어였다. 그렇게 시작한 소액융자사업으로 지구촌나눔운동이 베트남에서 빌려준 암소가 지금까지 1,100마리가 넘는다.

처음 농민들을 상대로 소액융자 프로그램을 계획할 때, 꽤 많은 고민을 했다. 농민들에게 대출을 많이 해주고 있는 국제농업개발기금(IFAD)에서 나온 자료들을 뒤지면서 어떻게 해야 원금을 까먹지 않을까 궁리를 거듭했다. 한 연구보고서에 따르면, 소액융자는 자금의 출처가 어디냐에 따라 상환률이 다르다는 거였다. 주민들이 자기 돈을 모아서 시작하면 거의 100% 상환되지만, 해외원조자금으로 시작할 경우에는 상환률이 현저히 떨어진다는 얘기였다. 당연한 연구결과이긴 하지만, 어쨌든 우리는 상환률을 높일 수 있는 장치를 만들어야 했다. 그래야 주민들에게 도덕적 해이가 일어나지 않고, 돌려받은 상환금을 가지고 다른 가정에도 빌려줄 수 있기 때문이다.

이런저런 연구 끝에 마을관리위원회와 운영지침을 만들고, 까오비엔이란 마을에서 가난한 가정 50가구를 뽑아서 6개월 된 암송아지 구입자금을 지원했다. 농경생활을 하는 사회주의 국가라 그런지 대출해준 돈은 꼬박꼬박 상환되었다. 간혹 구입자금을 제 때 갚지 않는 농가가 있으면, 마을관리위원회와 보증기관인 탕와이 군청을 찾아가 도움을 요청했다. 한 마을에서는 6개월 된 암송아지를 주고 3년 이내에 현물로 암송아지를 상환 받는 방법을 시도했는데, 자기 소가 낳은 예쁜 송아지는 빼돌리고, 시장에서 사온 빼빼 마른 송아지로 대신 갚는 에피소드도 있었다.

3. 마이크로파이낸스

최근 원조와 비즈니스를 혼합하려는 새로운 트렌드는 사회적 기업이라는 형태로도 표출되고 있다. 사회적 기업은 사회적 약자를 돕기 위한 자선기능과 상업적 영리추구라는 비즈니스 속성이 공존하는 이율배반적 구조를 가지고 있다. 이 때문에 상업적 측면이 강조되다 보면 사업의 사회성이 흐지부지되고, 반대로 사회적 혜택에 치중하다보면 수익이 줄어들어 적자가 나거나 사업규모를 확장하기 어렵게 되는 폐단이 있다. 두 가지 사이에서 균형을 잘 맞춰야 하는데 이게 쉬운 일이 아니다. 그래서 사회적 기업은 지속적으로 기부금을 투입하지 않으면 문을 닫아야 하는 실질적인 적자운영 상태로 근근이 유지되는 경우가 많다. 그 반대로 너무 영리 추구에 열을 올리다가, 사업 운영자나 투자자들의 욕심 때문에 많은 문제를 일으키는 업종도 있다.

처음에는 사회적 기업으로 출발했다가 이제는 많은 문제를 낳고 있는 소액금융업, 영어로 마이크로파이낸스가 바로 그런 업종이다. 마이크로파이낸스는 소액융자인 마이크로크레디트뿐만 아니라 예금, 보험, 송금 등 모든 금융업 분야를 다 포함하는 개념이지만, 종종 소액융자를 의미하는 마이크로크레디트와 혼용되고 있다.

무하마드 유누스와 그라민 뱅크

미국 밴더빌트 대학에서 '다목적 저수지 수자원의 최적 배분방법'에 관한 연구로 박사학위를 받고 미국 대학에서 가르치던 무하마드 유누스는 방글라데시의 독립과 함께 1972년 치타공 대학의 경제학과 교수로 부임하게 된다. 처음에는 전공했던 학문을 살려 지하수 관정을 뚫기 위한 용도로 농민들에게 돈을 빌려줬다가 일부 떼이기도 했다.[16] 그러던 어느 날 대학 주변 마을에서 소피아카툰이란 여성을 만나게 된다. 소피아는 중간상인에게서 빌린 돈으로 대나무를 구입해 하루 종일 대나무 의자를 만들었다. 그리고 저녁에는 돈을 갚는 대신 그 중간상인에게 의자들을 되팔아 차액으로 하루 2센트를 벌어서 살아가는 것이었다. 유누스는 다음날 학생에게 조사를 시켜 그런 사람들이 그 마을에 42명이나 되며 그들이 매일 재료를 사기 위해 고리로 빌리는 돈이 모두 27달러에 불과하다는 것을 듣고는 자기 주머니를 털어 그 돈을 융자해준다.[17] 그 후 소액융자의 잠재력을 알게 된 유누스는 은행에서 융자를 얻어 가난한 농촌 여성들을 상대로 본격적인 소액융자를 시작했고, 그 규모가 점점 커져서 1983년에는 정부에서 만들어준 특별조례를 근거로 소액융자를 전문으로 하는 그라민 뱅크를 설립한다. 이로써 유누스는 마이크로파이낸스를 대규모로 성공시킨 최초의 인물이 되고, 2006년에는 그 공로로 노벨평화상을 수상했다.

사실 마이크로파이낸스는 유누스 이전에도 있었다. 가깝게는 방글라데시가 독립하기 전 동파키스탄으로 불리던 50년대, 악타르 하미드 칸이라는 인물이 해외에서 지원을 받아 농민들에게 소액의 영농자금을 대출해주는 프로젝트를 시작했다. 그러나 이 사업은 정부의 지나친 개입과 마을유지들이 대출을 독차지하는 바람에 실패했다.[18] 정부의 입김을 동원해 대출받은 마을유지들이 대출금을 제대로 상환했을 리가 없다. 이에 비해 유누스는 가난한 농촌 여성들에게 소규모 자영업을 시작하기 위한 자금을 빌려주되, 개인에게 융자를 해주면서도 그룹이 공동으로 책임지게 하는 방법을 고안해 냄으로써 융자금 상환률을 98%까지 끌어올리는데 성공했다.

일반은행으로 볼 때 빈곤층에게 소액융자를 해준다는 것은 사업상 지극히 비정상적인 일이다. 첫째, 빈곤층은 제공할만한 담보가 없고, 그렇다고 무담보 융자를 뒷받침해줄 만한 신용기록도 없다. 둘째, 소액융자나 고액융자나 융자를 한 건 처리하는 데 드는 거래비용은 동일하다. 그러므로 소액융자는 타산이 맞지 않는다. 처리금액에 비해 과다한 거래비용은 소액융자뿐 아니라 소액예금에도 적용되는 문제로, 저축을 장려하기 위해 법으로 예금수수료를 없앤 우리나라와는 달리 대부분의 개도국에서는 아직도 소액예금을 받지 않거나 예금구좌 개설시 상당한 액수의 잔고를 요구한다. 그래서 가난한 사람들에게는 은행 문턱이 너무 높다는 소리가 나오게 된다. 이런 사람들에게는 은행과 거래를 하는 것 자체가 큰 재산이고, 은행이 아닌 마이크로파이낸스 기관(MFI)에서라도 융자를 받을 수 있다는 것이 상당히 소중한 특권이다. 이런 사람들은 은행거래를 지속적으로 해온 부유층보다 오히려 연체율이 낮을 수 있다.[†]

유누스는 융자를 받기 위해 담보를 제출할 수가 없는 여성들로 하여금 자기들끼리 믿을만한 사람들을 모아 5명 정도의 소그룹을 구성하게 했다. 융자는 한 그룹에서 한 사람씩만 해주고, 그 한 사람이 융자금을 상환해야만 다음 사람이 융자를 받을 수 있게 함으로써 상환률이 올라가도록 하는 방안을 고안했다. 자신이 미래에 받을 더 큰 융자에 대한 기대감과 동료들의 압력이 담보를 대신한 것이다. 이를 두고 인적담보(human collateral)라고도 한다. 인적담보는 디폴트(채무불이행)를 줄이고, 융자금 상환을 위한 은행의 노력을 최소화함으로써 거래비용의 감소에도 기여를 한 아이디어였다. 나중에 솔리다리티 그룹(Solidarity Group)이라는 용어로 정착된 이 그룹융자 아이디어는 가난한 사람들의 빈곤탈출에 큰 기여를 했다. 유누스는 이들 소그룹을 통해 잘살기 운동을 펼치고, 소그룹을 여러 개 합친 20~30명 정도의 중간그룹이 정기적으로 센터에 모여 각종 필요한 교육을 받도록 했다. 또한 모든 레벨의 그룹이 민주주의를 체험할 수 있도록 회장과 임원을 직접 선출해 그룹을 운영하도록 했다. 이를 통해 생겨난 것이 유명한 '우리들의 결심 16가지'이다.

그라민 뱅크가 세계적으로 유명해진 것은 유누스 자신의 힘이라기보다는 샘 데일리-해리스라는 미국의 한 사회운동가 덕분이다. 데일리-해리스는 1985년

[†] 연체구좌는 영어로 portfolio at risk(PAR)라고 하며, 30일 이상 연체할 경우 PAR30 혹은 PAR〉30으로 표기한다. 연체율은 보통 총 구좌수 가운데 30일 이상 연체하고 있는 구좌의 비율을 말한다.

그라민 뱅크의 초기 후원자인 국제농업개발기금(IFAD)이 만든 그라민 뱅크에 대한 다큐멘터리를 보고나서 마이크로크레디트에 대해 관심을 갖게 된다. 이어서 데일리-해리스는 80년대 후반 유누스를 미국 의회와 언론에 소개했고, 1990년 유누스는 미국의 인기 시사프로그램인 '60분(60 Minutes)'에 등장하면서 유명인사가 된다. 데일리-해리스는 또 1997년 워싱턴에서 당시 퍼스트 레이디였던 힐러리 클린턴이 기조연설을 한 '마이크로크레디트 정상회의(Microcredit Summit)'라는 이벤트를 조직했다. 데일리-해리스가 유누스, FINCA의 설립자 존 햇치와 함께 설립한 마이크로크레디트 서미트 캠페인이라는 단체는 매년 지역별 마이크로크레디트 정상회의 혹은 글로벌 마이크로크레디트 정상회의를 개최해 왔다. 글로벌개발센터의 마이크로파이낸스 전문가인 데이비드 루드먼에 의하면 마이크로파이낸스가 그동안 급성장해 오늘에 이른 것은 이 마이크로크레디트 서미트 캠페인이 활발하게 서구 언론을 움직이고, 막후에서 펀딩을 위한 로비를 벌인 덕분이다.[19] 엄밀히 말하면 지난 30년간 마이크로파이낸스가 성장한 것은 수요가 늘어서라기보다는 이처럼 몇몇 개인과 기관이 중심이 되어 공급을 늘렸기 때문이다.

그런데 그라민 뱅크와 유누스는 최근 들어 많은 구설수에 휘말리고 있다. 2010년 톰 하이네만이 감독한 노르웨이 다큐멘터리 '마이크로 빚에 사로잡히다'†에서 그라민뱅크가 NORAD(노르웨이개발협력처)의 원조자금 1억 달러를 횡령했다는 주장이 제기되어 1차 조사위원회가 구성된 데 이어, 2012년에는 더 광범위한 위법사항들을 조사하기 위한 2차 조사위원회가 구성됨으로써 많은 스캔들을 낳고 있다. 그 바람에 그라민뱅크는 2% 남짓이었던 연체율이 10% 이상으로 늘어나는 등 위기를 맞고 있다. 한편 아일랜드 대통령과 UN 인권고등판무관을 지낸 메리 로빈슨이 주축이 되고 오스카 아리아스 전 코스타리카 대통령, 자크 시라크 전 프랑스 대통령, 제임스 울펀슨 전 세계은행 총재, 미셸

---

† 원제는 *Caught in Micro Debt*

캉드쉬 전 IMF 총재 등이 가세해 구성된 '그라민의 친구들(Friends of Grameen)'이라는 구명조직은 이 모든 스캔들이 방글라데시 정부의 정치적 계산에서 나온 탄압이라는 주장을 펼치고 있다.[20]

마이크로파이낸스와 빈곤탈출

그동안 금융의 혜택을 전혀 모르고 살았던 절대빈곤층에게 마이크로파이낸스는 분명히 좋은 선물이 될 수 있다. 금융서비스는 절대빈곤층으로 하여금 매일매일 근근이 연명하는 생활에서 탈출해 미래를 위한 설계가 가능한 경지로 진입할 수 있게 해준다. 그러나 금융서비스는 어디까지나 이자라는 대가를 치러야 하는 상품이다. 남용할 경우 해가 될 수도 있다. 상부상조하는 커뮤니티 정신과 융자금 상환률을 높여주고 거래비용을 줄여주는 솔리다리티 그룹도 만병통치약은 아니다. 그룹 멤버간의 압력이 지나치면 폭력으로 이어지거나, 자살로 이어지기도 한다.

마이크로파이낸스가 빈곤탈출에 실질적인 도움이 되려면 소비를 위한 융자가 아니라 사업자금을 위한 융자가 되어야 한다. 또한 돈만 빌려주는 것이 아니라, 사업이 성공할 수 있도록 측면지원을 해주는 것도 중요하다. 아이티 최대의 MFI인 폰코제(Fonkoze)는 빈곤탈출을 네 계단으로 나누어 매우 저렴하고 실용적인 방법으로 접근한다. 첫 계단은 1년 반 동안 자신감을 갖도록 용기를 북돋워주고, 보건과 집수리에 치중한다. 이 기간은 앞으로 소액융자를 받아 자영업을 시작할 수 있도록 준비시키는 기간이다. 둘째 계단은 티 크레디(Ti Kredi, 작은 크레디트)라는 단계이다. 티 크레디는 폰코제의 핵심 프로그램으로 진입하기 전에 25달러 융자를 받게 하되, 집중적인 능력배양 교육과 융자담당 직원의 카운슬링을 함께 받게 한다. 셋째 계단은 폰코제의 핵심 프로그램으로 서로 가까운 5명이 한 솔리다리티 그룹이 되어 단체로 융자를 받는다. 이 그룹은 다시 30~40명의 크레디트 센터 그룹으로 확대 조직되어, 장기적으로 함께 행동한다. 첫 융자액은 75달러로 석 달 안에 갚아야 하며, 1,300달러를 빌려 여섯 달 안에 갚을 때까지 점차 융자액수를 늘려간다. 크레디트 센터 그룹은 한 달에 두 번 정기적으로 만나 문맹퇴치 교육, 비즈니스 운영교육, 건강검진 등을 받으며 레크리에이션 시간을 갖기도 한다. 이 기간에는 또 저축을 장려한다. 마지막 넷째 계단은 1,300달러를 빌려 일 년 안에 갚는 것으로부터 시작해 점차 융자액을 늘려간다. 현재 최고 융자액은 25,000달러를 넘어섰다. 이 단계를 지나면 고객은 일반금융권으로 진입하여, 지역사회에 일자리를 만들어주는 정식기업가가 된다.[21] 마이크로파이낸스의 위력을 엿볼 수 있게 해주는 프로그램이다.

지구촌 빈곤퇴치를 위한 마이크로파이낸스의 잠재력을 인정한 UN에서는 2005년을 마이크로크레디트의 해로 선포하기도 했다.

마이크로파이낸스의 현황

현재 지구상에는 은행 등 공식 금융기관을 사용하지 않고 있는 인구가 36억이나 된다. 이중 18억은 잠재적 대출수요자다.[22] 마이크로크레디트 서미트 캠페인의 2013년 연례보고서에 따르면 2011년 말 전 세계의 마이크로크레디트 고객 수는 1억 9천 5백만이었다. 가구당 5인으로 환산하면 거의 10억에 가깝다. 이 가운데 절대빈곤층 고객은 64%, 1억 2천 4백 3십만으로 가구당 5인으로 환산해 6억 2천만의 절대빈곤층이 마이크로크레디트의 혜택을 보고 있는 셈이다.

1억 9천 5백만 고객 가운데 여성은 1억 4천 7백만으로 전체의 75%가 여성 고객이다. 절대빈곤층 고객 중에서는 여성의 비율이 훨씬 더 높아 무려 82%에 달한다.[23] 여성은 보통 사회적 오명에 더 민감하고, 이재와 수치에 밝아 연체율이 낮다. 고객의 대부분이 여성인 MFI는 그렇지 않은 MFI에 비해 연체구좌 비율이 1~2% 포인트나 낮은 것으로 알려졌다.[24] 마이크로크레디트의 연체비율이 보통 3~5% 정도인 것을 감안하면 1~2%는 상당한 차이다.

마이크로파이낸스의 현황을 일목요연하게 정리한 자료 가운데는 도이치방크의 연구팀에서 2012년 발표한 '진화하는 마이크로파이낸스'[§]라는 보고서도 있다. 이 보고서에 의하면 MFI에는 NGO, NGO로 출발해 마이크로파이낸스를 전문으로 하기 위한 기관으로 변신한 비은행금융기관(NBFI, Non-Bank Financial Institution), 일반은행, 금융조합, 소규모 지방은행 등이 있다. 이 가운데서 NGO, NBFI, 일반은행이 시장의 대부분을 차지한다. 업체수나 전체 고객수로는 NBFI가 가장 많고, 다음으로 NGO, 일반은행 순이다.[**] 그러나 자산 즉 융자액은 일반은행이 가장 많고, 다음으로 NBFI, NGO 순이다.[††] 이는 MFI 당 고객수와 고객 당 융자액에서 제도권 금융기관으로 규모의 우위를 누리는 일반은행이 월등하게 유리하기 때문이다. 원래 마이크로파이낸스는 NGO가 대종을 이루었으나, 여기서도 보듯이 그 무게중심이 점차 전문화된 금융기관인 NBFI로 넘어가고 있는 추세다. 특히 동유럽과 중앙아시아에는 이 NBFI가 많고, 지점망도 잘 발달되어 있다. 이 지역에서는 그동안 여러 나라에서 은행법을 고쳐 NBFI도 고객의 예금을 받을 수 있도록 하고 있다. 더러는 NGO도 예금을 받을 수 있도록 한 곳도 있다.[25]

마이크로파이낸스는 사회사업으로 시작된 탄생배경으로 인해 초기에는 외부에서 기부금이나 원조를 받아 은행이자율보다 낮은 이자로 절대빈곤층에게 융자를 해줬다. 그러나 곧 문제가 생겼다. 은행이자보다 싼 대출이므로 영향력이 있는 엘리트들이 다 가로채가고, 정작 빈곤층에게는 소액융자의 문턱이 높

---

§ 원제는 *Microfinance in Evolution: An Industry Between Crisis and Advancement*
** 업체수는 NBFI 35%, NGO 33%, 일반은행이 8%이고, 전체 고객수는 NBFI 39%, NGO 30%, 일반은행이 28%이다.
†† 융자액은 일반은행 52%, NBFI 28%, NGO가 12%이다.

아지는 모순이 나타나기 시작했다. 동시에 정부주도로 시행했던 농촌의 영농자금 대출정책이 실패로 돌아가고, 신자유주의가 득세하면서 90년대 들어서부터는 민간주도의 마이크로크레디트에 대한 수요가 증가하기 시작했다. 이 수요를 메우기 위해서는 마이크로파이낸스의 상업화가 불가피했다. 상업화는 이자율의 현실화를 의미한다. 이자율이 은행이자보다 더 높아지고 수익성이 좋아지자 많은 자금이 유입되었고, MFI는 수지타산이 맞아 자립이 가능해졌다. 이는 저소득층을 사업대상으로 하는 MFI도 마찬가지였다. 더 많은 빈곤층을 도우려면 상업화가 불가피하다는 논리가 득세했다. 그러자 전체적으로 마이크로파이낸스에 대한 기부금이 줄어들었다. NGO는 아직도 기부금에 의존하는 비중이 높으나, NBFI의 경우에는 외부에서 투입된 자금으로 운영되는 회사들이 늘어났다. 일반은행에는 물론 기부금이 없다. 도이치방크 보고서에 의하면 2002~2010년 사이에 NBFI의 기부금 의존비율은 10%에서 1%로 10배가 줄었다.

버블이 생길 때는 언제나 그렇듯이 마이크로파이낸스에서도 수요가 부풀려서 인식되는 폐단이 있었다. 아무리 지구상에 은행출입을 못하는 인구가 36억이고, 그 중 절반인 18억은 잠재적 대출수요자라고 해도 빈곤층이라면 누구나 소액융자를 원하는 것은 아니다. 자영업보다는 직장에서 급료를 받는 편을 선호하는 사람들도 많고, 자영업자 가운데도 대출을 받아 사업을 확장하는 모험보다는 현상유지를 더 선호하는 사람들도 많다. 그러나 신용대출 버블이 생기면 이런 사람들도 영향을 받아 전에는 대출을 원치 않았던 사람들까지도 덩달아 대출을 받게 되는 현상이 생긴다.[26]

마이크로크레디트의 버블은 공급자 중심으로 일어났다. MFI가 수익성이 좋은 투자처라는 소문이 나자 외국으로부터 들어오던 공적자금이 늘어나고, 곧이어 민간자금도 움직이기 시작했다. 2005년에는 공적자금 12억 달러, 민간자금 11억 달러의 외국자본이 투자되었다. 5년 후인 2010년에는 공적자금이 75

억 달러, 민간자금이 54억 달러로 늘었다. 민간자금은 주로 마이크로파이낸스 투자기금(Microfinance Investment Vehicle, MIV)이라는 형식으로 유입되는데, 현재 지구상에는 약 100개의 MIV가 운용되고 있다. MIV는 저개발국가의 개발도 돕고, 투자에 대한 수익도 올린다는 취지의 양면성 투자인 사회적 투자의 한 부분이다.

인도의 마이크로크레디트 대란

마이크로파이낸스의 가장 큰 문제점은 소액융자의 높은 이자율이다. 고객수가 늘어나고 회사규모가 커져 수익률이 좋아져도 이자율이 떨어지는 적은 거의 없고, 모든 대형 MFI들은 높은 이자율을 고수한다. 오히려 새로 시장에 뛰어든 소규모 MFI들이 조금이라도 낮은 이자율로 고객을 유치해 보려고 애쓴다. 2010년 말 인도가 안드라 프라데시의 마이크로크레디트 대란으로 홍역을 치르고 난 후, 인도 중앙은행의 위촉을 받아 인도 내 MFI 업계 전반에 걸친 진상조사를 실시한 말레감위원회의 보고서에 의하면 대형 MFI의 이자율은 연 31.02%~50.53%로, 평균 36.79%였다. 이에 비해 소규모 MFI의 평균 이자율은 연 28.73%였다. 여기에 각종 수수료가 붙고, 일부 MFI는 융자액에서 보증금 명목으로 일정금액을 제하고 고객에게 지불하는 방식으로 이자율보다 더 높은 이익을 갈취한다.[27]

이처럼 높은 이자율은 고객이 융자금을 투자해 그 이상의 소득을 올리지 못할 경우, 가난한 사람들을 빚더미에 올라앉게 만드는 올가미가 된다. 빚더미까지는 아니더라도 어쨌든 이자가 붙는 융자금은 가난한 사람들의 피곤한 삶을 더욱 힘겹게 만든다. 이런 상황들이 벌어지는 지구촌 달동네의 고달픈 삶을 엿볼 수 있게 해주는 사건이 2010년 말 인도 28개 주 가운데 하나인 안드라 프라데시에서 발생한 마이크로크레디트 대란이다.

이 사건에 대한 상세한 종합보고서인 '인도내 마이크로파이낸스의 흥망'(2013년)[††]을 쓴 독일 막스 플랑크 사회학연구소의 필립 메이더에 의하면 인도에는 영국 식민지 시절부터 사회복지정책의 일환으로 농촌 빈곤층에게 대부를 해주는 전통이 있었다. 인도에서는 솔리다리티 그룹을 SHG(Self-Help Group, 상호부조그룹)라고 부르는데, 보통 10~20명의 최하층민 카스트이자 빈곤층 여성들로 구성되며, 정부가 이들의 구성을 주도하는 적이 많다. 인도의 국영 농업은행인 NABARD에 의하면 인도에는 약 8백만개의 SHG가 존재하며, 그 구성원은 1억 3백만 명에 이른다. 대개 한 가구 당 한 명의 여성이 SHG에 가입하므로 이 수는 곧 가구 수이기도 하다. 이중 절반 정도가 은행에서 소액융자를 받는다. 한편 은행이 아닌 민간 MFI들은 정부주도의 SHG 소액융자 프로그램보다 훨씬 더 공격적으로 영업을 해 상환률을 거의 100% 수준까지 끌어올렸다. 이들은 모두 영업실적에 따라 보너스를 받는 인센티브 제도를 도입하고, 상환률을 높이기 위해 여러 가지 편법들을 동원하는 것으로 알려졌다. 결국은 이런 영업실태가 화근이 됐다.[28]

　그런 가운데 1995년 안드라 프라데시에는 인도에서 가장 야심찬 신자유주의 정책을 표방한 주정부가 들어섰다.[§§] 이 정부는 IMF로부터 구조조정 융자를 받아 그때까지 사회복지 차원에서 농촌 빈곤층에 해주던 정부주도 융자를 대폭 줄여나가는 개혁을 실시했다. 정부주도의 융자가 줄어들자 그 공간을 메우러 민간 MFI들이 몰려들었다. 정부도 사회복지예산을 줄일 수 있게 해주는 이들 민간 MFI들을 환영하고 지원해줬다. 그러기 위해 정부는 SHG 수를 크게 늘리고, 늘어난 SHG는 더 많은 MFI들을 불러들였다. 그러다 보니 여러 곳에서 복수융자를 받는 SHG의 수가 늘어갔다. 인도 경제가 급성장하고 있고, 세계은행도 자금지원을 아끼지 않았다. 융자자금이 넘쳐나니, 보너스에 눈이 먼 MFI 영업사원들은 '묻지마' 융자를 해주기 바빴다.[29]

---

†† 원제는 Rise and Fall of Microfinance in India: The Andhra Pradesh Crisis in Perspective
§§ 친비즈니스 성향의 이코노미스트지는 이 무렵 안드라 프라데시를 가리켜 인도 전체를 개혁할 주라고 치켜세웠다.

문제는 이 소액융자들이 자영업 투자를 위한 것이 아니라, 원래 궁핍한 빈곤층의 사회복지 대용이었다는 데 있었다. 2003~6년 사이 가뭄에 쪼들린 빈곤층은 은행이나 MFI는 물론이고, 고리대금업자들에게도 닥치는 대로 돈을 빌렸다. 갚을 길이 없어지면 MFI 영업사원들은 새로 융자를 받아 돌려막기를 할 수 있게 도와줬다.[30] 두 번째 가뭄이 절정에 달했던 2009년 한 해 동안 안드라 프라데시의 10대 MFI는 모두 고객수를 두 배로 늘렸다. 안드라 프라데시 주민의 융자액 총액도 이 기간 동안 두 배 이상으로 늘어서, 가구 당 부채액이 인도 전체평균의 8배에 달했다.[31]

과도한 부채로 인한 폭력사태가 이어지자 주정부가 개입하기 시작했다. 폭력사태는 그룹융자를 받은 채무자들끼리, 혹은 MFI 직원이 채무자를 폭행하거나, 반대로 채무자들이 MFI 직원을 폭행하면서 벌어졌다. 융자금 상환을 독촉하기 위해 아이들을 납치하거나, 어린 딸들에게 매춘을 시키도록 종용하는 사례도 있었다. 무엇보다 마이크로 보험의 혜택을 받아 융자금을 상환할 수 있도록 채무자들에게 자살압력을 가하는 MFI도 있었다. 안드라 프라데시 주정부는 민간 MFI의 희생자 123명의 명단을 공개하고, 융자금 상환독촉에 몰려 자살한 76건을 조사하기 시작했다. 결정적으로는 45일간 30건의 자살이 발생했음을 들어 MFI로부터 채무자들을 보호한다는 명분 아래 10월 15일 MFI의 영업을 강력하게 규제하는 조례를 통과시켰다. 이 조례는 5일 후 법원에 의해 일부 무효화되었으나, 그 파급효과는 엄청났다. 안드라 프라데시의 마이크로파이낸스 업계는 순식간에 초토화되었다. 연체율은 100% 가까이로 치솟았다.[32]

이 사건이 주는 교훈은 한 마디로 버블의 위험성이다. 소외된 빈곤층에게 금융서비스를 제공함으로써 그들의 어려운 처지를 돕는다는 취지로 시작된 마이크로파이낸스지만 과도하게 상업화될 경우에는 거대한 부채의 버블로 변해 오히려 화가 될 수도 있다는 사실이 이 사건으로 명백하게 드러났다. 이 버블이 터지면 그동안 마이크로파이낸스를 돈 버는 투자처로 생각했던 투자자들도 물론 피해를 보지만, 이제는 소액융자라는 유용한 도구마저 빼앗겨 버린 빈곤층도 피해자가 된다. 이 사건에서도 보여줬듯이 MFI는 투자심리 과열로 돈이 몰려 공급자중심 구조가 되면 위험해진다. 그렇게 되면 빈곤층 고객들이 MFI에 내는 이자가 그들을 위한 교육이나 잘 살기 위한 동기부여 활동에 쓰이지 못하고, 영업사원의 보너스나 투자 배당금으로 대부분 빠져나간다. 그런 상황 하에서는 솔리다리티 그룹 내 분위기도 서로를 원망하고 미워하는 분위기로 변하기 쉽다. 그러므로 마이크로파이낸스는 늘 지나친 상업화를 경계하고, 사회적 혜택을 강조하려는 노력이 필요하다. 그러려면 우선 고객의 사는 모습을 잘 관찰하고, 그들에게 진정으로 필요한 것이 무엇인지를 살펴봐야 한다. 그리고 나서 그 필요에 적합한 마이크로파이낸스 상품을 개발한 다음, 지속적으로 그 사회성을 평가해 나가야 한다. 그래야만 마이크로파이낸스는 지속가능한 성장을 유지할 수 있다.

P2P 마이크로 렌딩 사이트

최근의 마이크로파이낸스 관련 트렌드 가운데 P2P 렌딩 사이트라는 게 있다. 2005년 미국의 매트 플래너리와 제시카 재클리에 의해 시작된 Kiva.org가 대성공을 거둔 후, 미국과 유럽에서 우후죽순 격으로 일어나고 있다. 이 사이트들은 선진국 네티즌들에게 별 부담 없이 지구촌 달동네의 소규모 자영업자들을 돕는 길을 열어줌으로써 마이크로파이낸스 업계에서 큰 변화를 주도하고 있다. 이 사이트들의 가장 큰 특징은 기부가 아니라 융자를 주선한다는 점이다. 여러 사용자들이 십시일반으로 모아서 한 사람의 융자신청액을 채워준다. 이런 방식의 모금을 크라우드 펀딩(crowd funding) 혹은 크라우드 파이낸싱(crowd financing)이라고 한다. 대부분은 25달러(Kiva.org) 이상이지만, 작게는 5유로(MYC4.com) 이상의 소액을 인터넷 사이트를 통해 지구촌 달동네의 어려운 사람에게 빌려주고 나면 몇 달 후, 그 돈이 상환되어 다시 사이트 안의 내 구좌로 들어온다. 그럼 그 돈을 돌려받거나, 다른 대상을 찾아 융자해 주는 것이다.

Kiva는 런칭 하자마자 많은 사람들의 호응을 얻었고, 곧 무수한 유사 사이트들의 등장을 초래했다. 다른 자선사업에서도 그렇듯이 지구촌의 빈곤층을 돕는 새로운 방법이 생겼다는 소문이 나자 상당한 거액을 투자하는 개인과 기관들이 몰려들었다. 특히 MYC4처럼 이자를 주는 소액융자 사이트가 나오면서 더욱 새로운 사회적 투자방법으로 관심을 끌게 되었다.

가장 먼저 등장한 Kiva는 2005년 4월 총 3천 5백 달러에 달하는 7건의 융자를 성사시킨 후 그 해 9월에 전액을 다 상환 받으면서 가능성이 증명되었고, 그 다음 달 정식으로 런칭했다. 하루가 다르게 성장하기 때문에 통계수치가 별 의미는 없으나, 2013년 3월 말 현재 약 140만의 사용자가 있으며 그중 90만 명이 융자에 참여했다. 1인당 평균 9건의 융자에 참여해, 1백만 명의 융자신청자 가운데 모두 54만 건의 융자를 성사시켰다. 평균 융자액은 404달러로, 이제까지 융자된 총액은 4억 1천 7백만 달러가 넘는다. 상환률은 99%이다. 본부는 샌프란시스코에 있으며, 67개국에서 필드 파트너라고 부르는 현지 MFI 190개 회사를 통해 일한다. 이들 MFI가 수집해 보내는 그 지역 융자신청자들의 파일을 전 세계의 450명 자원봉사자들이 번역하거나 편집해서 사이트에 올리고, 사이트 사용자는 이 중에 돕고자 하는 사람을 골라서 자기가 빌려주고 싶은 금액만큼 지원하는 시스템이다.[33] Kiva의 운영예산은 2010년의 경우 6백만 달러였지만 이는 모두 별도의 기부금으로 충당하고, 사용자가 빌려주는 금액은 전액 현지에서 소액융자로 쓰인다. 사용자는 이자를 받지 않고 원금만 상환 받지만, 현지 MFI는 연 35.21%를 이자 및 수수료로 징수해 자체비용을 조달한다.[34]

Kiva 사이트에 들어가 보면 자기가 이제부터 도와주는 돈이 다른 사용자들의 돈과 합쳐져 사진에 보이는 빈곤국가의 자영업자를 도와주는 것처럼 보이지만 실제로는 그렇지가 않다. 이미 그 자영업자는 MFI로부터 융자를 받았고, 사용자는 그 MFI가 지불한 융자기금을 채워주는 것일 뿐이다. 이는 선진국 네티즌과 달동네의 자영업자를 직접 연결해준다는 새로운 비즈니스 모델을 실감나게 체험할 수 있도록 하기 위한 눈속임이다. 네티즌과 달동네를 직접 연결해준다고는 하지만 실제로 이들 사이트는 그저 모금을 위한 포털일 뿐이고, 가난한 사람들을 돕는 일은 모두 현지의 MFI들이 맡는다. MFI로서는 고객이 찾아와 사진을 찍고 자신의 스토리를 제공한 시점에서 융자를 해주는 것이 효율적이지, 그렇지 않으면 Kiva에서 융자금이 도착했을 때 고객이 다시 MFI에 와야 하므로 업무에 지장이 많다. 사실 달동네의 소액융자 고객은 MFI하고만 상대를 하지 Kiva나 Kiva를 통해 자기에게 융자를 해준 네티즌에 대해서는 전혀 모르는 것이 정상이다. 한때는 이 점을 글로벌개발센터의 데이비드 루드먼이 폭로해 작은 파문을 일으키기도 했다.[35]

MYC4.com은 Kiva보다 반 년 늦은 2006년 5월 덴마크에서 설립됐다. 초창기 덴마크의 해외원조기구인 DANIDA와 덴마크 정부가 출자한 상업성 투자기금인 개도국투자기금(Investment Fund for Developing Countries, IFU)으로부터 상당한 지원을 받아 아프리카에 주력하고 있다. 그러나 덴마크 정부와는 상관이 없고, 민간인이 운영하는 사이트다. Kiva보다는 훨씬 규모가 작아 2013년 3월 말 현재까지 약 2만 명의 투자자가 그동안 1천 9백만 유로를 아프리카의 자영업자 1만 1천 명에게 융자해 줬다. 평균 융자액은 약 1,700유로로 Kiva보다 훨씬 크다.[36] 이자를 주기 때문에 상당히 큰 금액을 투자하기도 하고, 융자신청액의 크기도 크다. 융자신청자는 융자액, 상환기간과 함께 최고이자율을 제시하고, 투자자는 타겟 이자율과 최저이자율을 제시해 가장 낮은 이자율로 융자가 성사될 때까지 옥션방식으로 진행된다. 이때는 개도국의 마이크로파이낸스가 좋은 투자처라고 생각하고 투자하는 사람들이 많았다. 그러나 2009년 아프리카에서 MYC4 업무를 대행하던 몇몇 MFI들과 소액융자의 보험회사들이 도산하면서 돈을 떼인 투자자들이 속출하는 바람에 큰 곤욕을 치렀다.[37] 그러나 다시 전열을 재정비해 지금은 그런대로 성업 중이다. 현재 투자자는 보통 10%대의 이자를 받으며, 10%대 후반의 이자를 요구해 받는 적도 많다.[38]

MYC4 이후에도 중남미와 터키를 대상으로 하는 체코의 Myelen.com (2007년), 개도국 대학생의 학자금 융자를 전문으로 하는 미국의 Vittana.org (2008년), 와튼 비즈니스 스쿨의 유대인 학생 두 명과 팔레스타인 학생 두 명이 팔레스타인의 자영업자들을 돕기 위해 세운 LendForPeace.org(2009년), 융자 대신 자영업자가 현지에서 은행대출을 받도록 보증을 서주는 미국의 UnitedProsperity.org(2009년), 프랑스 최초의 P2P 렌딩 사이트인 Babyloan.org(2009년), 중간에 MFI를 거치지 않고 네티즌과 자영업자를 직접 연결해 주는 미국의 Zidisha.org(2009년) 등이 설립되었다.

이 가운데서 Zidisha.org는 여러 가지로 주목할 만한 사이트다. Zidisha의 설립자 쥴리아 커니아는 세네갈의 SEM(Senegal Ecovillage Microfinance) 펀드에서 공동설립자로 일하며 아버지와 함께 새로운 마이크로파이낸스 소프트웨어를 도입한 경험과 미국정부의 아프리카개발재단에서 다년간 근무한 경력을 가지고 있다.[39] 그런 그녀가 구상해 낸 이 아이디어는 다소 부진한 사업실적에도 불구하고 마이크로파이낸스의 미래를 내다볼 수 있게 해주는 측면이 있다. 앞으로 몇 가지 문제점들이 개선되면 네티즌과 지구촌의 달동네를 직접 연결한다는 이 참신한 아이디어가 Kiva보다 더 빛을 볼지도 모른다.

Zidisha는 중간에 업무를 대행해 주는 MFI가 없기 때문에 많은 자원봉사자들을 동원하는 비즈니스 모델을 택했다. 설립자인 쥴리아 커니아도 공무원 신분으로 자택에서 파트타임으로 봉사한다. 중간에서 높은 이자를 징수하는 MFI가 배제된 덕분에 융자신청자가 부담하는 이자가 싸다. 사이트에서 주장하는 평균 이자율은 10%인데, 이 중 사이트가 5%를 거래 비용으로 가져가고, 투자자는 그 나머지를 받는다. 실제로는 그 이상을 내겠다는 신청자도 있고, 0% 이자로 융자를 신청하는 사람도 있다. 융자신청자는 우선 이 사이트에 들어가 사진을 비롯한 자신의 자세한 인적사항과 추천서를 작성해서 올린다. 그러면 사이트는 그 내용을 검증하고 나서 신청자의 융자신청 내역을 사이트에 올리도록 허가한다. 그 다음부터는 사이트 사용자와 융자신청자가 직접 거래를 하고, 첫 융자가 성사되면 신원을 확인하는 데 들어간 비용으로 처음에만 12달러를 사이트에 내야 한다. 그 후에도 네티즌과 자영업자는 사이트의 해당 융자 프로필 페이지를 통해 대화를 이어나갈 수 있다.[40]

스와힐리어로 '성장', '확장'이라는 말인 Zidisha는 2013년 8월 중순 현재 약 6천 2백명의 회원들 가운데 3천 4백명의 등록된 투자자가 99개국 내 약 3천 2백개의 비즈니스에 125만 달러를 융자해 줬다. 상환률은 약 94%다.

실적이 이렇게 미미한 것은 사용방법과 자격요건이 까다롭기 때문이다. 우선 신청자는 인터넷과 영어를 할 줄 알아야 한다. 또 상환금을 매달 갚아나갈 수 있을 만한 고정수입이 있어야 하고, 빚이 전혀 없어야 한다는 자격요건을 통과해야 한다. 게다가 달동네 자영업자가 구비하기엔 요구하는 서류가 너무 까다롭다. 그렇게 해야만 융자금 상환에 대한 리스크를 온라인으로 관리할 수 있기 때문이다. 대부분의 MFI들은 고객과 대면한 가운데 이런 리스크 관리를 경험과 직감에 의해 즉석에서 처리하는데, 이 업무를 인터넷으로 하다 보니 Zidisha에 융자를 신청할 수 있는 사람은 상당히 제한되게 된다. 둘째로는 선진국의 투자자가 가난한 나라의 자영업자와 직접 대화를 나누는 것을 부담스러워 할 수도 있다는 점이다. 이런 사람들은 Kiva처럼 익명으로 형편껏 돕는 것을 선호한다. 송금은 케냐의 경우 잘 발달된 휴대전화 송금수단인 M-Pesa를 사용하고, 그 외의 지역은 은행을 통해서 하는데 이것 또한 문제다. 은행을 드나들 수 있을 정도면 이미 마이크로파이낸스를 졸업한 수준이기 때문이다. 마지막으로 그래도 고객과의 휴먼 인터페이스가 필요한 부분이 남아 있어서 이를 위해 고객관계 매니저라는 타이틀을 만들어 2~6개월간 인턴을 보내 관리하는데, 이 업무가 만만치 않다. 뿐만 아니라 번역, 웹 디자인, 비즈니스 멘토 등 다른 여러 가지 자원봉사자 수요가 많아 사업 확장이 어렵다.[41] 그러나 네티즌이 지구촌 달동네의 고객과 직접 거래를 한다는 진정한 P2P 플랫폼이 주는 매력은 이런 모든 결점을 가려주고도 남는다. 이를 증명이라도 하듯 Kiva는 2년 후 Zidisha를 본받아 Kiva Zip이라는 직거래 사이트를 개설했다.[42]

전통적인 사(私)금융 제도

공식적 금융서비스를 못 받는 지구촌 달동네 주민들은 고리대금업자를 포함해 여러 가지 전통적인 사(私)금융 제도를 이용한다. 고리대금업은 전 세계적으로 성업 중인 인류공통의 업종으로, 남미, 아시아, 아프리카의 14개국에서 이자율을 조사한 결과 고리대금업자의 76%는 월 10% 이상을, 22%는 월 100% 이상을 이자로 징수하는 것으로 나타났다. 무하마드 유누스는 바로 이런 높은 이자율 때문에 소액융자를 시작했는데, 마이크로파이낸스의 확산에도 불구하고 고리대금업은 오히려 최근 들어 더욱 각광을 받고 있다. 급전이 필요할때 신속하게 빌려주며, 익명을 보장하고, 상환스케줄이 신축적이기 때문에 비싼 이자에도 고리대금업자를 선호하는 사람들이 꽤 있다. 이들은 대개 MFI가 주관하는 각종 미팅에 참석한다거나, 소액융자를 받기 전에 이수해야 하는 교육과정을 싫어한다. 다른 데 쓰려고 돈을 빌리면서 자영업을 위한 사업자금을 빌리는 것처럼 위장해야 하는 점도 MFI 고객들의 공통된 불만사항 중 하나다.[43] 위장하지 않고 정직하게 말하면 융자를 안 해주기 때문이다.

고리대금업 말고도 우리나라의 계와 유사한 제도가 전 세계적으로 존재한다. 파키스탄에서는 영어로 커미티, 가나에서는 수수, 잠비아와 말라위에서는 칠림바, 모잠비크에서는 지티크, 카메룬에서는 장기, 콩고민주공화국에서는 리케렘바, 스리랑카에서는 싯뚜바, 프랑스 식민지였던 지역과 캄보디아에서는 톤틴, 인도네시아에서는 아리산이라고 하는데, 이는 금융조합이 형성되기 이전단계로 볼 수 있는 금융조직이다. 이들을 전문용어로는 '회전식 저축신용조합(Rotating Savings and Credit Association, ROSCA)' 이라고 한다.[44]

남아시아에는 이와 유사하게 아는 사람들끼리 모여서 한 사람을 정해 그 사람에게 돈을 맡기고, 그때그때 필요에 따라 회원들이 대출을 받아가는 일종의 초미니 은행제도가 있다. 보통 8~12개월의 미리 정해놓은 기간이 경과하면 모든 융자금을 회수하여 원금과 이익금을 회원들에게 분배한다. 이런 제도는 전문용어로는 '누적식 저축신용조합(Accumulating Savings and Credit Association, ASCA)'이라고 한다. 개발NGO들은 오래 전부터 이런 전통적 금융제도를 활용하려는 노력을 해왔다. 특히 사하라 이남 사헬 지역처럼 인구밀도가 낮고, 경제활동도 별로 없는 지역에서는 이 방법 외에는 지속가능하게 금융서비스를 제공할 수 있는 길이 거의 없다. 이런 지역은 마이크로파이낸스를 하기에도 인구밀도가 너무 낮아 거래비용을 도저히 당해낼 수가 없다.[45]

그중 대표적인 성공케이스가 남아시아의 ASCA를 케어(CARE)에서 표준화해 서아프리카 사헬 지역의 20만 주민들에게 보급시킨 니제르의 '마타 마수 두바라(약진하는 여성들)' 프로그램이다. 이렇게 표준화한 ASCA는 '마을단위 저축신용조합(Village Savings and Loan Association, VSLA)'이라고도 한다. 이 마타 마수 두바라 프로그램은 케어에서 르완다, 말라위, 말리, 모잠비크, 우간다, 에리트레아, 잔지바르, 짐바브웨로도 확산시키고 있다. 회원은 보통 20~40명이고, 기간은 8개월이 가장 많다. 전통적 ASCA와 다른 점은 선거절차가 표준화되고, 회계를 맡은 사람과 돈을 세는 사람, 모임을 준비하는 사람 사이의 업무분담을 철저하게 하며, 돈을 보관하는 통에 세 사람이 열쇠를 나눠 갖는 삼중 자물쇠를 채우는 점 등이다. 기본적으로 회원들끼리 정기적으로 모여 납입한 저축액이 일정 수준에 달하면 그때부터 목돈이 필요한 회원에게 이자를 받고 빌려주는 제도다. 이자는 월 5~20%이고, 회원들은 보통 회기말에 투자액의 37~150%를 이익으로 배당받는다.[46]

2013년 3월말 현재 케어, 옥스팜, CRS, PLAN 등 6개 NGO에서는 아프리카 19개국과 인도, 캄보디아, 타지키스탄, 파키스탄 등 23개국에서 137개 프로젝트를 통해 7만개 이상의 이런 VSLA 그룹을 관리하는 사업을 수행하고 있는데, 참가자는 모두 180만 명에 이른다. 게이츠 재단의 SAVIX(Savings Group Information Exchange)에서는 이 모든 프로젝트들을 모니터링하면서 주요 경제지표들을 검색할 수 있는 데이터베이스를 운영하고 있다. SAVIX 웹사이트(www.savingsgroups.com)에 들어가 보면 이 데이터베이스를 만날 수 있

는데, 이는 게이츠 재단 내 빈곤층을 위한 금융서비스 부문에서 주관하는 수많은 프로그램 중 하나다.[47]

M-Pesa

케어(CARE)가 니제르에서 성공시켜 아프리카 전역에 확산시키고 있는 마타 마수 두바라 프로그램은 회원들에 의해 운영되는 금융공동체이므로 따로 거래비용이 들지 않는다. 그 대신 범위가 회원들만으로 제한되어 있고, 성장에도 한계가 있다. 반면에 케냐에서 대박을 터뜨린 M-Pesa(M은 모바일, Pesa는 스와힐리어로 돈), 즉 모바일 머니라는 프로그램은 인구가 4천만인 케냐에서 이미 1천 7백만 명의 가입자를 확보하고 있으며, 아프가니스탄과 탄자니아에서도 성공리에 확산 중이다. 그밖에 남아공과 인도에도 진출했다. 이 M-Pesa 역시 저비용 구조로 마이크로파이낸스의 새로운 지평을 열어줄 미래의 유망주로 떠오르고 있다.

현재 지구상에는 줄잡아 30~40억이 넘는 휴대전화 인구가 있다. 휴대전화는 40~60억대가 있는 것으로 추산한다. 마이크로크레디트 서미트 캠페인의 2013년 연례보고서에 의하면 이중 147개국의 17억 명은 은행구좌 없이 휴대전화만 가진 사람들이다.[48] 은행구좌가 없는 이 17억 명은 그래도 당당한 IT 기술의 사용자들이다. Development 2.0는 IT 기술, 그중에서도 휴대전화를 활용해 저개발국가 개발을 이끌어보자는 발상이다. 게이츠 재단, 오미디야르 네트워크*** 시티은행, 비자, 포드재단, USAID 등은 최근 '현금보다좋은연대(Better Than Cash Alliance)'라는 연합체를 만들어, 정부와 민간영역에서

*** 오미디야르 네트워크는 이베이를 만들어 벼락부자가 된 피에르 오미디야르 부부가 운영하는 소셜 벤처 캐피털(SVC)로 영리 및 비영리 투자기관으로 이루어져 있다.

빈곤층을 돕는 여러 이해관계자들이 IT 기술과 금융권 편입을 연결시켜 빈곤층의 빈곤탈출을 모색하는 연구를 하고 있다. M-Pesa는 그런 사람들 사이에서 가장 많이 언급되고 있는 서비스다.[49]

2007년 케냐 재무부 장관의 극구반대에도 불구하고, 중앙은행장의 적극적 지원으로 사업을 시작한 M-Pesa는 현재 국민의 70~80%가 송금과 각종 요금납부 수단으로 애용하고 있을 정도로 널리 보급되었다. 대리점에 가서 돈을 내고 모바일 머니를 충전하고 나면, 문자메시지를 통해 다른 휴대전화에 송금을 하거나, 각종 결재수단으로 사용할 수 있다. M-Pesa 대리점은 케냐 내 모든 은행들의 지점망을 다 합한 것보다 많다. 대리점에서는 모바일 머니를 현금으로 인출할 수도 있다. 급여를 M-Pesa로 받는 것은 물론이고, 자신의 은행구좌와 연계할 수도 있다. 외국에서 보내주는 송금도 받을 수 있다. 그러나 문제는 아직 송금과 각종 요금납부 외에 저축이나 융자의 수단으로는 거의 쓰이지 않고 있다는 점이다. 들어온 모바일 머니는 거의 전부 그날로 빠져나간다. 모든 전자거래 건수의 70%를 M-Pesa가 차지하지만 거래액으로는 2.3%에 불과하다. M-Pesa 구좌들의 총 잔액은 은행예금고의 0.2%에 해당될 뿐이다.[50] 수수료가 비싼 편이라 쇼핑할 때 현금대용으로 쓰이는 적도 거의 없다.[51] 그러나 은행이나 기타 송금서비스 제공기관의 송금수수료보다는 훨씬 싼 편이고, 각종 요금납부도 소액거래이므로 수수료에 대한 심리적 부담이 적어 주로 이 두 가지 용도로만 사용되는 것이다.

이라크전이 끝나고 한 달이 지난 2003년 6월, 요르단의 수도 암만에서 14시간 가량 차를 달려 바그다드에 도착했다. 전쟁 직후라 대사관에서 주는 정식 입국비자 대신, 국경에서 임시입국허가를 받았다. 거기서 입국허가서를 받고 간단히 요기를 한 시간을 빼고는 한 번도 차를 세우지 않았다. 아랍어로 도둑을 뜻하는 '알리바바'들이 출몰한다는 소문에 차량 여러 대가 모여서 카레이스를 하듯이 달렸던 것이다. 우리는 때마침 중동에 오래 거주해온 한국 사업가와 동행을 하게 되었다. 그는 바그다드에서 나시리야, 바스라를 거쳐 암만으로 나오는 열흘간 우리들에게 이런저런 사업 아이디어들을 쏟아냈다. 내 눈에는 도무지 보이지 않는 것들이 그의 눈앞에는 통통 튀어나오는 것만 같았다.

2007년, 동티모르에 갔을 때에는 내게도 그런 신기한 일이 일어났다. 수도 딜리에서 다섯 시간을 달려 소모초 마을이란 곳에 가보니 동물의 천국이었다. 몇 마리 안되는 말도 고삐가 풀려있고, 돼지나 닭이나 개는 동네주민이나 한 가지로 자유롭게 돌아다녔다. 이런 가축들이 야채를 키우는 밭에 마구 드나들어 농사를 망쳐놓는데다 땅을 돋아주지 않아 소출도 형편없었다. 그렇게 키운 야채나 땔감을 시장에 내다팔려면 하루에 한번 오는 마이크로버스를 하염없이 기다려야만 했다. 집집마다 허름한 부엌이 있었는데, 부뚜막이 없었다. 커다란 돌멩이들을 여러 개 괴어서 만든 간이부뚜막은 음식을 할 때마다 부엌을 온통 연기구덩이로 만들었다. 이런 모습을 보니 나도 무슨 일을 해야 할지 눈앞에 사업 아이템들이 통통 튀어 올랐다.

케냐 나이로비의 대표적인 슬럼가인 마타레 지역에 사는 빈민가정들을 방문했던 적이 있다. 우리와 파트너로 일하는 하베스트 우먼센터는 에이즈 감염 임산부들이 모유수유를 통해 자녀들에게 에이즈를 감염시키지 않도록 분유와 영양식을 지원하고 있었다. 내가 방문한 가정들은 겨우 한두 평에 지나지 않는 골방에서 네댓 식구가 살고 있었는데, 가재도구도 형편없었다. 에이즈 감염을 예방하기 위해 지급된 분유를 아기에게 먹이려면, 매일 우유

통을 소독하고 물을 끓여야 하는데 숯을 연료로 사용하고 있었다. '이 엄마들이 숯을 살 돈은 있을까? 물을 끓이기는 할까? 우유를 제대로 먹이기는 하는 것일까?'라는 의문이 들었다. 개발협력현장에서 무엇 무엇이 필요하고, 어떤 것이 먼저 필요한지 꼼꼼히 따져봐야 한다는 생각이 다시금 들었다.

4. 적정기술

21세기 서구사회가 개발원조와 관련해서 벌이고 있는 실험 가운데 적정기술이라는 게 있다. 적정기술이란 개도국 주민들에게 유용한 도구나 시설을 어느 곳에서라도 자체적으로 개발, 생산, 혹은 설치해 사용할 수 있도록 해주는 중간 수준의 기술을 말한다. 서구사회의 초기 원조는 개도국의 산업화와 근대화가 개발의 지름길이라고 생각해 그들의 수준에 걸맞지도 않는 최신식 공장들을 지어주고 기계들을 설치해 주는가 하면, 농촌에는 대형 관개시설과 트랙터를 활용한 현대식 농법을 도입하도록 종용했다. 그러나 이런 시설들은 얼마 지나지 않아 대부분 녹슬어 흉물단지로 변했다. 그 반발로 70년대에는 큰 자본투자가 필요 없이 수공업 생산이 가능하고, 외화가 드는 휘발유나 디젤연료를 쓰지 않는 도구들이 각광을 받기 시작했다. 이렇게 해서 등장한 것이 적정기술운동이다. 이 운동의 창시자는 『작은 것이 아름답다』[†††]를 쓴 E. F. 슈마커로, 그는 1965년 영국에서 이 운동의 대표주자격인 중간기술개발그룹(ITDG, Intermediate Technology Development Group)을 설립한 바 있다.[52]

그동안 적정기술을 저개발국가 개발에 적용하는 활동은 꾸준히 노하우를 축

---

††† 원제는 *Small Is Beautiful: A Study of Economics As If People Mattered* (1973년)

적해 왔다. ITDG의 후신인 프랙티컬 액션(Practical Action)과 국경없는기술 자회 미국지부(Engineers Without Borders-USA)가 그 대표적인 단체로 이들 단체의 웹사이트에는 상당한 분량의 적정기술 정보들이 올려져있다. 특히 프랙티컬 액션은 네팔, 방글라데시, 수단, 스리랑카, 짐바브웨, 케냐, 페루 등지에 사무실을 두고, 오프라인이나 온라인으로 1년에 3만 건이 넘는 적정기술 자문서비스를 해 주는 프랙티컬 앤서즈(Practical Answers)를 운영하고 있다.

이밖에도 적정기술에 관한 정보를 얻을 수 있는 곳은 미국의 IDE, 아프리카의 킥스타트(KickStart), 방글라데시의 그라민 샥티(Grameen Shakti), 라오스의 선라봅(Sunlabob), 인도의 SELCO, 에티오피아의 에티오피아 농촌에너지 개발진흥센터(Ethiopian Rural Energy Development and Promotion Center), 독일의 GTZ, 네덜란드의 SNV, 미국 MIT의 D-Lab, 애큐먼 펀드(Acumen Fund) 등이 있다. 우리나라에는 나눔과 기술, 굿네이버스, 팀앤팀, 한밭대학교의 적정기술연구소, 한동대학교의 그린적정기술연구협력센터 등이 있다. 또 매년 개도국에서 열리는 국제개발디자인정상회의(International Development Design Summit) 등을 통해서는 선진국뿐만 아니라 개도국 현지에 축적된 노하우도 배울 수 있다.

폴 폴락과 IDE

적정기술로 가장 많은 가난한 사람들에게 도움을 준 인물로는 우선 폴 폴락을 꼽을 수 있다. 원래 정신과 의사였던 그는 40대 후반부터 시작해 30여 년간 개도국의 빈농들을 상대로 점적관수(drip-irrigation)‡‡‡ 등 적정기술을 활

---

‡‡‡ 가는 구멍이 뚫린 관을 땅속에 약간 묻거나 땅 위로 늘여서 작물 포기마다 물방울 형태로 물을 주는 방식. 과실나무와 포기 사이가 넓은 채소작물에 주로 사용한다.

§§§ 원제는 *Out of Poverty: What Works When Traditional Approaches Fail* (2008년)

용한 저렴한 관개장비를 개발해 보급하는 사업을 벌여오고 있다. 그의 저서 『적정기술 그리고 하루 1달러 생활에서 벗어나는 법』[§§§]에 따르면 그가 세운 IDE(International Development Enterprises)라는 NGO는 25년간 7천 8백만 달러의 기부금을 받아 전 세계 빈농들이 사용할 소득증대도구를 개발해 공급했고, 수백만 빈농들이 그동안 이 도구들에 1억 3천 9백만 달러를 투자했다. 이 투자로 이 수백만 빈농들은 이제까지 해마다 약 2억 달러의 소득을 올려왔다. IDE는 이런 방식으로 지금까지 1천 7백만 명의 농촌 절대빈곤층이 빈곤에서 벗어날 수 있게 해주었다. 이런 식으로 추산하면 적정기술을 활용한 소득증대도구 공급으로 어림잡아 최대 5억 명의 빈농들을 도울 수 있다고 한다.[53] 그 대표적인 사례가 네팔의 크리슈나 바하두르 따파이다.

적정기술의 성공사례. 크리슈나 바하두르 따파의 소득증대사업

2001년 가을 폴락이 바하두르를 처음 만났을 때, 56세의 바하두르는 IDE에서 개발한 점적관수 장비를 1년 반 동안 사용해 오고 있었다. 원래 바하두르는 대대로 물려받은 0.8 헥타르의 땅을 가지고 있었는데, 강가의 천수답 0.4 헥타르에는 벼농사를 지었고, 여기저기 흩어져 있는 나머지 0.4 헥타르에는 검정콩, 옥수수, 여름 채소를 심었다. 이 농산물 가운데 식구들이 먹고 남은 쌀과 옥수수, 채소를 팔아 다음해 농사에 필요한 종자와 비료를 사고나면 1년에 약 50~100달러가 남았다. 획기적인 증산이 가능한 다수확 벼품종은 종자와 비료값이 많이 들어 추수 때까지 5개월 동안 이자가 80%나 붙는 고리채를 써야 하는데, 병충해나 홍수로 벼농사를 망치면 그대로 파산할 수밖에 없어 울며 겨자 먹기로 해마다 재래종을 심고는 했다. 바하두르는 모자라는 수입을 채우기 위해 장남과 함께 인근 도시나 수도 카트만두에 나가 노동을 해 돈을 벌기도 했다.

그러다가 포카라의 친지가 사용하는 IDE의 점적관수 장비를 보고 구매 대금의 절반은 융자를 받아 자신도 이 장비를 구입한다. 때마침 스위스의 원조기구 헬베타스에서 바하두르의 마을 인근 개천에서 물을 끌어다 간이 상수도를 놓아준 덕분에 이 점적관수 장비의 활용이 가능해졌기 때문이다. 개천을 막아 작은 댐을 쌓고, 이 댐에서 굵은 파이프로 언덕 위의 시멘트 물 탱크에 물을 보낸 다음, 물탱크에서 가는 파이프로 각 가정에 물을 보내는 이 시스템은 헬베타스가 시멘트와 파이프 등 자재를 지원하고, 주민들이 노동력을 제공해 설치했다.

바하두르가 36달러를 주고 산 점적관수 장비로는 0.4 헥타르 돼기밭의 16분의 1 (250 제곱미터) 밖에 물을 줄 수가 없었다. 그러나 그 작은 땅에 겨울오이와 컬리플라워를 심어 첫 해 150달러의 수입을 올렸다. 9월부터 5월까지가 건기인 네팔에서는 이 기간 동안 채소값이 여름철의 세 배까지 치솟았다. 게다가 바하두르의 경우에는 무글링이라는 도시가 불과 12 킬로미터 거리에 있어 시장은 이미 확보된 셈이었다.

이에 고무된 바하두르는 점적관수 장비를 더 많이 구입해 겨울채소 농사를 2년 만에 네 배로 늘려 매년 500~600달러의 수입을 올렸다. 자금의 여유가 생기자 벼품종도 다수확 품종으로 바꾸어 소출을 두 배 가까이 늘렸고, 차츰 땅과 가축까지 구입해 소득을 늘려나갔다. 그 결과 겨울채소 농사를 시작한지 5년 만에 재배면적은 0.4 헥타르로 16배가 늘고, 가구 총소득은 연 4,816달러로 늘어났다. 빈곤에서 탈출하고 소득이 늘면서 바하두르의 가족은 주택과 교육, 보건에도 많은 투자를 하였다. 2,083달러를 들여 시멘트와 돌로 2층집을 지었고, 두 아들은 고등학교를 졸업했으며, 가장인 바하두르가 2005년 심장마비로 사망한 다음해에는 의료비로만 167달러를 지출했다.

또 식품과 의류 구입에 556달러를 지출할 정도로 생활이 풍족해졌다.

그동안 헬베타스가 놓아준 간이 상수도는 점적관수 전용 상수도로 바뀌고, 식수용 상수도는 새로 가설되었다. 겨울채소 농사를 짓는 농가도 5년 사이에 세 배로 늘어 마을 전체 72가구 가운데 66가구가 됐다.[54]

앤드류 윤과 원 에이커 펀드

20세기에 폴 폴락이 이루어낸 적정기술의 대규모 성공사례를 21세기 들어 오롯이 계승하고 있는 인물이 30대 중반의 재미교포 2세 한국인이라는 사실은 그다지 많이 알려져 있지 않다. 폴 폴락도 고문으로 있는 아프리카의 사회적 기업 원 에이커 펀드(One Acre Fund)를 창업한 앤드류 윤은 70년대에 미국으로 건너가 캠퍼스에서 만난 한국인 유학생 부부 사이에서 태어났다.[55]

시카고의 노스웨스턴대 경영대학원 2학년에 재학 중이던 2005년 여름, 남아공에서 인턴십 프로그램을 마친 앤드류는 시간이 남아 아프리카를 더 경험하고 싶었다. 수소문 끝에 케냐 서부의 소도시인 분고마를 방문한 그는 길을 사이에 두고 마주 보는 두 농가에서 그의 평생을 바꿔놓을 소중한 지식을 얻는다. 거의 비슷한 크기의 농지에서 옥수수를 재배하던 두 농가 중 한 쪽은 에이커(약 0.4 헥타르) 당 겨우 5백 킬로그램을 수확해 앤드류가 방문한 기간 동안 자녀 중 하나가 죽는 비극을 겪은 반면에, 다른 농가는 그 네 배를 수확해 넉넉한 삶을 누리고 있음을 목격한 것이다. 앤드류는 그곳에 머물며 농민들과의 대화를 통해 그 이유를 알아냈다. 아프리카의 다른 빈농들도 그러하듯이 농가의 소출이 적은 것은 가난 때문에 다수확 품종의 개량종자와 비료를 쓰지 못하는 탓이 가장 컸다. 어쩌다 마이크로크레디트를 얻어 이런 것들을 시도해 보고자

해도 몇 안 되는 고객들을 위해 농촌에까지 사업을 확장하려 하지 않고 도시에만 머무르려는 농자재 상인들 때문에 아프리카의 빈농들은 여전히 녹색혁명에서 소외될 수밖에 없었다.[56]

미국으로 돌아간 앤드류는 다음해인 2006년 2월 자신의 전 재산이었던 7천 달러를 털어 뉴 벤처즈(New Ventures)라는 경영대학원 수업의 클래스 프로젝트로 원 에이커 펀드를 창업했다. 그리고 앞서 알게 된 아프리카 빈농들의 문제를 해결하기 위해 다시 케냐의 분고마로 날아갔다. 그 동네의 빈농 40 가구를 도우며 자신만의 비즈니스 모델을 실험하기 위해서였다. 앤드류의 비즈니스 모델은 바로 녹색혁명의 혜택을 아프리카 소농들이 누릴 수 있도록 적정기술화하는 것이었다. 학기 도중에 열흘 동안 분고마에 머물며 처음에는 3명의 스탭과 40명의 고객으로 시작한 이 사회적 벤처 기업은 곧 그 성과를 인정받아 예일대와 노스웨스턴대를 포함 다섯 곳에서 사회적 기업 창업포상금을 따냈고, 에코잉 그린과 뮬라고 재단 같은 사회적 기업을 돕는 재단들의 투자가 잇따라 첫 해에만 80만 달러의 기금을 조성했다. 그 후 매년 두 배씩 고객수를 늘려온 원 에이커 펀드는 2014년 말 현재 케냐, 르완다, 부룬디, 탄자니아 4개국에서 20만 고객, 1백만 주민들을 상대로 2,500명의 현지인 직원들을 거느린 탄탄한 기업으로 성장했다. 아프리카 현지 주민이 아닌 외국인 직원 수는 1백명도 채 안되는데, 몇 안 되는 신규 직원 채용에 미국에서만 매년 1만 8천명의 지원자가 몰릴 정도로 인기가 높다. 운영자금의 80%는 수익으로, 나머지 20%를 후원금으로 조달하는 이 사회적 기업의 기린아는 최근 빌 앤드 멜린다 게이츠 재단으로부터 1,160만 달러의 투자를 받고, 미국 정부(USAID)로부터도 350만 달러를 후원받는 등 사회적 기업의 구글이 되고자 하는 꿈을 이루기 위해 열심히 달리고 있다. 덕분에 종종 유망한 사회적 기업에 주는 각종 상들을 휩쓰는 한편, 하버드 비즈니스 리뷰에서는 마침내 아프리카를 빈곤에서 탈출시켜줄 해법이라는 평가를 받기도 했다.[57]

원 에이커 펀드는 기본적으로 개량종자와 비료를 2백 명 가량의 농민들이 모일 수 있는 집 근처 장소까지 배달해 주고, 10~20명으로 구성된 소그룹에 참여하는 농민들에게 이 농자재들을 외상으로 판매한 후, 이 자재들을 투입해 이전보다 2~4배의 소출을 낼 수 있도록 진보된 영농기술을 지도해 준다. 그리고 추수 후에도 보관, 판매 등에서 농민들이 최대한으로 소득을 증대할 수 있도록 돕는다. 외상으로 구매한 대금은 자율적으로 조금씩 갚되 다음 추수 때까지는 완납해야 하며, 소그룹 전체가 공동으로 책임지고 갚아야만 다음번 외상 구매를 할 수가 있다. 마이크로크레디트 패키지 안에는 가뭄보험과 장례보험을 포함시켜 자연재난이나 고객의 죽음에 대비한다.

원 에이커 펀드가 제공하는 영농기술은 철저한 실험을 거쳐 검증된 방식이면서도 누구나 따라할 수 있고, 일관된 성과를 낼 수 있는 적정기술이다. 그전에는 농민들이 옥수수를 심을 때 손으로 흩뿌리는 산파(散播) 방식을 따르거나, 일일이 구멍을 파고 심더라도 한 구멍에 두세 알씩 심었다. 농민들은 그렇게 하면 한 알씩 넣었다가 싹이 트지 않을 경우보다 더 많은 옥수수가 발아할 것이라고 믿었다. 그러나 이 방법은 제한된 양분과 햇빛을 나눠 갖게 함으로써 오히려 성장과 결실에 지극히 해로운 방식이다. 웬 에이커 펀드는 이에 비해 75센티미터와 25센티미터씩 표시한 간단한 도구를 사용해 이랑 사이를 75센티미터씩 띠우고, 이랑에는 줄을 따라 25센티미터 간격으로 한 사람이 구멍을 파면, 다음 사람은 비료를 작은 병뚜껑만큼 재어서 그 구멍에 넣고, 또 다음 사람이 흙을 덮으면, 뒷사람이 개량종자 옥수수를 한 알씩 집어넣은 다음에 흙을 덮는 지극히 단순하고도 효율적인 방식을 택했다. 이 한 가지 영농기술과 개량종자, 비료 사용만으로 종전보다 평균 약 세 배가량의 소출을 올릴 수 있다. 그러면서도 사용하는 화학비료의 양은 미국 옥수수 농장의 20분의 1에 불과하다.[58]

이뿐 아니라 콩이나 조, 수수 등 작물 다양화를 통해 지력을 회복하고, 옥수수 전염병이 발생할 때 대체작물로 삼고 있으며, 최근에는 아프리카 농민들의 또 다른 주식인 바나나를 수확하기 위한 바나나 묘목을 적극적으로 보급하고 있다. 바나나 묘목을 심는 적정기술은 콩을 먼저 심어 지력을 키운 다음, 콩을 수확하고 난 흙을 비료와 반반씩 섞은 후에 묘목을 심는 것이다. 또 다른 소득 증대 사업으로는 자녀들의 대학진학을 위한 학자금을 심는다는 의미로 일 년에 1~2미터씩 자라는 그레빌리아 나무를 심는 운동을 시작해 씨앗과 묘목 이식방법을 보급하고 있다. 이 또한 철저한 실험을 거쳐 풀뿌리 차원의 혁신을 이뤄냈다. 우선 농민들한테 7백 알씩 넣어서 팔 나무의 씨앗을 종전 종묘상들이 하던 대로 플라스틱 봉지에 넣어 유통했을 때는 불과 9%에 불과했던 발아율이 종이봉투로 바꾼 후에는 50~60%로 높아졌다. 또 비료와 표토를 섞은 흙에서 발아한 새싹을 묘목으로 키워내기 위해서는 10미터 길이에 1~2미터 넓이의 묘목 상자를 사용하는 것보다 흙을 담은 플라스틱 봉지를 사용하는 편이 농민들이 마지막 한 봉지까지 다 사용하게 만드는 효과가 있다는 사실을 순전히 실험을 통해 밝혀냈다.[59]

앤드류는 종종 사회적 기업도 구글이나 마이크로소프트처럼 수억 명을 고객으로 삼을 수 있다고 말한다. 가난한 사람들을 고객으로 하는 BoP(Base of Pyramid 혹은 Bottom of Pyramid) 시장이라고 별반 다를 것이 없다는 철저한 시장논리다. 원 에이커 펀드의 2013년 일 년 예산[60]보다 거의 두 배에 가까운 예산을 쓰면서, 그보다 훨씬 적은 50만 주민들에게 모든 것을 거저 나눠주는 제프리 삭스의 MVP(Millennium Village Project)가 프로젝트 종료 후 얼마나 지속가능성이 있을까를 생각해 보면 두 사업이 극명한 대조를 이룬다. 그러나 원 에이커 펀드의 지속가능성은 시장을 통한 영리추구에만 있는 것은 아니다. 그것은 앤드류의 삶에 녹아 있다. 어릴 적부터 남을 돕는 일에 익숙해 있던 앤드류에게는 하는 일 자체가 생명인 듯하다.[61] 그 때문에 원 에이커 펀드는 시작도 미국이 아닌 케냐의 소도시 분고마에서 했고, 앤드류 자신도 그곳에서 살다가 요즘은 케냐보다 사업규모가 커진 르완다로 이주했다. 르완다의 지사도 수도 키갈리가 아닌 사업현장의 한 복판, 루벵게라라는 소도시에 있는데, 이런 사실은 그 어느 곳에서도 쉽게 찾아볼 수 없을 만큼 자신에 대한 PR은 철저히 외면하고 있다.

또 다른 적정기술 사업, 솔라 램프(SPL)

앞으로 적정기술을 활용해 우리 청년들과 우리나라의 중소기업들이 개척해 볼만한 가장 유망한 분야를 하나 꼽으라면 그것은 아마도 솔라 포터블 라이트(SPL)가 아닐까 싶다. 2012년 9월 1일자 이코노미스트지는 지구촌 빈곤층을 향한 솔라 조명기기의 급속한 보급증가를 10여 년 전의 휴대전화에 비유했다.[62] 기술이 나날이 발전하면서 가격이 떨어지고 있다는 점, 그 혜택이 삶과 직결되고, 단기간에 투자한 금액 이상의 돈을 벌거나 절약할 수 있다는 점 등이 비슷하다. 세계은행과 국제금융공사(IFC)가 공동으로 주관하고 있는 라이팅 아프리카(www.lightingafrica.org)라는 프로그램은 SPL 사업의 성장이유로 개도국 전기보급사업의 굼뜬 속도, 석유값의 상승, 휴대전화를 충전해야 하는 필요성 등을 들었다. 일반전화나 전기나 모두 전선망을 깔아서 보급하는데, 개도국에서는 그 망을 까는 것보다 독립된 기기가 사람들의 손에 의해 퍼지게 하는 편이 훨씬 더 현실적이다. 그 점을 생각하면 지구촌 달동네에서 지난 10여 년간 휴대전화가 예상보다 훨씬 더 빠른 속도로 보급되었듯이, SPL도 향후 10년간 수억대 이상 보급될 것으로 예상할 수 있다.

현재 지구상에서 전기가 보급되지 않은 곳에 사는 인구는 14억에 이른다. 이들을 영어로는 off-grid 인구라고 한다. 앞으로 전기보급이 진행된다 해도 개도국 인구증가율을 따라잡지 못할 것이므로 2030년에는 off-grid 인구가 15억으로 늘어날 것으로 전망된다. 현재 이 14억 인구 중 6억은 아프리카에 사는데, 이는 아프리카 인구의 60%다. 나머지 8억 중 4억은 인도에 산다. 2030년 아프리카의 off-grid 인구는 7억으로 늘어날 것으로 추산한다.[63]

전기를 못 쓰는 사람들은 보통 석유램프를 조명기구로 사용한다. 라이팅 아프리카의 시장정보 코너에 따르면 글로벌 조명시장은 연 1,850억 달러 규모다. 이 중 250~380억 달러가 석유값이다. 사하라 이남 아프리카에서만 일 년에

100억 달러가 석유값으로 지출된다.[64] 사하라 이남 아프리카의 off-grid 인구를 5억 5천만으로 잡으면, 이들이 1인당 하루에 석유값으로 지출하는 금액은 약 5센트다. SPL은 이 비용과 경쟁해야 한다. 그것도 처음 구매시 목돈이 들어가는 것을 감안해 가급적 계약금을 낮추고, 장기할부 혹은 사용량에 따라 요금을 지불하는(pay-per-use) 방식으로 비즈니스 모델을 짜야만 한다. 그러나 시장전망은 대단히 밝다. 사업자금도 비교적 쉽게 지원받을 수 있다. 뿐만 아니라 SPL은 시작일 뿐이고, 앞으로 이에서 파생될 연관분야가 무궁무진하다. 조명기구는 전기로 작동할 수 있는 모든 가전제품의 시작에 불과하기 때문이다. 한번 성공시킨 비즈니스 모델은 곧 판매망이므로, 이를 통해 여러 다른 제품과 서비스들을 판매하면 지구촌 달동네 사람들의 삶이 개선되는 과정 내내 이들과 함께 지속적으로 동반성장할 수 있다.

SPL 분야는 이제 갓 태어난 신종 업종에 가깝다. 라이팅 아프리카도 2007년에 출범했고, SPL 업체들의 연합체인 GOGLA(Global Off-Grid Lighting Association)는 2012년 6월에야 설립되었다. 그런데 국제금융공사(IFC)가 주도해 설립한 이 GOGLA의 창립멤버에 프랑스의 오일 메이저인 토탈, 세계적 컨설팅 회사 AT 커니가 끼어 있다. 그만큼 중요한 분야라는 증거다. 어떤 사업의 경제적, 사회적, 환경적 효과를 트리플 바텀라인(triple bottom line)이라고 하는데, SPL 사업이야말로 이 트리플 바텀라인을 모두 충족시킬 수 있는 사업이다.[65] 그 덕분에 미국에 본사를 둔 디 라이트 디자인(d. light design)이나 인도의 그린라이트 플래닛 같은 회사는 이미 여기저기서 복수로 자금지원을 받고 있다.

SPL의 잠재적 글로벌 시장규모는 연 3~4백억 달러이다.[66] 라이팅 아프리카에 의하면 현재까지 모두 7백만개의 SPL이 아프리카에서 팔렸다. 매출은 지난 3년간 매년 두 배 가까이 늘었다. 2012년 하반기에는 6개월간 60만개 이상이 팔려서 2011년보다 120%의 신장세를 보였다.[67]

라이팅 아프리카에 의하면 벌써 싸구려 저질 SPL들이 대량으로 들어와 아프리카 시장을 흐려놓기 시작했다.[68] 라이팅 아프리카는 그동안 시장에서 무작위로 구입한 샘플들에 대한 품질테스트를 해왔다. 최저품질기준과 권장성능목표를 정해 이 두 가지를 만족시키는 제품들을 가려내기 위해서다. SPL은 1~5W짜리 솔라 패널, 충전기, LED 벌브가 장착된 램프, 이 세 가지 부품으로 구성되는데 라이팅 아프리카에서는 이제까지 150여종의 제품을 테스트해서 두 가지 테스트에 모두 합격한 49종의 제품을 웹사이트에 소개하고 있다. 이들은 현재 아프리카 20개국에서 팔리고 있다.

라이팅 아프리카는 SPL 업체들을 3단계로 지원한다. 첫 단계로 이해관계자는 누구나 웹사이트를 통해 등록을 하고 업계의 네트워킹에 참여할 수 있다. 두 번째 단계로 최저품질기준 테스트에 합격한 업체는 별도의 업체심사를 신청해서 통과되면 라이팅 아프리카 프로그램 회원이 된다. 회원이 되면 신규시장 진출시 지원, B2B 짝짓기, 재정지원 알선, 사업계획 평가서비스 등을 제공받을 수 있다. 세 번째 단계로 권장성능목표 테스트까지 합격하면 제품을 라이팅 아프리카 웹사이트에 올려주는 등 추가로 마케팅 지원을 받고, 소비자 인지도 증대사업에 참여하며, 로드쇼에 초청받는다. 매체 광고료 할인혜택도 받을 수 있다. 라이팅 아프리카에서는 또 회원사들의 광고에 과대광고가 포함되지 않도록 지도하고 있다.[69]

라이팅 아프리카가 주는 재정지원은 현재로서는 아프리카 일부지역의 대리점 혹은 수리시설에 국한되어 있다. 그러나 제조업체와 수입업자를 지원하기 위한 기금을 준비하고 있으며, MFI를 통해 소비자 금융을 추진하고 있다.[70]

SPL 사업의 비즈니스 모델

라이팅 아프리카의 두 가지 품질 테스트를 통과한 49종 제품 중에는 SPL이 아닌, 페달을 밟아 충전하는 방식의 누루 라이트라는 제품도 있다. 고객은 램프만 4~6달러에 산다. 매주 대리점에 들러서 20분 정도 자전거 페달처럼 생긴 충전기를 밟아 충전하는데, 한꺼번에 램프 5개를 충전할 수 있다. 한번 충전하면 28시간 동안 램프를 사용할 수 있다. 하루에 4시간씩 사용한다면 일주일에 한번만 충전하면 된다. 충전비가 20센트니까 하루 3센트인 셈이다. 개인용으로 쓰는 램프라면 앞서 계산한 1인당 하루 5센트의 석유값보다 약간 싸다. 또 이 램프를 취급하는 대리점에서는 판매수익에 추가로, 램프 5개를 충전할 때마다 1달러씩 벌 수 있으므로 훌륭한 사업이 될 수 있다. 누루 라이트는 2009년 르완다에서 실험적으로 영업을 시작해 2011년에는 케냐, 우간다, 인도로 사업을 확장했다.[71]

이코노미스트지의 기사에 의하면 이밖에도 사용량에 따라 요금을 지불하는 (pay-per-use: PPU) 방식의 다양한 비즈니스 모델들이 활용되고 있다. M-Kopa는 케냐에서 송금과 소액결제 수단으로 각광을 받는 M-Pesa의 공동창업자 닉 휴즈가 2011년에 시작한 사업이다. 디 라이트 디자인의 솔라 패널과 램프 3개, 휴대전화 충전키트로 약 2백 달러짜리 기본패키지를 만들었다. 계약금으로 30달러를 내고 나머지는 조금씩 M-Pesa로 내면 된다. M-Pesa로 내므로 다른 사람이 손쉽게 대신 내줄 수 있다는 장점이 있다. 예를 들어 원조기구나 정부가 빈곤층 지원 프로그램으로 SPL을 택할 경우, M-Pesa를 통해 효율적으로 요금의 일부를 보조해줄 수 있다. 농부들은 현금회전이 농사철에 따라 달라지므로 그에 따라 지불액수를 조절할 수도 있다. 보통 1년에서 1년 반이면 완불하는데, 완불하면 신용기록이 남아 은행거래를 할 때 도움이 된다. 돈을 안내면 내장된 프로그램을 작동시킬 수 없어 사용이 불가능해진다. M-Kopa는 2012년 6월 상업용 버전의 판매를 시작했다.[72]

Eight19은 2010년 플라스틱에 인쇄할 수 있는 제3세대 솔라 셀을 개발하기 위해 영국 케임브리지 대학에서 투자해 만든 회사다. Eight19은 태양광선이 지구에 도착하는 데 8분 19초가 걸리는 데서 유래한 이름이다. 실리콘을 사용하는 솔라 패널과 달리 플라스틱에 인쇄한 솔라 셀은 여러 가지 장점이 있다.

우선 생산원가가 크게 절감되며, 고장이 적어 제품의 수명이 길다. 휘어지기 때문에 여러 가지 변화된 형태로 설치할 수 있다. Eight19은 2011년 인디고라는 브랜드로 재미있는 PPU 방식의 비즈니스 모델을 개발했다. 계약금 10달러를 내면 솔라 셀 충전기와 램프 2개, 휴대전화 충전키트를 가져갈 수 있다. 소비자는 그 후 일주일에 한번 스크래치 복권 같은 1달러짜리 카드를 사서 그 안에 인쇄된 번호를 문자메시지로 회사에 보낸다. 그러면 회사 컴퓨터는 특정코드를 소비자에게 문자로 보내고, 그 코드를 입력하면 일정시간 동안 사용할 수 있다. 이렇게 PPU 방식으로 보통 18개월을 쓰고 나면 완불된다.[73] 인디고 브랜드로 케냐, 말라위, 잠비아, 남수단, 우간다, 남아공 등지로 사업을 확장한 Eight19은 2012년 8월 아주리 테크놀로지라는 회사를 설립해 SPL 사업을 전담케 하고, Eight19은 솔라 셀 개발에만 전념케 했다. 현재로서는 가장 진보된 하이테크 기술을 보유한 채, 원가절감에도 앞장서고 있다.[74]

Eight19이 고급기술이라면 가나의 SocialLite는 낮은 수준의 기술이라는 점에서 색다른 시스템이다. 가나출신으로 뉴욕시 쿠퍼 유니온 대학의 전기공학과 교수가 된 토비 쿰버뱃치는 2006년 신입생들에게 가나의 시골에서 쓸 수 있는 SPL 시스템의 디자인을 맡겼다. 학생들의 아이디어에서 출발해 가나의 와(Wa) 폴리테크닉 대학과 함께 완성한 마을단위 시스템은 솔라 패널과 연결된 대형충전기로 자동차 배터리를 충전하는 것이다. 이 자동차 배터리에 SPL을 14개까지 부착해 충전시킨다. SPL은 현지에서 쉽게 구입할 수 있는 6V 납축전지를 활용하여 40~200시간 동안 사용할 수 있다. 이 SPL은 6V 납축전지, 회로판, LED 등 주요부품만 외부에서 공급하고, 자전거 바퀴살 3개, 빈 플라스틱 용기, 빈 깡통 등 나머지 재료는 지역에서 폐품을 활용하도록 디자인되었다. 이 시스템은 SPL 80개를 포함해 한 유닛을 2천 4백 달러 정도에 파는데, 소비자는 계약금으로 SPL 하나당 4~5달러씩 내고 가져가 매월 충전료로 1~2달러씩 낸다. 그러면 18개월 정도에 완불이 가능하다. 그러나 상업화가 어려워 보급속도는 느린 편이다.[75]

우리는 종종 '아프리카에 다녀왔다'는 말을 듣는다. 유럽이나 아시아에 다녀오면, 런던이나 파리에 다녀왔다거나 태국이나 필리핀에 다녀왔다고 도시나 나라를 꼭 집어 말한다. 이에 비해 아프리카는 아직도 대륙이름을 말한다. 그건 우리가 아직 아프리카에 익숙하지 않다는 증거이다. 키갈리나 다르에스살람이라고 도시이름을 대거나, 코트디부아르나 말리라고 나라이름을 대면, 대부분 그곳이 어디 있는지 잘 모르기 때문이다. 그만큼 아프리카는 우리에게 낯선 곳이다.

르완다의 폴 카가메 대통령을 처음 만난 것은 2008년 6월이었다. 카가메 대통령은 2008년 5월 일본에서 개최된 제4차 TICAD에 참석했다가 귀국길에 한국에 들른 것이다. '도쿄 아프리카개발국제회의'의 약자인 TICAD는 일본이 아프리카의 개발을 지원하겠다는 목적으로 1993년에 시작해서 유엔과 공동으로 매 5년마다 개최되는 포럼이었다. 다른 아프리카 대통령들은 모두 귀국했는데, 한국에 대한 기대와 희망이 카가메 대통령의 발길을 한국으로 이끈 것이다.

당시 한국에 대사관을 설치하지 못했던 르완다정부는 어렵사리 한국경제계인사들을 초청하여 만찬모임을 가졌다. 나는 시민단체에서 온 유일한 참석자인데다 여성참석자가 거의 없어 카가메 대통령과 함께 헤드테이블에 앉게 되었다. 인사말 순서가 되자, 깡마른 체구에 꺽다리 같은 카가메 대통령은 한 옆에 세워진 마이크 앞으로 나가 조용조용 스피치를 이어갔다. "종족분쟁으로 100만에 가까운 국민을 잃은 르완다와 6.25 전쟁으로 동족상잔의 아픔을 겪은 한국은 비슷한 역사를 갖고 있다"고 말하는 그의 눈에는 눈물방울이 서려 있었다. 르완다는 작지만 안전만큼은 아프리카의 그 어떤 나라보다 믿을 수 있으며, 한국 기업들이 비즈니스를 할 수 있도록 최대한 좋은 환경을 만들겠다고 강조하면서 한국기업들이 르완다에 관심을 가져줄 것을 당부했다.

그로부터 몇 달 후 나는 르완다를 찾게 되었다. 공항은 작지만 깨끗하게 정비되어 있었고, 출입국 관리직원은 예의바르게 인사하면서 나를 맞았다. 공항에서 시내로 들어가는 길 가운데에는 녹색 플랜트가 가지런히 심겨져 있었고, 길에는 휴지조각 하나 굴러다니는 것이 없었다. 르완다에서는 환경보호를 위해 비닐을 사용하지 못하기 때문에 입국 시 공항검색에서 비닐을 압수한다는 말을 들었는데, 정말로 르완다 가게에서는 비닐봉지를 사용하지 않고 종이봉투를 사용했다.

개발협력사업을 발굴하기 위해서 방문한 나는 르완다의 잘 갖춰진 시스템에 놀라움을 금치 못했다. 르완다에서 NGO들이 사업을 하려면 까다로운 절차를 거쳐야 한다. 단체가 하고자하는 일이 어떤 분야인지에 따라 처음 접촉하는 부처가 달라진다. 담당부처는 그 단체가 줄 수 있는 도움을 가장 필요로 하는 지역과 연결하는 역할을 한다. 지방정부를 찾아가면, 자기 지역의 발전계획을 알려주고 그 안에 단체활동이 퍼즐조각처럼 끼어들게 만들고자 노력한다. 이렇게 중앙정부, 지역정부, NGO가 같은 목표를 갖고 일하도록 유도한다. 여성부 장관을 지낸 한 여성 상원의원에 따르면, 공직자들은 자기 고향에 원조사업을 유치하지 못한다고 했다. 그것도 일종의 공직자 부패로 간주된다는 것이었다.

3장 _ 우리는 왜 아프리카에 주목해야 할까?

사하라 이남 아프리카는 가난할 뿐만 아니라 오랜 정치불안과 끊임없는 내전으로 사람이 살만한 곳이 못되는 광대한 검은 대륙으로 각인되어 있다. 또한 60년대 막대한 원조로 건설한 도로, 발전소 등 인프라가 관리소홀로 무용지물로 변한 곳이 많고, 말라리아, 결핵, 에이즈 같은 전염병의 만연으로 평균수명이 50대 초반에 머물고 있다는 점 등이 아프리카에 대한 부정적 인식을 부추기고 있다.

그러나 아프리카판 묵시록의 네 기사들이라고 하는 부패, 빈곤, 전쟁, 질병은 더 이상 아프리카만의 문제가 아니다. 아프리카는 장차 서방에서 활동할 테러리스트들의 온상이 되고 있으며, 난민들이 양산되면서 끊임없이 선진국으로의 집단 밀입국을 시도하고 있다. 지중해에서는 이런 난민들이 탄 배가 침몰해 대형 인명사고가 나거나, 아무데서도 이들을 받아주지 않아 이 나라 저 나라를 떠도는 적도 있다. 서울의 달동네 문제가 서울 전체의 문제이듯이 지구촌 달동네의 문제도 지구촌 전체의 문제가 아닐 수 없다.

그런 아프리카 달동네에도 조금씩 햇살이 깃들기 시작했다. 코모디티 붐, 즉 원자재 가격의 상승으로 지하자원이 풍부한 아프리카 경제가 살아나기 시작한 것이다. 21세기 들어 아프리카는 전 세계에서 경제가 가장 급성장한 대륙이었다. 세계적 금융위기의 여파로 잠시 성장이 주춤했던 2009년(2.6%)을 제외하면 사하라 이남 아프리카의 경제는 전체적으로 2004~08년 연평균 6.4%, 2010년 5.6%, 2011년 5.5%, 2012년 4.9%, 2013년 4.9%의 성장률을 보였고, 2014년과 2015년에는 각각 5.4%와 5.5%의 성장을 예상하고 있다. 특히 사하라 이남 아프리카의 26개 저소득국가(LIC)와 취약국가(Fragile Countries)들도 2004~08년 연평균 6.2%, 2010년 6.5%, 2011년 5.8%, 2012년 6.5%, 2013년 6.6%의 성장률을 보였고, 2014년과 2015년에는 각각 6.9%의 성장을 예상하고 있다. 이 26개국은 2009년에도 4.7%의 성장을 이룩했다.[1]

이렇게 아프리카의 경제, 특히 사하라 이남 아프리카의 경제는 80년대부터 꾸준히 추진해온 시장경제 정책들이 서서히 효과를 보기 시작하면서 인플레이션이 감소되고, 아울러 정부의 재정건전성도 향상되는 바람에 코모디티 붐의 덕을 톡톡히 보고 있다. 많은 나라들이 독립 이래 최장기간의 호황을 누리고 있는 것이다. 정치적으로도 냉전이 끝난 90년대 초부터 민주화 혁명이 소리 없이 진행되어 이제 사하라 이남 아프리카 48개국 가운데 절반가량은 비교적 공명하다고 할 만한 선거를 치루는 민주주의 국가로 정착해 가고 있다. 부패를 척결하려는 노력도 상당한 결실을 거두고 있다. 덕분에 앙골라, 가나, 세네갈, 탄자니아, 우간다, 심지어는 극심한 부패로 명성을 날렸던 나이지리아마저도 선진국 자본이 투자를 할 만한 국가로 새롭게 부각되고 있다.[2]

이코노미스트지는 2000년 5월 13일자 커버스토리로 '희망이 없는 대륙'*이라는 특집기사를 냈다. 그런데 2011년 12월 3일자 커버스토리는 10여년 전과는 정반대로 '부상하는 아프리카'†였다. 이 기사에 의하면, 한때 기근의 대명사였던 에티오피아는 산유국도 아닌데 7.5%의 경제성장률을 기록했고, 세

---

* 원제는 The hopeless continent
† 원제는 Africa rising

계 10위의 축산국가로 성장했다.[3] 또한 인류가 보유한 농업성장 잠재력의 60%는 아프리카에 소재한다.[4] 포춘지 상위 500대 기업 가운데 랭킹 6위인 GE는 2012년 연차보고서에서 GE가 향후 수년간 아프리카에서 판매할 가스터빈이 미국 내 판매량을 상회할 것으로 내다봤다.[5] GE의 제프리 이멜트 회장은 이를 내다보고 GE 내에 아프리카 전담법인을 신설했는데, GE 자산운용의 CEO였던 제이 아일랜드는 이 노른자위 법인의 CEO 자리를 내던지고 아프리카 전담법인의 CEO로 자원했다. 아프리카가 90년대 초의 중국과 너무도 똑같다는 것이 그의 자원이유였다.[6]

아프리카는 지금 야망으로 가득 차 있다. 그 가운데서도 특히 유치(幼稚)산업, 중소기업, 정보통신기술(ICT) 분야에서 그 야망이 더욱 번득인다.[7] 그렇다고 아프리카의 대기업 수가 적은 것이 아니다. 미국에서 대규모 투자자, 금융중개기관, 무역전문가 30곳을 상대로 아프리카에 연 매출 1억 달러 이상인 기업이 몇 군데일 것으로 보냐는 질문을 던졌더니 30~40개라는 대답이 가장 많았다. 실제로 아프리카에는 연 매출 1억 달러 이상 기업이 5백개가 넘고, 10억 달러 이상인 기업도 150개나 된다.[8] 그러나 서방의 매스컴에서는 이런 사실들은 거의 다루지 않고 아프리카하면 절대빈곤이나 기근, 잔혹한 내전 같은 어두운 뉴스만 내보내고 있기 때문에 일반인들의 인식에는 아프리카가 아직도 사람이 살지 못할 미개지역, 투자나 사업을 하기에는 더욱 부적합한 오지로만 각인되어 있다. 전문투자자나 글로벌 기업들도 아프리카의 사업가라고 하면 부(富)를 생산해서 사회에 기여하는 것이 아니라 지대소득(地代所得, rent)만 올리는 세력으로 인식하고 있기 일쑤다.[9] 그러나 열악한 환경에서 성공을 일궈낸 아프리카의 사업가들이야말로 무에서 유를 창조해내는 탁월한 기업가들이다.

지난 수년간 아프리카의 주식시장 투자가 연 평균 40%대에 이르는 고소득을 올려주었다는 사실을 아는 사람은 많지 않다. 사하라 이남 아프리카에도 1887년 문을 연 요하네스버그 증권거래소를 필두로 가나, 나미비아, 나이지리아, 남아공, 르완다, 말라위, 모리셔스, 모잠비크, 보츠와나, 스와질란드, 우간다, 잠비아, 짐바브웨, 카메룬, 케냐, 탄자니아 등 16개국이 증권거래소를 가지고 있다. 아프리카의 대표적 축산기업인 잠비프는 2007년 한 해 동안 150%의 수익률을 기록했고, 2005년에서 2008년 사이에 나이지리아의 은행주식은 투자자에게 평균 300%의 수익을 올려주었다. 아프리카 채권시장에 투자한 사람들도 그만은 못하지만 2006년에는 15%의 이자소득을 얻었고, 2007년에는 이자소득이 18%로 늘었다.[10]

그러나 아프리카의 미래는 아직 어두운 편이다. 빈곤층이 본격적으로 줄어들기 위해서는 5%대의 경제성장률로는 부족하고, 7% 이상의 성장률을 지속적으로 유지해야만 한다.

정치적으로도 갈 길이 멀다. 사하라 이남 아프리카에는 아직도 가봉, 감비아, 르완다, 모리타니, 수단, 스와질란드, 앙골라, 에리트레아, 우간다, 적도기니, 짐바브웨, 콩고공화국 등 권위주의 국가가 12개국이나 된다. 그중 가봉의 오마르 봉고 대통령은 1967년 집권한 이래 2009년 죽을 때까지 명실 공히 종신 대통령을 지내면서 아들인 알리 봉고에게 대통령직을 세습해줬고, 앙골라의 도스 산토스 대통령과 적도기니의 오비앙 대통령은 1979년 이래 지금까지 장기집권해 오고 있는 중이다. 그밖에도 부르키나파소의 콤파오레, 카메룬의 비야, 우간다의 무세베니, 짐바브웨의 무가베 대통령이 80년대부터 장기집권 중이다.[11] 기니는 1984년 이래 장기집권해 오던 랑사나 콩테가 2008년 사망하고, 우여곡절 끝에 2010년 알파 콩데로 정권교체가 이루어졌다.[12] 아프리카는 또 내전이 끊이지 않는 대륙으로 2013년 글로벌평화지수(Golbal Peace Index)의 최하위 10개국† 가운데 네 나라가 사하라 이남 아프리카 국가였다. 마지막으로 2013년 실패국가지수(Failed States Index) 최상위 20개국§ 가운

---

† 2013년 글로벌평화지수 최하위 10개국은 끝에서부터 아프가니스탄, 소말리아, 시리아, 이라크, 수단, 파키스탄, 콩고민주공화국, 러시아, 북한, 중앙아프리카공화국의 순이다.

데서도 사하라 이남 아프리카 국가가 15개국이나 된다.[13]

폴 콜리어 교수의 바텀 빌리언 국가

아프리카 경제 전문가이자 옥스퍼드 대학의 개발경제학 교수인 폴 콜리어 교수는 그의 2007년 저서 『빈곤의 경제학』에서 세계인구 가운데 바닥 10억, 즉 바텀 빌리언을 구성하는 국가들을 일반 개도국들과 따로 구분하였다. 58개 국으로 집계된 이 바텀 빌리언 국가들의 명단을 콜리어 교수는 의도적으로 숨기고 있다. 그러나 대부분의 아프리카 국가들과 아프가니스탄을 포함한 중앙아시아 몇 개 국가, 북한, 라오스, 미얀마, 캄보디아, 볼리비아, 아이티, 예멘 등이 여기에 속한다는 것까지는 밝혔다. 이 바텀 빌리언 국가들은 개발원조를 집행하는 국제기구들조차도 가기를 꺼리는 오지로, 콜리어 교수는 중소득국가마다 빠지지 않고 사무소를 두고 있는 세계은행이 중앙아프리카공화국에는 한 명의 대표도 상주시키지 않고 있다고 개탄한다.[14]

바텀 빌리언의 상황은 과연 얼마나 열악할까? 이들 58개국은 다른 개도국들의 경제가 연평균 2.5%씩 성장하고 있던 70년대에 연평균 경제성장률이 0.5%에 그쳤고, 다른 개도국들의 경제가 연평균 4%씩 성장하고 있던 80년대와 90년대에는 경제가 각각 연평균 0.4%(80년대)와 0.5%(90년대)씩 축소했다. 2000년대 초반 다른 개도국들의 경제가 연평균 4.5%의 성장률을 보이는 동안에는 다행히 이들 바텀 빌리언 국가들도 연평균 1.7%의 성장을 했다. 이는 세계인구의 중간층 약 40억을 대표하는 다른 개도국들과의 격차가 70년대에는 매년 2%씩, 80년대엔 4.4%씩, 90년대엔 4.5%씩, 그리고 21세기 들어서도 매

---

§ 2013년 실패국가지수 최상위 20개국은 소말리아, 콩고민주공화국, 수단, 남수단, 차드, 예멘, 아프가니스탄, 아이티, 중앙아프리카공화국, 짐바브웨, 이라크, 코트디부아르, 파키스탄, 기니, 기니비사우, 나이지리아, 케냐, 니제르, 에티오피아, 부룬디이다.

년 2.8%씩 벌어졌음을 의미한다. 즉 이 바텀 빌리언은 잘 해야 70년대 당시 수준이라는 결론이 나온다. 다른 개도국 국민들의 평균수명이 67세로 늘어난데 비해 이들 58개국 국민들의 평균수명은 50세이고, 5세 이하의 사망률은 14%(다른 개도국 평균은 4%), 영양 실조율은 36%(다른 개도국 평균은 20%)에 달한다.

사하라 이남 아프리카 국가들 대부분이 포함되는 바람에 '아프리카 플러스'라고도 부르는 이들 58개국의 문제는 오늘날 저개발국가 개발에 대한 국제사회의 관심을 글로벌한 관점으로부터 아프리카로 돌려놓았다. 콜리어 교수는 그 증거로 캐나다의 피어슨 전 수상이 이끈 1970년의 피어슨위원회나 독일의 브란트 전 수상이 이끈 1980년의 브란트위원회가 모두 저개발국가 개발문제를 글로벌한 관점에서 조명했으나, 2004년 영국의 토니 블레어 총리가 주창한 개발위원회는 아프리카에 초점을 맞춘 아프리카위원회였다는 점을 들었다. 뿐만 아니라 2005년 독일의 쾰러 대통령이 주도한 저개발국가 개발을 위한 빅 이벤트도 위원회가 아닌 포럼이라는 형식만 달랐지, 아프리카포럼이었다. 이 역시 인류의 빈곤탈출과 경제개발 문제는 곧 아프리카 문제라는 우리 시대의 화두를 답습한 것이었다.[15]

콜리어 교수가 묘사한 대로 서서히 뒤로 미끄러져 내려가고 있는 열차에 갇힌 이 10억 인구를 그대로 방치할 경우, 인류는 다음 세대에 가서 감당하기 어려운 재앙을 맞이할 것이다.[16] 이것이 지난 세기 파시즘과 공산주의라는 중병을 극복하고, 대부분의 인류를 빈곤에서 탈출시키는 데 성공한 우리들이 21세기 초에 풀어내야 할 가장 큰 숙제이다.

아프리카 시장을 휩쓰는 중국, 인도, 브라질

2012년 맥킨지 앤드 컴퍼니의 아프리카 소비성향 연구소가 발표한 보고서

'아프리카 소비층의 부상'**에 의하면 2000년부터 2010년까지 10년간 아프리카가 이룩한 산업성장의 3분의 1 가량은 지하자원이 기여했던 반면에, 소비산업이 기여한 비율은 45%였다. 또 이 보고서는 가처분소득에서 기본생활비를 뺀 재량소득을 갖는 가정의 수가 현재의 8천 5백만 가구에서 2020년에는 1억 3천만 가구로 늘어나 아프리카 전체 가구 수의 절반 이상이 될 것으로 내다봤다. 이에 따라 2020년까지 소비산업이 4천억 달러 이상 성장할 것으로 예측했다.[17] 이와는 별도로 아프리카개발은행은 이미 아프리카 인구 중 중산층 비율이 3분의 1을 넘어섰다고 발표했다. 인구로는 3억 명 이상으로 인도의 중산층 인구와 맞먹는다. 이 은행은 아프리카의 민간소비가 지난 5년간 50% 이상 증가했으며, 이는 아프리카 대부분의 나라에서 비즈니스를 하기가 이전보다 쉬워진 덕분이라고 분석했다. 아프리카의 전반적인 비즈니스 환경이 나아지고 있는 이유는 아프리카 국가들도 비즈니스 환경을 개선하는 일을 최우선과제로 삼고 있기 때문이다.[18]

중국, 인도, 브라질 등 신흥 경제대국들은 아프리카의 이런 변화를 일찌감치 감지하고 아프리카 시장에 과감히 뛰어든 반면에, 미국은 극히 최근 들어, 그리고 유럽은 아직도 별다른 반응을 보이지 않고 있어 흥미롭다. 2000년 미국과 사하라 이남 아프리카 간의 교역량은 294억 달러였다. 중국은 북아프리카를 포함한 아프리카 전체와의 교역량이 100억 달러였다. 그러나 그 후 한 해 평균 33.5%씩 성장한 중국과 아프리카 간의 교역량은 2009년 마침내 미국을 추월했다.[19] 인도는 아프리카 국가들이 외국인에게 임대해 준 땅의 절반 이상을 임대해 자국민들을 보내 농사를 짓게 하고 있는데, 그 땅의 넓이가 우리나라 전체 경작면적의 두 배가 넘는다.[20] 브라질은 룰라 다 실바 대통령 취임 초부터 아프리카에 공을 들여 룰라 대통령 재임 중에만 아프리카를 열두 번이나 순방하면서 아프리카의 브라질 대사관 수를 두 배로 늘렸다.[21] 중국은 이미 아프리

** 원제는 *The Rise of the African Consumer*

카의 지하자원 확보를 위한 거국적 프로젝트의 일환으로 아프리카에 막대한 인프라를 건설해 주면서, 자국의 노동집약형 제조업을 대거 아프리카로 이전하는 식의 두 걸음 앞선 행보를 보이고 있다. 중국은 지난 10년 사이에 아프리카에만 백만 명이 넘는 소규모 사업자들을 내보냈다.

아프리카식 자본주의

아프리카에서 두각을 나타낸 현지기업 CEO들과 서구기업들의 CEO들을 소개한 아프리카 투자전문 컨설턴트 조나단 버먼의 최근 저서 『아프리카에서 성공한 CEO들』[††](국내 미출판)에 의하면 다양한 인종, 언어, 문화가 공존하는 아프리카는 하나가 아니라 수많은 부분들의 합이다.[22] 그러나 아프리카라는 시장은 부분들을 전부 합친 것보다 그 규모가 훨씬 더 큰 매우 특이한 곳이다. 아프리카에는 이제껏 국민들에게 가시적 결과를 보여줄 만한 이렇다 할 정부도, 전국 규모의 정당도 거의 없었기 때문이다. 아프리카인들은 그런 심리적 공백을 범아프리카 브랜드(Pan-African Brand)로 메우려 한다. 아프리카 전체를 커버하는 상표가 소비자 심리에서 제 나라 정부나 정당의 자리를 차지해 전체 아프리카인의 절대적 사랑을 받게 되는 것이다. 나라 사랑은 별로 없어도 아프리카 사랑은 강하다는 말이다. 아프리카 사람들 가운데는 제 나라의 윤곽은 그리지 못하면서도 아프리카 전체의 윤곽은 비교적 정확하게 그릴 줄 아는 사람이 상당히 많다.[23]

나이지리아 굴지의 기업인이자 사회사업가인 토니 엘루멜루는 아프리카식 자본주의를 지칭하는 아프리카피탈리즘(Africapitalism)이라는 말을 처음으로 지어냈다. 아프리카식 자본주의의 특징은 장기적으로 경제적 번영과 더불어

---

†† 원제는 *Success in Africa: CEO Insights from a Continent on the Rise* (2013년)

사회적 부(social wealth)를 지향하면서 기업의 사회적 기여, 특히 빈곤층에 대한 배려를 중시한다. 미국의 프라이스워터하우스쿠퍼스(Pricewaterhouse-Coopers: PwC)가 2011년에 전 세계 CEO들을 대상으로 실시한 여론조사에 의하면 평균적으로 42%의 CEO들이 내년도에는 빈곤퇴치에 자신이 이끄는 기업의 역량을 더 많이 할애하겠다는 뜻을 비쳤다. 아프리카 CEO들은 이 비율이 75%나 됐다. 아프리카 기업들은 이러한 사회적 부의 추구를 제품, 공급체인, 사회적 투자 등 가능한 모든 기업활동을 통해 지향한다. 이는 특별히 아프리카 기업들이 이타적이기 때문만이 아니다. 그렇게 함으로써 척박한 비즈니스 환경에서 엄청나게 다양한 리스크를 줄이고, 기업성장의 기회를 더 많이 만들어 내기 위해서다.[24] 이는 어찌 보면 친척 중 한 사람이 취직을 하면 사돈의 팔촌까지 그 사람을 바라보며 실제로 도움을 기대하는 아프리카 사람들의 사회구조를 닮았다.†† 아프리카에서는 기업이 정부에서 영업허가를 받는 것은 쉬워도, 지역사회에서 영업허가를 받기는 상당히 어렵고 오랜 세월을 투자해야 한다는 말이 있다. 새로 들어온 기업이 그 지역사회에 두루두루 도움이 안 되면 아프리카에서는 몇 년 안에 반드시 퇴출당하게 된다는 것이다.[25]

이러한 아프리카식 자본주의의 특징은 전 세계 65개국에서 영업을 하는 글로벌 농업기업인 올람(Olam)의 아프리카 영업방식에서도 엿볼 수 있다. 아프리카 18개국에서 농장운영부터 가공식품 생산까지를 총망라하도록 수직계열화 되어있는 이 회사는 기계화된 대규모 농장을 핵으로 하면서 주변 지역의 영세농민들에게는 하청을 주어 빈곤탈출에 기여하는 이중구조로 농업생산을 한다. 하청대상 농민들에게는 종자, 비료, 농약, 밀식에 관한 영농지도 등을 제공하여 생산성을 높인다. 이렇게 함으로써 나이지리아에서는 이전에 헥타르 당

---

†† 이 같은 사회적 관행은 공무원들에게 부패를 조장하는 가장 큰 원인이 되기도 한다. 즉 먹여 살려야 할 입이 수십 개나 되는 가장이 뇌물을 챙기지 않음은 청빈이 아니라 가장으로서의 의무태만이자 자격미달을 의미하는 것으로 인식되고 있는 것이다. 이런 것이 부패를 당연시하는 아프리카인들의 전통적 의식구조이다. (Jonathan Berman, *Sucess in Africa: CEO Insights from a Continent on the Rise*, Brookline, MA: Bibliomotion, 2013, p.121 참고)

1.5톤에 불과했던 영세농민들의 쌀 생산량을 3.5~4톤으로 늘리는 데 성공했다. 직영농장에서는 헥타르 당 무려 7.5톤가량을 생산한다. 또 전에는 일모작이었던 벼농사를 수리관개를 개선해 2.5모작까지 가능하도록 하고 있다. 그러나 이것은 비단 아프리카에만 국한된 방식은 아니다. 영세농민들이 국민 대다수를 차지하는 인도나 중국에서도 찾아볼 수 있는 방식이다.[26]

은행도 아프리카에서는 마을로 현금수송차량을 몰고 들어가 영업을 하거나, 아예 시골 마을의 가게주인을 은행의 대리인으로 삼고 그 가게를 통해 간이영업을 하기도 한다. 입출금을 위해 지점이 있는 읍내까지 갈 수 없는 아프리카 농민들을 위해서 은행의 문턱을 주민들 수준으로 낮춘 것이다. 이런 아이디어로 대박을 터뜨린 동아프리카의 에쿼티 뱅크(Equity Bank)는 마을 가게를 통한 영업 개시 2년 만에 창립 이후 26년간 지점망을 통해 누적된 모든 거래건수보다 더 많은 거래건수를 올렸다.[27]

아프리카 시장의 또 한 가지 특징은 다른 개발도상지역과 마찬가지로 비공식영역이 활발하다는 점이다. 비공식 경제의 정확한 규모는 알 수 없으나, 1999/2000년 아프리카 23개국에서는 GNP의 42% 규모였던 것으로 집계됐다. 이는 아프리카인들의 실제 구매력이 공식집계된 것보다 상당히 높음을 의미한다.[28] 또 아프리카의 비공식 취업자 수는 2000년대 중반까지 농업 이외 일자리의 80% 가까이, 도시 일자리의 60% 이상, 새로운 일자리의 90% 이상을 차지하는 것으로 조사됐다.[29] 이 역시 아프리카인들의 실제 취업률을 공식집계된 것보다 훨씬 더 높게 봐야 함을 의미한다.

마지막으로 성장의 전제조건이라고 할 수 있는 투자부문에서도 아프리카식 자본주의는 도약하고 있다. 아프리카에 대한 아프리카인들의 투자가 급증하고 있는 것이다. 아프리카 자본이 자국이 아닌 다른 아프리카 국가의 사업에 투자한 신규 FDI(외국인직접투자)는 2007년 35건에서 2011년에는 145건으로 네 배 이상 뛰었고, 전체 FDI에서 차지하는 비율도 8.3%에서 16.9%로 두 배 이상 늘어났다. 이처럼 아프리카가 자신의 미래에 대해 자신감을 보이고 있는 것은 외국에서 교육을 받고 돌아온 신흥 엘리트층 비즈니스맨들의 눈부신 활약 덕분이다. 이들은 고향으로 돌아와 자신들이 개척해나가고 있는 사업에 대해 하나같이 자신감을 가지고 올인하고 있다.[30]

1. 아프리카의 역사와 현실

식민지 역사와 내부적 갈등

이스털리에 의하면 원래 유럽의 아프리카 식민지는 해안에 인접한 소규모 거주지가 전부였다. 이런 곳에는 선교사들이 세운 대학들도 있었다. 식민지의 부유층 원주민들 가운데는 자녀를 이런 대학에 보내는 이들도 있었다. 그들은 졸업과 동시에 식민지 정부의 요직에 등용되었다.

그러나 1884~85년 베를린 회의에서 아프리카를 갈라먹는 경주[§§]가 유럽의 식민제국들 사이에서 시작되고, 해안에서 내륙으로 식민지가 확장되면서 유럽의 아프리카 식민정책에 큰 변화가 있었다. 이전에 해안의 소규모 식민지에서 주로 신식교육을 받은 아프리카 인텔리들을 활용하던 정책을 버리고, 내륙의 추장들을 내세운 간접통치를 택한 것이다. 그런데 아프리카에는 원래 추장의 힘이 절대적이지 않은 곳이 많았고, 막강한 중앙집중 권력을 누리는 추장은 매우 드물었다. 대개는 부락별로 고유한 자치체제를 유지하며 살았다. 추장이 있어도 젊은이들로 구성된 협의체나 조언자들로 이루어진 협의체를 두어서 아프리카 나름의 전통적인 견제와 균형 장치가 작동하는 경우가 많았다. 그런 곳에서도 유럽인들은 편의상 자기들이 부리기 쉬운 추장을 두고, 그 추장에게 절대

---

§§ 영어로는 Scramble for Africa라고 한다.

권력을 부여했다. 유럽인들을 등에 업고 호가호위하는 추장들의 탐욕은 부패를 낳았고, 신식교육을 받은 아프리카 인텔리들과의 갈등도 만만치 않았다. 유럽인들에게 토사구팽을 당한 이들 아프리카 인텔리들은 후에 사회주의 계열의 범아프리카주의자들이 되어 독립운동을 벌였다.[31]

유럽인들은 이같이 아프리카 갈라먹기를 하면서 남의 땅과 그 땅 위의 부족들을 자기들 멋대로 갈라놓았을 뿐만 아니라, 같은 부족 안에서도 전통주의자와 인텔리들 간에 골 깊은 반목이 생기게 하였다.

그렇다고 외세가 아프리카에 해독만 끼친 것은 아니다. 서구인들이 진심으로 아프리카를 위해서 아프리카에 무슨 좋은 일을 했다는 뜻이 아니라, 뜻하지 않게 아프리카가 역사의 아이러니로부터 득을 보고 있다는 말이다.

냉전이 끝나자 아프리카의 수많은 사회주의 정권들은 설 자리를 잃고 하는 수 없이 민주주의와 시장개혁에 나섰다. 마지못해 하는 미온적 개혁이었지만 분명 옳은 방향으로의 변화였다. 게다가 더 이상 소련의 견제를 의식할 필요가 없게 된 미국과 유럽은 아프리카의 독재자들에게 원조나 재정지원의 조건으로 더욱더 가혹한 개혁을 요구했다. 이래저래 정권유지에 위협을 느낀 이 독재자들은 서방의 요구에 굴하지 않고 자주노선이나 재정독립을 선택했다. 원자재 수요의 급증으로 아프리카에 눈독을 들이던 중국이 이들 독재자들에게 군말 없이 원조를 베풀거나 상거래를 해줌으로써 이 자주노선을 부추겨줬다. 소련은 아프리카에서 서방세계와 이데올로기 싸움을 벌였는데, 중국은 오히려 자본주의 싸움을 벌이고 있다. 그런데 문제는 중국이 서구보다 훨씬 더 자본주의적이란 점이다. 거래를 할 때 돈 외에는 인권이고 민주주의고 일체 군말을 덧붙이지 않는다.[32]

전환기의 혼란과 권력의 공백을 메우기 위한 이전투구가 90년대와 2000년대 약 20년간을 휩쓸고 지나갔다. 그러나 2000년대가 지나고 2010년대에 접어들면서부터 아프리카에도 눈에 띄게 평화 분위기가 조성되고 있다. 게다가 서구문물에 익숙한 젊은 층의 인구폭발로 아프리카는 확실하게 폭력과 군사독재의 늪에서 빠져나오고 있는 중이다.[33]

거버넌스 원조

아프리카 국가들이 독립한 직후에는 그래도 애국심이 넘치는 똑똑한 엘리트들이 공무원이 되어 조국을 위해 일하겠다는 큰 포부를 갖고 있었다. 그러나 곧 힘만 세고 공부는 안했던 주먹들이 군인이 되어 총칼로 정권을 탈취하면서 이들 엘리트 공무원들은 눈엣가시가 되어버렸다. 군인들 마음대로 하는 데 지장이 많았던 이 걸림돌들은 속속 제거되거나, 그전에 스스로 알아서 말 잘 듣는 돌들로 변신했다. 그러나 이제 세월이 흘러 군인들이 권력을 내려놓는 민주화 시대가 도래하면서 유능한 공무원 조직의 부활이 가장 큰 문제로 부상하고 있다. 손발이 없이는 아무리 유능한 개혁가라도 개혁을 실천할 길이 없다. 개혁은 보통 복잡한 규제를 풀어 자유화하고, 예산집행을 비롯해 모든 자질구레한 국정운영의 효율을 높이는 작업이다. 그런데 부패한 구시대의 예스맨들은 규제가 복잡하고, 국가예산의 집행이 복마전처럼 얽혀있어야 떡고물을 챙길 수가 있다. 이렇게 통치자의 개혁 마인드와 공무원 조직의 이해관계가 서로 엇박자가 나면 개혁이 이루어질 수 없다.[34]

거버넌스 원조는 이런 문제를 해결하는 작업이다. 잘 살펴보면 거버넌스 원조야말로 미래에 대한 소망이 없는 바텀 빌리언 국가들에게 원조가 가장 유용하게 쓰일 수 있는 방법이다. 그러나 여기에도 나름대로 많은 문제점들이 도사리고 있다. 유능한 인력은 이미 도태되어 사라졌거나 해외로 빠져나갔고, '능력배양(capacity building)'이라는 이름으로 새로운 인력을 훈련시켜 놓으면 이들도 조건이 더 좋은 일자리를 찾아 달아나 버린다. 훈련된 고급인력의 수요는 많고, 공급은 달리니 어쩔 수가 없다. 때론 훈련이 끝났을 때쯤 되면 이미 세상이 변해 그 능력보다 더 업그레이드된 능력이 필요한 시대가 와버렸을 경우도 있다. 그래서 하는 수 없이 억대 연봉을 받으면서도 현지 사정에는 깜깜한 외국전문가들을 기술지원(TA)이라는 명목 하에 투입해야 할 때가 있다. 때로는 이와 반대로 유능한 현지인이 있어도 외국전문가들이 모든 것을 좌지우지하는 통에 원조의 효과가 미미하다는 주장도 나온다.[35]

어쨌든 어렵사리 집권한 개혁가가 기회의 창문이 닫히기 전에 개혁을 성공시키려면 인재들이 받쳐줘야만 한다. 개혁이 정치인의 탁상공론에 그치지 않고 실제로 국민들의 삶의 질을 높여 주려면 테크노크라트와 매니저들이 필요하다. 콜리어에 따르면 바텀 빌리언 국가의 75% 이상이 지금 그렇거나, 과거에 한번 이상은 거버넌스와 정책이 완전히 망가진 국가, 곧 실패국가(failed state)였다. 실패국가에는 아무리 이런 전문가들을 많이 보내줘도 효과가 없다. 정부가 별 관심이 없다. 그냥 듣는 둥 마는 둥 하다가 외국인전문가가 떠나면 곧 이전으로 되돌아간다. 그런 상황을 돌파하기 위해 개혁을 시작한 지도자라 해도 빠른 시일 내에 개혁을 성공시키지 못하면 기득권 세력들에게 다시 정권을 뺏기게 된다. 콜리어는 그렇게 실패한 국가에서 개혁을 시도했던 사례들을 분석한 결과, 세 가지 요건을 갖춘 국가들이 경제적으로 일어선 경우가 많다는 사실을 발견했다. 그런 국가들은 대개 일정 규모 이상의 인구를 갖추고, 중등교육 이상의 교육을 받은 인구비율이 높으며, 특히 최근에 내전을 겪고 난 국가들이었다. 내전을 겪은 사회는 워낙 잿더미로 변한 뒤라 경제가 얼마간은 급성장할 수 있다. 게다가 내전 이전에 기득권을 쥐고 있던 부류의 이권 장악력이 느슨해졌기 때문에 변화와 개혁이 비교적 수월하다. 반면 민주주의나 정치적 권리의 보장은 통계상 이들 실패국가들의 경제적 회생과 별 상관이 없었다.[36]

큰 그림으로 볼 때 지금 아프리카에는 그런 내전을 겪고 나서 회복중인 국가들이 많다. 게다가 외국에서 공부를 마치고 귀국한 실력 있는 장·차관급 테크노크라트들도 속속 등장하고 있다. 무엇보다 아랍의 봄을 목격한 아프리카인들의 정부를 보는 시각이 바뀌고 있다. 이전에는 국민들이고 정치인들이고 정부의 역할에 별 기대를 걸지 않았었다. 그래서 '어차피 정부가 제 구실을 못할 바엔 내 잇속이라도 제대로 챙기자!' 면서 온갖 부조리를 일삼았던 것이 아프리카 정치인들의 관행이었다. 그러나 이제는 최고통치자 이하 고위공무원들 사이에서 정부가 잘못하면 민중들이 들고 일어나 자신들의 안위가 위태로워질 것이라는 각성된 인식이 확실하게 자리잡아가고 있다. 당장 라이베리아의 설리프 대통령이나 잠비아의 사타 대통령 같은 이들이 부패척결에 앞장섰고, 수준이 눈에 띄게 격상된 고위 관리들이 이 같은 개혁 의지를 받쳐주고 있다. 그런 사회에서는 공무원의 본분이 자신의 부와 출세만을 좇는 '떡장사'가 아니라, 국가를 개발해 국민들을 잘 살게 해주는 공복이라는 인식의 대전환이 일반 국민들 사이에서도 머잖아 일어날 것이다. 실제로 케냐, 나이지리아, 르완다 등 아프리카 곳곳에서는 이런 놀라운 변화들이 종종 목격되고 있다.[37]

그런 의미에서 아프리카는 모든 것이 젊고 새로운 신천지라고 할 수 있다. 정부조직도 젊고, 사람들도 젊다. 경제는 이제 막 태동을 시작했고, 급속하게 성장하기 위한 기지개를 켜고 있는 중이다.[38] GE의 이멜트 회장은 GE가 아프리카에서 도전을 극복하면서 얻는 활력으로 전 세계 모든 곳에 있는 GE가 혜택을 받을 수 있음을 강조한다.[39] 이 정신을 확대하면 선진국은 젊은 아프리카에 거버넌스 원조를 베푸는 것이 아니라 거꾸로 아프리카로부터 젊은 생기를 수혈 받아서 성장이 멈추어서고 노쇠해가던 선진국 사회가 회춘을 할 수도 있다는 논리가 성립된다.

개발독재

멜레스 제나위는 1991년부터 1995년까지 에티오피아의 대통령을 지내고, 1995년에는 총선에서 승리한 후 2012년 사망할 때까지 에티오피아의 총리를 지낸 정치인이다. 그는 제프리 삭스가 한때 "(아프리카가 나아가야 할) 길을 제시해 주고 있는 아프리카 세대의 새로운 민주주의 지도자"라고 높이 평가한 인물이다. 제나위는 에티오피아의 멩기스투 공산정권에 대항해 싸운 또 다른 마르크스 레닌주의 반군 지도자 출신으로 내전에서 승리해 집권했다. 그는 집권 후 처음으로 열린 기자회견에서 국정목표가 무엇이냐는 질문에 국민들이 하루 세끼를 먹을 수 있게 된다면 자신의 정부는 성공한 정부라고 대답했다. 제나위는 모든 국가정책을 빈곤퇴치에 초점을 맞춰 수립했다. 그러면서 자신의 요구 조건에 맞는 융자를 해줄 때까지 세계은행과 IMF의 원조를 거부하여 당시 세계은행의 수석 이코노미스트였던 조셉 스티글리츠의 찬사를 받았다. 그렇다고 제나위가 민주적 지도자였던 것은 아니었다. 제나위 정부는 다당제 민주주의 체제로의 개혁을 하고, 언론의 자유도 도입했다. 그러나 2005년 총선 이후에는 정치적 반대파들을 탄압하고, 언론과 시민사회를 통제하는 법안을 통과시키는가 하면, 농민들의 집단이주 프로그램을 무리하게 강행해 큰 불상사를 초래하기도 했다.[40]

제나위가 생각하는 민주주의는 '민주적 개발국가(democratic development state)', 즉 우리식 용어로는 개발독재였다. 제나위는 한국과 대만을 모델로 삼아 투자를 장려하고, 투자를 직접 감독하는 강한 정부만이 빠른 경제성장을 가져올 수 있다고 주장했다. '지하자원 외에는 마땅한 수출품이 없고, 부득이하게 원조에 매달려야 하는 아프리카에서 시장경제에만 의존하다가는 거덜나기 십상이다. 그나마 경쟁력이 남아있는 극소수의 산업들마저 도산하고, 기업가들은 원유나 부동산 같은 지대소득이 높은 사업, 혹은 이동통신 같은 횡재업종으로 몰리게 될 것이다. 그러다보면 숙련된 인력들은 해외로 빠져나가고, 민초들은 가난에서 벗어날 길이 없다'는 것이 그의 지론이었다. 제나위는 기회 있을 때마다 국민들에게 땀 흘려 일할 것을 요구하고, 뇌물수수를 일삼으며 지대소득이나 추구하는 에티오피아의 사회풍조를 먼저 바꿔야 한다고 강조했다. 제나위에게 있어서 권위주의나 원조의 폐단은 일단 경제를 일으켜 세운 다음에 제거해도 되는 필요악이었다. 그는 재임기간동안 원조를 효율적으로 사용해 에티오피아의 인프라 개선에 눈부신 성과를 가져왔다.[41]

이런 정책들은 에티오피아를 지난 10여 년간 한두 해를 빼고 매년 7~11%대의 경제성장을 유지하는 모범생으로 만들었다. 부패도 줄었다. 은행이나 이동통신 분야를 개방하고 토지의 사유화를 허용하라는 서방의 압력에 대해서는 아직 시기상조라는 대답으로 일관했다. 자신이 이룩한 실적 앞에서 민주화나 시장개방을 내세운 서방의 비난은 오래가지 못한다는 것을 제나위는 꿰뚫고 있었다. 특히 테러와의 전쟁에 미국과 협력함으로써 그는 자신의 정권이 국제적으로 고립되는 것을 막았다. 기후변화를 둘러싼 국제회의에서는 아프리카의 이익을 대표하는 리더십을 보였고, 소말리아와 수단 문제에서도 탁월한 외교력을 발휘했다. 자신의 역할을 에티오피아에 필요한 제도를 만들어나가는 것이라고 보았던 그는 성장과 더불어 안정을 추구했고, 궁극적으로는 자신의 정책을 이어갈 차세대 지도자들의 양성에 힘썼다. 2015년 선거에서 차세대들이 집권하고 나면 현역에서 물러날 예정이었던 그는 그보다 일찍 2012년 간암으로 세상을 떴다. 아프리카의 개발이 얼마나 어려운 일인가를 누구보다 잘 꿰뚫어보고 깊이 고민했던 제나위는 서방언론에서 아프리카의 스트롱맨이라는 타이틀과 함께, 아프리카 현대사에서 가장 효율적이고 역동적인 지도자 중 하나였던 인물로 평가받고 있다.[42]

여러 부족들이 섞여 사는 국가들이 많은 아프리카에서 개발독재는 성공하기가 쉽지 않다. 다수 부족들로 이루어진 국가에서는 통치자 출신 부족으로 경제혜택이 쏠리기 때문에 전체적인 경제성장이 어렵다. 개발독재가 성공하는 데는 단일민족국가가 압도적으로 유리하다. 적어도 중국의 한족처럼 다수민족이 절대 다수를 차지하면 사회전반적인 경제성장이 정권유지에 도움이 된다. 그러나 여러 부족으로 나뉘면 보통 자신의 출신 부족으로 국한되기 마련인 통치자의 지지기반이 작아지고, 그 지지기반을 유지하기 위해서는 특혜를 줘야만 한다. 지지기반이 작으면 작을수록 전체적인 경제성장을 희생시키더라도 자신의 지지기반을 유지해야 하는 인센티브가 더 커지게 마련이다. 그러다 보면 부족간 알력으로 인프라 건설이나, 교육, 보건 같은 공공서비스 투자는 실행하기가 어려워지고, 군부나 정보기관 같은 독재도구만 발달한다. 사담 후세인 통치하의 이라크나 4백개 부족으로 이루어진 나이지리아가 그 예다. 나이지리아는 독재가 끝나고 민주주의를 해도 한동안 경제성장이 어려웠다. 선거를 해봤자 후견정치(patronage politics)가 판을 친다. 원유수출로 들어오는 막대한 재원을 통치자의 지지세력에게 몰아주는 후견정치를 하다보면 자원의 효율적인 재분배는 물건너 가버린다.[43]

아프리카에 흔한 지하자원이라는 지대소득과 다민족국가라는 핸디캡을 선거만으로는 극복하기 어렵다. 견제와 균형 기능을 발휘할 제도적 장치들이 필요하다.

보츠와나 스토리

그런 제도적 장치를 갖춘 예가 보츠와나다. 보츠와나는 여러 부족으로 이루어진 다민족국가인데다가 다이아몬드라는 지대소득이 있음에도 불구하고 급속한 경제성장을 수십년간 보여준 매우 예외적인 케이스다. 그 이유는 보츠와나의 발전된 민주주의와 경제정책에 있다. 보츠와나는 영국으로부터 독립한 이래 항상 후견정치가 아닌 민주적 방식의 진짜 선거를 해오면서 그동안 대통령은 여러 번 바뀌었어도 아직 집권당이 바뀌는 수평적 정권교체를 경험해보지는 못했다. 일종의 장기집권인 셈이다. 그런데도 장기집권을 누리는 정부가 빠지기 쉬운 독재나 부패의 함정을 용케 피해갔다. 또 경제성장을 가로막을 수 있는 원조와 지하자원, 거기다가 내륙국가라는 위험요소들을 건전한 재정정책과 장기적 국가발전을 내다보는 뛰어난 안목으로 무난히 극복했다.

세계은행의 세계개발지수(World Development Indicators, WDI) 데이터베이스에 의하면 1966년 독립 당시 보츠와나는 아프리카뿐 아니라, 전 세계에서도 둘째가라면 서러워 할 정도로 가난한 나라였다. 국민소득은 91달러에, 포장도로는 모두 7킬로미터뿐이었고, 중고교가 2개에, 전국에서 중고교 졸업자는 100명, 대학졸업자는 22명이 전부였다. 인구의 95%가 시골에 살았고, 30만 인구의 5분의 1은 구호식량에 매달려 연명을 했다. 산업시설은 1954년에 설립된 도살장 한 곳이 전부였다. 그런데 WDI 자료에 의하면 1966년부터 2004년까지 보츠와나가 보여준 연평균 경제성장률은 9.90%에 달했다. 같은 기간 저소득국가의 연평균 경제성장률은 4.26%, 중소득국가는 4.19%, 사하라 이남 아프리카는 2.99%였다. 이를 다시 기간별로 나누면 1966년부터 1969년까지는 연평균 10.47%, 70년대 연평균 15.40%, 80년대 연평균 11.35%, 90년대 연평균 4.89%, 2000년에서 2004년에는 연평균 4.92%가 성장한 것이다. 특히 70년대 초, 1971년과 1972년에는 한 해의 경제성장률이 무려 26%에 달했다.[44] 세계은행의 WDI에 의하면 2005년에는 포장도로만 8,400킬로미터가 넘었다.

영국은 이 쓸모없는 칼라하리 사막지대를 그저 방치한 채 별로 신경을 쓰지 않았다. 버리기도 뭐하고 그렇다고 달리 쓸모도 없는 계륵이었다. 영국 사람들은 그런 보츠와나에 사는 원주민들을 별로 통치하려고도 하지 않았다. 통치할 필요가 없으니 길도 만들지 않았다. 사실 보츠와나는 영국의 보호령이지 식민지가 아니었다. 그때는 아직 세계 최고의 품질을 자랑하는 다이아몬드가 보츠와나의 땅 속에 대량으로 묻혀 있다는 사실을 아무도 알지 못했던 때였다. 그래서 영국은 보츠와나의 다수 부족인 츠와나족의 컨센서스와 관용을 중시하는 전통적 부족제도인 크고틀라(Kgotla)를 그대로 내버려두었고, 이는 보츠와나의 초대 대통령을 지낸 세레츠 카마에 의해 자연스럽게 민주적인 견제와 균형 장치로 발전했다. 세레츠 카마는 츠와나 여덟 소부족의 하나인 응웨토 소부족 출신 추장이면서 영국에 유학해 법학을 전공한 인텔리였다. 그는

1980년 췌장암으로 사망할 때까지 14년간 보츠와나를 통치하면서 외국인 전문가들이 모여서 토론하는 자리에 격의 없이 불쑥 참석해 정부에 대한 비판까지 기꺼이 경청하는 대범함을 보였다.[45]

크고틀라(Kgotla)

츠와나 부족은 마을마다 추장을 두고 있었지만 추장은 항상 주민들의 의견을 수렴해서 다스렸다. 중요한 일은 혼자서 결정하는 것이 아니라 전통적인 부족민협의체인 크고틀라를 열어서 결정했다. 크고틀라는 분쟁을 중재하거나, 처벌을 내리거나, 땅이나 가축을 분배하거나, 씨를 뿌리고 곡식을 거두는 날을 정하거나, 마을의 공동작업을 의논하는 등 민의를 수렴하는 모임이었다. 추장은 크고틀라에서 모든 주민들의 말을 다 경청하고 나서 제일 마지막에야 자기 의견을 말하는 것이 상례였다. "추장은 부족민들의 뜻에 따라 만들어진다"는 츠와나 속담이 말해주듯이 협의와 의견일치는 이들의 전통문화에서 매우 중요한 요소였다.

이 전통이 독립 후에도 그대로 지켜질 수 있도록 보츠와나 헌법은 추장회의를 두어 국회를 자문하게 했다. 또 추장과 국회의원은 겸직이 안되게 하여, 국회의원이 되고자 하는 추장은 추장지위를 내려놓고 평민이 되어 국회의원직에 출마를 해야만 했다. 대신 추장은 관습법을 적용하는 전통적 재판소의 재판을 맡게 했다. 전통적 재판소는 도시에도 흔해 오늘날까지도 대부분의 민사와 가벼운 범죄는 이 전통적 재판소에서 가려진다.

1966년 독립한 이후 건국 초기부터 보츠와나는 선진국의 원조에 많이 의존했다. 내륙국가인데다 아무런 산업기반도 없었고, 국토의 대부분이 사막이라

가뭄이 잦았다. 원조가 없으면 기근이 와도 대책을 세울 수가 없었다. 그래서 보츠와나는 때때로 국민 1인당 원조액수가 개도국 가운데서 가장 높은 적도 있었다. 독립 당시에는 영국이 보츠와나 정부의 일반회계예산 가운데 60%를 지원했다.[46] 이 당시 원조는 국가 총수입의 30%에 달했다. 그 후로도 보츠와나는 1973년 정부수입의 15% 가량을 원조가 차지할 정도로 원조의존도가 높았다. 이 추세는 점점 더 심해져 1976년에 23%로 피크를 이뤘다.[47] 한편 1967년 대규모로 매장된 다이아몬드가 발견되고, 1972년부터 다이아몬드가 채굴되기 시작하면서 지대소득이 늘어갔다. 1982년에는 생산되는 다이아몬드의 가치로 쳐서 세계 최고의 품질, 세계 최대의 규모인 즈와넹 다이아몬드 광산이 가동되기 시작했다. 하루아침에 다이아몬드로 돈벼락을 맞은 것이다.

내륙국가, 원조, 지하자원—보통은 이 세 가지가 국가경제에 크게 악영향을 미치는 법이다. 그러나 보츠와나 정부는 국제투자자를 의식해 사유재산 보호와 시장중심 경제를 철저하게 지키는 모범을 보였다. 보츠와나 헌법은 사유재산의 국유화를 금지하고, 사법부의 독립을 보장하고 있다. 중요한 것은 헌법상의 보장에만 그치지 않고 정부가 어떤 행동을 보이느냐이다. 보츠와나는 사하라 이남 아프리카의 다른 국가로는 상상할 수도 없을 만큼 앞선 수준의 정치를 보여줬다. 경제에서도 다이아몬드로 횡재를 했으나, 전혀 동요치 않고 꾸준한 긴축정책과 오직 효율에 입각한 공공투자를 유지했다.[48]

보츠와나는 다이아몬드가 발견된 후에도 다이아몬드에서 나오는 수입을 따로 관리해 이 돈은 인프라 건설과 교육, 보건 등 미래를 위한 개발투자에만 쓰고, 투자가 아닌 정부의 경상지출에는 다이아몬드로 버는 돈을 쓰지 못하도록 철저한 분리지출 원칙을 세웠다. 이 원칙은 2000년에서 2003년까지 3년간만 빼고는 줄곧 지켜져 왔다. 인프라 투자에는 우선순위를 두어서 처음에는 도로, 다음에는 물과 전기에 주력했다. 모든 공공사업에 대한 투자는 5년, 혹은 6년 주기의 국가개발계획(NDP)에 따라 집행했는데 한번 정한 계획안을 수정하려면 의원들이 만장일치로 동의를 해야 했다. 그 때문에 국가개발계획은 수립할 때부터 극도로 신중을 기했다. 국가개발계획에 없는 공공사업은 불법이었고, 사업기간 전체에 걸쳐 예산확보가 안된 사업은 국가개발계획에 들어갈 수 없었다. 이로 인해 정부는 방만한 재정지출을 할 수 없었을 뿐만 아니라, 저절로 균형예산이 되어 재정적자를 피할 수 있었다. 거의 매해 재정흑자가 났고, 흑자분은 중앙은행에 현금으로 비축되었다. 이 돈과 국제수지 흑자로 비축된 외화는 경기가 나빠졌을 때 완충역할을 해주었다. 따라서 보츠와나는 아무리 원조를 많이 써도 구조조정이라는 조건을 단 원조를 받은 적이 없다. 이미 구조조정이 될 대로 되어 있기 때문이었다.[49]

모든 정부예산이 들어가는 공공투자 사업은 최저 수익률 이상의 수익을 올리도록 법제화했다. 공공투자 사업에 대한 수익률을 계산할 때는 경제적 측면과 함께 사회적 수익률도 따졌다. 두 가지 다 통과된 사업은 최우선 순위로 투자했다. 또 공공투자라 해도 철저하게 경제성을 강조했다. 심지어는 수도나 전기 같은 공익사업에도 보조금을 최소화했다. 사용자 부담으로 수익이 남아야 했다. 한번은 카마 대통령의 고향집 앞으로 지나가는 도로를 먼저 포장할 것을 건의했으나, 대통령의 지시로 수익성이 앞서는 다른 도로를 먼저 포장하도록 했다는 일화가 있다. 그 도로는 나중에 수익성 순서에 따라 차례가 돌아왔을 때 포장되었다. 이처럼 개발은 국가가 세운 철저한 계획 하에 추진했으나, 시장경제 원칙에 따른 수익성 위주였다는 점이 보츠와나 거버넌스의 매우 독특한 방식이다.[50]

세계 최대의 다이아몬드 생산국이 될 정도로 다이아몬드가 많이 쏟아져 나와도 보츠와나는 돈을 흥청망청 쓰지 않았다. 한창 다이아몬드가 쏟아져 나오던 70년대와 80년대에도 오직 대통령만이 운전사가 딸린 자동차를 타고, 장관들은 특별한 용무가 없는 한 픽업트럭을 손수 몰고 다녔다. 일등석 비행기 좌석도 대통령 한 사람에게만 허용했다. 70년대 어느 해인가는 보츠와나 육류협회 대표단이 유럽을 방문 중에 5성급 호텔에 묵고 있다는 것을 농업부 장관이 알고 나서 즉시 값이 싼 호텔로 방을 옮기도록 지시했다는 일화도 있다.[51]

또 보츠와나는 다이아몬드 수익이 국가의 수용능력에 앞서가는 것을 원치 않았다. 지하자원이 풍부한 다른 아프리카 국가들은 가능한 한 빠른 속도로 지하자원을 개발하는 약탈적(predatory) 정책을 택한다. 나이지리아와 잠비아가 그 예로 이들은 앞으로 채굴할 자원을 담보로 융자를 받아 미리 써버렸다. 반면에 보츠와나는 장기적인 관점에서 안정을 택해 가급적 다이아몬드의 생산을 늦췄다. 그 돈으로 투자할 시급한 사업이 없을 때 돈이 들어오는 것을 피했다. 다이아몬드는 보츠와나를 부자로 만들지 못한다는 것을 다른 나라의 예를 보고 잘 알고 있었다. 되지도 못할 부자가 되는 길을 가는 대신 거시경제적 안정성을 우선적으로 추구한 것이다. 오히려 전 세계 최대 다이아몬드 원석 공급회사인 드 비어스가 더 서둘자고 재촉을 할 정도였다. 이런 구조는 드 비어스와 계약갱신을 위한 재협상을 할 때 매우 유리한 고지를 차지하게 했다. 그러나 일단 맺은 계약은 항상 철저하게 준수해 드 비어스가 마음 놓고 다이아몬드 탐사와 채굴에 임하도록 보장을 해줬다.[52]

그 결과 1997년에는 정부의 수입에서 원조가 차지하는 비율이 3%로 떨어졌고, 2000년에는 1.6%로 떨어졌다. 이는 원조가 줄어들었기 때문이기도 하지만 정부 수입이 늘어난 까닭도 있다. OECD 통계에 따르면 2011년 보츠와나가 받은 원조는 GNI의 0.73%에 불과하다. 1998년 이래 세계은행이 상위중소득국가로 분류하고 있는 보츠와나가 아직도 원조를 받는 이유는 주로 에이즈와 부의 불균등 분배 때문이다. 90년대 들어서면서 선진국들이 원조의 중단을 선언하기 시작하자 보츠와나 정부는 난색을 표했다. 1인당 국민소득이 올라갔다고 해서 국가가 개발된 것은 아니라는 논리였다. 2000년대 중반 이후로는 EU만이 보츠와나에 개발원조를 제공하고 있다가, 세계금융위기로 다이아몬드 수요가 급감한 2009년부터 갑자기 에이즈, 전기보급, 도로교통에 관한 기술지원 등을 위해 대규모의 세계은행 원조를 받기 시작했다.[53]

이라크에서 한때 사업파트너로 우리와 함께 일했던 사파라는 변호사가 있었다. 사담 후세인이 수니파 무슬림인데 비해, 사파는 나시리야 출신의 시아파 무슬림이었다. 사담 후세인 시절, 형이 정치범으로 몰려 처형을 당한 후 언젠가 이라크의 자유를 위해 일해 보겠다고 마음먹고 법학을 전공했다고 한다. 사파와 뜻을 같이 했던 동료변호사들은 전쟁이 끝나자 NGO를 결성했다. 그들은 후세인의 맏아들인 우다이의 집이었던 곳을 임시사무실로 쓰고 있었다. 티그리스 강변에 위치한 우다이의 저택은 가구나 집기는 물론, 천정의 조명, 바닥의 대리석까지 모두 뜯어가서 흉측한 모습이었다. 그런 모습을 보면서 이라크인들이 후세인 일가에게 가졌던 감정이 어떤 것이었는지 추측할 수가 있었다.

황혼이 지는 어느 저녁, 사파는 티그리스강을 바라보면서 수심에 찬 표정으로 이라크의 앞날을 걱정했다. 그의 이야기 가운데에는 쿠르드족에 대한 것도 있었다. 나는 그를 통해 사담후세인이 쿠르드족에게 화학무기를 사용했다는 사실을 처음 알게 되었고, 쿠르드족이 사는 지역의 자원을 빼앗기 위해 같은 나라 국민인 쿠르드족을 어떻게 박해했는지도 듣게 되었다.

그리고 몇 년 후, 나는 어느 일간지에서 동티모르의 호세 라모스 오르타 대통령과의 인터뷰기사를 읽었다. 오르타 대통령은 오랜 기간 조국의 독립을 위해 해외에서 투쟁을 한 분으로, 1999년 마침내 동티모르가 인도네시아로부터 독립을 쟁취하고 2002년에 정부가 수립된 후 사나나 구스마오 대통령에 이어 2대 대통령을 역임하셨다.

그 인터뷰에서 새롭게 알게 된 것은 동티모르 정부가 2002년부터 석유를 팔아서 번 돈으로 국부펀드를 조성해 이미 50억 달러나 축적했다는 사실이었다. 동티모르의 석유와 천연가스 매장량이 세계 20위권이라는 건 알았지만, 판매수익금으로 펀드를 만들었다니… 수백 년간의 식민지배에서 벗어난 최빈개도국 동티모르가 빈곤을 탈피하고 경제발전을 이루기 위해서는 당장 교육이나 보건, 인프라 건설에 써야 될 돈도 많았을 텐데, 석유판매 수익금을 국부펀드로 따로 비축해두고 장기적인 사용계획을 세우고 있다는 걸 보고 놀라움을 금할 수 없었다.

2. 자원과 내전

아프리카는 지구상에서 유일하게 날이 갈수록 내전이 늘어나고 있는 대륙이다. 가장 큰 이유는 여러 부족들이 한 나라 안에 섞여서 살기 때문이다. 서구의 식민제국들은 이 부족 문제를 고려하지 않은 채, 1884~85년의 베를린 회의 이후 자기 편할 대로 경계를 정해 아프리카를 각국의 식민지로 분할했다. 20세기 후반 아프리카가 독립하는 과정에서도 국경을 정함에 있어서 아프리카인들에 대한 배려는 전혀 없었다. 아프리카 전체는 약 1천개의 부족들로 나뉘고, 나이지리아에만 4백개의 부족들이 있다.[54] 이들은 늘 지하자원이나 원조 같은 물질을 놓고 다툰다. 무엇을 분배하든 항상 불만이 따른다. 부족이라는 혈연집단은 그 불만을 여러 배로 팽창시키고 행동으로 옮기게 만든다. 이처럼 다민족국가가 대부분인 아프리카에서는 개혁이 잘 안되고, 그대신 내전은 쉽게 터진다.

그러나 내전의 원인을 분석한 논문으로 유명해진 콜리어에 따르면 부족 간 갈등은 반군들이 가진 다른 여러 가지 불평불만과 마찬가지로 그저 하나의 핑계거리에 지나지 않는다. 통계적으로도 부족구성이 복잡한 국가와 내전 발발과는 큰 상관관계가 없다. 다수의 부족들이 함께 평화롭게 지내는 사회도 많은가 하면, 소말리아는 단일부족 국가인데도 끊임없는 내전에 시달리고 있다. 예외는 다수민족 외에 막강한 세력의 소수민족들이 있을 때이다. 그럴 때는 내전이 일어나기 쉽다. 후투족과 투치족 두 부족 간에 인종청소에 가까운 대학살이 벌어진 르완다가 그 예이다.

대부분의 내전이 발발하는 진짜 이유는 욕심 때문이다. 먹고 살기도 힘들고, 미래에 대한 희망도 별로 없는 상황에서 반란을 일으키는 것만큼 수지맞는 일이 없기 때문이다. 내전은 보통 빈곤, 더딘 경제성장, 풍부한 지하자원—이 세 가지가 함께 존재하는 국가에서 쉽게 발생한다.[55] 앞의 두 가지 조건은 바로 원조가 필요한 이유이기도 하다. 내전은 바텀 빌리언 국가의 단골메뉴다. 바텀 빌리언 10억 인구의 73%가 최근 내전을 겪었거나, 현재 내전중인 나라에 산다.[56] 아프리카의 내전은 보통 정권을 탈취한 쪽에 지하자원이나 선진국으로부터의 원조라는 전리품을 안겨준다. 대부분은 이를 노리고 반란이나 쿠데타를 일으킨다. 부패한 독재정권이라도 원조가 계속된다는 것은 아프리카에서 권력을 지향하는 모든 이들에게 이미 잘 알려진 사실이다. 내전이 끝나 정권을 내 것으로 만들기 전에는 원조를 빼앗아 쓸 수가 없는 것이 정상이다. 그러나 실제로는 서방의 원조가 종종 반란을 일으키는 순간부터 반군에게 제공되거나, 아예 반란을 부추기는 마중물이 되기도 한다. 지하자원은 물론 내전 초기부터 부분 찬탈이 가능하다.

내전을 부추기는 지하자원

가난한 나라에서는 전사를 구하기가 쉽다. 반란을 일으키면 순식간에 반군을 모집할 수 있다. 목숨 값이 싸고, 달리 장래에 대한 희망도 없는 곳에서 반란이 성공할지도 모른다는 상상은 부자나라의 벤처사업가가 가지는 꿈만큼 꾸기 쉬운 꿈이다. 무엇보다 당장 할 일과 먹을 것이 생긴다. 자이레의 반군 지도자 로랑 카빌라는 내전이 한창 진행 중일 때, 어느 기자에게 자이레에서 반란을 일으키는 데는 돈 1만 달러와 위성전화 한 대면 충분하다고 말했다. 그만큼 반군에 동조할 사람들이 널렸다는 말인데, 위성전화는 서방의 지하자원 채굴 회사들과 딜을 맺기 위한 용도다. 그래서 카빌라가 수도 킨샤사에 입성할 무렵에는 이미 5억 달러 상당의 로열티 딜을 마친 상태였다고 한다.[57] 일찍이 60년대 중반 레오폴드빌 콩고(자이레의 전 국호)의 혁명전선에서 체 게바라의 도움을 받으며 경력을 쌓은 카빌라가 정말 1만 달러로 반란을 꾀한 것은 아니었다. 그는 70년대 말과 80년 대 초에 탕가니카 호수 서부에 초미니 공산국가를 세우고 자기 영토 안의 금광에서 나오는 금과 상아 거래로 이미 상당한 재력과 세력을 구축했다. 이후 오랜 잠적 끝에 1996년 우간다, 르완다, 부룬디 등 주변 국가의 사주를 받아 내전을 일으켰고, 내전 1년만인 1997년 집권하자마자 국호를 자이레에서 콩고민주공화국으로 바꿨다. 그가 축출한 모부투 세세 세코는 원래 조셉 데지레 모부투였던 이름을 '백전백승의 용장이요, 온 천하의 정복자'라는 뜻을 가진 '모부투 세세 세코 은쿠쿠 응벤두 와 자 방가'로 고치면서 국호도 콩고에서 자이레로 바꾼 인물로, 1965년부터 30년 넘게 자이레를 통치했던 독재자였다.[58]

콩고민주공화국은 안타깝게도 카빌라 집권 다음해인 1998년부터 2003년까지 다시 내전에 시달렸다. 한편 로랑 카빌라는 집권 4년만인 2001년 경호원에게 암살을 당하고, 콩고민주공화국의 대통령직은 8일 만에 그의 아들 조셉 카빌라에게 승계되었다. 30세에 대통령이 된 조셉 카빌라는 한동안 세계 최연소 국가수반이자, 70년대에 출생한 유일한 국가수반이었다.[59]

지하자원이 군자금으로 활용된 내전의 백미는 뭐니뭐니해도 앙골라 내전이다. 한동안 미소간의 대리전 양상을 띠기도 했던 앙골라 내전은 1975년 앙골라가 포르투갈로부터 독립한 이래 2002년까지 지긋지긋하게 이어졌다. 소련과 쿠바의 무기지원을 받는 정부군인 앙골라인민해방운동(MPLA) 측은 주로 원유를 팔아 전비를 조달했다. 미국과 남아공의 지원을 받았던 반군 앙골라완전독립민족연합(UNITA)은 다이아몬드 광산들을 점령하고 있었다. 국제유가가 하락하면 상대적으로 힘이 빠진 정부군에 대한 UNITA의 공세가 드세졌고, 유가가 오르면 정부군이 힘을 냈다.[60]

UNITA의 지도자 조나스 사빔비는 60년대에 동유럽, 월맹, 북한을 거쳐 중국에서 훈련을 받고 돌아와 포르투갈 식민정부를 상대로 모택동식 게릴라 활동을 벌였다. 70년대 들어 MPLA가 소련을 업고 마르크스 레닌주의를 표방하자, 사빔비는 노선을 바꾸어 미국으로 붙었다. 1970년대 키신저의 전폭적인 지지를 받았던 사빔비는 레이건이 대통령에 당선되고 나서 소련의 동맹국에 대항해 싸우는 반군들을 무조건 지원해야 한다는 레이건 독트린 덕분에 더욱 힘을 얻었다. 90년대 들어서면서 양측은 휴전협정을 맺었고, 1992년 대통령 선거가 열렸다. 그러나 1차 투표에서 아무도 과반수 득표를 하지 못한 가운데 결선투표는 우여곡절 끝에 무산이 됐다.

그러자 조나스 사빔비는 다시 MPLA를 상대로 내전에 돌입했다. 미국은 선거를 원했기 때문에 사빔비를 더 이상 지원하지 않기로 했다. 사빔비는 미국이 손을 뗀 상태에서 다이아몬드를 판 돈으로 구소련권에서 소련제 중고무기를 구입해 싸웠다. 일설에 의하면 사빔비는 이때 이미 다이아몬드로 40억 달러 가량의 재산을 축적한 상태였는데도 그 돈으로 안락한 생활을 추구하기 보다는 싸움을 택했다. 이에 선거를 중재했던 UN이 UNITA를 비난하기 시작했다. 엎친 데 덮친 격으로 1993년 5월에는 미국마저 MPLA 공산정권을 앙골라의 합법정부로 인정했다. 다음해에는 다이아몬드 광산이 밀집해 있는 카푼포와 카토카 두 지역마저 정부군에게 빼앗겼다. 그래도 사빔비는 비축했던 다이아몬드를 팔아 계속 싸웠다. 그러나 1998년 UN이 사빔비의 다이아몬드를 '블러드 다이아몬드(blood diamond)'로 규탄하면서 다이아몬드 거래가 어려워지기 시작했다. 다이아몬드 거래가 어려워지고 돈줄이 끊긴 이후에는 UNITA도 사분

오열되기 시작했다. 마침내 2002년 2월 사빔비가 기습을 받아 전사하자, UNITA는 두 달도 지나기 전에 휴전에 합의했다. 27년을 끌던 내전은 마침내 종식되었고, 미국은 한때 앙골라로부터 쿠웨이트보다 더 많은 원유를 수입하는 밀월관계를 시작했다.[61]

내전 중에도 앙골라의 원유를 채굴하고 있던 미국의 석유회사들은 미국에서 무기를 지원받는 UNITA의 공격에 노출되어 있었다. 유전은 모두 정부군 관할이었기 때문이다. 이때 미국의 석유회사들을 UNITA로부터 지켜준 것은 공교롭게도 쿠바에서 앙골라 공산정권을 돕기 위해 보낸 쿠바 정규군이었다. 이런 일은 아프리카가 아니고는 좀처럼 보기 드문 기현상이다.[62]

앙골라 내전으로 유명해진 블러드 다이아몬드는 분쟁 다이아몬드(conflict diamond)라고도 하는데 영국의 애드보커시 전문 NGO인 글로벌 위트니스(Global Witness)가 가장 먼저 세상에 알렸다. 1998년 'A Rough Trade'*** 라는 보고서를 통해서였다. 이로써 같은 해 앙골라의 반군 UNITA가 UN의 제재를 받았다. 다음해인 1999년에는 'A Crude Awakening'††† 이라는 글로벌 위트니스의 보고서가 나와 앙골라 정부와 결탁한 서방의 석유회사들과 은행들이 내전을 부추기고 있음을 세상에 알렸다. 이로써 그 전 해 UNITA를 괴롭혔던 글로벌 위트니스가 앙골라 정부군 편이 결코 아님을 증명했다.

A Rough Trade로 불이 붙은 블러드 다이아몬드 논쟁은 2003년 킴벌리 프로세스 인증체계(KPCS, Kimberley Process Certification Scheme)로 이어졌다. 킴벌리 프로세스 인증체계, 줄여서 킴벌리 프로세스란 다이아몬드 채굴과정에서 아동 강제노역을 비롯한 인권유린을 방지하고, 다이아몬드가 분쟁지역 무기구입의 자금원으로 쓰이는 것을 막기 위한 국제협약이다. 이 협약 가입국들은 킴벌리 프로세스 인증서가 첨부되지 않은 다이아몬드는 거래할 수 없다.

*** 다이아몬드 원석을 rough diamond라고 하는데 이 보고서의 제목에서처럼 한 단어를 두 가지 의미로 중복해 쓰는 기교를 영어에서는 pun이라고 한다.
††† 여기서는 원유(crude oil)와 거칠게 깨움(crude awakening)을 가지고 pun을 했다.

레오나르도 디카프리오가 주연한 영화 '블러드 다이아몬드'로 유명한 시에라리온에서는 8년간의 내전 끝에 1999년 혁명연합전선(RUF)이라는 반군의 지도자 포다이 상코에게 그 나라의 다이아몬드 광산을 책임지는 자리를 맡김으로써 평화협정이 체결될 수 있었다.[63] 그러나 제대로 된 정부군이 없어 남아공의 용병회사가 정부군 역할을 대신하는 가운데 국제사회의 개입으로 간신히 이룩한 평화가 오래갈 리 없었다. 평화협정이 체결된 후 국제사회의 압력에 밀려 이 용병회사가 떠나고 무기력한 UN의 평화유지군이 치안을 담당하게 되자 내전은 곧 재개되었고, 이번에는 영국군 특수부대가 파병되어 반군 진압에 나섰다. 그 와중에 상코는 2000년 5월 새벽기도를 가던 무슬림 부자에게 발각된 후 군중들에게 붙잡혀 영국군에게 넘겨졌다. 내전은 그러고도 2년이 지난 2002년이 되어서야 종식되었다. 상코는 재판을 기다리던 중 2003년 감옥에서 죽었다.[64]

내전의 피해와 전후복구 원조

콜리어는 내전이 내전당사국과 주변국가들에게 끼치는 피해를 계산해 냈다. 내전당사국에는 GDP의 약 네 배에 달하는 피해를 가져온다. 주변국가에는 그 나라 GDP의 절반 정도에 해당하는 피해를 끼친다. 돈으로 계산하면 내전 한 곳 당 약 640억 달러다. 최근 들어 세계적으로 매년 두 곳에서 내전이 발발하고 있다. 거의 항상 바텀 빌리언 국가에서다.[65] 현재 1년에 약 1,300억 달러의 ODA가 선진국에서 빈곤국가를 위해 책정되고 있는데, 같은 액수가 빈곤국가 내에서 벌어지는 내전으로 인해 고스란히 사라지고 있는 것이다.

이렇게 큰 피해를 주는 내전에 대한 전후복구 원조가 냉전시대에는 전혀 없었다. 세계은행이 내전의 전후복구를 원조항목에 포함시키기 시작한 것은 고작 2000년경부터였다. 세계은행은 원래 국제부흥개발은행(IBRD)이라는 이름으로 유럽의 2차 대전 전후복구를 위해 세워진 기구이다. 그런 세계은행이 2000년까지는 자신의 원래 설립목표를 잊어버리고 있었던 것이다. 그나마 세계은행의 전후복구 원조는 3년 시한부였다가 2005년부터는 7년으로 늘었다. 콜리어는 최소한 10년은 지속되어야 한다고 주장한다. 그러나 대규모 원조가 있어도 원조 자체로는 내전재발 리스크가 줄어들지 않는다. 그 리스크는 원조로 인한 빠른 경제성장이 있어야만 줄어들기 시작한다.[66]

"니하오마?" 한 흑인남성이 내 옆 자리에 앉으며 중국어로 인사를 건넸다. 부룬디 부줌부라 공항에서 비행기에 탑승한 이 남성은 케냐사람이었다. 나이로비에 있는 은행에서 일하는데, 부룬디에 있는 지사에 출장을 다녀오는 길이라고 했다. 요즘 중국인들이 아프리카에 많이 진출하고 있어서 중국어를 조금씩 배우고 있는데, 내가 중국인인줄 알고 중국어로 인사했다면서 명함을 건넸다.

중국이 경제성장을 지속하면서 아프리카에 통 큰 원조를 하고 있다. 이 나라에는 국회의사당을 지어줬다, 저 나라에는 스타디움을 세워줬다는 소리가 들려온다. 대규모 인프라 건설이 중국원조의 특징이다. 국제사회는 중국이 앙골라나 수단, 콩고 등에서 자원을 확보하기 위해 원조를 제공한다며 중국의 불량국가 지원을 예의주시하고 있다. 중국은 OECD 회원국이 아니기 때문에 어디에 얼마만큼 원조를 하는지 정확한 통계조차 알려지지 않고 있다. 미국이나 서구에서 경제제재를 하고 있는 나라에 대해서도 '내정불간섭의 원칙'을 앞세워 대외원조를 하고 있는 것이 중국이다.

최근 베이징에서 개최된 '국제사회책임 민간포럼'에서 중국 외교부 관계자는 "아프리카는 줄곧 중국정부의 대외원조 중점지역이었습니다. 중국의 원조는 부가조건이 없습니다. 이는 서방국가들이 원조를 정치이념과 외교정책의 도구로 이용하는 것과 크게 구별됩니다. 중국의 아프리카 원조는 개발도상국 간의 남남협력입니다. 대등한 위치에서의 협상을 기초로 평등·호혜를 강조하는 점이 선진국의 원조와 구별됩니다"라면서 중국의 대외원조를 추켜세웠다.

몇 년 전, 영국 정부의 원조부처인 DFID의 중국사무소 직원과 이야기를 나눈 적이 있다. 그 친구는 "영국에서 대박이 난 '빈곤을 역사 속으로(Make Poverty History)'라는 캠페인 동영상에선 유명배우나 가수들이 나와 3초마다 손가락을 부딪쳐 딱딱 소리를 내면서 아프리카에서는 이렇게 3초마다 한 아이가 죽어간다며 호들갑을 떤다. 반대로 중국은 아프리카 정상들을 '중국-아프리카 협력포럼'으로 불러 '아프리카는 중국의 좋은 친구야!' 하면서 등을 두드려가며 원조를 준다! 이러니 아프리카 사람들이 과연 누구를 더 좋아하겠냐"면서 씁쓸하게 웃었다. 2011년에 중국에 대한 원조를 종료한 영국은 아직도 베이징에 DFID 중국사무소를 두고 있다. 중국과 함께 개도국 발전을 돕겠다는 목적으로…

3. 중국의 아프리카 사랑

아프리카와 원조를 함께 논하려면 2000년대 들어 급부상한 중국의 아프리카 원조를 빼고 갈 수 없다. 중국이 아프리카에 눈독을 들이는 이유는 바로 지하자원 때문이다. 중국의 아프리카 원조는 원조만 가지고 논할 수는 없고, 반드시 외국인직접투자(FDI, Foreign Direct Investment)와 무역을 함께 살펴봐야 할 필요가 있다. 중국은 항상 이 세 가지를 합쳐서 패키지 딜을 하는 경향이 있다.[67] 이 셋 중에서 가장 대표적인 것은 FDI인데, 중국으로 들어오는 투자가 아니라 중국에서 해외로 빠져나가는 투자는 Outward FDI(OFDI)라고 부른다.

중국의 OFDI는 2005년부터 부쩍 늘어나기 시작했다. 2001년 3월 발표한 제10차 국민경제 및 사회발전 5개년계획(2001~05년)에서 중국기업의 해외진출(走出去, Going-out, Going-global) 전략을 공식채택하고 나서 본격적으로 추진된 해외투자는 2004년 55억 달러에서 2005년에는 123억 달러로 두 배 이상 늘고, 이어서 2006년 212억 달러, 2007년 265억 달러, 2008년 559억 달러, 2009년 563억 달러, 2010년 688억 달러로 늘어난다. 2005년은 중국의 해외투자가 갑자기 100억 달러 선을 넘은 해이자, 중국의 컴퓨터 생산업체 레노버(Lenovo)가 IBM의 PC부문을 인수한 해이기도 하다. 위의 OFDI 수치의 출처인 중국 상무부의 OFDI 통계자료[†††]에 따르면 중국은 2010년 688억 달러의 해외투자(flow) 가운데 아프리카에 21억 달러를 투자했다. 남아공(4억 1천만 달러), 콩고민주공화국(2억 4천만 달러), 니제르(2억 달러), 알제리(1억 9천만 달러), 나이지리아(1억 8천만 달러)의 순서다. 또 2010년까지 아프리카에 투자되어 있는 총액(stock)은 132억 달러이다. 전 세계적으로는 2010년까지 3,172억 달러가 투자되어 있다. 이것이 공식 통계이다.[68]

그러나 전문가들 사이에서는 믿지 못할 중국정부의 통계자료 가운데서도 OFDI 자료는 정말 믿을 것이 못 된다는 견해가 지배적이다. 그 이유는 정부가 외환을 통제하고 있고, 이들 OFDI가 조세피난처를 우회하고 있으므로 정작 최종목적지를 알아내기가 어렵기 때문이다.[69] 한 예로 위에서 언급한 중국 상무

[†††] 2010 Statistical Bulletin of China's Outward Foreign Direct Investment

부의 OFDI 통계자료를 보아도 2010년 미국에 대한 투자가 13억 달러인데 비해 케이맨제도에 대한 투자는 35억 달러, 영국령 버진아일랜드에 대한 투자가 61억 달러, 홍콩에 대한 투자는 385억 달러 등으로 나와 있어 이 주장을 뒷받침해 주고 있다. 2010년 10월 9일자 로이터 통신의 보도에 의하면 중국 상무부는 그해 8월까지 중국이 아프리카에 투자한 총액이 323억 달러에 달했다고 별도의 발표에서 밝혔다.[70] 위의 공식자료 132억 달러보다 거의 세 배나 많은 액수이다.

그런가 하면 모요는 『죽은 원조』에서 2000년에서 2005년 사이에 중국이 아프리카에 3백억 달러를 투자했으며, 2007년 중반까지 투자한 총액은 1천억 달러에 달한다고 주장했다.[71] 모요는 다시 최근 저서인 『승자독식』[§§§]에서 런던 정경대 교수이자 중국-아프리카 관계 전문가인 크리스 알덴을 인용해 2006년 중국의 아프리카에 대한 OFDI가 480억 달러였고, 2년 후인 2008년에는 무려 880억 달러였으며, 그중 대부분이 인프라 건설용이었다고 강조했다.[72] 또 중국의 해외투자를 추적하고 있는 헤리티지 재단은 2005~10년 중국의 전체 해외투자액 3,160억 달러 가운데 14%가 아프리카로 갔다고 집계했다. 이 돈은 대부분 홍콩을 거쳐 아프리카로 들어갔다.[73]

원자재 확보에 대한 중국의 집념

모요의 『승자독식』을 보면 중국의 아프리카 투자, 바꿔 말하면 원자재(코모디티) 투자에 대한 집념은 몇 가지 중국만의 특징을 드러내고 있다. 가장 큰 특징은 물론 3조 달러를 넘어선 외환보유고를 앞세운 엄청난 물량공세다. 그것도 거대국가가 백년대계의 일환으로 맘먹고 하는 투자이니 더욱 규모가 커질 수

---

§§§ 원제는 *Winner Take All: China's Race for Resources and What It Means for the World* (2012년)

밖에 없다. 둘째는 공산주의 국가가 국가주도로 하는 사업인 만큼 자금조달에 대한 이점이 크다는 사실이다. 다른 나라의 투자자금은 자본비용이 꽤 든다. 수익이 이 자본비용을 넘어설 것 같지 않으면 투자는 이루어지지 않는다. 그러나 중국이 투자를 할 때는 자본비용이 없는 것이나 마찬가지다. 다른 경쟁자들은 이자를 내야 하지만 중국의 투자자금은 무이자라고 볼 수 있다. 드물게 형식상이나마 중국의 민간기업이 맡아서 하는 투자라도 국가가 뒤에서 돈을 대기는 마찬가지이다.[74]

또 중국은 투자한 곳, 특히 원자재 투자를 한 곳에 대규모 인력을 송출한다. 1998년에 착공해 14개월 만에 후다닥 준공한 수단의 송유관은 2천명의 중국인 노동자들이 밤낮으로 속도전을 벌여서 완성한 장장 1,600킬로미터짜리 송유관이다.[75] 중국 사람이 속도전을 벌일 때는 결코 만만디가 아니다. 중국이 아프리카에서 건설하는 것은 꼭 아프리카의 지하자원을 본국으로 수송하는 데 필요한 운송망 만이 아니다. 그랬다면 지난날 유럽이 아프리카나 다른 식민지에서 행했던 일방적 수탈행위와 크게 다를 바가 없다는 비난을 심하게 받았을 것이다.

중국은 지하자원이나 농토 등 원자재를 갖고 있는 아프리카 국가가 원하는 것은 무엇이든 다 지어준다. 도로, 철도, 항만, 공항에서 광산, 유전, 병원, 학교, 발전소에 이르기까지 무엇이든 척척 지어준다. 아프리카 국가에 능력이 부족할까봐 자국에서 건설장비와 부자재는 물론 건설인력까지 모조리 가져다가 순식간에 턴키방식으로 지어준다. 이런 것을 두고 '인프라 주고 자원 받기(infrastructure for resources)'라고 부른다. 이 건설사업들을 위해 수백 개의 중국 기업들이 아프리카에 나와 있다. 다들 똑같은 유니폼을 입고 밤낮없이 일하고, 순식간에 뭐든 지어내는 이 사람들이 믿어지지 않아 중국정부가 정상적인 근로자들이 아닌 죄수들을 파견했다는 오해를 받기도 했다. 인도의 어느 정책연구소 관계자가 이런 내용으로 별 증거도 없이 쓴 글이 서방 언론 곳곳에 실리면서 한때 큰 논란이 벌어졌다가 수그러든 적도 있다.[76]

그렇게 나왔던 인력이 귀국하지 않고 잔류해 사업을 벌이기도 하고, 처음부터 사업을 시작할 목적으로 아프리카로 진출하기도 한다. 중국의 돈이 진출한 곳에는 곧 중국인들이 대거 진출한다. 중국은 이미 노동집약형 산업이 사양화되어 가고 있으므로 인건비가 싼 아프리카를 선호하는 편이다. 중국정부의 입김이 힘을 쓰는 곳으로 크고 작은 사업가들이 몰려든다. 어느새 동남아에 퍼진 화교 커뮤니티와 비슷한 중국인 커뮤니티가 지하자원이 풍부한 아프리카 곳곳에 생겨나고 있다. 중국인들이 아프리카에서 벌이고 있는 사업은 소규모 소매상에서 봉제공장, 여행사까지, 그리고 농장에서부터 첨단 텔레콤 사업에 이르기까지 매우 다양하다. 이런 중국인력의 해외진출은 중국 국내에서 실업난이 사회문제화 되고 있는 요즈음 체제불안 요소를 경감시키는 효과가 있다.[77]

중국은 수출품 제조를 위한 원자재뿐만 아니라, 급증하는 내수를 위해서도 원자재를 확보해야만 한다. 13억 중국인들이 소득증가와 생활수준 향상에 따라 요구하고 있는 먹거리와 공산품의 양은 어마어마하다. 인구의 도시집중과 소비문화의 선진화로 더 많고, 더 고급스런 의식주와 문명의 이기를 원한다. 한 예로 FAO에 따르면 도시거주 중국인이 1인당 먹거리에 지출한 비용은 1995년의 1,766달러에서 2010년에는 4,804달러로 세 배 가까이 늘었고, 시골거주 중국인의 경우도 같은 기간 768달러에서 1,313달러로 두 배 가까이 늘었다.[78] 뿐만 아니라 정부도 수출중심 경제에서 탈피해 내수비중을 늘리기 위해 소비를 장려하고 있다. 이렇게 원자재 수요가 폭발하고 있는 현상을 두고 언론에서는 중국이 원자재의 블랙홀이라고 표현한다. 이는 또 중국 공산당 체제의 사활이 걸려있는 문제이기도 하다. 아직까지는 중국인민 대다수의 민주주의에 대한 잠재적 욕구를 물질적 풍요로 채워주고 있는데, 이 물질적 욕구를 채워주지 못하게 되면 정치적 불만이 표면화되어 공산당 정권에 심각한 위기를 초래할 수도 있다고 본다.[79]

그래서 중국은 모든 것을 올인하여 원자재 확보에 나섰다. 중국이 추진하는 원자재 확보사업을 큰 그림으로 보면 정부에서 콘트롤하는 은행에서 융자를 받은 건설회사가 인프라를 지어주고, 다른 석유회사나 광산업체가 지하자원을 확보하는 방식이다. 서방의 석유회사나 광산업체들은 모두 이자가 붙는 자금을 투입해 채굴사업을 한다. 순수하게 투입자본 대 이익 개념으로만 계산한다. 중국하고는 사업추진 구조가 판이하게 다르다. 중국이 아프리카에서 원자재를 확보하는 사업의 손익계산을 할 때는 국내의 사회불안 감소효과까지 보는 공산당 정치인들의 입김이 강하게 작용한다. 공산당에서 결정을 내리면 기업들은 따라야 한다. 공산당이 국영기업에 파견한 당서기들은 사장보다 더 권한이 강하다. 그러니 아프리카에 진출하는 대기업들도 회사 내 당서기나 기타 공산당 간부들을 통해 공산당과 줄이 닿아 있어 일반 영리기업과는 달리 정치사업을 하는 측면이 강하다. 우선순위가 단기 투자이익에 있는 서방의 기업들로서는 이해하기 어려운 구조로 계산을 하니까, 가격책정이 터무니없이 높아 보일 때도 있다. 서방의 경쟁자들 눈에는 그렇게 보이는 것이 당연하다.[80]

또한 중국의 지도자들에게는 원자재 수급의 미래를 내다보는 뛰어난 전략적 안목이 있다. 곧 다가올 원자재 고갈에 대비하는 것이다. 한때 유행했던 식량의 무기화라는 말도 중국의 안보와 직결되는 면이 있었다. 원래 중국은 이 문제에서 수비하는 입장이었다. 식량의 무기화는 식량이 남아돌아 전 세계로 수출하는 미국이 할 수 있는 말이었다. 그러나 이제는 아프리카의 농업자원에 대한 투자를 통해 중국도 공세로 돌아설 수 있는 고지를 확보해 가고 있다. 지하자원 등 다른 원자재는 말할 것도 없다.

이 모든 것들을 종합해 볼 때 중국의 아프리카 진출이 보여주는 가장 큰 특징은 정확하게 확인할 수 없는 점이기는 하나 중국이 전 세계의 원자재 시장을 매점매석하려는 징후가 보인다는 사실이다. 이는 어느 시점 이후로는 중국이 전 세계의 원자재 가격을 마음대로 주무를 수 있다는 결론으로 이어진다. 그러나 현재의 법률체계로는 기업의 독점은 법으로 대처할 수 있어도, 국가 차원의 원자재 매점매석은 다룰 수 있는 법 자체가 아예 없다.[81]

중국의 원자재 투자는 이같이 단순한 수익을 위한 투자가 아니라 국가적 위상을 걸고 올인하는 백년대계로서의 투자이다. 그러므로 서방의 다른 투자자들 눈에는 그동안 볼 수 없었던 기이한 일들이 벌어진다. 그 기이한 투자에 대해 비난이 일어나는 것은 당연한 일이다. 중국의 원자재 투자에 대한 비난은 크게 세 가지다. 무모할 정도로 방대한 스케일, 경쟁자들을 시장에서 퇴출시킬 만큼 비정상적으로 후한 가격, 그리고 투명성의 결여가 그것이다.[82]

그러나 2013년 여름부터 갑자기 어두워진 중국의 경제전망으로 인해 이 또한 앞으로 어떻게 변할지 불투명해진 상황이다.

아프리카로 진출하는 중국기업들

존스 홉킨스대 교수이자 중국-아프리카 전문가인 데보라 브로티검에 의하면 중국이 아프리카에 건설하고 있는 것에는 특별경제구역(SEZ, Special Economic Zone)도 있다. 중국은 90년대 중반부터 싹트기 시작한 조우추취(走出去, Going-out) 전략의 영향으로 1998년부터 해외에 산업단지나 특별경제구역을 지어 주는 사업을 실험적으로 시작했다. 이 경험을 바탕으로 2006년엔 제11차 5개년계획(2006~10년)의 일환으로 해외에 최대 50곳의 SEZ를 건설한다는 계획을 발표했다. 2011년 현재 19곳이 선정되었는데 그중 7곳이 아프리카에 있다. 북아프리카에 두 곳****, 사하라 이남 아프리카에 다섯 곳††††이 있다.[83]

이 해외 SEZ 건설의 전략적 의미는 다섯 가지로 나눠볼 수 있다. 첫째는 중국산 장비와 기계의 수요를 촉진시킬 수 있으며, 일단 판매하고 난 기계와 장

**** 알제리의 쟝링 SEZ, 이집트의 수에즈 SEZ

†††† 에티오피아의 이스턴 SEZ, 모리셔스의 진페이 SEZ, 나이지리아의 레키 SEZ와 오군 SEZ, 잠비아의 참비시 SEZ

비는 보수관리하기가 편리하다. 둘째, 중국상품에 대한 선진국의 무역장벽을 우회하여 수출을 늘린다. 셋째, 고부가가치 산업으로 업그레이드하려는 중국 국내의 산업구조조정을 돕는다. 즉, 노동집약형 사양산업의 해외이전을 쉽게 해준다. 넷째, 해외진출 능력이 떨어지는 중소기업들을 한데 묶어서 함께 해외로 내보냄으로써 규모의 경제를 이룰 수 있게 된다. 다섯째, 1979년 중국 남부의 4개 SEZ로 출발해 이룩한 중국의 성장경험을 후발개도국에 전수해 준다. 이러한 취지로 각국의 신청을 받은 결과 많은 국가들이 신청을 했고, 현재도 신청 중이다.[84]

중국에서 아프리카로 진출하고 있는 업종 중에 가장 두드러진 업종은 제조업이다. 중국의 아프리카 진출을 다룬 2011년 4월 20일자 이코노미스트지 특집기사에 의하면 제조업은 지하자원 채굴을 위한 광업(29%)에 이어 두 번째 (22%)로 많은 회사들이 진출해 있다.[85] 이것은 아프리카 국가들이 고용효과가 높은 산업투자를 원자재 공급계약의 조건으로 내걸고 있기 때문이기도 하다. 그래서 에티오피아의 중국회사 셋 중에 둘은 제조업체이다. 에티오피아에는 특히 신발공장이 많이 진출했다. 남아공에 진출한 중국의 가전업체인 하이센스는 2,500명의 현지인을 고용하고 있다. 남아공에서 팔리는 TV의 40%는 하이센스이다. 잠비아에 진출한 3백여개 중국업체 가운데는 광산업 외에 봉제공장이 많다. 잠비아인 2만 5천명이 중국업체에서 일한다.[86] 잠비아의 봉제공장들은 중국인 봉제공장 때문에 많이 도산했다. 알덴에 의하면 중국에서 아프리카에 진출한 중소기업의 수는 약 2만개에 달한다.[87] 중국의 중소기업체들은 경쟁이 약한 아프리카에서 준비운동을 한 다음 유럽으로 진출한다는 계산을 하고 들어오는 경우가 많다. 그래서 구미시장을 겨냥한 SEZ 아이디어는 더욱 각광을 받는다.

제조업 다음으로는 유통업이다. 10억이 사는 아프리카를 중국산 제품의 소비시장으로 만들기 위해서 많은 중국인들이 아프리카에 진출해 유통업에 뛰어들고 있다. 업체수로는 단연 광업, 건설업, 제조업보다 훨씬 더 많다. 인해전술이다. 이들은 특히 중국국내와 선진국에서 인기를 잃은 저가품들을 들고 아프리카 시장을 공략한다. 이들이 아프리카에서 시작한 도소매상들의 수는 셀 수 없이 많다. 이로써 수많은 아프리카인들이 전에는 엄두를 못 냈던 자전거, 라디오, 시계를 손쉽게 마련할 수 있게 되었다. 그러나 중국인들과의 피나는 경쟁에서 밀려 많은 현지 소매상들이 시장에서 퇴출당했다. 이코노미스트지에 따르면 잠비아의 수도 루사카에 있는 소웨토라는 재래시장에서는 중국상인들이 닭고기와 양배추 값을 반토막내는 바람에 상인들이 항의하기 위해 떼지어 공정거래위원회로 몰려가 한바탕 소동을 벌였다. 탄자니아의 다르에스살람에서는 아예 중국상인이 시장에서 물건을 팔 수 없도록 금지해 버렸다.[88]

탄자니아 정부는 중국인들이 투자자로 오는 것은 환영하나, '노점상이나 구두닦이'로 온다면 사절이라고 으름장을 놓았다. 아프리카라고 늘 중국에 당하고 있지만은 않겠다는 각오다. 앙골라 대통령은 중국에 대고 브라질이나 포르투갈하고도 얼마든지 딜을 할 수 있다고 하면서 정유공장 건설을 두고 중국과 한바탕 붙은 다음 중국 국영석유회사를 추방시켜 버렸다. 그 회사는 이듬해 돈을 더 내겠다면서 한번만 봐달라고 통사정을 하는 통에 다시 들어오게 해줬다.

유통업 다음으로는 농업도 있고, 관광업, 이동통신업, 은행업도 있다. 중국 공상은행은 2007년 자산 규모로 아프리카 최대규모를 자랑하는 남아공의 스탠더드은행 주식 20%를 55억 달러에 인수했다. 이로써 남아공에서 비즈니스를 하는 중국인들은 위안화 구좌를 열 수 있게 됐다. 남아공에만 40만이 넘는 중국인들이 있다. 그밖에도 많은 중국은행들이 아프리카에 지점을 오픈했다. 이 중국계 은행들은 중국인들에 한해 담보 없이도 융자를 해 준다. 물론 겉으로는 누구에게나 문이 열렸다고 하지만, 실제로 무담보 융자를 받는 사람들은 언제나 중국인들뿐이다.[89]

중국은 정부가 모든 은행을 콘트롤한다. 중국의 아프리카 내 민간자본 가운데 7할 이상이 건설관련 투자이다. 이 건설회사들은 일 년에 500억 달러 이상의 공사를 계약한다. 중국정부가 뒤에서 주선해준 이 공사들은 구속성 원조 형태를 띤 융자이다. 즉 건설대금을 중국계 은행에서 미리 무담보로 융자해 준다. 그러다 보니 건설회사들은 하나같이 책임감이 실종된 상태다. 은행이라고 거래가 투명하지도 않다. 중국공상은행이나 중국수출입은행이나 한결같이 수백억 달러씩 원조성 융자를 해주면서도 그 내역을 공개하지 않는다.[90]

중국의 아프리카 진출을 보는 부정적 시각

중국은 2006년경부터 서방언론으로부터 아프리카에서 일어나는 자국기업들이 관련된 문제에 대해 집중포화를 받아 왔다. 쏟아지는 비난 가운데 단골메뉴는 아프리카의 부패한 정부에 중국이 '묻지마' 식 지하자원 투자를 함으로써 독재와 부패를 부추긴다는 것이다. 그러나 이런 일은 중국보다 훨씬 먼저 냉전 때 서구 선진국들이 해왔던 일이다. 조나스 사빔비의 죽음으로 앙골라 내전이 끝났을 때, 미국과 유럽은 이제야 앙골라 정부에 압력을 가할 수 있게 되었다고 생각했다. 그러나 중국이 나타나 원유수출을 담보로 앙골라에 40억 달러 이상을 융자해주면서 앙골라를 쥐고 흔들어보려던 서방의 계획에 찬 물을 끼얹었다. 짐바브웨의 로버트 무가베도 중국이 나서서 수렁에서 건져주지 않았다면 좀 더 서방의 말을 잘 듣게 할 수 있었을 것이다.[91]

문제의 진짜 핵심은 다른 데 있다. 중국은 이제까지 서방국가들이 그래왔던 것처럼 이들 국가로부터 지하자원을 수입하기 위해 중국기업들이 현장 깊숙이까지 진출해 탐사와 채굴에 직접 관여한다. 여기까지 만이라면 별 탈이 없었을 것이다. 그런데 중국의 경우에는 거기다가 수많은 다른 업종들까지 대대적으로 진출하여 아프리카의 기존 업체들과 많은 마찰을 빚었다. 이 때문에 피해자들이 생겨나 중국기업들의 만행을 고발하기 시작한 것이다.

중국 내에서도 중국기업들은 부패와 열악한 노동환경 때문에 구설수에 오른다. 구조적으로 중국의 기업들은 노임분쟁, 환경파괴에 이르기까지 많은 문제점들을 안고 있다. 특히 문제가 되고 있는 것이 아프리카에 진출한 중국의 지하자원 채굴업체들에서 일어나는 안전사고들이다. 중국에서도 광산의 안전사고는 너무도 흔한 일이라서 제대로 보도가 안 되는 적이 많다. 중국정부의 공식적 통계에 의하면, 중국에서는 하루에 열 명씩 광산사고로 목숨을 잃는다. 안전불감증에 걸린 중국의 광산업계가 아프리카에 왔다고 갑자기 선진국 수준의 우량기업이 될 리는 만무하다.

더러는 순수한 사고도 있다. 2005년 잠비아의 중국계 광산인 참비시 광산에 있는 다이너마이트 공장에서 폭발사고로 50여명이 사망했다. 이건 정말 사고였던 것 같다. 그러나 그 다음해 여름 중국인 경영진에 불만을 품은 광부들이 폭동을 일으켰고, 광부 한 명이 중국인이 쏜 총에 맞아 부상을 입었다. 이에 분노한 광부들이 중국인 간부들의 숙소로 쳐들어갔다. 놀란 중국인 간부가 쏜 총에 또다시 다섯 명이 부상을 당했다. 이 사건은 2006년 잠비아 대선에서 주요 이슈가 되었다. 야당 후보인 마이클 사타는 중국혐오증을 부추기는 선거운동을 하면서, 자신이 당선되면 중국과의 국교를 단절하고 대만을 공식적으로 인정하겠다는 공약을 발표했다. 사타는 낙선했지만 그 후에도 반중국 발언을 계속했다. 2010년에는 중국이 죄수 8만 명을 잠비아에 보내 일을 시키고 있다고 주장한 사타의 발언이 슈피겔지에 인용되기도 했다.[92] 이후에도 잠비아에서는 사고가 계속되었다. 2010년 2월에는 콜럼 탄광에서 중국인 감독이 살해당했고, 그해 10월에는 노임분쟁으로 다시 폭동을 일으킨 광부들을 향해 중국인 간부 두 명이 산탄총을 발사해 다섯 명이 부상을 입었다. 2012년 8월에는 노임분쟁으로 시위를 하던 광부들이 갱도에서 쓰는 밀차를 밀어서 중국인 간부를 깔려 죽게 한 사건도 있었다.[93]

2011년 9월 20일 반중국 캠페인을 벌인 마이클 사타가 드디어 잠비아 대통령에 당선되었다. 그러자 10월초 중국인이 운영하는 참비시 구리광산의 광부들이 일제히 들고 일어났다. 보복조치로 광산측은 1천명 이상의 광부들을 해고

해 버렸다. 이는 곧 큰 정치문제로 비화되었다. 그러나 광산업체는 잠비아 정부의 압력에 못이겨 며칠 후 광부들을 복직시켰다.[94]

2008년 여름에는 콩고민주공화국에서도 남부 카탕가 지역에 진출한 소규모 중국계 구리-코발트 제련소들이 서방언론에서 큰 비난을 받았다. 안전에 대한 법규, 아동노동을 금지한 노동법, 때로는 환경법을 어기고 있는 열악한 현장의 모습들이 르포형식으로 생생하게 보도됐다. 열 두어 살밖에 안 되는 어린이들이 버팀목도 없는 깊은 구덩이에 들어가 손으로 캐낸 구리-코발트 광석을 영세한 중국계 제련소들이 거간을 통해 사들였다. 중국인들과 현지인들이 다 함께 방호복도 없이 슬리퍼와 셔츠 바람으로 일하는 이 제련소에서는 안전사고가 수없이 자주 일어났다. 주지사는 그 지역의 5천명 중국인들 가운데 6백명 가량을 추방했고, 나머지 업체들도 상당수가 2008년 금융위기 이후 원자재 값이 폭락하자 철수해버렸다. 그러나 아프리카의 광산들이 다 중국인이 운영하는 영세한 광산처럼 위험한 것은 아니다. 카탕가 지역에도 광부들이 정상적인 안전장비를 갖추고, 안전한 지하갱도에서 일하는 선진국형 광산들이 많이 있으며 급료도 훨씬 더 높다.[95]

광산이나 제련소의 안전만 문제가 되는 것이 아니다. 중국제 물건이나, 건설된 인프라의 품질이 형편없다는 것도 큰 문제다. 아프리카 시장에서 잘 나가는 물건은 중국제 중에서도 주로 저가품이다. 그러니 품질은 볼 필요도 없다. 심지어는 새로 준공한 건물에서도 문제가 발생한다. 앙골라의 수도 루안다에 중국이 새로 지어준 병원건물의 벽에는 커다란 금이 갔고, 에티오피아의 아디스아바바에서 중국 건설회사가 건축한 2억 달러짜리 아프리카연합(AU) 본부건물 지붕에서는 비가 샜다. 잠비아나 가나에서는 새로 건설한 포장도로가 폭우에 몇 미터씩 유실되기도 했다.[96] 환경문제도 있다. 가봉에서는 중국의 국영석유회사인 시노펙이 국립공원 안에서 시추를 시작했다가 적발됐고, 수단에서는 또 다른 국영석유회사인 CNPC가 원유를 유출하는 바람에 커다란 기름저수지가 생겼던 적도 있었다.[97]

서방의 비난에 대한 중국 측의 항변은 항상 똑같다. 아프리카의 개발은 아프리카인들이 가장 잘 안다는 것이 중국이 입버릇처럼 늘어놓는 주장이다. "우리는 원조나 상거래에 정치적 조건을 걸지 않는다. 인권에 대한 조건도 걸지 않는다. 아프리카의 빈곤문제를 크게 부각하거나, 원조공여국과 수혜국 간에 주종관계를 만들지도 않는다. 다만 호혜의 원칙에 따라 수평관계를 추구할 뿐이다. 그리고 대통령궁에서 대규모 댐까지 아프리카인들이 원하는 것은 무엇이든 지어준다." 이런 것이 중국이 말하고 싶어 하는 점들이다.

사실 미국과 유럽은 까다로운 조건을 많이 내걸었고, 지금도 내걸고 있다. 아마도 이스털리의 지적처럼 백인들의 심리 속에는 아프리카인들에 대한 우월감과 더불어, 약자의 보호를 위해서는 자신들이 개입하고 간섭해야만 한다는 심보가 깔려있을지도 모른다. 이스털리의 『세계의 절반구하기』의 원제목은 'White Man's Burden', 즉 타인종들을 구원하는 일은 '백인들의 부담'이라는 루드야드 키플링의 시구이다. 그래서 중국은 더욱 힘주어 말한다. "우리는 너희가 아프리카 식민지 주민들에게 했던 것처럼 일방적인 수탈을 하지 않는다." 사실 중국은 주고받기를 하지, 일방적으로 가져가지만은 않는다. 그러나 서방에서도 일방적으로 가져가기만 하는 일은 더 이상 없다.

종합적으로 볼 때 중국과 아프리카 간의 거래는 적어도 현재까지는 호혜적이다. 아프리카에서 중국은 사람들 간에 비교적 호평을 받는 편이다. 특히 짐바브웨의 폭군 로버트 무가베 같은 이에게는 돈만 주고 일체 듣기 싫은 말은 안 하는 중국스타일의 원조가 마음에 쏙 들 것이다.[98] 그러나 언제나 당하는 것은 민초들이다. 물론 억울함을 당한 몇 안 되는 사람들의 목소리가 항상 더 크게 부각되는 측면도 있다. 언론은 늘 그런 얘기만 싣는데 익숙해 있다. 또 서방에는 식민지 수탈이라는 원죄와 함께, 못 먹는 감 찔러나 본다는 심정도 있을 수 있다. 서방 언론의 중국 때리기의 이면에는 그런 복잡한 요인들이 있다. 중요한 것은 민중의 마음인데, 아프리카의 소리 없는 대다수는 아직까지 중국을 아프리카의 구세주로 여기고 있는 것 같다.

그러나 최근 들어서는 아프리카에서 중국의 이미지가 본격적으로 퇴색하기 시작했다. 나이지리아의 현직 중앙은행장 라미도 사누시는 2013년 3월 11일자 파이낸셜타임스에 실린 기고문에서 중국을 새로운 형태의 제국주의라고 성토했다. 중국이 나이지리아에서 원자재를 가져가고, 대신 공산품을 내다파는 것은 영국이 원자재 확보와 자국 공산품의 시장 확대를 위해 인도와 아프리카를 식민지로 삼았던 것과 다를 바가 없다는 얘기다. 그러면서 그는 아직도 중국을 아프리카 국가들과 함께 식민제국에 저항하는 비동맹운동을 벌였던 파트너로 보거나, 아프리카를 질곡에서 구원해 줄 구세주로 생각하는 로맨틱한 중국관에서 깨어날 것을 촉구한다. 반대로 이제는 세계 제2의 경제대국이 된 중국이 다른 서방국가들과 마찬가지로 아프리카를 착취할 수도 있음을 인식해야 한다고 주장한다. 중국은 산업보조금이나 환율조작으로 수출품의 가격을 싸게 만드는 약탈적 무역정책으로 아프리카의 산업공동화와 개발부진에 크게 기여하고 있다는 비난도 잊지 않았다. 사누시의 결론은 중국을 아프리카 시장을 차지하려는 아프리카 국가들의 경쟁자로 여기자는 것이다. 이제는 중국이 더 이상 저임금의 혜택을 볼 수 없게 되었으므로 중국으로부터의 수입품에 대항할 수 있는 국산품 개발을 서두르자는 주장이다. 그러기 위해서는 먼저 인프라를 건설하고, 중국의 약탈적 무역정책에 맞서 싸우며, 아프리카 노동력의 낮은 생산성을 향상시키기 위해 기술교육과 직업교육에 투자를 아끼지 말아야 한다고 구체적으로 주문했다.[99]

2부_ 대한민국과 지구촌 달동네

십여 년 전, 지구촌나눔운동은 베트남에 의지 · 보조기 보내기 운동을 시작했다. 베트남 전쟁 피해자들이나 그 자녀들에게 의수나 의족, 휠체어나 크러치 등을 지원하는 사업이었다. 당시 베트남에서는 정부의 재정이 넉넉지 않았기 때문에 노동상이사회부(MOLISA)라는 부처가 전쟁에 참여했던 군인들만을 대상으로 의수나 의족을 겨우 지원하고 있었다. 민간인 피폭 피해자나 대인지뢰피해자, 고엽제 후유증으로 장애를 입고 태어난 자녀들의 경우에는 정부의 지원이 미치지 못해서 해외원조기관의 지원을 기다려야 했다.

이 사업을 처음 제안한 분은 당시 중앙대 아동복지학과 김형식 교수이다. 김교수님과 만나 악수를 하면서 보니 왼쪽 손이 의수였다. 나는 본인이 장애인이라 이런 사업을 제안하셨겠거니 하고 단순하게 생각했다. 하지만 김교수님의 인생스토리를 듣고 나서 이 사업을 반드시 해야겠다고 마음먹게 되었다.

형식이는 해방되던 해 9월, 황해도 해주에서 태어났다. 여섯 살이 되던 해 6.25 전쟁이 터져 부모님과 피난을 나오다 폭격을 맞고 정신을 잃었다. 깨어보니 부모님은 폭격으로 돌아가시고 자신의 왼쪽 팔이 사라져 버렸다. 피난민 속에 묻혀서 대전까지 내려오게 된 형식이는 대전역 근처에서 같은 처지의 아이들과 몰려다니며 구걸을 하거나 소매치기를 하면서 근근이 연명했다. 10살이 되던 해, 그는 토레이 목사님의 눈에 띄어 떠돌이 고아 생활에 종지부를 찍었다.

토레이 목사님을 만난 이후 형식이의 삶은 완전히 바뀌었다. 목사님을 따라 들어간 곳은 나중에 알고 보니 6.25전쟁 이후 처음 시작된 '한국수족절단자 직업교도원'이란 곳이었다. 그곳에는 주로 어른들이 있었지만 형식이 또래 아이들도 여럿 있었다. 그런데 밤이 되니까 아이들이 각자 손과 발에서 나무로 깎아 만든 의수와 의족을 훌훌 빼서 벽에 걸어놓는 게 아닌가! 형식이도 그런 나무의수를 갖게 되었고, 그때부터 한글과 영어를 배우고 뒤늦게

호적을 만들어 학교에 입학했다. 머리가 영리했던 형식이는 거창고등학교를 졸업하고 전액장학생으로 중앙대학교에 입학하게 되었다. 자기와 같은 처지에 있는 사람들을 돕기 위해서 사회복지학을 공부하기로 마음먹었다.

그의 삶을 바꾸어 놓은 토레이 목사님은 중국에서 선교사로 일하다가 중국 혁명 당시에 교통사고로 오른팔을 잘라냈다. 그는 중국이 공산화 된 다음 미국에 돌아갔다가 1952년에 한국에 왔다. 6.25 전쟁으로 많은 사람들이 죽고 다치는 가운데, 천덕꾸러기가 될 수밖에 없었던 장애인들을 돕기 위해서다. 한쪽 팔을 잃은 토레이 목사님은 대전과 대구, 청주에 재활센터를 만들어서 자신처럼 팔과 다리가 없는 사람에게 의수와 의족을 만들어주셨다. 어린 형식이는 토레이 목사님이 만들어준 의수를 끼고, 서양단체들의 후원으로 생활하면서 학교에 다닐 수 있었다. 영국과 독일에서 학위를 마친 그는 호주 모나쉬대학교의 교수를 거쳐 중앙대 교수로 재직하게 되었다. 그는 또 한국인 최초로 UN장애권리위원회의 위원이 되어 2011년부터 지금까지 한국과 장애인들을 대표하여 일하고 있다. 베트남 장애인 지원활동에서 시작된 국제NGO 활동과 UN 장애인권리협약 성안에 기여한 공을 인정받은 것이다.

김형식 교수님과 함께 처음 베트남에 갔을 때, 그는 베트남 장애인들에게 의수를 장착한 손을 내보이시면서 장애인들과 자연스럽게 대화를 시작했다. 그들의 상황을 동정해서 시혜를 베푸는 것이 아니라, 손이 없는 것이 얼마나 불편한 것인지 몸소 체험한 사람으로서 같은 처지에 있는 그들에게 도움을 주고자 하는 교수님의 마음을 알고 장애인들의 눈에는 눈물이 글썽거렸다. 장애를 경험하지 못한 사람이 장애인의 처지를 이해한다면서 백 마디 말을 하는 것보다, 장애를 입고 극복한 사람이 한 마디를 하는 것이 그들에게는 훨씬 더 진정성 있게 받아들여지는 것이었다.

4장 _ 한국의 원조는 어떻게 성공할 수 있을까?

지난 반세기 동안의 대한민국 역사는 참으로 시사하는 바가 크다. 비록 원조가 경제성장의 원동력은 아니었지만, 원조로 근근이 연명해가던 나라가 갑자기 변하여 원조를 주는 나라가 되었다. 이 사실은 선진국과 개도국에 각각 다른 의미로 비쳐질 것이다. 서구 선진국들로서는 한국이 후진국 상태에서 맹추격하여 어느새 자신들의 위상에 도전하는 모양새로 비쳐질 것이다. 그러나 후발개도국들은 이 사실을 전혀 다르게 볼 것이다. 그들은 대한민국을 부러워하며, 할 수만 있다면 자신들도 대한민국처럼 경제강국이 되고 싶어 한다.

서구 선진국들은 지난 반세기 이상 개발원조를 통해 후발개도국의 경제발전을 위해 무던히 애를 썼지만 거의 대부분 실패로 돌아갔다. 그 이유는 돈과 물질로 모든 것을 생각하는 서양 사람들의 세계관 때문이라고도 볼 수 있다. 우선 이들은 가난의 이유를 물질문명, 특히 서구식 기술과 과학의 부족으로 여기고 단순히 자신들의 선진과학기술을 이식해주면 신생독립국들의 빈곤문제가 해결될 것으로 보았다. 그러나 이러한 서구사회 개발원조의 첫 시도는 요란한 겉모습과는 달리 거의 실속이 없었다. 문제의 핵심을 잘못 짚었던 것이다.

게다가 그들이 돕고자 하는 나라들은 그들의 조상이 식민지로 만들어 수탈을 일삼던 곳이 아닌가. 그러니 그곳 사람들이 자기들을 도와주겠다는 서양 사람들의 말을 곧이 들을 수 있을까? 해방 후에 일본 사람들이 한국의 개발을 도와준답시고 대한민국에 들어와서 설쳐댔다면 우리는 그 모습을 어떻게 받아들였을까?

궁극적으로 서구의 개발원조가 실패한 가장 근본적인 이유는 서양 사람들에게는 지구촌 달동네 사람들과 역지사지할 수 있는 능력이 없기 때문이다. 가난한 사람들의 입장에 서서 세상을 바라볼 수 있는 능력 말이다. 우리에게는 그런 능력이 있다. 그러나 불과 50년 전까지만 해도 가난에 허덕이던 우리가 우리나라의 경험을 토대로 가난한 나라 사람들을 도와서 잘살게 해줄 수 있다는 이 생각은 지극히 당연한 것 같이 들리지만, 이상하게도 아직까지 구체적인 진전을 보이지 못하고 있다. 우리의 경제발전 경험이란 건 밭에 감춰진 보물과도 같다.

'한강의 기적'이란 원래 제2차 세계대전으로 잿더미가 된 독일이 전후복구에 성공한 것을 두고 '라인강의 기적'이라고 부른 데서 유래한 말이다. 그런데 독일은 2차 대전 이전에도 이미 유럽 전체를 상대로 전쟁을 시작할 만큼 막강한 산업국가였다. 그러므로 라인강의 기적은 정말 아무 것도 없는 무에서 유를 창조한 것이 아니라, 파괴된 것을 복구한 것에 지나지 않는다. 그에 비하면 한국이 이루어 낸 한강의 기적은 산업기반이라고는 정말 아무 것도 없는 가운데서 이룩한 일이니 누가 봐도 무에서 유를 창조했다고 할 수 있다.

1. 한국은 빈곤퇴치의 모델

우리 민족이 처했던 환경들을 한번 생각해 보자. 우리 조상들은 개화와 거의 동시에 일본의 식민지가 되었다. 가혹한 식민통치에서 벗어난 지 5년도 채 안 돼 처참한 내전을 겪었고, 그 내전은 아직도 끝나지 않고 있는 셈이다. 게다가 우리는 돈이 될 만한 자원이라곤 거의 아무 것도 없는 땅에 살고 있으니, 우리나라가 고속으로 압축성장하는 데 그 무엇 하나 도움될 만 한 게 없는 듯 했다. 그러나 세상은 공평해서 언뜻 보면 아무 것도 없는 것 같지만 숨은 축복들이 꼭 있게 마련이다.

일제 치하의 식민지로 지내온 역사는 우리 민족에게 민족정신과 단결심을 심어주었다. 그 기간에 우리 사회에서는 몇몇 뛰어난 기업가들이 등장해 훗날 경제발전의 주역이 될 기업들을 창업하기도 했다. 동족상잔의 6.25 동란만 해도 그렇다. 그 전쟁으로 인해 우리는 미국이라는 우방을 얻었고, 냉전의 최전방을 지키는 역할을 맡게 되면서 다른 제3세계 국가들과 달리 특별대우를 받았다. 우리나라처럼 정부가 선진국 상품의 수입을 막고 독자적인 산업화 정책을 밀어붙이면서도, 선진국으로부터 무역보복을 당해 수출길이 막히거나 원조가 끊어지는 불이익을 당하지 않을 수 있었던 나라는 많지 않다. 그것은 우리가 잘나서가 아니었다. 오직 냉전이라는 글로벌 게임에서 대한민국이 골대를 지키는 수문장 역할을 하고 있던 덕이었다.

그렇다고 미국의 원조가 늘 보장되었던 것은 아니었다. 1961년 5.16 직후 미국에서 개발원조를 받으려다가 케네디 대통령에게 거절당한 우리 정부는 천신만고 끝에 1961년 12월 독일 정부로부터 1억 5천만 마르크, 당시 환율로 3천만 달러를 빌리는 데 성공했다. 우리나라 외환보유고가 1억 5천 7백만 달러에 지나지 않았던 때였으니 당시로서는 거액이었다. 그렇지만 기쁨도 잠시, 은행의 지급보증이 없어 애써 성사시킨 상업차관이 물 건너가려던 참에 우리 광부와 간호사들을 독일에 파견하기로 하고 그 급여를 담보로 간신히 돈을 빌릴 수 있었다.[1] 역사적으로 볼 때 이는 대한민국이 청년들의 대규모 해외진출로 막혔던 진로를 뚫었던 첫 번째 사례였다. 그 이후로도 우리나라는 월남파병, 중동건설 붐 등 경제성장의 주요 고비마다 청년들의 대규모 해외진출로 물꼬를 터왔던 특이한 전통을 보유하고 있다.

한국이 경제발전 경험을 후발개도국들과 공유하기에 다른 선진국들보다 비교우위를 가졌다는 맥락에서 그 경제발전 모델의 특성을 열거한다면 대체로 이런 점들을 꼽는다.[2] 첫째로는 경제발전이 비교적 최근에, 매우 빠른 속도로 일어났다는 점이다. 이는 아직도 한국의 40~50년 전과 산업환경이 비슷한 후발개도국들에게 특히 관심을 끄는 부분이다. 다음으로는 산업기반이 거의 전무한 가운데, 인적자원 외에는 이렇다 할 부존자원이 없이 이룩한 성과라는 사실이다. 그 때문에 사명감에 넘치는 지도자가 이끄는 강력한 정부 주도의 개발정책 수립과 시행을 통해 경제발전을 시도했는데, 국제기구들의 권고나 워싱턴 컨센서스 같은 외세의 간섭이 거의 없이 시도한 바대로 경제발전을 이루어냈다. 또한 식민지 역사를 거치면서 결속된 민족정신과 단결심으로 전 국민이 한 마음으로 뭉쳐서 이 일을 해냈다. 이 점들도 후발개도국들에게는 시사하는 바가 크다. 이중에는 개도국들이 당장 흉내 낼 수 없는 부분도 있지만, 롤 모델로 삼을 만한 점들도 많이 있다.

이 같은 한국 경제발전 모델의 특성을 지적한 대외경제정책연구원의 박복영 등에 의하면 한국의 경제발전은 60년대에는 노동집약형 경공업 중심의 초기산업화와 다음 단계로 70~80년대의 중화학공업화, 또 그 중화학공업화에 이어 90년대 후반 이후로는 지식기반산업화를 단계적으로 이루었는데, 이 단계별 성장모델은 각 단계에 속한 개도국들이 벤치마킹하기에 좋은 모델이다. 또한 자본조달이나 시장개척에서 해외자본과 세계상품시장을 적극 활용했다는 점도 좁아져가는 지구촌에서 후발개도국들이 공감하고 참고할 만한 부분이다. 게다가 우리나라는 중국이나 인도처럼 거대국가도 아니요, 싱가포르나 홍콩처럼 도시국가도 아닌 중간 규모의 영토와 인구를 가진 나라이므로 우리를 모델로 삼아 도약하고자 하는 나라가 많을 수밖에 없다.[3]

후발개도국 정부나 세계은행 등 국제기구들이 한국의 경제발전 모델에 관심을 갖기 시작한 것은 우리나라가 개도국으로는 사상 최초로 올림픽 개최국이 된 80년대 말부터였다. 그러나 그 당시에는 아직 여력이 없어 미처 신경을 쓰지 못하다가 최근 들어서는 우리 정부도 한국의 경제발전 모델을 배우기 원하는 국가들을 대상으로 그 경험을 전파하는 일에 적극 나서고 있다.

그런데 어떤 이들은 우리나라의 경제발전 경험을 후발개도국들과 공유하려는 일 자체를 못마땅하게 생각하기도 한다. 각 나라마다 처한 환경이나 경제발전 단계가 달라 한국의 경제발전 역사를 하나의 모델로 만들어 다른 나라에 공통적으로 적용할 수는 없다는 논리다. 또 어떤 이는 한 나라의 경제발전 모델을 다른 나라로 하여금 답습하게 하는 것은 그 나라의 주권이나 자존심을 깎아내리는 일이라며 불편해 하기도 한다. 이런 견해들은 언뜻 듣기에는 그럴 듯하지만, 실은 가난한 나라들의 간절한 염원을 고려하지 않은 추상적인 이론에 불과하다. 물론 우리가 우리 경험을 모델화하여 후발개도국들로 하여금 획일적으로 그 모델을 따르도록 강요하는 일은 피해야 할 것이다.

여기서 우리가 주목해야 할 점은 우리 정부가 경제발전 공유를 위해 나서기 훨씬 이전인 80년대 말부터 이미 여러 나라들이 우리의 경제발전을 부러워하면서 그 비결을 배우고 싶어 했다는 점이다. 후발개도국들의 핵심과제는 각 나라마다 가장 효과적인 경제발전 경로를 탐색하는 것이다. 우리한테 경제발전 모델을 배울 수 있도록 도와달라는 후발개도국들의 요청도 결국은 그런 경제발전 경로를 탐색하려는 의도에서 나온 거라고 볼 수 있다. 우리나라도 반드시 경제발전을 이루겠다는 투철한 의지와 무엇이든 해보겠다는 적극성을 가지고 우리보다 먼저 라인강의 기적을 이룩한 선배였던 서독으로부터 그 비결을 배우고자 했다. 우리 정부는 이미 60년대 초에 라인강의 기적을 발전모델로 삼고, 그 설계자인 에르하르트 당시 서독총리가 해준 조언들을 그대로 시행했다. 에르하르트 총리의 조언 가운데에는 우리나라는 산이 많아 경제발전이 어려우니 고속도로를 먼저 깔고, 고속도로에는 자동차가 다녀야 하니 자동차를 만들어야 하고, 자동차를 만들려면 철이 필요하니 제철공장, 그리고 연료도 필요하니 정유공장을 지으라는 일종의 산업개발 순서가 있었다. 심지어는 한일수교의 필요성도 그가 해준 조언 가운데 하나였다. 이와 함께 우리 정부는 서독정부가 파견한 5명의 경제고문단의 자문도 적극적으로 수용했다.*

대한민국의 경제성장 모델이 얼마나 원형 그대로 적용될 수 있을지 여부를 떠나, 후발개도국들이 그 비결을 몹시 배우고 싶어 한다는 사실은 그 자체만으로도 커다란 잠재력을 갖고 있다. 비록 우리의 경제발전 모델을 적용해 나가는 과정에서 크고 작은 시행착오와 궤도수정이 불가피할지라도, 우선 우리를 따라 배우겠다는 의지와 적극성이 있다는 사실만으로도 그렇지 않은 국가들에 비해 발전 가능성이 상당히 높다고 볼 수 있다. 이는 또 원조의 효율 면에서도 우리나라를 서구의 원조공여국보다 월등하게 유리한 입지에 올려놓는 효과가 있다. 우리를 장차 자신들이 가야 할 길을 먼저 갔던 선배로 여기고자 한다면, 우리가 전하는 바를 좀 더 경청하고 준행하려 할 것이다. 그러면 서로 호흡을 맞춰서 원조의 효율을 높이는 일도 보다 쉬워질 가능성이 높다.

우리나라는 2010년 1월부터 OECD의 개발원조위원회(DAC)에 가입해 정식으로 원조공여 선진국이 되었다. 그해 10월에 확정된 정부의 '국제개발협력 선진화 방안'에서는 우리의 발전경험 공유를 대외원조의 중요한 콘텐츠로 활용한다는 방침을 세웠지만 아직은 이렇다 할 진전을 보이지 못하고 있다.[4] 우리나라의 경제발전경험을 후발개도국들과 공유하는 구체적인 사업은 2004년 기획재정부가 한국개발연구원(KDI)과 공동으로 시작한 '경제발전경험 지식공유사업(Knowledge Sharing Program, KSP)'이라는 컨설팅 업무† 외에는 거의 개발되지 않은 미개척분야로 남아있다.[5] 그러나 외국의 원조전문가들 가운데는 우리보다 먼저 이러한 한국의 역할을 강조하는 사람들이 있다.

2012년 말에 완성된 OECD DAC의 동료회원국 평가보고서는 한국의 경제발전 경험을 여타 원조공여국들과의 차별화를 가능케 해주는 요소로 보고, 이

---

* 허문명, "1964년 서독에 뿌린 눈물에서 2013년 대한민국의 길을 찾다", 동아일보 2013년 4월 1일자, A1, 3, 4면 참고
† 2004년 베트남과 우즈베키스탄으로 시작한 KSP 사업은 2012년 33개국으로 늘어났고, 2013년 중반까지 모두 39개국에 450여개 정책자문을 해줬다. (정재형, 이현승, 양이랑, "[기획기사] KSP 2.0", 조선일보 2013년 6월 17~18일자 참고)

경제발전 경험을 적극 활용하도록 권고하고 있다. 보고서는 후발개도국들과 그 경험을 공유하려면 우리 정부는 지금 하고 있는 것보다 더 많은 일을 해야 만 한다고 지적했다. 구체적으로는 지금 하고 있는 KSP 사업보다 훨씬 더 광범위한 피플 투 피플(people to people) 사업에 치중해야 한다고 권고한다.[6] 또 이 보고서는 성공적인 경제발전 업적으로 얻어진 우리나라의 설득력을 가지고 한국이 원조수혜국 내에서 진행되는 토론 과정에 적극적으로 참여함으로써 원조수혜국들의 제반 개혁에도 동참할 것을 권고하고 있다.[7] 이것만 봐도 이 분야가 앞으로 얼마나 발전가능성이 무궁무진한 블루오션인지를 알 수 있다. 그리고 정부 혼자서 이 일을 다 감당하기에는 벅찬 일이라는 사실도 분명하다.

2012년 10월 8일, 국빈방문으로 한국을 찾은 테인 세인 미얀마 대통령의 첫 번째 공식일정은 새마을연수원 방문이었다. 당시 대통령실 시민사회비서관으로 일했던 나도 이 행사에 참석하기 위해 새마을연수원으로 향했다. 한국 새마을운동의 역사와 성공사례에 대한 발표가 진행되는 30분 내내 세인 대통령은 강의스크린에서 눈을 떼지 않으셨다. 이어서 새마을역사관 관람 순서가 있었다. 전시된 사진과 내용을 하나하나 꼼꼼히 살펴보는 세인 대통령의 모습에서 새마을운동에 대한 그의 각별한 관심을 읽을 수 있었다. 관람이 끝나고 세인 대통령은 새마을역사관 앞에 세워진 박정희 대통령의 흉상 앞에서 기념촬영을 하셨다.

2013년 12월 한국국제협력단(KOICA) 사업실시협의단의 일원으로 베트남 중부 꽝찌성을 찾았을 때, 성 인민위원회 간부들은 어떻게 하면 새마을운동을 성공시킬까 한창 고민 중이었다. 베트남 정부는 2010년부터 베트남판 새마을운동을 시작해서 19개의 목표를 세우고, 성정부, 현정부, 마을 단위까지 그 목표를 달성하려는 노력을 기울이고 있다. 사업자금 확보를 위해 4.3.2.1이라는 원칙도 세웠다. 중앙정부가 40%, 융자금으로 30%, 민간기업이 20%, 주민들이 10%씩 내서 자금을 확보한다는 방침이지만, 사정이 그리 여의치 않자 국회가 국채 발행을 승인한 상태라고 한다.

새마을운동에 대한 해외의 관심은 이미 오래 전부터 시작되었다. 1996년 필리핀에서 필리핀농촌재건운동(PRRM)이란 NGO를 방문했을 때, 한국에서 새마을운동 전문가가 와서 강의를 한다면서 두세 명의 직원들이 서둘러 자리를 떴다. 한국에서는 더 이상 주목을 받지 못하는 새마을운동이 왜 그들에게는 이토록 중요한 걸까 궁금해졌다. 알고 보니 필리핀에서는 한때 새마을운동 붐이 일어날 뻔한 적도 있었다. 지금은 마닐라시장으로 선출된 조세프 에스트라다 대통령이 재임 시 한국인 새마을운동 전도사와 함께 새마을운동을 전국적으로 전개할 계획을 세웠었지만 예기치 못한 대통령직 사임으로 실천에 옮겨지지는 못했다. 그 계획을 함께 논의했던 새마을운동 전도사 신용기 선생님은 아시아개발은행에서 평생을 일하신 개발협력전문가인데, 은퇴 후에도 필리핀에 살면서 새마을운동을 전파하고 계신다.

2. 한국의 새마을운동

우리에게는 간과해서는 안 될 역사적 유산이 하나 있는데, 그것이 바로 새마을운동이다. 새마을운동은 60년대 중반부터 경제가 급성장하기 시작한 대한민국에서 몇 년 늦게 우연히 시작되었다. 국내에서 과잉 생산된 시멘트 가격의

하락을 막기 위해서 시멘트를 무상으로 배급하자는 아이디어로 시작된 이 새마을가꾸기사업은† 주민들의 적극적인 참여로 예상 밖의 큰 성공을 거두었고, 나중에는 대한민국의 경제성장과 사회발전에 정신적 원동력을 제공하는 놀라운 국민운동'으로 진화했다. 이 새마을운동이 당시의 정치적 환경과 어떤 연관성이 있었는지에 대해서는 학자들 간에 의견이 분분하다. 그러나 정치적 함의가 어떠했던 간에 당시 저개발국가였던 대한민국의 농어촌 개발과 경제성장 전반에 미친 영향만큼은 결코 무시할 수 없다.

새마을운동은 비록 정부가 주도했지만 주민들이 정부가 기대했던 것 이상으로 적극 참여해 많은 성과를 거둔, 하향식(top-down)과 상향식(bottom-up)이 혼합된 개발방식이었다. 정부는 이 성과에 자극을 받아 단순한 마을환경 개선사업이었던 새마을가꾸기 사업을 본격적인 농촌종합개발사업으로 업그레이드하였고, 거기서도 성과가 뛰어나자 아예 도시, 직장, 정부부서 등 각 분야로 확대해 본격적인 범국민운동으로 승격시켰다.

새마을운동의 배경과 성공요인

1960년대 초, 우리나라 경제성장의 숨은 공로자는 농촌경제였다. 우리나라의 경제성장률은 1962년 2.1%에서 1963년 9.1%로 도약했는데, 이는 제조업의 성장률이 높아져서가 아니라 1962년까지 부진했던 농업생산이 회복된 것이 주원인이었다. 1953~62년 사이의 농업생산(1975년 불변가격 기준)은 고작 연 2.6%가 증가한 데 비해 1963~71년 사이의 농업생산은 연 4.8%씩 증가했다.[8]

---

† 새마을운동이 시작된 계기는 당시 국가기간산업으로 육성했던 시멘트의 과잉생산으로 남아도는 물량을 처분하기 위해서였다. 따라서 처음에는 이름도 별로 없었고, 나중에 이름이 등장했을 때도 초기에는 '새마을가꾸기' 사업이라고 불렀다. (EBS 특별기획 다큐멘터리, '한국을 수출하다―1부 2만 2천점 기록의 비밀', 2014년 2월 26일 방영)

그러나 60년대 중반 이후 우리나라의 본격적인 경제성장은 수출용 제조업이 급속히 성장하기 시작하면서부터였다.[9] 정부는 농업생산 증가분만으로는 턱없이 부족한 제조업 육성자본을 외자를 끌어다 메웠다. 그렇게 시작된 60년대 중반 이후의 수출용 제조업 주도 초고속성장은 수출산업이 집중된 도시와 농촌 간에 심각한 소득격차를 가져왔다. 따라서 이번에는 상대적으로 뒤처지기 시작한 농촌의 개발을 서둘러야 할 사회적 수요가 발생했다. 이 사회적 수요를 충족시키기 위해 탄생한 것이 새마을운동이었다.

1970년에 시작된 새마을운동은 이미 고도성장을 시작한 우리 경제에 60년대 초의 농업생산 증가만큼 양적인 공헌을 하지는 못했지만 도농간 소득격차를 줄이는 역할을 하면서 대한민국 국민들을 한 마음으로 묶어 '우리도 한번 잘 살아보자'는 열기가 전국적으로 큰 물결을 이루게 되는 데 지대한 기여를 했다.[10] 이는 우리 국민들의 정서에 두고두고 영향을 미쳐서, 2008년 조선일보가 실시한 '건국 60주년 특별 여론조사'에서는 새마을운동이 정부수립 후 60년 동안 우리 민족이 이룩한 가장 큰 업적으로 꼽히기도 했다.[11]

이런 새마을운동의 성공요인들을 분석해 보면 새마을운동을 한국형 ODA 모델의 한 축으로 삼아 전 세계 개도국들을 상대로 전파하려 할 때 참고할 만한 여러 가지 사항들을 발견할 수가 있다. 첫째로 새마을운동의 성공은 녹색혁명으로 가능해진 쌀의 증산이 없었다면 불가능했을 것이라는 점이다. 우리나라 농업의 주축이 되는 벼농사는 1950년대까지 헥타르당 수확량이 1~2톤 정도에 머무르는 낙후성을 보여 왔다. 도쿠가와 바쿠후 시대에 이미 헥타르당 2톤을 생산했던 일본에 비해 우리나라는 한일합방 때에도 헥타르당 고작 1톤이 갓 넘는 수준을 맴돌았고, 일제로부터 해방될 즈음에 가서야 2톤에 육박하는 정도였다.[12] 그러다가 60년대에는 3톤가량으로 높아졌고, 70년대에는 헥타르당 5톤 수준으로 수확량을 늘리는 데 성공했다. 1965년부터 한국의 농학자들이 필리핀에 있는 국제미작연구소(IRRI)가 개발한 다수확 신품종 인디카 벼품종과 그동안 우리 농민들이 재배해 온 자포니카 벼품종을 교잡하는 통일벼 연구를 시작해서 결실을 얻게 된 덕분이다.[13] 이로써 농촌에서는 보릿고개가 사라졌고, 쌀밥을 배불리 먹을 수 있게 된 농민들은 새마을운동에 전념할 수 있는 여력을 갖게 된 것이다.

두 번째 성공요인으로는 이승만 대통령이 벌인 1950년의 농지개혁을 들 수 있다. 이를 통해 지주계급이 차츰 몰락함으로써 우리나라 농촌사회에서는 소작농과 지주간의 신분격차가 사라지고, 상당 수준의 동질화가 이루어질 수 있었다. 농촌주민들의 이 같은 동질성은 새마을운동에 마을주민 모두가 한 마음으로 적극 참여할 수 있도록 해준 배경이 되었다.[14]

세 번째 성공요인은 새마을운동이 기본적으로는 마을주민들의 자조·자립 운동이었지만 정부의 지원 또한 무시할 수 없을 만큼 전폭적이었다는 점이다. 그러나 이 부분에서 우리는 새마을운동만의 고유한 특성이자 장점이 된 요소를 밝혀 낼 수 있다. 새마을운동에서 정부가 지원한 물자는 표면적으로 볼 때 마을마다 같은 양을 배급한 시멘트와 철근뿐이었다. 마을당 연간 10톤가량의 시멘트 240포대와 300킬로그램의 철근이 지원되었는데 전량 국산이었다. 당시 국산화가 완료된 시멘트와 철근은 부피가 크고 무거워 훔치기가 어려운 데다, 마을당 동일한 양을 전국적으로 지원하면서 이 사실을 널리 홍보해 마을유지나 공무원 등 개인이 착복하는 부정행위를 막았다. 또 당시 마을 청년들 중에는 군복무 중에 콘크리트 구조물을 만들어 본 경험이 있는 공병 출신들이 많아 도로확장이나 소하천 교량공사 등을 마을 단위로 직접 시공할 수 있었다. 때마침 우리나라에서는 60년대 후반부터 국산 동력경운기가 농촌에 보급되기 시작했던지라 이 경운기가 지나갈 수 있도록 마을길을 넓히고, 하천에 콘크리트 다리를 놓는 일은 매우 시의적절한 사업이었다.[15]

이제 여기서 우리는 정부가 시멘트와 철근 이외에 새마을운동을 위해 지원했던 다른 것들에 주목해 보자. 새마을운동을 위해 정부가 했던 가장 핵심적인 역할은 뭐니뭐니해도 마을주민들의 자발적인 개발의욕이 살아나도록 분위기를 띄운 것이었다.[16] 이를 위해 정부는 대통령이 직접 나서서 농촌을 순방하는가 하면, 새마을 노래까지 직접 작사하고 작곡하는 열정을 보였다. 대통령이 이러니 장관들은 물론이고, 장관이하 일선 행정책임자들에 이르기까지 새마을운동에 필요한 모든 행정지원을 아끼지 않았음은 더 말할 나위도 없다. 새마을운동의 거의 초창기인 1971년 6월부터 새마을운동의 성공사례가 대통령이 주재하는 월간 경제동향 보고회의의 끝부분에 빠짐없이 발표되기 시작한 것이나, 새마을지도자들을 훈련시키는 새마을지도자연수원에 대통령이 종종 예고도 없이 불쑥 방문하곤 했다는 사실에서도 당시 새마을운동이 얼마나 중요시되고 있었는가를 알 수 있다.

그럼에도 불구하고 새마을운동은 그 초창기부터 정부 내에 이를 관리하는 전담기구가 없었던 비계획사업이었다. 새마을지도자연수원마저 대통령의 법제화 지시가 있었음에도 불구하고, 당시 정무수석비서관의 판단으로 법제화를 미룬 덕분에 정부 부서에 속해 관료화되는 폐단을 막을 수 있었다.[17] 이런 점들을 고려할 때 새마을운동은 박정희 대통령의 재임기간 내내 대통령이 직접 진두지휘하면서 가장 우선적으로 정치력을 투자했던, 어찌 보면 고도의 정치행위였다.

마지막으로 새마을운동이 성공할 수 있었던 가장 중요한 요인은 새마을지도자를 양성하는 일을 맡았던 새마을지도자연수원의 김준 원장 이하 40여명의 교관들에게서 찾을 수 있다. 이들은 말이 교관이었지 원장과 몇몇 사람들을 제외하고는 강의를 담당하지도 않았고, 그저 연수생들과 침식을 함께 하며 그들에게 편의를 제공해주는 역할을 했던 봉사자들이었다. 연수생들을 위한 새마을교육이라는 것은 원래 1~2주에 끝나는 단기코스였으므로 새로운 기술 습득 면에서는 효과가 전혀 없다시피 했다. 반면에 거의 모든 연수생들은 정신자세 면에서 연수효과가 컸다는 점을 설문조사와 수료소감에서 이구동성으로 밝혔다. 그러한 효과가 있었던 데는 교육을 맡은 사람들, 더 정확하게는 연수원장 이하 '봉사자 교관'들이 헌신적으로 친절봉사를 했던 '몸공'의 역할이 컸다. 단위 농협에서 파견되었던 이들 봉사자 교관들은 일정기간 열과 성을 다한 봉사를 마치고 나면 농협중앙회나 서울과 경기 지역 농협 직원으로 발령을 내줬던 인센티브 때문에 더욱 열심을 냈다. 이들의 적극적이면서도 희생적인 자세는 연수를 마친 후 출신 마을로 돌아갈 새마을지도자들에게 전염되었고, 곧 그 지도자들을 통해 의기소침해있던 마을주민들에게도 전염될 수 있었다.[18]

1970년대 초 우리나라의 농어촌 마을주민들은 상당한 농업생산 증가에도 불구하고 가난을 숙명처럼 여기는 전통적 가치관에서 헤어 나오지 못한 채 체념과 실의 속에서 살고 있었다. 우리 농어민들의 이런 소극적 사고방식과 비생산적 전통관념은 점점 더 벌어져가고 있던 도농간 소득격차와 함께 당시 우리 사회의 지상목표였던 조국근대화의 대열에 전 국민을 동참시키기 위해서라도 반드시 해결해야만 할 최우선과제였다.[19] 새마을운동은 이 두 가지 목표를 모두 단기간 내에 달성했다.§

궁극적으로는 정신개혁운동이라고 할 수 있는 새마을운동이 단기간 내에 결실을 맺고, 온 국민이 한 마음으로 뭉쳐서 이 농촌개발운동을 거국적인 국민운동으로까지 승화시킬 수 있었던 것은 한편으로는 대통령, 다른 한편으로는 이들 새마을지도자연수원의 봉사자 교관들 덕이었다고 해도 과언이 아니다. 자기를 낮추고 대의를 위해 헌신적으로 봉사했던 이 봉사자 교관들은 일정기간 봉사 후에는 좋은 근무처로 발령을 받았고, 많은 새마을지도자들도 훗날 읍면 단위 종합농협의 임원과 조합장으로 피선되거나 지자체 의원으로 당선되었다.[20]

---

§ 새마을운동이 시작된 1970년 우리나라의 1인당 국민소득은 257달러였고, 농가소득은 도시가구 소득의 67%에 불과했다. 그러나 새마을운동 5년차인 1974년에는 농가소득이 도시가구 소득을 앞질렀고, 그 다음해인 1975년에는 주곡인 쌀의 자급자족을 이루어냈다. 이어서 새마을운동 10년차인 1979년에 이르러서는 모든 농촌마을의 자립화가 완성될 수 있었다. (정갑진, 『1970년대 한국새마을운동의 정책경험과 활용』, 한국개발연구원, 2009, p.165)

새마을운동의 방법론과 해외적용

새마을운동의 방법론은 철저하게 동기부여가 된 마을지도자들을 통해 주민들의 자조·자립의지를 일깨우는 것이었다. 당시 이런 새마을지도자들을 '변화의 역군' 다시 말해서 체인지 에이전트(change agent)라고 불렀는데, 이는 새마을지도자들이 지역사회의 변화를 가져오는 촉매라는 점을 꿰뚫어보는 명칭이 아닐 수 없다. 만약 개발원조에서 퍼주기식 물질적 혜택을 빼내고 그 자리에 유능한 새마을지도자급의 체인지 에이전트[**]를 집어넣는다면 그 결과는 어떻게 될까? 이런 새마을지도자, 즉 체인지 에이전트들을 뽑아 훈련시켜 개발협력현장에 투입하는 것이야말로 새마을운동의 해외 적용의 핵심이며, 피플투 피플 개발협력을 확대하는 획기적인 방법이라 할 수 있다.

이제까지 새마을운동은 안전행정부 산하 새마을중앙회와 지방자치단체로는 경상북도, 그리고 국무총리실에서 산발적으로 해외에 새마을운동 시범마을을 조성하고 개별적으로 지원하는 형식으로 해외진출을 꾀해 왔다. 그러다가 박근혜 정부가 들어서면서는 정부가 나서서 새마을운동을 ODA의 일환으로 삼으려 하고 있다. 그 첫 출발로 무상원조 집행기관인 한국국제협력단(KOICA)에서는 캄보디아, 라오스, 미얀마, 베트남 4개국을 필두로 10여개 국가에서 대규모의 새마을운동을 벌이는 사업을 계획하고 있다.

그러나 대부분의 학자들은 해외 새마을운동 시범마을사업을 평가하거나, 새마을운동 ODA 사업들을 전망하면서 진정한 주민참여가 결여된 전시성 사업, 물질지원이나 시설지원으로 그치는 일회성 사업, 현지의 문화적 특성이나 경제발전 단계를 무시한 일방적 공여사업 등이 되는 것을 우려한다.[21] 또 한국의 새마을운동에서 주민부담금이 49%에 달한 것과는 대조적으로 주민부담금 비

[**] 체인지 에이전트(change agent)란 참여개발 과정에서 주민들의 참여를 독려하는 역할을 맡은 인물들을 지칭하는 중립적인 용어로 facilitator 혹은 mobilizer라고 하기도 한다.

율이 5.5% 밖에 안 되는 우간다의 MVP(Millennium Village Project)에 새마을운동을 접목시켜 새마을운동의 특성은 살리지도 못한 채 퍼주기 원조로 끝날 것을 우려한 논문도 있다.[22] 다행한 일은 최근 KOICA가 새마을운동 ODA를 추진하면서 마을개발의 기획, 이행, 평가 등 전 과정에서 마을주민들의 참여가 강조되는 방식을 지향하고 있다는 점이다.[23] 한 예로 미얀마 새마을운동 지원사업의 내역을 보면 마을별 시범사업을 결정할 때는 마을의 주민조직이 작성한 사업요구서에 기초해야 하는 것으로 되어 있다.[24]

한국에서 1970년대에 일어났던 새마을운동을 21세기에 지구촌 달동네에서 성공시키기 위해 현실적으로 극복하기 가장 어려운 관문은 무엇일까? 우리나라의 새마을운동은 농민들을 국가적 관심의 한 가운데에 놓이게 했다. 그리고 당시 모든 공무원들은 전국적으로 새마을운동을 뒷받침해주는 역할을 감당해내야만 했다. 이런 일들을 가능케 했던 70년대 한국의 복합행정체계는 아마도 오늘날의 개도국 그 어느 나라에서도 찾아보기 힘들 것이다. 그러나 나름대로 최선을 다해 그 정신을 살려볼 수는 있다.

70년대에 한국에서 평화봉사단원으로 일하면서 새마을운동을 지켜본 아시아재단 전 한국지부장 에드워드 리드는 새마을운동 40주년을 맞아 열린 국제심포지움에서 발표한 논고에서 흥미로운 점을 지적하고 있다. 당시 한국사회는 여느 농업중심의 전통사회와 마찬가지로 중앙에서 결정한 모든 정책과 목표들이 공무원이나 양곡브로커, 혹은 세금징수원 등을 통해 농민 개개인에게 전달되는 시스템으로, 사회적 피라미드의 가장 하부에 해당하는 농민들에게는 별 권한이 없는 상태였다. 그런데 새마을운동은 공무원들의 진급을 자기 관할하에 있는 마을의 새마을운동 성과와 철저하게 연계시켜 놓았고, 이는 공무원들과 농민들을 한 배에 탄 공동운명체로 만드는 결과를 낳았다. 지방공무원들은 지위고하를 막론하고 새마을운동 실적과 연계되어서 성과가 나쁘면 불이익을 받고, 성과가 좋으면 승진 등에서 유리해지는 시스템이 작동했던 것이다. 이는 곧 지방공무원들과 농민들이 제한적이나마 수평관계를 유지하도록 작용해 지방공무원들이 농민들의 목소리를 경청하고, 그들의 필요나 요구에 민감하게 반응하도록 만드는 효과가 있었다. 그러면서 리드는 새마을운동을 해외에서 구현하려면 70년대 한국의 새마을지도자 역할을 감당할 수 있는 체인지 에이전트 군단을 육성하되, 농촌지도원 제도(extension service)와 같은 기존 시스템에 연동시킬 것을 제안한다. 그는 또 개도국 지방공무원들을 관할지역 내 마을개발의 성과에 따라 한국에서처럼 반드시 포상할 것도 아울러 권고하고 있다.[25]

리드가 농촌지도원 제도를 새마을지도자 육성과 연동시키도록 제안한 것은 아마도 개도국 지방행정의 열악한 사정을 감안해서일 것이다. 지방의 행정조직이 제대로 작동을 못할 경우 지역사회가 가진 자산이 무언지 찾아보면서 대안을 모색하는 작업이 필요하다.†† 예컨대 미얀마의 경우에는 특이하게도 공립도서관이 상당히 잘 발달되어 있어서, 등록된 도서관이 55,755개에 달하고 그중 실제로 개관중인 곳도 근 5천개에 달한다.[26] 이는 약 1만 명이나 되는 농촌지도원 조직과 더불어 미얀마 새마을운동을 도울 수 있는 지역의 자산이라고 할 수 있다. 특히 이 도서관들에 5천대의 컴퓨터를 설치하면 ICT와 즉각 접목이 되면서 5천개의 새마을 커뮤니티를 온라인으로 묶는 일이 가능해진다. 이런 방식으로 하면 행정력 부재를 극복하고 규모의 경제를 살려서 한 마을의 성공사례를 전국으로 확산할 수 있는 통로를 구축할 수 있을 것이다. 5천개 마을을 인터넷으로 연결하려면 르완다처럼 광케이블을 설치하지 않더라도 수년 내에 구글 위성사업 같은 무선 디지털 인프라가 생겨날 것이므로, 이런 일은 생각보다 빠른 시간 안에 거의 돈을 들이지 않고도 실현될 수 있을 것으로 보인다.

---

†† 지역사회에 부족한 것이나 지역사회가 필요로 하는 것, 혹은 그곳의 문제점들을 보려고 하지 말고, 대신 지역사회가 갖고 있는 것, 특히 주민들의 잠재적 역량에 초점을 맞춰 지역개발을 해야 한다는 이론을 자산에 기반을 둔 지역개발(ABCD, Asset-Based Community Development)이라고 한다.

시사점

당장 눈앞에 드러난 물질적 혜택이 없음에도 불구하고 주민들의 적극적인 참여를 이끌어내는 것이야말로 새마을운동의 특허급 노하우라고 할 수 있다. 이 노하우의 핵심은 무엇일까?

새마을운동은 비록 그 형태는 정부주도의 개발이었으나 내용적으로는 자생적 지역개발처럼 전개됨으로써 성공할 수 있었다. 새마을운동이 일반적인 정부주도형 개발과 다른 점은 무엇보다 주민들이 외부로부터 혜택을 받는 것이 별로 없었는데도 자발적으로 그룹을 만들어 스스로 자기 고장 개발을 위해 땀흘린 자조·자립운동이었다는 점이다. 이 점에서는 새마을지도자들의 공로가 가장 컸다. 새마을지도자들은 기본적으로 자원봉사자들이었다. 소정의 수고비를 받던 이장에게 새마을지도자 역할을 맡길 경우 '이장은 보수를 받으니 새마을사업을 하는 게 당연하고, 우리는 수고비를 받지 않으니 새마을사업은 이장 혼자 하는 것이 옳다'는 논리로 마을주민들이 참여를 기피할까봐, 마을당 남녀 한 명씩을 선발해 무보수로 일하게 했던 것이 새마을지도자였다. 새마을지도자들은 비록 자기 집 농사일은 제대로 돌보지 못할망정 새마을지도자로서의 맡은 바 역할은 훌륭히 해냈다. 어떻게 이런 일이 가능했을까? 그렇게 할 수 있었던 가장 큰 원인은 그렇게 해야 한다는 사회적 분위기가 지배적이었기 때문이었고, 그런 분위기는 박정희 대통령 이하 정부에서 띄워주었다.[27]

우리나라 새마을운동의 피드백 시스템은 성공사례 발굴과 이에 대한 대대적인 홍보였다. 시골 마을의 무명 청년들이 열심히 봉사해 이룩한 성과는 대통령의 지시에 따라 매월 두 명씩의 새마을지도자들을 뽑아 대통령 주재 월간 경제동향보고회의 석상에서 발표하게 했고, 이 내용들은 영화관의 대한늬우스와 TV를 통해 전국적으로 홍보되었다. 발표를 마친 두 명의 새마을지도자들은 새마을훈장을 수여받고, 대통령이 마련한 점심식사에 합석하는 영광을 누렸다.[28] 즉 우리나라의 경우에는 피드백 시스템이 대통령의 지시로 인센티브 시스템을 겸하게 된 것이다. 이것은 처음부터 정부의 주요 역할을 주민들이 새마을운동에 적극 참여하도록 분위기를 띄우는 일로 삼고 있었던 박정희 대통령의 구상이기도 했다.[29]

만일 이에 버금갈 정도의 분위기를 띄워 준다면 오늘날 후발개도국의 청년지도자들에게서도 70년대의 우리나라와 유사한 열성적 태도를 충분히 기대해 볼 수 있을 것으로 판단된다. 그러기 위해서는 TV로 전국에 생중계되는 새마을지도자 성공사례 보고대회 같은 행사도 필요할 것이다. 무엇보다 대통령 이하 중앙정부에서 적극적인 의지를 가지고 이 같은 분위기를 띄워 주는 일을 그 나라 정부가 해야 할 역할로 보고 있느냐가 가장 중요하다. 이것이 물질적 혜택이 없음에도 불구하고 자원봉사 새마을지도자 이하 마을 주민들의 적극적 참여를 이끌어내는 노하우의 첫걸음이다. 한편 이런 분위기가 조성되지 않는 한 새마을운동의 해외 적용은 흔해 빠진 퍼주기 사업의 하나로 끝나버리게 될 것이므로 그런 나라에는 아예 새마을운동이 진출하지 않는 편이 낫다.

창덕이는 대학을 갓 졸업한 청년이었다. 대학에서 사회복지학을 전공했는데, 가난한 나라에 가서 주민들의 복지를 향상시키는 일을 하고 싶어 했다. 마침 지구촌나눔운동이 인도네시아로부터 독립한 동티모르에서 새로운 사업을 시작하려던 터라, 창덕이를 1호 실무자로 파견하게 되었다. 수도 딜리에는 다른 단체들도 꽤 있었지만, 우리가 사업을 시작하는 소모초 마을은 딜리로부터 다섯 시간을 차로 달려야 나오는 라오템주의 끄트머리에 있는 오지라서 단체들이 거의 없는 상태였다.

창덕이가 파견된 지 5개월 후, 나는 두근거리고 염려되는 마음으로 소모초 마을을 찾았다. 일반적으로는 경력이 있는 실무자들이 사업을 시작하는 현장에서 일하는데, 경력이 전무한 청년을 오지에 보내놓고 마음이 편치 않았던 터였다.

소모초 마을에는 전기도 들어오지 않고, 물도 나오지 않았다. 창덕이가 처음 마을에 도착했을 때, 주민들은 우물물을 퍼올리는 발전기가 고장 나 왕복 6킬로미터나 걸어서 물을 길어왔다고 한다. 발전기 스위치 부근에 벌레들이 알을 까고 사는 바람에 작동이 제대로 안된 것인데, 마을사람들은 크게 고장 난 줄 알고 내버려 둔 것이었다. 창덕이는 전기를 다룰 줄 아는 청년들과 함께 스위치를 청소하고 나서, 청년들에게 정기적으로 발전기를 점검해줄 것을 당부했다. 발전기를 일주일에 2번 2시간씩 돌릴 수 있는 기름값은 주민들이 월 50센트씩 지불하고 관리도 주민들이 맡아서 하기로 했다.

창덕이는 사업비로 중고트럭을 구입해 마을 어린이들 통학용과 주민들 교통편으로 제공했다. 통학하는 어린이들에게는 무료였지만, 주민들에게는 꼬박꼬박 차비를 받았다. 집집마다 빗물을 모아쓰는 집수장치를 설치해 주면서도 설치비를 받았다. 집수장치를 거저 설치해주면, 주민들은 필요가 있던 없던 자기집에도 설치해달라고 할까봐 철저하게 '사용자 부담원칙'을 적용했다. 이렇게 받은 차비와 집수장치 설치비를 모아 '소모초 행복기금'을 만들었다. 기금관리를 위해 주민들 중에 남녀 각 1명씩을 뽑았고, 주민들이 정기적으로 모이는 주민회의에서 행복기금을 어디에 쓸 것인가 논의하기로 했다. 기금이 어느 정도 쌓인 후 열린 첫 번째 마을회의에서 논의한 결과, 마을성당 보수공사를 하자는 데로 의견이 모아졌다. 창덕이가 이런 아이디어를 낸 것은 주민들이 마을개발의 주인이 되도록 하기 위해서였다. 자신들이 차곡차곡 모은 돈으로 꼭 필요한 사업에 쓰면서 마을이 변화되는 경험을 하다보면, 자연히 주민들이 마을개발의 주인이 되는 것이다.

며칠 후, 소모초 마을축제가 열렸다. 이 마을축제는 마을주민회관 개관을 축하하기 위해 열린 것이었다. 축제 전날부터 돼지를 잡고, 닭을 잡고, 400여명이 사는 마을이 온통 잔치분위기였다. 창덕이는 마을 전체가 이 축제를 함께 준비하도록 유도했다. 돼지는 사업비로 사고, 주민들은 자신들이 키우던 닭을 잡았다. 음식을 마련하고, 상을 차리고, 운동회를 준비하는 것은 마을대표와 주민들이 나누어 했다. 창덕이도 그중 한 부분을 맡았다. 나는 창덕이가 주민회관 개관식 때 떼뚬어로 유창하게 사회를 보는 것을 보고 깜짝 놀랐다. 내가 떼뚬어를 모르기 때문에 더듬거리지만 않으면 유창하다고 생각한 건지도 모르겠지만, 아무리 쉬운 외국어라도 줄줄 말하는 게 쉬운 건 아니지 않은가!

어쨌든 그날 나는 대한민국 청년의 무한한 가능성을 보았다.

3. 한국의 비교우위를 살리는 참여개발방식

지역개발을 위한 원조, 즉 개발협력에는 두 가지 방식이 있다[30]. 하나는 엘리트형 개발방식으로 외부의 전문가들이 개발대상 지역에 투입되어 이 전문가들 주도 하에 실시되는 방식이 있고, 다른 하나는 주민주도형 개발방식으로 전문가들의 기술보다는 주민참여가 지역개발의 주된 동력원이 되는 방식이 있다. 대부분의 지역개발 원조는 엘리트형 개발방식으로 진행되고 있는데, 그 이유는 원조가 주로 공급자 위주[††]로 이루어져 왔기 때문이다. 그러나 이런 방식의 개발협력에 종사하는 외부 전문가들은 대부분 현지 사정에 어둡고, 가난한 사람들과 눈높이를 맞추어 그들을 이해하고자 하는 노력도 부족한 것이 현실이다. 때문에 엘리트형 개발방식은 투자 대비 개발의 효과가 낮은 비효율성을 극복하지 못하고 있다. 반면에 주민주도형 개발방식은 투자 대비 효과는 높지만, 원조공여국이 가시적 역할을 수행하기 어렵고 규모의 확대도 쉽지 않아서 전체 개발원조 가운데 차지하는 비중이 미미하다. 이러한 주민주도형 개발방식을 전문용어로는 참여개발(participatory development)이라고 한다.

서구의 개발협력 커뮤니티에서도 이제까지의 원조방식과 차별화된 개발협력방식으로 저비용, 고효율의 참여개발방식을 추구하는 일은 이미 거역할 수 없는 시대적 요구로 굳어져 가고 있다. 주민생활과 연결되는 대부분의 원조사업은 주민의 참여를 필수요소로 꼽고 있으며, 아예 프로젝트의 제목을 '지역사회가 주도하는 개발(CDD, Community-Driven Development) 프로젝트'라고 붙이기도 한다.[§§] 이는 원조효과성 제고를 위한 2005년 파리선언의 5대원칙[***]의 첫 번째 원칙인 원조수혜국의 주인의식(Ownership)과도 부합되는 사조이다. 또한 원조가 수혜국이 자체적으로 수립한 개발정책의 일부가 되어야 한

---

†† 영어로는 이를 두고 donor-driven이라고 표현한다.
§§ 세계은행이 2013년부터 6년간 8천만 달러를 들여 미얀마에서 수행하는 Myanmar National Community-Driven Development Project가 그 예이다.

다는 두 번째 원칙과도 맞아 떨어진다.

엘리트형 개발방식에 비해 참여개발 방식의 개발원조는 여러 모로 우리나라
만의 비교우위를 살릴 수 있는 개발협력방식이다. 여기서 굳이 우리만의 비교
우위를 강조하는 것은 개발협력현장, 곧 후발개도국에 가면 우리뿐만 아니라
이미 오래 전부터 서구 선진국들이 개발협력사업을 벌여오고 있기 때문이다.
한국은 이 분야에서 신참도 한참 새까만 신참이므로 무언가 두각을 나타내려
면 비교우위를 누릴 수 있는 길을 찾아내는 수밖에 없다. 남을 돕는 일에 뭐 두
각을 나타내는 일이 꼭 필요할까 하는 의구심이 들 법도 하지만 그건 그렇지만
도 않다. 서구 선진국 정부들은 이제까지 2조 달러를 훨씬 넘는 ODA를 쏟아
부었고, 개발원조는 지금도 정부와 민간부문을 합쳐 매년 수천억 달러씩이나
지출하고 있는 어마어마한 규모의 굴뚝 없는 산업현장이다. 그러므로 보이게
보이지 않게 경쟁이 심하고 늘 팽팽한 긴장감이 감돌며, 또 두각을 나타낼 경
우 막대한 경제적 반사이익이 기다리고 있는 것이 바로 후발개도국의 개발협
력현장이다.

그렇다면 무엇이 우리만의 비교우위일까? 참여개발에서 우리가 비교우위를
갖고 있다는 말은 곧 우리와 개도국 주민들 간에 긴밀한 관계 형성이 다른 원
조공여국보다 쉽다는 말이다. 개도국 주민들과의 긴밀한 관계형성은 그 나라
로 파견될 우리 청년들의 구체적 역할설정과 규모의 확대로 직결될 수 있다.

참여개발 방식의 개발협력현장에서 우리나라가 누릴 수 있는 비교우위는 대
개 다섯 가지로 생각해 볼 수 있다. 첫째로는 비교적 최근에 절대적 빈곤상태
에서 선진국 수준으로 초고속 압축성장을 이룩해 낸 대한민국의 발전경험을
들 수 있다. 이는 특히 이 압축성장의 노하우를 배우고자 간절히 원하고 있는

*** 1. 원조수혜국의 주인의식(Ownership), 2. 수혜국의 개발전략에 공여국 원조의 일치(Alignment), 3. 공여국
간 원조조화(Harmonization), 4. 결과중심적이고 효율적인 자원활용 및 의사결정(Managing for results), 5. 공여
국과 수혜국 간 상호책무성 강화(Mutual accountability)

개도국의 경우 더욱 중요하다. 자신들이 서구 선진국처럼 변하는 꿈은 꾸기 어려워도 한국처럼 되는 꿈은 훨씬 쉽게 꿀 수 있기 때문에, 한국이 서구 선진국보다 오히려 더 설득력 있는 개발협력 파트너가 될 수 있다. 둘째로는 역사적 특성을 들 수 있다. 지난날 식민제국으로 그들 위에 군림했던 서구 선진국들이 과거의 빚을 갚고 있는 모양새라면, 그런 과거사로부터 자유로운 우리 청년들은 진정으로 그들을 이해하며 돕기 위해 바다를 건너온 지구촌 이웃이나 형제의 모습으로 다가갈 수가 있다. 셋째로는 사람의 비교우위를 들 수 있다. 우리에게는 가난한 개도국 주민들과 역지사지할 수 있는 능력이 있다. 이 능력은 그들과 함께 생활하며 그들과 눈높이를 맞추게 될 우리 청년들을 향해 그들의 마음문을 열게 하는 소중한 자산이다. 또 우리 안에는 무에서 유를 창조해내는 뛰어난 DNA가 들어있다. 넷째로 21세기의 참여개발이 성공하려면 많은 지역사회들이 온라인으로 연결되어 규모의 경제를 이룰 수 있어야 한다. 그러려면 ICT 등 다방면으로 내공을 갖춘 수많은 청년들이 지구촌 달동네로 나가야 하는데 우리에게는 ICT와 외국어에 능하고 창조적인 아이디어와 도전정신을 갖춘 청년들이 준비되어 있다. 다섯째는 수많은 개도국들이 우리나라의 발전경험을 부러워하면서 우리 정부에 공식적으로 지원요청을 하고 있는 새마을운동이 바로 참여개발, 그것도 정부주도의 하향식 개발과 주민주도의 상향식 개발이 결합된 샌드위치형 참여개발이었다는 점이다.

다시 이제까지의 전통적 원조방식인 엘리트형 개발원조방식과 차별화될 수 있는 참여개발에 대한 담론으로 돌아가 보자.

자생적 참여개발과 유도성 참여개발

참여개발 프로젝트를 연구한 5백여 보고서들을 광범위하게 분석해 발표한 세계은행의 참여개발 종합보고서 '개발을 마을중심으로 바꾸다: 참여개발은 과연 유효한가?' †††에 따르면 참여개발은 자생적 참여(Organic Participation)에 의한 개발과 유도성 참여(Induced Participation)에 의한 개발로 구분할 수 있다.[31] 자생적 참여에 의한 개발은 정부가 개입되지 않은 채, 주민들이 자체적으로 그룹을 형성해 이루어 나가는 일종의 사회운동으로 기득권자나 기득권층에 대한 저항의 성격을 띨 때가 많다. 자생적 참여개발은 속도는 느리지만, 일반적으로 탁월한 지도자의 통솔을 받으므로 개발효과가 크다. 그러나 순수한 의미의 자생적 참여개발은 매우 희귀하며, 또 그 성격상 외부에 잘 드러나지 않은 채 서서히 진행되므로 더더욱 찾아내 연구하기가 어려운 것이 현실이다.

이에 비해 유도성 참여개발은 국가나 원조기관이 주도하고, 관리들이 개입된 가운데 주민들을 참여시켜 진행되는 개발사업을 말한다. 이런 성격상 유도성 참여개발은 일반적으로 자생적 참여개발보다 훨씬 더 많은 수의 지역사회를 광범위하게 포함시켜 빠른 속도로 진행된다.[32] 하지만 개발효과는 전반적으로 자생적 참여개발에 비해 훨씬 약한 것으로 알려졌다. 이는 유도성 참여개발이 기본적으로 정부나 해외원조기구의 예산이 동원되는 퍼주기 사업이기 때문이다. 그렇다보니 사람들의 마음은 자연히 당장 거저 얻어낼 수 있는 물질적 혜택으로 쏠리고, 그 물질적 혜택을 사용해 지역사회를 개발하는 본연의 업무는 슬그머니 뒷전으로 밀려나 버리게 된다.

앞으로 더 자세히 살펴보겠지만, 물질적 지원은 이처럼 받는 사람들의 마음을 지원의 목적으로부터 멀어지게 하여 개발은커녕 공짜배급을 기다리는 의타심만 키워주고 만다. 이것이 바로 그동안 서구의 원조가 실패한 가장 큰 원인 가운데 하나이다.

유도성 참여개발은 미국 국제개발처(USAID)의 주도 하에 1950년대에 첫

†††원제는 *Localizing Development: Does Participation Work?* (2013년)

번째 전성기를 맞았다. 1959년까지 USAID는 30여개국에서 5천만 달러가 넘는 예산을 투입해 유도성 참여개발 프로젝트를 진행했다. 그 외에도 모두 60개국에서 유도성 참여개발이 진행되었으나 별로 효과가 없는 것으로 판명되었다. 게다가 60년대 들어서는 아시아에 닥친 대규모 기근에 대처하기 위해 기술적 요소 중심의 하향식 방식이 요구되었는데, 그 예가 녹색혁명이다. 그 바람에 60년대 말이 되면서는 상향식 방식의 소규모 프로젝트들이 주류를 이루는 유도성 참여개발은 아예 자취를 감춰버렸다. 대신 60년대와 70년대에는 세계은행의 신임 총재로 부임한 로버트 맥나마라가 선호했던 대규모 인프라 공사와 중앙에서 주택, 보건, 교육을 공급하는 방식이 득세했다. 그러나 80년대 중반부터는 중앙에서 모든 것을 결정하는 하향식 대형 프로젝트들도 별 효과가 없다는 학자들의 주장이 대두되기 시작했다.[33]

한편 세계적으로 활발하게 일어난 NGO운동은 80년대 말이 되면서 그 활동영역을 크게 넓혀 나갔다. 이 NGO들은 대형 원조기관들로 하여금 원조수혜자들이 개발 프로젝트에 직접 참여하는 참여개발 쪽으로 원조방식을 선회하도록하는 데 영향을 미치기 시작했다.[34] 여기에 80년대 초부터 시행된 구조조정 프로그램의 사회적 비용이 90년대에 들어서면서 본격적으로 드러나기 시작하자, 이때부터 유도성 참여개발은 제2의 전성기를 맞게 된다. 유도성 참여개발을 늘리면 최소한의 투자로 공공서비스, 인프라 건설과 보수유지, 그리고 사회적 취약계층 보호를 할 수 있어서 작은 정부를 지향하는 구조조정 프로그램의 단점을 보완할 수 있다는 혜택이 있었다.

또한 1986년 필리핀의 피플 파워(people power) 혁명으로 시작된 아시아의 민주화 바람과 80년대 말과 90년대 초 공산주의의 몰락이 가져온 동구권의 체제전환은 전 세계적으로 지방자치단체에 많은 권력을 이양하는 탈중앙화(decentralization)를 불러왔고, 힘과 재정이 생긴 지방정부는 지역주민들에게 더 많은 권한부여(empowerment)를 해줄 수 있게 됐다. 이런 추세 역시 유도성 참여개발이 붐을 이루는 데 도움이 되었다.[35]

이처럼 90년대 초부터 유도성 참여개발이 제2의 전성기를 맞기는 했으나[†††], 아직까지 대규모 성공사례는 나타나지 않고 있다. 적어도 한 국가 차원에서 성공한 사례가 없었다는 말이다.[§§§] 그리고 개별적 개발현장에서도 성공한 참여개발 프로젝트의 확산(scaling-up)이 어렵다는 문제가 있다.

유도성 참여개발의 실패사례

세계은행의 참여개발 종합보고서에 의하면 정부의 기능이나 시장의 기능이 마비된 곳에 개발원조가 필요하듯이, 종래의 개발원조가 실패한 곳에서는 참여개발을 필요로 한다. 주민들이 주인의식을 가지고 적극적으로 참여하는 진일보된 개발방식이므로 원조가 성공할 확률이 높다는 말이다. 그런데 이 참여개발이 성공하려면 강력한 중앙정부의 지원과 모니터링이 필수적이며, 주민들의 필요에 민감하게 반응하는 각급 정부가 필요하다는 것을 이 세계은행 보고서는 지적하고 있다. 이 보고서에 의하면 가장 이상적인 형태의 유도성 참여개발은 상향식 주민참여와 하향식 행정지원이 결합된 샌드위치형 방식이다. 이때 정부는 주민들의 필요에 부응하는 정부라면 반드시 민주적인 정부가 아니라도 별 상관이 없는 것으로 관측된다.[36]

유도성 참여개발이 실패하는 원인은 민주적이건 비민주적이건 주민들의 삶에 도움이 될 만한 행정지원을 해줄 수 없는 정부에게도 있지만, 주민들이 문제일 때가 더 많다. 이제 그 대표적인 실패사례를 한 가지 살펴보자.

[†††] 우리나라 개발NGO인 굿네이버스도 비교적 일찍부터 PRA(Participatory Rural Appraisal) 등 참여개발기법을 도입해 널리 사용해 오고 있다.
[§§§] 한국의 새마을운동이 그런 국가적 성공사례라고 할 수도 있다. 그러나 새마을운동은 시기적으로 참여개발 패러다임이 성숙되기 이전에 시작됐고, 박정희 대통령 이후 실질적으로 참여적 요소가 많이 사라진데다, 대한민국의 경제성장에 주된 원동력이 된 강력한 정부주도의 산업발전 모델에 가려져 국제적으로 조명을 받지 못해 왔다.

일반적으로 외부에서 주도하는 유도성 참여개발 프로젝트는 여러 가지 현지 상황들을 충분히 반영하지 못한 채 짧으면 2~3년, 길어야 5년 정도의 기한을 사업기간으로 설정해 프로젝트를 설계하는 경우가 대부분이다. 이런 단기성 참여개발 프로젝트의 맹점은 일선에서 이 프로젝트를 맡아 진행할 현지 직원들에게 가장 먼저 영향을 미친다는 것이다. 현지 직원들이 마음에서 우러나오는 참여의식이 결여된 채 주민들의 삶에 진정한 변화를 가져올 개발성과보다는 프로젝트 기간이 끝난 후에 닥쳐올 자신들의 취업여부에 더 관심을 쏟게 될 가능성이 높다. 그렇게 되면 그 프로젝트는 첫 단추부터 잘못 끼워지는 셈이다. 이런 경우 현지 직원들은 잘해야 단기간 내에 가시적 성과를 올려 다음 일자리를 얻는 데 유리한 상황이 되는 길만을 우선적으로 생각하게 된다. 아니면 당장 눈앞에 보이는 물질적 혜택만 바라는 주민들과 한 통속이 되어 배급물자를 주민들에게 전달하는 통로역할에 그치고 마는 경우도 허다하다.[37]

이런 폐단들을 극명하게 노출시킨 케이스가 인도 중부의 빌(Bhil) 부족을 위해 영국의 원조기관인 해외개발처(ODA, DFID의 전신)와 국제개발부(DFID)가 1992년부터 농업기술혁신사업으로 추진한 인도-영국 천수답 프로젝트(Indo-British Rain-Fed Farming Project, IBRFP)이다.[38] 시작은 좋았다. 인도측 파트너인 비료회사는 참여정신이 넘쳐났다. 이 회사는 지역 NGO들에 속한 많은 현지직원들을 고용하고, 마을마다 수많은 자원봉사자들을 뽑아 훈련시켰다. 프로젝트는 우선 마을의 촌장집 안마당에서 열린 모임을 통해 그 마을을 프로젝트에 참여시킬지를 결정하는 것으로부터 출발했다.

그런데 촌장집 마당에서 열린 이 모임에서 발언을 하는 사람들은 참석자들 중 극히 일부인 마을유지들뿐이었다. 이들의 말이 곧 마을이 무엇을 필요로 하는지를 결정했다. 가난한 주민들은 발언을 삼가거나, 발언을 해도 말주변이 딸려 의견이 반영될 수 없었다. 프로젝트를 책임진 지역 NGO들은 이런 폐단을 보고나서, 차츰 전략을 바꾸어 마을의 여성들과 빈곤층들을 은밀하게 접근해 그들의 의견을 청취했다. 마을유지들이 이들을 곱지 않은 시선으로 바라보았음은 물론이다. 마을유지들은 프로젝트 초기의 마을주민들과의 신뢰구축 단계에서부터 프로젝트를 책임진 지역 NGO들과 마을주민들을 연결하는 통로를 독점하고자 했다.[39]

마을주민들의 의견을 골고루 청취하는 것만으로 문제가 모두 해결되지는 않았다. 마을주민들은 위아래 할 것 없이 곧 외지 사람들이 무슨 생각을 품고 있는지, 프로젝트 직원들의 지원능력은 어느 정도나 되는지를 감지해 자신들이 요구할 수위를 그에 맞춰서 조절했다. 이로써 참여개발의 초기단계인 상황평가와 기획단계는 주민들의 욕구를 프로젝트의 언어로 재포장하는 작업으로 전락하고 말았다. 겉으로는 마을주민들의 시각과 프로젝트의 목표가 일치하는 것 같아 보였다. 그러나 주민들의 참여와 그들에 대한 권한부여가 포함된 프로젝트의 계획서와는 달리, 주민들은 이 프로젝트를 단지 물질적 지원을 얻어내기 위한 수단으로 삼을 뿐이었다. 부자주민들은 종자, 농자재와 더불어 양수펌프를 설치하기 위한 융자를 받을 궁리만 했고, 가난한 주민들은 취로사업으로 벌 임금과 빈곤층을 위한 소액대출만을 꿈꿨다.[40]

무엇이 잘못되었나? 지역 NGO들과 그 밖의 프로젝트 직원들은 주민들의 신뢰를 얻어내는 까다로운 과정을 거쳐야 했다. 그 과정에서 이들은 마을유지, 그 지역 기관장, 지방공무원들과 친해져야 했고, 그러면서 서서히 복잡한 인간관계에 말려들어가기 시작했다. 마을의 복잡한 위계질서, 파벌, 프로젝트 직원들을 상대로 유지들이 제공한 편의와 그로 인한 부담감 같은 것들에 얽혀든 것이다. 이는 프로젝트 직원들의 발목을 잡아 운신의 폭을 좁혀놓았다. 이와 함께 마을 단위로 뽑아서 훈련시킨 자원봉사자들은 시간이 지남에 따라 프로젝트와 관련된 권한이 비대해져 갔다. 주민들은 자기 몫의 일을 해야 했지만 일에는 관심이 없었고, 프로젝트 직원이나 권한이 확대된 자원봉사자들을 통해 지원물자를 더 얻어내는 데만 신경을 썼다. 사실 이렇게 되면 주민들의 참여로 원조 주체의 일손과 비용이 줄어드는 것이 아니라 오히려 더 늘어나버리고, 원조에 대한 주민들의 의존심리 또한 더 커지는 모순에 빠져버린다. 애당초 참여

개발이 추구했던 목표들이 슬그머니 실종되어 버리는 것이다.[41]

　본격적인 시행단계에 들어가면서 폐단의 골은 더욱 깊어져 갔다. 시행단계는 조직운영 방식을 완전히 바꿔놓았다. 무슨 일이든 시행단계에 접어들면 일의 효율성이 부각되게 마련이고, 그러려면 규격화가 필요했다. 그래서 이 프로젝트에서도 숫자로 계량이 가능한 사항들을 추려내 이들을 우선적으로 달성해야 할 목표로 삼게 되었고, 그 목표가 될 수치들도 정했다. 이로써 그 지역의 문제들에 대한 고유한 해법을 현장실험을 통해 찾아나간다는 참된 참여개발 정신은 더욱 뒷전으로 밀려나 버렸다. 직원들은 목표달성을 요구하는 압력을 위아래로부터 동시에 받아야 했다. 그런가 하면 자원봉사자들의 역할도 점차 변질되어 갔다. 원래 자생적 참여개발과 같은 효과를 얻기 위해 뽑은 이 마을 출신 자원봉사자들은 정식 직원들 아래서 직원들과 긴밀히 협조하면서 일했다. 그런 그들은 주민들이 수행한 작업의 양과 질을 평가하고, 그에 따른 임금 지불을 승인하는 권한을 부여받으면서 자신들을 프로젝트의 준(準)직원 쯤으로 여기기 시작했다. 이제 주민참여는 허울 좋은 미사여구일 뿐이고, 직원들은 상황평가에서 지원에 이르기까지 기계적으로 서류를 작성해 신속하게 업무를 진행하는 게 습관이 되어버렸다. 규격화, 표준화가 필요한 모든 시행단계의 속성은 이런 기계적 업무처리 방식을 부채질했다.

　게다가 어느 시점에서 DFID가 사업규모를 네 배로 확대하면서 주민참여는 완전히 물 건너 가버리고 말았다. 주민들은 자기 마을의 개발을 시행하면서도 그 개발과정이나 예산에 대한 실권이 전혀 없었다. 문제는 이런 상황이 이 케이스에만 국한된 것이 아니라, 대부분의 참여개발 프로젝트들이 겪는 공통된 전개과정이라는 점이다. 처음 기획단계에서는 두루뭉술한 개방형 프로젝트였다가도 시행단계가 되면 경직된 구조로 변하는 것이 참여개발의 일반적 전개과정이다.

　여기서도 보다시피 지역개발사업의 아킬레스건은 외부의 물질적 지원이 따를 것을 당연시하는 주민들의 기대심리다. 사실 외부의 지원이 없는 개발협력 사업, 즉 원조사업이란 그 존재의미 자체가 무색해 질 수 있으므로 물질적 지원은 어느 정도 불가피한 측면이 없지 않다. 그러나 외부의 지원은 자조정신을 해치고, 주민들의 근면에도 정면배치될 수 있으므로 지극히 조심하지 않으면 안 된다. 현실적으로 가장 좋은 방법은 가능한 한 주민들 스스로 문제를 해결하도록 유도하면서 외부의 지원은 피치 못할 경우, 최소한의 액수, 그리고 최후의 수단으로 국한시키는 것이다.

우리나라의 국제개발NGO인 굿피플이 미얀마에서 사이클론 피해복구사업을 벌일 때의 일이다. 어느 마을 주민들은 굿피플 직원이 나타날 때마다 집요하게 자기 마을에 전기가 없음을 호소하면서, 전기를 끌어다 줄 것을 간절히 요청했다. 이때 굿피플 지부장은 "나도 어떻게 전기를 끌어와야 할지 잘 모른다. 같이 회의를 해보자!"면서 주민들의 참여를 유도했다. 마을회의 결과 면사무소에 가서 호소하기로 결정해 몇 번 헛걸음을 하고 난 후, 주민들은 다시 굿피플 지부장에게 매달렸다. 지부장의 권유로 다시 몇 번의 마을회의가 이어지고, 마을주민들은 스스로 집집마다 전선설치비용과 전기사용료를 자부담으로 하는 것으로 결정한 후에야 굿피플로부터 발전기를 지원받을 수 있었다. 발전기 설치 이후 발생할 제반 비용에 대한 책임소재를 분명히 주민들 몫으로 못박아 두어 전기사용의 지속가능성을 높이고, 주민들이 마을 개발을 주도하게 한 것이다.****

준(準)자생적 참여개발의 성공사례

원조비평가라는 특이한 직업을 가진 젊은 미국여성 토리 호건은 원조방식의

**** 2014년 여름 지구촌나눔운동에서 개최된 참여개발 워크숍에서 지구촌나눔운동 홍인경 팀장이 발표한 사례

혁신을 모색하기 위해 10부작 동영상시리즈를 제작해 '선의를 넘어서'라는 이름의 웹사이트[††††]에 올려놓았다. 호건은 최근 전혀 다른 내용이면서도 같은 이름으로 『선의를 넘어서』(국내 미출판)[‡‡‡‡]라는 책을 출간했는데 그 책에 나오는 부콘조 마이크로파이낸스 협동사회(Bukonzo Joint Cooperative Micro Finance Society)라는 곳은 매우 특이한 곳이다. 이곳은 거의 자생적으로 이루어진 참여개발의 성공사례로 그 비결을 배우러 오는 사람들이 하도 많아 방문객들로부터 견학료를 받고 있는 곳이다.[§§§§] 부콘조 협동사회는 콩고민주공화국과의 국경에서 불과 70 킬로미터밖에 안 떨어진 우간다 서부의 키야룸바에 있는데, 키야룸바는 아직 전기도 들어오지 않는 곳이다.[42] 그래도 이 부콘조 협동사회는 널리 알려진 명소로 호건이 그곳을 방문했을 때만 해도 40여명의 방문객들이 브리핑을 받고 있었다.[43] 호건이 그곳에서 직접 참관해본 브웨테 협동조합의 주례 정기모임에서는 열두 명의 아낙네들이 모여서 한 명씩 앞으로 나가 한주 동안 모아온 돈을 돈 세는 사람에게 제출하고 통장정리를 했다. 통장은 작은 공책으로 숫자나 글을 모르는 문맹회원들이 많아 염소다리 스탬프는 3백 실링, 물고기 스탬프는 5백 실링 하는 식으로 그림 스탬프를 찍어 돈 액수를 표시해 준다. 통장정리를 마치고 나면 돈 세는 사람이 큰 소리로 책상 위에 모인 돈을 세어서 총액을 발표했는데, 그날 저축된 총액은 모두 6천 1백 실링[*****]이었다. 이를 다시 회원들 간에 열띤 토론을 벌인 끝에 커피 묘목을 사야한다는 회원에게 대출해주기로 결정한다. 이 회원은 그동안 4천 2백 실링을 저축한 것으로 통장에 스탬프가 찍혀 있어서 1 대 2 대출원칙에 따라 8천 4백 실링을 융자받을 수 있지만, 오늘 저축액이 6천 1백 실링밖에 안 돼 나머지는 다음번

---

†††† www.beyondgoodintentionsfilms.com
‡‡‡‡ 원제는 *Beyond Good Intentions: A Journey into the Realities of International Aid* (2012년)
§§§§ 이곳을 직접 방문해 자세한 소감을 기록한 토리 호건은 조촐한 게스트하우스에서 묵으며 2박 3일간 견학하는 비용으로 35달러를 선불했다. Tori Hogan, *Beyond Good Intentions: A Journey into the Realities of International Aid*, Berkeley, CA: Seal Press, 2012, p.185
***** 현재 환율로 1 우간다 실링(Ush)은 우리 돈으로 약 0.44원이다.

모임에서 받아가야 한다. 만기는 두 달 후이고, 이자는 5백 실링이다. 원금이 상환되면 이자와 함께 또 다른 회원에게 융자될 것이다.[44]

부콘조 마이크로파이낸스 협동사회에는 이런 소규모 상호부조그룹(self-help group)이 모두 96개에 회원수는 5천명이 넘는다.[45] 토리 호건이 방문하기 한 해 전에 집계된 바로는 출자금이 2억 4천 8백만 실링, 저축액이 2억 9천만 실링, 융자잔고가 1억 8천 2백만 실링이었다. 85%의 회원이 여성이며, 이들의 대부분은 커피 농사를 짓고 있다. 그래서 부콘조 파머스 마케팅 협회를 만들어 커피농장을 위해서 좀 더 큰 규모의 융자를 해주고, 수출업자를 포함한 지역바이어들을 물색해 회원들이 수확한 커피를 가장 좋은 가격에 출하할 수 있도록 돕고 있다. 그 덕분에 2005년에는 13톤에 불과했던 커피 생산량이 5년 만에 3백 톤으로 늘어났다. 또 부콘조 이스트 트레이닝 팀을 구성해 비즈니스 개발과 재정계획에서부터 여권신장에 이르기까지 각 코스에 필요한 교육요원들을 주변 마을에 파견하기도 한다. 초기에 체인지 에이전트들이 훈련받은 것을 제외하고는 이 모든 것을 외부의 지원이 전혀 없이 마을주민들의 힘만으로 10년 만에 이루어냈다.[46]

스탠 버키라는 미국인은 1992년 우간다에서 우간다 체인지 에이전트 협회(Uganda Change Agent Association)를 시작했다.[47] 그해에 체인지 에이전트 훈련을 받은 이들 가운데는 이 키야룸바 마을 출신인 파이네토 발루쿠가 포함되어 있었다.[48] 파이네토 발루쿠는 고향마을로 돌아갔고, 1996년 그 지역은 내전에 휘말려 거의 모든 주민들이 고향집을 버리고 안전한 피난민 수용소로 들어갔다. 수용인원을 훨씬 초과한 피난민 수용소에서는 말라리아, 콜레라 등 질병이 끊이지 않았다. 아이들을 학교에 보내는 일은 상상도 할 수 없었다. 무엇보다 전쟁이 끝난 후가 문제였다. 원조로 운영되는 피난민 수용소가 문을 닫고 나면 그 많은 사람들이 고향으로 돌아가야 하는데 살길이 막막했다. 그래서 파이네토는 피난민 수용소에서부터 상호부조그룹을 시작할 체인지 에이전트들을 훈련시키려고 마음먹었다. 스탠 버키와 함께 광고를 내자 백여 명의 후보자들이 몰려들었다. 이 중에서 몇 명을 추려내 빈곤의 원인을 분석하는 것부터 장부정리에 이르기까지 필요한 코스들을 집중적으로 가르쳤다. 훈련을 마친 체인지 에이전트들은 배운 바를 실천하고 싶어 했다. 그래서 나무 밑에서 삼삼오오 사람들을 모아 한 달에 1백 실링씩 저축하는 모임을 시작했다. 모임에서 걷힌 돈은 회원들끼리 돌아가면서 융자를 받아 수용소 안에서 먹을 것이나 부엌살림을 파는 소규모 자영업을 시작하기 위한 장사밑천으로 썼다.[49]

전쟁이 끝나고 마을로 돌아오기도 전에 파이네토는 당시 수용소 안에 형성되어 있던 상호부조그룹들을 모아 1999년 부콘조 저축신용조합을 만들었다.[50] 그리고 10여년이 지난 오늘날, 이 마을에서는 초가집을 찾아보기 어렵게 되었고, 가정불화도 크게 줄어들었다. 남녀가 나란히 일하는 모습이 늘어나고, 여자아이들을 학교에 보내는 집들이 많아졌으며, 생산되는 커피의 품질도 전보다 훨씬 더 고급화되었다.[51] 초기 체인지 에이전트 중에는 상당한 부를 축적해 장차 나무가 자라면 자녀들을 대학에 보낼 수 있도록 수목원을 시작한 사람도 나왔다.[52] 그러나 애석한 일은 우간다 체인지 에이전트 협회에서 훈련을 받은 3천명의 체인지 에이전트 가운데 스탠 버키의 이론을 제대로 구현해 이 같은 성공을 거둔 케이스는 이곳 한 군데뿐이라는 사실이다.[53]

1995년 중국에서 개최된 베이징 세계여성대회에는 세계 190여개 국가에서 5만여 명의 여성들이 모여들었다. 나는 운 좋게도 UNDP에서 참가비를 지원받아 화이로우에서 개최된 NGO 대회에 참가할 수 있었다. 한국에서 참가한 여성 수만 600명이 넘었는데, 김정숙 여성단체협의회 회장, 이연숙 전 장관, 박영혜 교수, 한명숙 전 총리, 이미경 의원, 강경화 UN OCHA 사무차장보 등 당시 쟁쟁한 여성운동가들이 대거 참가했던 것으로 기억된다.

나는 대회 내내 '경제정의'라는 주제로 열리는 세미나와 워크숍을 찾아다녔다. 참가자들이 돌아가며 소개를 할 때면, 내가 일하던 '경제정의실천시민연합(경실련)' 활동에 대해 설명했다. 금융실명제와 부동산실명제 등 경실련이 기여한 성과를 자랑하며, 이런 제도적 변화가 경제정의 실현을 위해 매우 중요하다고 강조했다. 그때 한 흑인여성이 커다란 눈을 껌뻑거리면서 내게 물었다.

"그런데… 지구촌의 경제정의를 위해서는 무엇을 하죠?
What do you do for economic justice at the global level?"

이 질문은 오랫동안 내 머릿속에서 떠나지 않았다. 내가 베이징 세계여성대회에서 확인한 사실은 지구촌 대부분의 나라에서 경제정의란 곧 빈곤의 문제라는 것이었다. 가난해서 굶어 죽고, 병이 나고, 교육을 받지 못하고, 인권을 유린당하고, 가족과 생이별을 하고, 인신매매를 당하고, 성폭행과 살해까지 당해야하는 현실. 바로 이런 것들이 가난한 나라의 가난한 여성들이 두려워하는 문제들이었고, 그런 문제들을 어떻게 예방하고 해결하느냐는 것이 바로 경제정의였다.

지구촌의 경제정의를 위해서 무엇을 하냐고?
그 모잠비크 여성은 왜 내게 그런 질문을 했을까? 내게 무슨 기대를 한 것일까? 내가 일하는 단체나 우리나라에 무슨 기대를 하는 것일까? 그것이 나 개인이나 단체에 대한 질문이 아니라, 우리나라에 대한 질문일 거라고 믿게 된 나는 '지구촌 경제정의'를 위해 일하기로 결심했다. 그 여성이 무언가 우리 대한민국의 역할을 기대하고 있었던 것이 틀림없다는 믿음에서다. 1인당 국민소득 100달러 미만에서 불과 몇 십 년 만에 100배 이상 소득을 높이고 OECD 가입을 앞두고 있는 나라. 그 여성운동가는 분명 한국이 어떻게 그런 기적을 만들어낼 수 있었는지가 궁금했을 것이다.

5장 _ 우리는 어떤 실험을 할 수 있을까?

우리가 아무리 빈곤을 퇴치할 수 있는 비결을 터득했다 해도 이를 필요로 하는 사람들에게 전수해 줄 수가 없다면 그 비결은 아무 유익함이 없을 것이다. 사실 오랜 전의 일이긴 하지만 서구 선진국들도 다 한 번씩은 빈곤을 퇴치한 경험이 있는 나라들이다. 하지만 그 경험을 개도국에 전수하는 일에는 성공하지 못했다. 과거 60여 년간 이어져온 서구의 개발원조가 실패했다는 사실은 만년 개도국 신세를 면치 못하고 있는 지구상의 수많은 나라들, 특히 아프리카 국가들의 경제발전 부진이 증명해준다.

서구사회의 개발원조는 왜 그동안 별 성과를 올리지 못했을까? 그 원인을 두 가지로 요약해 보면 첫째는 경제성장의 원동력을 분석하는 과정에서 주민들의 정신적 측면을 무시한 채 경제개발을 물질적인 관점으로만 본 것이고, 둘째는 정상적인 경제행위가 아닌 퍼주기라는 인위적 경제행위의 틀 안에서 빈곤문제를 해결하려고 했기 때문이다. 이 두 가지 원인을 치료하려면 첫째로는 물질중심의 원조에서 사람중심의 원조로 바뀌어야 하고, 둘째로는 시장경제 원칙에 충실한 정상적 경제행위의 틀 안에서 빈곤문제를 해결해야 한다.

이를 다시 우리나라의 경제성장 경험을 나누기 위한 원조 프로그램의 차원에서 적용해보자. 첫째 조건인 사람중심의 원조는 대한민국의 성장경험을 개도국들과 공유하기 위한 피플 투 피플 운동을 벌이는 것으로 구현할 수 있다. 그 구체적 방안은 우리나라 청년들을 개도국에 파견하여, 개도국 마을에서 선발된 청년들과 침식을 같이 하며 체인지 에이전트 훈련을 받게 한 다음, 그들과 함께 그들의 출신마을에 투입하는 것이다. 원조 공여국과 수혜국의 청년들이 함께 지역개발에 참여하는 새로운 참여개발방식을 구현하는 것이다. 둘째 조건인 정상적 경제행위의 틀 안에서 빈곤을 퇴치하는 원조는 개도국 빈곤층 주민들이 스스로의 힘으로 소득증대를 이룰 수 있는 길을 열어주는 것이다. 이를 위한 구체적 방안은 체인지 에이전트들이 그 나라의 상황에 맞는 적정기술을 활용한 소득증대 도구들을 찾아내 현지에서 사용될 수 있도록 돕는 것이다.

이제 이 두 가지 방안에 대해서 누가, 무엇을, 어떻게 해야 할 것인가와 그때 예상되는 문제점들, 그리고 그에 대한 대책을 살펴보기로 하자.

1. 사람중심의 원조, 'P2P 개발협력'

1) 개발협력현장의 체인지 에이전트

사람중심의 원조, 곧 피플 투 피플(People to People: P2P) 개발협력은 개도국에 파견될 글로벌 체인지 에이전트들을 선발하는 일로부터 시작된다.* 이 일을 해낼 수 있는 체인지 에이전트들은 어려운 사람들을 돕고자 하는 박애정신과 이타심을 가진 이들이어야 한다. 지난 날 한국의 새마을지도자연수원의 원장 이하 봉사자 교관들이 보여주었던 것 같이 이 청년들이 겸손한 자세로 개

---

* 이 책에서는 사람중심의 원조, 즉 피플 투 피플(People to People) 개발협력을 'P2P 개발협력' 이란 용어로 사용하기로 한다.

도국 주민들에게 감동을 줄만한 몸공을 들이지 못하면 P2P 개발협력은 후발개도국에서 성공할 가능성이 적다. 그렇게 되면 열악한 환경에서 땀 흘린 자신들의 수고도 물거품이 되고, 우리나라의 국가적 이미지도 손상이 될 것이므로 겸손하고 헌신적인 마음가짐이 적성에 맞지 않는 사람은 아예 처음부터 이 일에 참여하지 말도록 홍보하는 것이 중요하다.

만일 자신이 그런 마음을 가질 수 있다고 생각한다면 그런 청년은 우선 우리나라에 와 있는 후발개도국 출신 외국인 근로자들과 연계해 이들의 연고지에 인맥을 형성하고, 그곳에 가서 몇 달간 살아볼 필요가 있다. 2013년 2월말 현재 우리나라에 거주하는 외국인 체류자수는 모두 142만 명이다. 이 중 네팔, 몽골, 미얀마, 방글라데시, 베트남, 스리랑카, 우즈베키스탄, 인도, 인도네시아, 캄보디아, 태국, 파키스탄, 필리핀 등 청년들이 진출할만한 13개국 출신으로 비전문 취업비자인 E-9 비자를 소지한 외국인 근로자는 22만명 가량 된다.[1] 이들에게 우리나라는 사우디아라비아의 약 2배의 임금, 또 일본이나 미국보다 더 높은 임금을 받을 수 있는 매력적인 나라다. 그래서 이들은 한국어 시험을 치르고 E-9 비자를 받기 위해 많은 투자를 한다. 상당수는 자기 나라에서 대학을 졸업한 엘리트들이다. 이들은 외국인 근로자 지원센터 등 여러 기관을 통해 만날 수 있다. 이들 외국인 근로자들과 사귀어 그들의 출신국 사정을 잘 살펴보고 그 나라 시골에 가서 몇 달간 살다보면 자신이 앞으로 몇 년 동안 청춘을 바쳐서 해야 할 일이 과연 자신의 능력 밖의 일일지, 능력 안의 일일지를 판단할 수 있을 것이다. 또 NGO 등을 통해서 개도국에 단기연수나 봉사를 다녀오는 것도 권해볼만한 방법이다. 이 과정을 거친 후에는 글로벌 체인지 에이전트로 정식 선발되어 국제개발협력에 대한 기초적인 훈련과정과 우리나라의 새마을운동 등 지역개발에 대한 전반적인 교육을 받아야 할 것이다.

우리 정부는 정부대로 먼저 해줘야 할 일이 있다. 바로 우리나라의 발전경험을 전수받고자 하는 개도국 정부와 교섭을 벌일 때 그 나라 최고통치자의 의지를 살피는 일이다. P2P 개발협력의 성패는 체인지 에이전트들의 노력도 중요하지만, 그 못지않게 참여개발로 농촌의 빈곤퇴치와 근대화를 이루고자 하는 그 나라 최고통치자의 투철한 의지에 달려있기 때문이다. 만일 이 점이 확인되면 우리 정부는 그 나라에서 체인지 에이전트의 훈련을 맡아 진행할 현지 NGO를 물색하거나, 적당한 주체가 없으면 그런 NGO를 조성하는 작업을 해야 한다. 이 일은 국제개발협력에 종사하는 우리나라 NGO들이 우리 정부의 위탁을 받아서 진행하는 것이 바람직하다.[†]

P2P 개발협력의 체인지 에이전트에는 우리나라 청년들과 함께 현지인 마을 지도자들이 포함된다. 이 책에서는 한국에서 파견되는 체인지 에이전트를 '글로벌 체인지 에이전트(Global Change Agent: GCA)' 개도국 마을지도자들을 '커뮤니티 체인지 에이전트(Commuinity Change Agent: CCA)'로 부르기로 한다.

P2P 개발협력이 그 나라 정부의 적극적인 호응을 받아 어느 개도국에서 처음으로 시작될 때 과연 어떤 일들이 벌어질 것인지를 상상해 보자. 그곳 주민들은 호기심을 가지면서도 과연 이 새로운 개발 프로젝트가 성공할 가능성이 있는지, 낯선 외국인들인 글로벌 체인지 에이전트들이 돌아간 후에도 이 사업이 지속될 가능성이 있는지, 또 지속되지 못할 경우 이 사업에 참여했던 일로 자신들이 기득권층 혹은 엘리트층으로부터 불이익이나 탄압을 받지는 않을지를 저울질할 것이다. 동질화가 덜 된 개도국 농촌사회에 사는 빈곤층 가운데는 그만큼 피해의식에 사로잡힌 사람들이 많이 있다. 이들의 피해의식은 근거가 없이 생긴 것이 아니다. 개도국의 빈곤층이나 여성 등 소외계층은 이 프로젝트에 참여함으로써 다른 일을 못하게 되는 기회비용이 높아서, 혹은 그동안 이런 식의 커뮤니티 활동에 참여하고 나서도 마을의 엘리트층에 비해 자신들에게

---

† KOICA가 추진하고 있는 새마을운동 ODA 사업들은 대개 국가별로 새마을연수원을 지어주고 단기 1주, 중기 2주 간의 훈련을 거쳐 새마을지도자를 양성하는 것으로 되어 있다. 그러나 여기서는 고전적 참여개발 방식의 훈련과 활동을 가상해 봄으로써 정부가 추진하는 새마을운동과 차별화된 참여개발방식을 그려보고자 한다.

돌아온 혜택이 상대적으로 미미했던 경험 때문에 참여를 꺼리는 경우가 많을 것이다. 이 같은 현상은 통계적으로 볼 때 계층 간 격차가 심한 마을이거나, 외진 산골마을일수록 더욱 두드러질 것이다.[2]

개도국에서 P2P 개발협력을 시작하면 처음에 참여할 마을주민들은 아마도 상대적으로 부유하고, 교육을 받은 상류층 주민들이 중심이 될 것이다. 이들은 생활에 어느 정도 여유가 있고, 지역개발에 대한 이해도 비교적 깊기 때문이다. 그러나 기득권층 혹은 엘리트층 가운데는 P2P 개발협력으로 인해 가난하고 무식한 피지배계층이 힘을 얻음으로써 자신들의 지위나 이익이 침해될 것을 우려해 처음부터 반대운동을 벌이는 이들도 있을 것이다. 혹은 자신들에게 득이 될 것으로 보고 적극 참여하는 엘리트들도 있을 수 있다. 만일 P2P 개발협력이 이런 엘리트들의 손에 휘둘린다면 사업의 혜택이 이들 소수계층의 부만 늘려주는 결과로 이어지는, 소위 캡처(capture, 포획)가 발생할 수도 있다.[†] 반면에 선의의 엘리트층, 특히 교사나 목사 혹은 이슬람 지역의 이맘처럼 정치적 권위는 떨어지면서도 나름대로 고학력을 지닌 엘리트 가운데는 진정으로 주민들을 위하는 마음이 있거나, 아니면 자신들의 지위에 걸맞는 체면을 고려해서라도 이 사업에 적극적으로 뛰어드는 경우도 있을 수 있다.[3]

계층 간 격차가 심하거나, 격리된 마을에서는 그동안 유도성 참여개발로 투입된 물자나 개발의 혜택을 엘리트층이 포획(capture)하는 사례가 빈번했다. 반면에 마을 전체의 평균 교육수준이 높거나, 엘리트층이 지역개발사업의 결정권을 갖고 있을 경우에는 빈곤층이나 소외계층에도 비교적 풍부한 혜택이 돌아가는 것으로 알려졌다. 특히 인도네시아의 도시빈곤프로젝트(Urban Poverty Project)에서는 엘리트 그룹이 지역개발위원회를 주도했을 때 지역사

[†] 이와 유사하게 사업대상에 포함되지 않은 부류의 주민들에게 혜택이 돌아가는 것을 leakage, 역으로 사업대상에 해당되는 주민들이 혜택을 받지 못하는 것은 under-coverage라고 한다.

회의 결속도가 더 높았을 뿐만 아니라, 지역개발위원회가 빈곤층 주도로 운영되었을 때보다 빈곤층에게 돌아간 혜택이 오히려 더 많았던 경우도 비일비재했다. 빈곤층의 반대를 무릅쓰고 엘리트층이 결정한 지역개발 사업종목 중에는 궁극적으로 빈곤층에게도 많은 도움이 되는 사업으로 판명되어서 빈곤층도 나중에는 그 사업종목에 찬성으로 돌아선 경우가 많이 있다. 학교나 보건소 같은 사업들이 그 예이다.[4] 이는 엘리트층이 참여한다고 해서 반드시 빈곤층에게 불리할 것이라는 법은 없다는 말이다. 게다가 이 P2P 개발협력은 물질적 혜택을 투입해서 벌이는 원조가 아니고, 주민들 스스로 참여해 자기 힘으로 지역개발사업을 벌이도록 유도하는 참여개발 방식이므로 사업진행의 초기 단계에서는 엘리트층이 포획할만한 물질도 별로 없을 것이다.[§]

기본적으로 무보수인 커뮤니티 체인지 에이전트들에 대한 보상은 마을의 개발이 성공했을 때 성공사례가 대대적으로 홍보되면서 얻어지는 명예와, 훗날 이 명예가 가져다 줄 좋은 직장이라고 할 수 있다. 이런 보상 시스템은 엘리트층이 체인지 에이전트로 선발될 경우라도 그들로 하여금 자신의 식솔이나 친지들의 잇속을 챙기기보다는 빈곤층을 포함한 마을 전체의 발전을 위해 열심히 봉사하도록 만드는 동기로 작용할 것이다.

만일 초창기 홍보 부족으로 무보수 체인지 에이전트 역할을 자원하는 사람이 너무 적으면 훈련기간 동안만 일당으로 아주 근소한 액수를 지급하는 방안도 고려해 볼 수 있다. 사실 일정 기간이 지나고 나면 체인지 에이전트로 장기근속하면서 헌신적으로 봉사할 젊은이들은 엘리트층보다는 시골 일반가정 출신의 똑똑한 인재들일 경우가 많다.[5] 앞서 준(準)자생적 참여개발의 성공사례로 든 우간다의 파이네토 발루쿠 같은 인물이 바로 그런 예이다. 능력은 있으나 기회를 만나지 못한 이들 가난한 농촌 청년들을 스카우트하려면 다소의 물질적 보상이 필요할 것이다. 그러나 그 액수가 지나치면 그릇된 동기로 체인지

---

§ P2P 개발협력은 물자지원이 거의 없이 시작하여 상당 기간이 경과한 후에 본격적인 지원을 시작하는 방식을 지향한다.

에이전트가 되려고 할 수 있으므로 보상의 수준을 빈곤층의 최저생계비 정도로 제한하는 것이 바람직하다. 그리고 일단 훈련기간이 끝나면 가능한 한 무보수 봉사원칙을 고수해야만 한다. 그렇지 않으면 이제까지 살펴본 유도성 참여개발의 실패한 전철을 그대로 밟게 될 것이다.

2) 체인지 에이전트의 훈련과 현장투입

체인지 에이전트의 선발과 훈련

P2P 개발협력을 벌일 마을들이 선정되면 앞서 살펴본 바를 참고로 해서 그 마을출신 체인지 에이전트 후보생들을 선발해야 한다. 체인지 에이전트 후보생은 지방신문이나 라디오에 광고를 내는 한편, 지방공무원이나 지역 NGO의 추천을 통해 모으되, 악수를 하면서 손바닥의 굳은살을 확인한다든지 하는 방법으로 가급적 고된 일을 해본 경험이 있는 사람들을 뽑는 것이 바람직하다. 우리나라의 경우 새마을지도자는 한 마을에 남녀 1명씩을 두었었지만, 이 단계에서는 한 마을에 체인지 에이전트를 여러 명 두어도 무방하므로 복수로 선발하는 것을 원칙으로 한다. 시행착오를 거치면서 낙오되는 부적격자가 분명히 나올 것이기 때문이다. 글로벌 체인지 에이전트들은 커뮤니티 체인지 에이전트 후보생 선발 이전에 현지에 파견되어 이 선발작업부터 현지 활동을 시작해야 한다.

4장에 등장한 우간다 체인지 에이전트 협회의 설립자 스탠 버키는 자신의 저서 『사람이 먼저다』**(국내 미출판)에서 참여개발을 위한 체인지 에이전트를

** 원제는 *People First: A Guide to Self-Reliant, Participatory Rural Development* (1993년)

훈련시키고 실제상황에 투입하는 데 필요한 방법들을 자신의 경험을 바탕으로 상세히 기술하고 있다. 여기서는 주로 이 방법들과 영국에서 시작된 자원봉사자 원조기구 VSO(Voluntary Service Overseas)가 발간한 참여개발 촉진자(facilitator) 매뉴얼[††]에 나오는 방법 등을 적용시켜 예시해 보기로 한다.

커뮤니티 체인지 에이전트 후보생들이 선발되면 한국에서 파견된 글로벌 체인지 에이전트들과 함께 훈련을 시작한다. 체인지 에이전트 훈련은 각 마을마다 복수로 선발된 커뮤니티 체인지 에이전트 후보생 20여명과 글로벌 체인지 에이전트 2명을 한 조로 하여 1주간의 오리엔테이션 워크숍에 이어 2주간의 마을현장교육을 5차례 반복하고 마지막으로 1주간의 워크숍을 가지는 것까지 포함해 12주 동안 진행한다. 이때 같은 마을 출신 후보생들은 여러 조로 분산해서 조를 짜, 한 조에는 한 마을 출신 후보생들이 남녀 1명씩만 속하도록 한다. 글로벌 체인지 에이전트들은 대부분 현지 언어를 자유롭게 구사할 수 없을 것이므로 영어나 한국어가 어느 정도 가능한 통역을 확보해 두어야 하고, 전체적으로 진행을 도울 코디네이터도 한 명 필요할 것이다. 또 가능한 한 전체적인 남녀 비율을 1:1로 균형을 맞추는 것이 마을주민 전체를 상대하는 데 유리하다.[6]

1주간의 워크숍은 현장교육을 실시할 다섯 마을 가운데 하나나 둘을 정해 그곳에서 조원들이 모두 합숙하며 공동생활을 하는 것이다. 워크숍에서는 참여개발과 한국의 새마을운동에 대한 소개를 하고 글로벌 체인지 에이전트와 커뮤니티 체인지 에이전트 후보생들과의 관계를 정립하는 순서를 갖는다. 그밖의 일과와 커리큘럼은 자율적으로 조원들의 참여 하에 토론으로 정하되, 이 과정부터 후에 주민들에게 가르쳐줄 참여토론 방식을 몸소 체험하면서 배워나가도록 한다. 워크숍을 하는 목적은 앞으로 마을현장교육에서 할 일들을 미리 검토하고, 지난 마을현장교육의 결과를 가지고 서로 토론함으로써 참여개발

---

†† 원제는 *Participatory Approaches: A facilitator's guide*

과정을 몸에 익힐 수 있게 하기 위해서이다. 자율에 맡기더라도 기록과 운영질서는 반드시 필요하므로 토론 때마다 기록을 담당할 조원과 토론의 사회를 볼 조원을 정해놓아야 한다. 이 역할들은 매일 돌아가면서 해도 무방하다. 보통 아침 첫 시간에는 전날의 토론 내용을 요약해서 발표하고, 간단히 전날에 대한 평가를 하는 것으로 일과를 시작한다.[7]

워크숍에서 토론을 하다보면 후보생들이 마을현장교육에서 다루게 될 사안들로부터 시작해서 다양한 주제들이 등장한다. 다음은 이 같은 토론에서 등장할 수 있는 가상주제들이다. 이런 주제 말고도 많은 주제들이 유용한 토론을 이끌어낼 수 있으므로 토론의 사회를 맡은 사람은 이에 구애받지 말고 얼마든지 다른 주제로 토론을 이어갈 수도 있다.

1. 마을주민들에게 경제발전을 이루고 싶다는 열망이 있는가? 열망이 있다면 P2P 개발협력은 그 열망의 실현을 위해 어떤 역할을 할 수 있는가? 열망이 없다면 어떻게 할 것인가?

2. 마을경제의 문제점은 무엇인가? 빈곤층이 가난한 원인은 무엇인가? 빈곤의 1차적 원인, 2차적 원인은 각각 무엇인가? 빈곤의 근본원인은 어디에 있나? 빈곤은 악순환하고 있는가? 악순환하고 있다면 어떤 방식으로 악순환하고 있는가? 빈곤은 대물림되고 있는가? 대물림되고 있다면 어떤 방식으로 대물림되고 있는가? 빈곤의 악순환 고리를 끊고, 대물림되지 않게 하려면 어떻게 해야 하는가?

3. 마을에는 어떤 사회·경제적 계급들이 존재하는가? 이 계급들 간에는 어떤 관계가 있는가? 그 관계는 종속관계인가, 아닌가? 아니라면 어떤 관계인가? 종속관계라면 어떤 병폐들이 있는가? 그 병폐들을 없애려면 어떻게 해야 하는가?

4. 자조 · 자립이란 무엇인가? 마을 차원에서 혹은 국가적 차원에서 볼 때 자조 · 자립하기 위해서는 무엇이 필요한가? 자조 · 자립하기 위해서는 사람들의 의식이 어떻게 바뀌어야 하는가? P2P 개발협력은 마을의 자조 · 자립을 어떻게 이룰 것인가?

5. P2P 개발협력에 보다 넓은 층의 주민참여를 이끌어내려면 커뮤니티 체인지 에이전트는 어떻게 해야 하는가? 체인지 에이전트의 노력에 추가해 거시적으로, 혹은 미시적으로 어떤 일들이 일어나면 마을주민들이 빠짐없이 P2P 개발협력에 참여하는 데 도움이 될 수 있는가?

6. 내 마을이 개발되기 위해서는 어떤 방법들이 유효한가? 어떤 전략이 가장 뛰어난 전략인가? 잘 살기 위해서는 무엇이 가장 중요한가? P2P 개발협력을 통한 인적자본의 개발이 사회의 발전, 국가경제의 발전으로 이어지려면 어떤 조치가 필요한가?

7. 내 마을이 개발되기 위해서는 어떤 전통을 살려야 하고, 어떤 전통을 버려야 하나? 문화나 종교 가운데 개발에 도움이 되는 것들은 무엇이고, 걸림돌이 되는 것은 무엇인가? 개발을 위해 전통이나 문화, 혹은 종교 가운데 걸림돌이 되는 부분을 제거해 버린다는 것이 과연 바람직한 일인가? 바람직하지 않다면 어떻게 해야 하는가? 개발을 하지 말아야 하는가? 부분적 개발로 만족해야 하는가? P2P 개발협력을 하면서 마을의 전통, 문화, 종교와 충돌이 생길 수 있는가? 있다면 어떻게 조화를 이루는 것이 가장 바람직한가?

8. P2P 개발협력에서 여성의 역할을 늘리려면 어떻게 해야 하는가?

9. 마을에서 소규모 상호부조그룹(self-help group)을 구성하려면 어떻게 조직을 짜야 하는가? 상호부조그룹의 성패를 좌우하는 요인들에는 어떤 것들이 있는가? 성공요인들을 갖추고 실패요인들을 제거한 다음에는 추가로 어떻게 하면 상호부조그룹을 더 잘 운영할 수 있는가? 커뮤니티 체인지 에이전트가 상호부조그룹을 구성하고 운영할 때는 어떤 도움들이 필요한가? 그 도움들은 어떻게 조달하는 것이 가장 바람직한가?

10. 마을의 개발에 개인의 저축과 소액융자는 어떤 역할을 하는가? 마을의 빈곤층 주민들에게 저축하는 습관을 갖게 하려면 어떻게 해야 하는가? 소액융자는 어떻게 받아 어떻게 활용하는 것이 바람직한가? 주민들이 마을전체 규모로, 혹은 일부분이 모여 공동사업을 벌일 때는 어떤 방식으로 그룹기금을 적립해 나갈 수 있는가? 그룹기금을 적립해 나갈 때 예상되는 문제점들은 어떤 것들이 있는가?

11. 체인지 에이전트의 역할은 무엇인가? 체인지 에이전트가 저지르기 쉬운 잘못은 무엇인가?

12. 체인지 에이전트의 처신은 주민들과 체인지 에이전트, 혹은 주민들과 체인지 에이전트의 소속기구 간 관계형성에 어떤 영향을 미치는가? 체인지 에이전트, 특히 글로벌 체인지 에이전트들의 생활수준, 활동방식, 자금동원 등은 P2P 개발협력에 어떤 영향을 미칠 수 있는가?

13. 체인지 에이전트들이나 빈곤층 상호부조그룹 회원들이 정부관리, 지방유지, 그 밖의 권력주체와 원만한 관계를 유지하려면 어떻게 해야 하는가? P2P 개발협력과 지방정부관리, 마을유지와의 관계는 어떤 관계인가? 그 관계를 원만하게 유지하려면 어떻게 해야 하는가?[8]

모든 참여개발이 그렇듯이 P2P 개발협력도 그동안 유지되어 온 마을의 권력구조나 자원분배구조를 바꾸는 일로 비쳐지기 쉽다. 곧 기득권층의 경계대상이 될 것이라는 말이다. 이런 현상은 기존의 유도성 참여개발 프로젝트처럼 상당한 물질적 혜택이 수반되는 원조 프로그램일 것으로 판단하고 체인지 에이전트로 나섰던 마을의 엘리트층들이 뒤늦게나마 그와는 전혀 다른 실상을 깨닫고 실망했을 경우 더욱 심화될 것이다. 그러므로 체인지 에이전트는 P2P 개발협력에 반발하는 기득권층의 저항을 예상하고 미리 익숙해질 필요가 있다.[9]

그 가운데 가장 먼저 해야 할 일은 빈부격차가 심한 개도국 사회의 갈등구조를 부정적인 눈으로 보는 자세를 버리는 것이다. 이런 부정적 마음가짐을 벗어나지 못한 체인지 에이전트일수록 현장에 투입되고 나서도 마을유지들이 모든 결정을 좌지우지하려 할 때 쉽게 포기하고 방치하거나, 그때그때 미봉책으로 때우고 넘어가려고 할 공산이 크다. 그보다는 심각한 갈등구조일수록 머잖아 필연적으로 변화를 요구하게 될 그 사회의 긍정적 요소 가운데 하나로 보고, 이를 적극 활용하고자 하는 도전적 자세가 필요하다. 또 갈등구조는 다양한 각도의 아이디어를 생산해낼 수 있어서 문제해결에 도움이 된다고 볼 수도 있다. 또 여러 세력들의 이해가 충돌하는 가운데서 일을 벌이려면 종종 서로 다른 이익집단들로부터 타협을 이끌어내야만 하는데, 그러려면 모든 과정과 회계가 유리알처럼 투명할 때 가장 빨리 타협과 합의가 도출될 수 있으므로 투명성이 부족한 개도국의 발전을 위해서도 갈등구조는 유용하게 쓰일 수 있다.[10]

이처럼 지역 내 갈등을 생산적으로 활용하려면 먼저 그 원인과 실태를 제대로 꿰뚫고 있어야 한다. 그러나 서로 만난 지 얼마 안 되어 자신의 속내를 잘 드러내지 않으려는 사람들과 더불어 워크숍을 진행할 때는 직접 대화를 통하기보다는 그림이나 도해를 통해 자신들이 속한 지역사회의 갈등요인과 같은 민감한 소재들을 표현하도록 유도하는 것이 바람직하다. 그림이나 도해를 활용하면 자칫 감정이 개입되어 진전을 보기 어려운 대치상황도 쉽게 풀어나갈 수 있다. 의견대립은 감정이 섞이면 인신공격으로 변하기 쉬운데 그림이나 도해라는 중립적 공간에 대립된 의견을 쏟아놓는 작업은 그렇게 될 염려가 훨씬 적기 때문이다.[11]

오랫동안 자원봉사자들을 훈련시켜 개도국 개발현장에 파견해온 VSO는 유용한 도구들을 많이 발굴해 활용하고 있다. 그중 주차장(Car Park)[12]이라는 도구와 관계끈(Relationship Strings)[13]이라는 도구를 혼합해 워크숍에서 활용할 경우 마을안의 다양한 이해관계자들의 이해관계를 손쉽게 파악하고, 워크숍에 참가한 조원들끼리도 순식간에 친해지게 해주는 놀라운 효과가 있다. 먼저 넓은 공간에 조원들을 둥그렇게 배치한 다음 각각 자기가 맡은 가상의 배역을 적은 표시를 몸에다 부착하고 한 사람씩 돌아가면서 자기가 누구인지 말하게 한다. 이를테면 내 이름은 아무개에 나는 마을의 촌장이다, 내 이름은 아무개이고 나는 농부다, 나는 누구누구이고 직업은 고리대금업자다, 나는 미혼모이며 이름은 뭐다, 나는 에이즈 환자다, 하는 식이다. 그리고 진행자가 '나쁜 관계'라고 말하면 미리 준비해 둔 끈 가운데 나쁜 관계를 의미하는 색의 끈을 가지고 자기와 나쁜 관계인 사람에게 가지고 가서 끈의 한쪽 끝을 건네주고 자기는 다른 한쪽 끝을 쥔 채 자기 자리로 돌아온다. 모든 조원들이 이 절차를 마치면 진행자는 끈이 연결된 전체 모습에 관해 각자 돌아가며 의견을 말하도록 유도하고, 다음번에는 다른 관계를 지명하는 식으로 이 절차를 반복한다. 시간이 지나고 나면 복잡하게 얽힌 이해관계로 여러 가지 색의 끈들이 여러 사람들 사이에 얽혀있는 모습이 되는데 진행자는 조원들에게 어떻게 하면 되겠는지를 물어가면서 이 복잡한 관계를 하나씩 좋은 방향으로 풀어나가는 절차를 시도한다.

공동체 구성원들에 대한 인식을 탐지하기 위해 활용할 수 있는 도구로 방공호(Bomb Shelter)[14]라는 도구도 있다. 최대수용인원이 6명인 방공호가 있는데 들어가고자 하는 사람들은 10명이다. 이 10명은 앞서 예를 들었던 것처럼 마을 내 여러 가지 가상의 배역들이다. 곧 폭격이 시작된다면 이 가운데 누구누구를 대피시켜야 하느냐는 질문을 던지고 나서, 나오는 답변을 가지고 왜 누구는 들어가야 하고 누구는 빠져도 되는가에 대한 토론을 벌이는 것이다. 폭격이나 방공호라는 단어가 생소한 곳에서는 다른 설정도 가능하다. 잠비아의 야생동물 보호구역에서 일했던 어느 VSO 봉사단원은 사파리용 랜드로버 승합차 좌석배치를 놓고 먼저 누구를 어느 자리에 앉히느냐와 야생동물의 고기를 누구누구에게 어떤 순서로 분배할 것인가로 제한된 자원의 분배를 둘러싼 마을 내 기득권층의 서열을 파악했다.[15]

마지막으로 VSO의 도구 중 체인지 에이전트 워크숍에서 활용할만한 또 한 가지 도구로 미래상상(Guided Visualisation)[16]이라는 게 있다. 이것은 일종의 최면요법 같은 도구로, 조원들을 앉게 한 다음 차분한 분위기에서 눈을 감고 그들이 상상하는 50년 후의 마을 모습, 그들이 자식들에게 물려주고 자식들은 또 그 자식들에게 물려주고 싶어 할 마을 안 특정 장소, 시설, 자기 집, 자연환경, 논밭 등의 모습을 진행자의 멘트에 따라 머릿속으로 그려보게 하는 것이다. 미리 준비해 둔 멘트가 모두 끝나면 조원들은 눈을 뜨고 진행자의 똑같은 멘트가 다시 한 번 되풀이됨에 따라 미리 준비해뒀던 종이 위에 눈감고 상상했던 장면들을 글이나 그림으로 옮긴다. 이 순서도 끝나면 한 사람씩 돌아가면서 발표하고 나서 모두 함께 토론하는 순서도 진행할 수 있는데, 곧 마을현장에 투입될 체인지 에이전트들에게 동기부여를 해주기 위해 워크숍의 마지막 이벤트로 쓸 수 있는 도구다. 특히 하나의 공동체로서 미래에 대한 비전을 전 그룹이 공유한다는 차원에서 훈련 때 썼던 방법을 마을에서 주민들을 상대로 다시 사용하기에 알맞은 도구라고 할 수 있다.

효율적인 훈련을 위해서는 이런 프로그램 외에도 워크숍 기간 동안 외부에서 강사를 초빙해 자기들에게 필요한 지식이나 기술을 습득할 수도 있다. 그리고 훈련기간 동안 후보생들은 모든 토론내용이나 강의내용, 혹은 마을현장교육에서 얻은 내용들을 철저하게 기록해 두는 습관을 들이는 것이 장기적으로 프로그램의 성공이나 본인의 커리어를 위해 무엇보다 중요하다. 참여개발은 결국 일하면서 배우는 과정인데 기록해 두는 습관이 없으면 모든 학습을 기억에 의존해야 하기 때문이다. 이는 특히 온도, 수량, 가격, 이자율 등 모든 수치에서 기록을 갖고 있는 사람과 그렇지 않은 사람 사이에 지대한 차이를 빚어내게 되어, 기록이 없을 경우 그동안 공들인 수고를 모두 물거품으로 만들 수도 있음을 유념해야 한다.[17]

1주간의 오리엔테이션 워크숍이 끝나면 2~4명씩 팀을 짜 각 마을로 파견한다. 이때는 팀 멤버를 구성할 때 남자와 여자를 섞지 말고 단성(單性)으로 구성하는 것이 효율적이다. 농촌 마을에 가면 보수성이 강해 남성 에이전트가 여성에게 접근하기가 어려울 수 있기 때문이다. 다섯 팀이 모두 한 마을로 갈 수도 있고, 한 마을 당 한 팀씩 갈 수도 있다. 이들은 한마을 당 2주 동안 체인지 에이전트라는 새로운 관점에서 마을경제의 문제점들과 농업생산성에 걸림돌이 되고 있는 요소들을 파악하고, 그에 대한 해법을 찾는 활동을 하게 된다. 처음에는 그 지역의 사회·경제적 구조와 누가 무엇을 하고 있는가를 파악하고, 차차 건강이나 영양 문제 같은 2차적 원인에 대해서도 알아보아 마을의 경제적 문제에 대한 상세한 '심층지도'를 작성하는 마음으로 훈련에 임한다. 어느 정도 이 일에 익숙해지면 각 마을에서 가장 심각한 문제를 하나씩 정해 그 문제를 집중적으로 파고드는 훈련도 시도할 수 있다. 일반적으로 훈련기간 동안 접촉했던 주민들과 훈련이 끝난 후에도 계속 일하게 되어, 그 주민들이 상호부조 그룹 형성의 핵심이 되는 것이 보통이다.[18]

또 체인지 에이전트들을 위한 마을현장교육이 진행되는 이 시점에서는 P2P 개발협력에 대한 마을주민들의 인지도가 어느 정도 형성되어 있는 것이 유리하다. 그러므로 미리 이에 대한 홍보캠페인을 시작해둘 필요가 있다. 중앙정부는 미디어와 행정조직을 동원한 대대적인 홍보캠페인을 통해 P2P 개발협력이 무엇이며, 그것이 종래의 외국 원조와는 무엇이 어떻게 다른지와 그런 점이 왜 중요한지, 또 이 운동에 어떤 자세로 임해야 하는지 등을 널리 알린다. 특히 주민들의 자발적 자조 · 자립운동인 한국의 새마을운동의 경우, 그 주역은 마을 주민들과 그 마을출신 새마을지도자들이었다는 점을 강조하여 글로벌 체인지 에이전트들이 그저 옵저버일 뿐이라는 점을 인식시켜야 한다. 초기 홍보단계에서는 일단 외국인이 보이면 반드시 물질적 혜택이 따를 것이라는 종래의 고정관념을 깨뜨리는 것이 무엇보다 중요하다.[19]

체인지 에이전트의 훈련에 들어가는 비용은 우리 정부가 부담하지만, 형식적으로는 미리 일당으로 계산해 후보생들에게 지불하고 장소결정에서부터 숙박비나 식비 지불, 하다못해 메뉴선택과 취사, 그리고 장보기까지 모두 그들이 직접 하도록 한다.[††] 그렇지 않으면 종래 서구사회의 원조방식처럼 주는 자와 받는 자가 확연히 구분되고, 후보생들의 심리적 정체성은 주체성이 없는 수동적인 모습으로 굳어질 가능성이 있다.

여기서 한 걸음 더 나아가 글로벌 체인지 에이전트들은 그들에게 지시를 하는 것은 고사하고, 가능한 한 나서거나 자신을 드러내지 말고 철저한 섬김이 역할만 하는 것이 P2P 개발협력의 첫 단추를 바로 끼는 일이다. 그러나 나서지 않는다고 해서 아무 것도 안하고 있는 것은 아니다. 글로벌 체인지 에이전트들의 역할은 섬김이 역할 외에 커뮤니티 체인지 에이전트들 간의 네트워킹을 돕고, 경영정보시스템(MIS, Management Information System)을 구축하는 일이다. 그러므로 글로벌 체인지 에이전트들은 모든 단계에서 일어나는 크고 작은 일들과 투입되는 물자, 인력, 시간, 그리고 성과 등을 MIS 데이터베이스에 입력하고, 느끼는 소감이나 건의사항들은 따로 사이버 게시판에 입력하되

---

†† 앞서 설명한대로 일당에는 실비용만 포함될 수도 있고, 커뮤니티 체인지 에인전트 지원자가 적을 경우 약간의 보상이 포함될 수도 있다.

주민들이나 커뮤니티 체인지 에이전트들의 주인의식이 훼손되는 일이 없도록 민감한 사안들은 장소, 이름 등을 익명으로 처리하여 게시할 필요가 있다. 이 렇게 함으로써 P2P 개발협력의 진행상황을 실시간으로 일목요연하게 들여다 볼 수 있게 하여 프로그램의 투명성을 높이면서도, 우리 마을은 우리 손으로 개발한다는 주인의식에는 지장이 없도록 할 수가 있다.

이 훈련을 책임질 코디네이터는 체인지 에이전트 경험이 있는 그 나라 NGO 출신 인사로 가급적이면 새마을운동 경험이 있거나 새마을연수를 받은 사람이 맡도록 한다. 워크숍에서나 마을현장교육에서나 코디네이터는 가끔 자기 지위를 한 단계 낮춰서 체인지 에이전트 후보생처럼 행동하거나, 뒤에서 촉매 역할만 하는 것이 바람직하다. 그렇게 하면 후보생들이 돌아가면서 코디네이터 역할을 체험할 수 있게 된다. 토론이 진행될 때도 가능한 한 가끔씩 중요한 질문을 던지는 것 정도로 역할을 제한하고, 토론을 주도하거나 후보생들을 가르치려고 하지 말아야 한다. 코디네이터가 없는 상황에서는 토론의 방향이 엉뚱한 데로 흘러간다거나, 한 후보생이 토론을 독점하려고 하는 일이 벌어질 수도 있다. 그러나 그렇더라도 그것을 바로잡는 것은 후보생 모두의 책임이라는 사실을 인식하는 것이 중요하다. 이런 훈련을 반복하다 보면 공동책임의식이나 지도자 역할분담이 무엇인지를 체험할 수 있어, 나중에 마을주민들에게도 같은 체험을 전수해줄 수 있다.[20]

자율에 맡기는 훈련

체인지 에이전트 훈련을 위해 모인 후보생들은 출신배경이나 사회적, 정신적 역량 등이 여러 모로 상이한 구성원들로 이루어진 이질적 집단이다.

이처럼 이질화된 집단에서는 리더십을 갖춘 극소수를 제외한 구성원들 대부분이 몸을 사리게 되어, 토론으로 모든 것을 결정하는 과정에 적극적으로 참여하기를 꺼릴 것이 예상된다. 이는 구조적으로 볼 때 이들이 돌아가서 활동을 전개할 마을 내 상황과 흡사한 일면이 있다. 그러므로 이 단계에서부터 자율적으로 서로 협동하고, 토론을 거쳐 주요 사안들을 결정하는 과정을 체험한다면 마을로 돌아가서도 마을 내 이질화된 계층을 움직여 마을개발사업에 적극 참여하도록 유도하는 데 유용하게 쓰일 수 있는 훈련이 될 것이다.

과연 어떻게 하면 다양한 조원들이 자율적으로, 적극성을 가지고, 서로 협동하게 만들 수 있을까? 결론부터 말하면 신체적 자극을 통해 정신적 변화를 가져오는 것이다. 아침 일찍 일어나 다 같이 집단체조를 하거나 가벼운 구보를 하고, 그 외에도 시간을 정해놓고 집단행동이 필요한 체육활동을 하다 보면 팀워크가 싹터서 자율에 맡겨진 그룹활동도 활기를 띄고 진행될 수 있다. 반드시 집단행동이 아니라도 취사, 설거지 등 필요한 봉사활동을 돌아가며 맡아서 하는 것도 도움이 될 것이다. 가나안 농군학교, 새마을지도자연수원, 혹은 수도원에서는 이처럼 신체적 활동을 통해 정신적 변화, 특히 협동심을 키우는 훈련을 실시해왔다. 또한 교육할 내용을 조원들이 몸을 움직여 참여하는 형태로 변형시키거나, 교육 과정 틈틈이 신체적 접촉을 늘려나가는 것도 한 방법이다. 이 같은 방법은 지구촌나눔운동에서 2010년부터 몽골 지역개발교육센터의 주민지도자 양성교육 프로그램으로 실시해 성공시킨 방식으로, 몽골에 이어 르완다, 동티모르, 베트남 등으로도 확산해 가고 있다.

체인지 에이전트의 현장투입

훈련이 끝난 커뮤니티 체인지 에이전트들은 그들의 출신마을에 글로벌 체인지 에이전트들과 함께 투입된다. 글로벌 체인지 에이전트들은 마을마다 한 명씩 배치하기가 어려울 것이므로 여러 마을을 순회하면서 일하도록 한다. 이때 이동수단으로는 가급적이면 사업용 자동차나 오토바이를 사용하지 말고 대중교통 수단이나 자전거를 사용하는 것이 위화감을 조성하지 않고 주민들에게 좋은 인상을 심어줄 수 있다.

투입된 체인지 에이전트들이 가장 먼저 해야 할 일은 PAR(Participatory Action Research, 참여행동리서치)이라는 작업이다. 이 PAR은 보통 개발원조에서 하는 리서치와는 근본적으로 다르다. 보통 개발원조 리서치는 외국인 전문가들이 4륜 구동 자동차를 타고 마을에 도착해, 그 나라 대학을 졸업한 현지인 직원들을 동원해 주로 엘리트층 주민들을 상대로 설문조사를 벌이고, 객관적인 측정이 가능한 데이터들을 수집한다. 빈곤층 주민들과의 접촉은 극히 제한되고, 그나마 피상적인 조우에 그친다. 숙박은 대개 먼 도시의 호텔을 이용하거나, 부득이 마을에서 체류해야 할 경우에는 그 동네에서 제일 잘 사는 집에 묵는다. 이처럼 빈곤층을 돕는 일을 하는 사람들이 빈곤층의 실제 삶과의 접촉은 구조적으로 매우 어렵게 만들어져 있는 것이다.[21]

이런 방식을 통해 개발원조 리서치로 수집된 데이터는 원조기관의 사무실이 있는 도시로 가지고 돌아가 정량분석의 자료로 쓰인다. 그러나 이 분석이 이루어질 때쯤 되면 이미 그 데이터는 수집에 동원된 현지인 직원/통역의 시각, 설문조사에 응한 마을 엘리트의 시각, 연구자가 속한 서방세계의 편견, 그리고 컴퓨터의 기계적 관점이라는 수많은 필터를 통과한 후가 된다. 그 과정들을 거치며 변질된 데이터로는 연구자가 알고자 했던 마을주민들의 삶의 속성들을 제대로 파악하기 어렵다. 이 같은 전통적 리서치가 늘 범하는 오류는 빈곤의 역사적, 사회적, 정신적 요인은 고려하지 않은 채 오직 이런 객관적 자료와 물질만 가지고 빈곤을 치유하고자 하는 것이다. 이는 마치 마라톤 주자를 어느 한 지점에서 세워 놓고 혈압과 맥박, 호흡수를 잰 후 나머지 구간에서의 성적을 향상시키고자 하는 것과 같다.[22]

사례 1. 전통적 리서치의 한계

아프가니스탄에서는 어린 황소를 거세해 다루기 쉬운 순한 소로 만드는 프로젝트를 벌였으나 주민들의 호응이 부족해 실패했다. 문제는 어린 황소를 거세하면 황소 등에 솟아나는 혹도 작아져서 아프가니스탄에서 많이 사용하는 재래식 멍에를 씌우기가 어려워진다는 데 있었다. 만일 리서치 단계에서 이 사실을 알았다면 이 프로젝트는 새로운 멍에를 디자인해 함께 보급하는 해법을 고안했을 수도 있었을 것이다.

볼리비아에서는 수확량을 획기적으로 늘릴 수 있는 신품종 옥수수를 보급하는 프로젝트가 엉뚱한 결과를 낳은 적이 있었다. 이 옥수수는 수확량은 높았지만 너무 단단해 볼리비아 시골마을에서 사용하는 보통 맷돌로는 잘 갈아지지가 않았다. 그 대신 주민들은 이 옥수수가 밀주를 담그는 데 그만이라는 새로운 사실을 알아냈고, 이 프로젝트는 결국 주민들의 음주량만 늘려놓는 해악을 끼치고 말았다.[23]

이에 비해 PAR은 빈곤층과 함께 살면서, 그들이 주체가 되어 빈곤의 역사적, 사회적, 정신적 원인들을 캐는 작업이다. 받는 자와 주는 자가 구분되지 않고, 체인지 에이전트와 주민들이 함께 섞여 빈곤의 원인을 분석하고 그 해

법을 찾는 과정을 밟는다. 그리고 원인과 해법이 나오면 실제로 행동(action)에 옮겨 실효성이 있는 해법인지를 확인한다. 그러려면 체인지 에이전트는 주민들로부터 많은 것을 배우고 얻어내야만 한다. 가난에 관한 한 가난한 장본인들보다 그 원인을 더 잘 알고 있기는 어렵기 때문이다. 또 장차 그 원인을 제거하고 빈곤을 벗어나기 위한 노력을 경주할 사람도 이들 장본인들이므로 그들의 가치관에 맞는 해법이 필요하다. 아무리 좋은 해법이라도 빈곤층 장본인이 자신의 가치관에 배치되는 행동이라 실행하기를 꺼린다면 아무 소용이 없다. 설령 좋은 해법을 실행에 옮기지 못하는 것이 무지의 소치라 할지라도 그것을 스스로 깨닫는 것이 중요하다. 따라서 PAR은 장기적인 안목을 가지고 지속되어야 하는 과정이고, 참여개발은 그런 장기적 리서치 과정의 연장이라고 할 수 있다.[24)]

체인지 에이전트는 마을의 빈곤층, 엘리트층, 상호부조그룹 회원, 교사, 보건소직원, 농촌지도원, 농협직원, 은행직원 등 각계각층의 사람들과 더불어 PAR을 행하면서 여러 가지 질문들을 던져볼 수 있다. 이 질문들 가운데 대표적인 것으로는 다음과 같은 것들이 있다. 물론 이것은 하나의 예일 뿐이고, 상황에 따라 질문의 내용은 얼마든지 변할 수 있다.

1. 상대방은 마을의 경제발전을 이루고 싶다는 열망이 있는가? 열망이 있다면 상대방은 P2P 개발협력이 그 수단이 될 수 있다고 보는가?

2. 마을에는 어떤 경제적 자원들이 있는가? 이 자원들은 누구 소유인가? 이 자원들은 현재 어떻게 사용되고 있는가? 사용은 누가 컨트롤하는가? 마을의 개발을 위해 자원의 소유나 사용에 대한 기득권을 양보해야 한다면 어떤 문제가 발생할 것인가? 그 문제의 해결은 어떻게 하는 것이 바람직한가? 마을주민들의 생업에는 어떤 것들이 있는가? 나아가 마을 내 경제활동에는 어떤 것들이 있는가? 그중 생산활동, 특히 농업생산은 어떻게

이루어지고 있는가? 농업생산 가운데 자급용 농업생산만을 하고 있는 사람들, 자급용 이외에 상업용 농업생산도 하고 있는 사람들은 누구누구인가? 자급용과 상업용 농업을 병행하는 사람들은 또 어떻게 세분해 볼 수 있는가? 자급용 농업생산을 제한하는 요소들은 무엇인가? 상업용 농업생산을 제한하는 요소들에는 어떤 것들이 있는가? 그 제한요소들을 제거하고 농업생산을 늘리려면 어떻게 해야 하는가?

3. 마을의 빈곤층이나 소외계층은 누구인가? 절대빈곤층과 일반빈곤층을 나눌 수 있는가? 있다면 어떤 기준으로 나누는가? 빈곤층 자신들은 빈곤의 원인을 무엇으로 보는가? 빈곤층이 아닌 다른 계층에서는 빈곤층이 가난한 이유를 무엇으로 보는가? 그렇게 빈곤의 원인을 보는 시각들이 다른 이유는 무엇인가? 소외계층이 소외되는 이유는 무엇인가? 빈곤층이나 소외계층의 발전을 저해하는 요소들은 무엇인가? 질병, 영양상태, 문맹, 위생상태, 화장실 부재 가운데 마을의 빈곤층에게서 공통적으로 나타나는 현상은 무엇인가? 그 원인은 무엇인가? 이중 빈곤이 지속되는 데 가장 큰 영향을 미치는 것은 무엇인가?

4. 마을의 부유층은 누구인가? 그들은 왜 부유한가? 부유층 자신들은 부의 원인을 무엇으로 보는가? 부유층 이외의 사람들은 부유층을 어떤 시각으로 보는가? 부유층 이외의 사람들은 부의 원인이 무엇이라 보는가? 마을은 경제적으로, 사회적으로 얼마나 동질화되어 있는가? 마을 내 분열상태는 어느 정도인가? 분열의 이유는 무엇인가? 마을에서 가장 심각한 갈등은 무엇인가? 마을 내 갈등을 해소하고 마을 전체의 개발을 도모하려 할 때 이를 못마땅하게 여길 사람들은 누구인가? 반대로 이를 지지할 사람들은 누구인가?

5. 빈곤층과 부유층 간에는 종속관계가 있는가? 종속관계가 있다면 빈곤층에 대한 착취도 있는가? 있다면 어떤 형태의 착취인가? 어느 정도로 심각한 착취인가? P2P 개발협력이 이 착취현상을 해소하려 할 때 이를 못마땅하게 여길 사람들은 누구인가? 반대로 이를 지지할 사람들은 누구인가?

6. 마을에는 어떤 사회·경제적 이익집단들이 존재하는가? 이 사회·경제적 이익집단들 사이에는 어떤 대립적 (혹은 우호적) 관계가 있는가? 대립관계 중에서도 서로 적대적인 대립관계에 있는 집단들은 어떤 것들이 있는가? P2P 개발협력이 이 적대관계를 해소하려 할 때 이를 못마땅하게 여길 사람들은 누구인가? 반대로 이를 지지할 사람들은 누구인가?

7. 물, 기후, 공해, 토질, 토양침식 등 자연환경 가운데 빈곤의 원인이 되는 것이 있는가? 그 현상은 악화되어 오고 있는가, 아니면 더 이상 악화될 수 없을 만큼 원래부터 열악한 환경이었나? 악화되어 왔다면 왜 악화되었는가? 개선되려면 어떤 조치가 필요한가? P2P 개발협력이 이를 위해 할 수 있는 일은 무엇인가?

8. 교육, 보건, 인프라 건설 가운데 마을 전체를 위해 가장 시급한 것은 무엇인가? 이 가운데 무엇을 먼저 해결하는 것이 급선무인가?

9. 마을의 전통, 문화, 종교와 개발과는 어떤 관계가 있는가? 마을사람들의 전통적, 문화적, 종교적 믿음과 행위는 계층이나 이익집단 간 차이가 없이 누구나 비슷한 전통관, 문화관, 종교관을 가지고 있는가? 이중 가난한 이들에게 도움이 되는 것은 무엇인가? 해가 되는 것은 무엇인가? 왜 그런가? P2P 개발협력을 하면서 마을의 전통, 문화, 종교와 충돌이 생길

수 있는가? 있다면 어떻게 조화를 이루는 것이 가장 바람직한가?

10. P2P 개발협력에서 여성의 역할을 늘리려면 어떻게 해야 하는가?

11. 커뮤니티 체인지 에이전트들이 마을에서 빈곤층을 중심으로 소규모 상호부조그룹을 구성해 빈곤층의 빈곤탈출을 돕는다면 이를 못마땅하게 여길 사람들은 누구인가? 반대로 이를 지지할 사람들은 누구인가? 못마땅하게 여기는 이들을 설득하려면 어떻게 해야 하는가?

12. P2P 개발협력이 마을주민 전체를 대상으로, 혹은 일부 계층별로 모여 공동사업을 벌일 때 이를 못마땅하게 여길 사람들은 누구인가? 반대로 이를 지지할 사람들은 누구인가? 못마땅하게 여기는 이들을 설득하려면 어떻게 해야 하는가? 공동사업을 위한 그룹기금은 어떤 방식으로 적립해 나가는 것이 바람직한가? 그룹기금을 적립해 나갈 때 예상되는 문제점들은 어떤 것들이 있으며, 해결방안은 무엇인가?

13. 마을 안에 정부, 원조기구 혹은 NGO가 제공하는 서비스나 프로그램이 존재하는가? 있다면 그 대상은 누구이며, 누가 가장 많은 혜택을 누리는가? [25]

이런 질문들로 시작해서 주민들로 하여금 자신들이 처한 빈곤의 원인을 이해하게 만드는 것이 바로 뒤에서 자세히 살펴볼 의식화라고 할 수 있다. 이 의식화가 진행되면서 주민들은 자신들의 빈곤을 타파할 해법을 찾게 될 것이고, 체인지 에이전트는 그들과 함께 그 해법을 행동에 옮기게 된다. 마지막으로 위에 열거한 질문 외에 틈틈이 살펴봐야 할 또 한 가지 질문은 주민들이 체인지 에이전트에 대해 어떻게 생각하고 있느냐이다. 이는 주민들과의 협력을 위해서나, P2P 개발협력의 효율을 위해서나 지극히 중요한 사안이므로 자주 여러 경로로 이에 대한 피드백을 받을 수 있도록 조처해 두어야 한다.[26]

체인지 에이전트는 보통 여성들의 지위향상이나 빈곤층 등 소외계층의 적극적 참여를 독려할 때가 많은데 이럴 때 기득권층의 저항에 부딪치곤 한다. 기득권층은 이런 체인지 에이전트를 향해 그 지역의 전통이나 문화는 원래 그런 일들을 용납하지 않는다는 식으로 '문화의 연막(cultural smokescreen)'을 두르려고 시도하는데, 순순히 여기 넘어가버리면 체인지 에이전트는 앞으로 아무 일도 못하게 된다. 그렇다고 지역의 특성이나 민감한 문제들을 완전히 무시해 버리는 불도저식 무모함도 바람직하지는 않다. 이상적인 체인지 에이전트 상(像)은 이 둘 사이에 균형을 갖추되, 인간의 기본적 권리나 존엄성에 대해서는 양보하지 않는 모습을 보이는 것이다.[27]

그러나 아무래도 마을에서 P2P 개발협력이 시작된 초기에는 성급한 행동을 삼가는 것이 현명하다. VSO는 봉사단원이 임기의 첫 4분의 1을 행동보다는 상황파악과 분석을 하며 보내도록 권하고 있다.[28] 사업을 벌이기 시작해서도 첫 사업은 실패할 확률이 거의 없는 쉬운 일을 시도하는 것이 좋다. 이는 사업에 대한 자신감을 키워준다는 차원에서도 중요하지만, 공동사업일 경우 개인 간 혹은 계층 간 신뢰관계를 단계적으로 조심스럽게 형성해 나가기 위해 반드시 지켜야 할 원칙이다.[29]

한편 아무리 조심을 한다 해도 참여개발방식의 프로그램은 초기부터 마을의 기득권층과 마찰을 빚을 개연성이 항상 존재한다. 다른 원조 프로그램들은 거의 언제나 이 기득권층을 통해 이루어지면서 이들에게 적잖은 혜택을 남겨주지만, 참여개발방식은 이들을 의도적으로 배제하고 빈곤층 주민들만을 참여시키려 하는 경우가 가끔 있다. 이럴 때는 의사결정과정에서도 기득권층이 오히려 자기들만 왕따 당하는 수모를 겪는다며 고까와 하는 경우가 종종 있다.[30] 그러나 P2P 개발협력은 이들을 처음부터 참여시키는 쪽으로 계획하는 편이 타당하다. 그러기 위해서 체인지 에이전트들은 처음부터 계층 간 신뢰관계를 조성하고, 기득권층과의 마찰에 대비할 수 있는 구체적 방안들을 다각도로 준비해 둬야만 한다.

이중 가장 중요한 것은 역시 마음가짐으로, 좋은 체인지 에이전트는 일 자체나 일의 결과보다 일이 진행되는 과정, 그중에서도 특히 계층 간 역학관계에 우선순위를 둔다. 계층 간 신뢰와 협동관계가 조성되는 것이 일의 성공이나 성과보다 훨씬 더 중요하다는 말이다. 신뢰와 협동관계가 조성된다는 것은 곧 공동체의 눈으로 그 구성원 전체가 처해있는 상황을 볼 수 있는 능력이 생겨남을 의미한다.[31] 이 능력이 생기지 않으면 마을주민들이 일치단결해 마을의 공동사업을 벌이는 다음 단계의 행동이 불가능하다. 그러므로 공동체의 눈으로 상황을 볼 수 있는 이 능력이 생기지 않거나, 계층 간 갈등이 해소되지 않고 융화가 점점 더 어려워지면 우선 마을유지들을 비롯한 기득권층 인사들을 개별 접촉해 도움을 청하고, 그래도 안 되면 기득권층만을 따로 모아 워크숍을 여는 방법을 택해볼 수 있다. 이는 융화에 저항하는 계층이 기득권층이 아닌 다른 계층일 경우도 마찬가지다.[32] 그런데 모든 의사결정과정과 사업진행상황, 그리고 회계를 투명하게 하고 있으면 이럴 때 저항세력들을 설득하기가 그렇지 않을 때보다 월등하게 쉬워진다. 감출 게 없는 쪽은 도덕적 우위를 차지할 수 있기 때문이다.

이와는 약간 다른 얘기지만 마을에서 주목을 받지 못하던 소외계층들이 소득증대사업을 통해 눈에 띄게 지위가 향상되면 이를 시기하거나 질투하는 사람들이 반드시 나타나게 되어있다. 이럴 때는 그 소외계층 그룹이 모일 때마다 그 사람들을 모임에 초청해 함께 경제적 혜택을 누릴 수 있는 방법을 모색하거나, 같은 그룹에 속하기 어려운 신분일 경우에는 소외계층 그룹들이 함께 힘을 합쳐 마을전체를 관객으로 하는 드라마나 쇼를 공연해 마을의 분위기를 이 소외계층에 우호적인 분위기로 바꿔놓는 조처를 시도할 수도 있다.[33]

사례 2. 마을주민들을 설득한 드라마

시에라리온에서는 내전이 한창일 때 납치되어 정글에서 반군들과 생활하다가 고향으로 돌아온 미혼모들이 많았다. 마을주민들은 이들을 멀리 하거나 뒤에서 수군거렸고, 가족들마저 이들을 냉대했다. 개별적인 호소로는 효과가 없자 미혼모들은 체인지 에이전트의 도움을 받아 정글에서의 고초와 마을에서 자신들이 받는 냉대를 다룬 드라마를 마을주민들 앞에서 공연했다. 이 공연이 있은 후, 가족과 주민들은 이들을 대하는 태도를 바꿨고, 일부 주민들은 이들 미혼모 그룹이 벌이는 활동에 참여하기도 했다.[34]

이런 저런 경로로 체인지 에이전트들의 노력이 성과를 보고, 주민들 간에 체인지 에이전트에 대한 호감이 높아지면 그동안 관망만 하고 있던 대다수 마을주민들이 봇물 터지듯이 한꺼번에 P2P 개발협력에 참여하겠다고 나서는 극적인 순간, 소위 티핑 포인트(tipping point)가 찾아올 수 있다.[35] 이렇게 되면 본격적으로 마을공동사업에 필요한 물자가 투입되기 시작하면서 부정·부패도 함께 발생할 수 있다. 이 같은 부패를 방지할 수 있는 가장 좋은 처방은 공개적인 감사가 있음을 매스컴을 동원해 널리 알리는 것이다.[36] 실제로 우리나라 새마을운동의 경우에도 이와 유사하게 정부에서 시멘트와 철근을 지원하되 전국적으로 마을당 동일한 양을 지원한다는 사실을 주민들이 다 알고 있게 하여 감시하는 눈을 많게 함으로써 부정행위를 막았다.[37]

이와는 정반대로 체인지 에이전트들의 노력이 별 성과가 없고, 주민들 간에 체인지 에이전트에 대한 신뢰와 호감도도 낮아지는 사태가 발생하면 체인지 에이전트는 먼저 자신에게 그 원인이 있지 않은지를 살펴봐야 한다. 버키는 체

인지 에이전트가 저지르기 쉬운 잘못을 대개 다음과 같은 여섯 가지 유형으로 나누어 열거하고 있다.[38]

1. 온정주의(Paternalism): 체인지 에이전트가 주민들을 마을의 주인으로 대접하려 하지 않고, 어린아이로 취급하는 경우다. 자신에게 가부장의 권위가 있는 것으로 착각해 마을사람들 위에 군림하거나 그들을 가르치려 하고, 주민들에게 책임 있는 역할을 맡기려 하지 않는다. 만약 서있는 체인지 에이전트 혼자서만 떠들고, 주민들은 앉아서 고개만 끄덕이는 장면이 목격된다면 바로 이런 오류를 범하고 있지는 않은지 한번쯤 의심해 봐야 한다.

2. 뭐든지 직접 해야만 한다: 체인지 에이전트의 열성이 지나쳐서 뭐든지 자기 손으로 직접 해결하려고 하는 경우다. 이 역시 온정주의의 한 종류로 과보호 학부형 같은 케이스다. 혹은 아무도 자기 말을 들어주지 않을 때, 자신이 인기가 없음을 한탄한 나머지 이렇게라도 해서 마을에 꼭 필요한 사람이 되고자 하는 애처로운 착각이 이런 현상을 불러오기도 한다.

3. 나무만 보고 숲을 보지 못한다: 체인지 에이전트가 자신이 맡은 일의 가시적 성과나 단기성 프로젝트의 성공에만 집착한 나머지, 주민들의 능력 배양 같은 보이지 않는 성과는 염두에도 두지 않는다. 대부분의 체인지 에이전트는 자신의 임무를 긴 호흡으로 수행하는 능력이 부족하다.

4. 역지사지할 수 있는 능력의 부족: 어떤 체인지 에이전트들은 그 지역의 거시적 이슈들이나 다양한 정치적 역학관계를 제대로 꿰뚫어 보지 못하고 만사를 자신의 시각으로만 보려고 한다. 이럴 경우 특히 글로벌 체인지 에이전트들은 자신이 맡은 일에만 천착하면서 상대방의 고충은 수박 겉핥기

식으로 이해하는 바람에 마을주민들의 눈에 철부지 어린아이처럼 보일 가능성이 높아진다. 어느 가난한 농부에게 화장실 만들기 운동을 너무 세게 몰아붙이자 그 농부가 체인지 에이전트에게 "애야, 화장실을 만들라니 만들기는 하겠지만 입으로 들어가는 게 시원치 않은 판에 화장실을 만든들 그 안에 무얼 넣겠니?"라고 답했다는 일화가 바로 그런 경우다.

5. '나 홀로 족' 체인지 에이전트: 다른 체인지 에이전트가 무슨 활동을 벌이고 있는지를 도통 모른다. 다른 체인지 에이전트의 경험은 곧 나의 경험이요, 연합활동이나 연계활동을 하면 쉽게 시너지 효과를 낼 수 있는데도 이런 체인지 에이전트들은 언제나 '나 홀로' 만을 추구한다.

6. '퍼주기 사업'에 빠져버린 체인지 에이전트: 체인지 에이전트가 물질을 나눠주기 시작하면 끝없이 나눠주어야 하고, 곧 사람들의 관심은 오로지 그 물질에만 쏠리게 된다. 그러면 체인지 에이전트는 주민들이 가장 원하는 것을 도와준답시고 그 지역을 떠날 때까지 지원물자를 얻어다 나눠주는 일에서 헤어나지 못하게 된다. 일반적으로 참여개발에서 가장 중요한 금기사항은 '주민들이 스스로도 할 수 있는 일은 절대로 대신 해주지 말라' 이다. 그것은 돕는 것이 아니라 주민들의 자립심을 해치는 행위이기 때문이다. 물질이 개입되기 시작하면 자립심이 훼손되기가 너무도 쉬워지므로 이 역시 도움이 아니라 해가 되는 행위이다.

이런 저런 시행착오를 거쳐 P2P 개발협력이 무르익기 시작하면 마을주민 전체가 참여하는 토론이 사업의 백미로 부상할 가능성이 있다. 우리나라에서는 새마을사업이 보통 언 땅이 녹기 시작하는 이름 봄에 시행되었으므로 그 사업을 준비하려면 농한기인 한 겨울에 마을주민들이 모여서 의논할 마을회관이 꼭 필요했다. 이때 마을 한 가운데 위치한 자기 소유 밭을 마을회관 부지로 희사한 사람들이 많았다. 새마을운동의 열기가 살아날 수 있었던 데는 이런 사람들의 모범적 희생이 큰 역할을 했다.[39] 그러나 오늘날 대부분의 저개발국가는 겨울에도 야외에서 얼마든지 모일 수 있는 아열대나 열대지방에 속해 있으므로 마을회관 건축이 급하지는 않다. 또 회관부지를 희사할 마을유지가 얼마나 있을지도 의문이다.

마을회관은 필요 없을지 몰라도 마을주민들의 참여토론은 참여개발에서 없어서는 안 될 주요 요소이다. 분임토의 형식으로 조별로 나누어 행해졌던 우리나라 새마을운동의 참여토론은 여러 모로 민주주의 발전에 크게 기여했다. 또 새마을운동은 부엌개량 등 농촌의 전근대적인 생활환경을 근대화하는 성격이 강했으므로 여성들의 적극적인 참여가 꼭 필요했는데, 여성의 참여는 바로 마을 전체가 모여 토론을 벌일 때 여성들이 목소리를 낼 수 있도록 정책적으로 배려를 해준 데서 출발했다. 처음에는 마을모임에 한 가구당 한 명씩만 참석하도록 했다가, 부인들의 역할이 중요함을 깨닫고 그 규정을 없앤 것이다. 한 가구당 한 명씩만 허용했던 때는 남자들만 참석했는데 이 규정을 없앰으로써 여성들이 토론에 참여하기 시작했고, 차차 여성들이 새마을운동에서 많은 역할을 하게 되었다.[40]

개도국 농촌주민들은 전반적으로 토론에 강한 편이다. 그들은 매일 시장에서, 마을모임에서, 촌장집 안마당에서 자유롭고 활기있게, 그리고 큰 목소리로 열띤 토론에 참여한다. 그런데 유독 원조에 관련된 토론에 참석했을 때만은 하나같이 원조기관 관계자가 미리 귀띔해준 대로 원조기관에서 듣기 좋아할 말들만 골라서 앵무새노릇만 한다. 자신들의 이익을 위해 조리 있게 논리를 전개하는 모습을 보여주지 못하는 것이다.[41] 이 문제와 여성들의 토론 참여는 P2P 개발협력이 진가를 발휘하기 위해서 반드시 해결해야만 할 문제들이다. 그러기 위해서는 그들이 원조기관의 눈치를 볼 필요가 없도록 외부에서 지원하는 물자는 아예 없애고, 대신 마을 전체가 모이는 토론마당을 포함해 사업 전반에 걸친 여성들의 참여를 독려하기 위한 정책적 배려를 강화해야 한다.

3) P2P 개발협력의 사업선정

진정한 참여개발의 정신은 지역개발사업의 종목도 주민들의 참여 하에 주민들 스스로 결정하도록 맡기는 것이다. 특히 P2P 개발협력을 시작할 후발개도국 농촌의 상황은 나라에 따라, 또 한 나라 안에서도 지역에 따라 제각기 다를 것이므로 현 단계에서 섣불리 바람직한 사업종목에 대한 예측을 하는 것은 별로 의미가 없을 수 있다. 다만 사업종목 결정과정에서 공통점이 있다면, 하루 1달러 25센트 이하로 살아가는 절대빈곤층을 빈곤에서 탈출시키는 사업이 마을 주민 전체를 위한 사업 이전에 선행되어야 한다는 점이다. 이는 대부분의 개발원조 프로젝트들이 목표로 삼고 있는 과제이기도 하다. 마을주민 전체를 대상으로, 혹은 일부 계층별로 모여 벌이는 공동사업에 대해서는 뒤에 자세히 살펴보기로 하고, 여기서는 먼저 마을마다 존재하는 절대빈곤층을 위한 사업부터 살펴보도록 하자.

국제농업개발기금(IFAD)이 발간한 『농촌빈곤보고서 2011』에 의하면, 2005년 당시 지구상에서 절대빈곤층에 해당하는 인구는 14억에 달했고, 그중 70%인 10억이 농촌에 거주하고 있는 것으로 집계되었다.[42] 우리가 개도국에서 사람중심의 원조로 할 수 있는 사업을 모색할 때는 이처럼 절대빈곤층이 많이 살고 있는 농촌에서부터 찾아 시작하는 것이 순리적이다. 1970년대 초 우리나라의 농촌 주민들은 상당한 농업생산 증가에도 불구하고 가난을 숙명처럼 여기는 전통적 가치관에서 헤어 나오지 못한 채 체념과 실의 속에서 살고 있었다.[43] 새마을운동의 진정한 가치는 농촌근대화에 그치지 않고, 이렇게 침체되었던 농민들의 농심을 되살림으로써 그 활력이 국민정신 개혁운동으로 확산되면서 비약적 경제성장의 정신적 원동력이 되었다는 데에 있다.[44] 이와 마찬가지로 P2P 개발협력이 개도국 농촌에 들어가 그 나라 농민들의 농심을 되살려 놓을 수만 있다면, 그 활력을 바탕으로 그 나라는 공업화와 수출산업 육성 등 더 많은 일을 벌일 수 있을 것이다.

상호부조그룹 형성

절대빈곤층을 위한 소득증대사업을 벌이려면 재원이 필요하고, 그 재원은 우선 상호부조그룹을 구성해 마련할 수 있다. 그런데 이렇게 가난한 사람들은 부자들과도 갈등을 빚지만, 가난한 사람들끼리도 서로 신뢰하지 못하는 경향이 있다. 그래서 농촌의 빈농들만으로 상부상조하는 그룹을 만들어도 얼마 후에는 그 가운데서 다시 소농과 농지를 소유하지 못한 무농지 농민들 간에 알력이 빚어져 두 그룹으로 쪼개지는 경우도 있다. 소농이 무농지 농민들 위에 군림해 그들의 몫을 가로채기 때문이다.[45]

가난한 사람들은 서로를 신뢰하지 못할 뿐 아니라, 자신에 대한 신뢰 곧 자신감도 매우 부족하다. 힘 있고 돈 있는 사람들이 자기들을 대하는 경멸의 시각이 자기도 모르는 사이에 내재화되어 집단적 자신감 결핍증세를 보이기도 한다. 새마을운동이 시작될 무렵 우리나라 농어촌 주민들이 가지고 있던 의식구조도 바로 이런 것이었다. 이런 증세가 국민 전체에 확산되어 못사는 나라에서는 엘리트층조차 '우리는 안된다' 는 자괴감에 빠져있는 경우가 많다. 게다가 못사는 나라일수록 어처구니없는 미신과 미련한 고집이 뿌리 깊게 자리 잡고 있다. 그동안 마셔온 불결한 강물이 깨끗한 펌프물보다 더 맛이 좋다고 고집하는 이들도 있고, 화장실을 만들지 않는 이유로 이웃이 질투를 해 화장실이나 화장실 가는 길에 주술을 걸면 병이 나 죽을까봐 두렵다는 말을 하는 사람도 있다.[46] 물을 신성시 하는 인도에서는 신이 내린 물을 정수하는 행위를 터부시하기 때문에 상업용 정수 시스템을 공급하기 위해서는 지역 NGO와 손잡고 주민계몽 캠페인을 병행해야만 할 때도 있다.[47] 이런 것들은 모두 주민들을 한 마음으로 결속하는 데 방해가 되는 장애물들이다.

그런데 비슷한 부류의 주민들을 10~30명씩 모아 상호부조그룹을 만들어 정기적으로 모이게 하고, 모일 때마다 일정액 이상을 저축하게 함과 동시에 모인 돈을 회원들에게 돌아가면서 대출해주는 상호저축신용조합 활동을 하다 보면, 이런 장애물들이 서서히 사라지는 현상을 목격하게 된다. 매주 혹은 매달 함께 모여 백 원씩이라도 저축을 하게 되면 저축액이 자기 돈 백 원만이 아니라 전체 그룹의 저축액인 수천 원이나 되는 것으로 여겨지면서 부자가 되어가는 느낌을 갖는다. 이를 자꾸 반복하다 보면 어느새 '나도 할 수 있구나!' 하는 자신감이 생겨나, 그동안 내재화되어 있던 자기모멸감을 밀어내게 된다. 그러면서 서로를 믿지 못하던 의심의 장벽도 허물어지고, 단합하면 무언가를 해낼 수 있을 것만 같은 집단적 자신감이 생기는 것이다.[48]

그러나 이때 회계에 부정이 발생하거나, 모임이 한 두 사람의 전유물로 전락해 버리면 가난한 사람들은 더욱 더 자신감을 잃게 되고, 타인에 대한 의심은 더욱 심해진다. 그러므로 상호부조그룹을 만들 때는 이 점을 고려해 비슷한 부류의, 서로 잘 아는 믿을만한 사람들끼리만 모이도록 해야 한다. 그리고 주요 직책은 돌아가면서 맡도록 하는 것이 좋다. 나아가 직책과 임기에 대한 정확한 규정을 두어 운영에 차질이 없도록 해야 한다. 제반규정을 만드는 일부터 시작해 중요한 의사결정을 할 때는 회원들 전체의 공감대가 형성될 때까지 서로 의논해서 결정하는 습관을 들이면 민주주의 훈련도 되므로 일석이조의 효과를 거둘 수 있다. 만일 회원들 간에 경제적 능력의 차이가 심해 공감대가 형성되기 어려울 때는 일부 회원들은 참여하지 않고 기다렸다가, 나중에 형편이 바뀌었을 때 참여할 수도 있다. 가난한 사람들은 자신의 부족한 재정형편에 민감하게 반응하므로 상대적으로 더욱 빈곤한 회원들에게는 회비를 적게 받는 방안도 고려해볼 만하다. 다만 규정을 정할 때 지각, 결석, 술에 취한 상태에서 모임참석 등 벌금을 내야 하는 경우가 너무 많게 되면 실행에 어려움이 따르므로 주의해야 한다. 벌금을 정해놓고 실행을 안하면 다른 규정들에 대한 신뢰도까지 손상될 수 있기 때문이다. 그러나 잘못을 저지른 회원의 방출이나 자진탈퇴 시 회계문제 등에 대해서는 만들기 어렵더라도 반드시 관련 규칙을 미리 정해두어야 뒤탈이 없다.[49]

상호저축신용조합 형태의 모임을 운영할 때 가장 주의해야 할 것은 공급의 안전과 공금의 사용에 대한 회원들의 신뢰이다. 우선 저축이나 대출 등 돈거래는 모든 회원 입회하에 큰 소리를 내어 공개적으로 하는 것이 좋다. 그래야만 회원들의 신뢰를 얻을 수 있다. 돈의 보관은 우체국이나 은행구좌에 넣어두는 것 보다는 매 모임마다 합의를 거쳐 회원들에게 대출해주는 것이 가장 바람직하다. 대부분의 개도국에서는 우체국이나 은행의 문턱이 이런 절대빈곤층에게는 턱없이 높고, 그렇다고 돈을 현금으로 그냥 보관해 두는 것도 위험하기 때문이다. 피치 못할 사정으로 현금을 보관해야 할 때는 현금이 보관될 금고(현실적으로는 돈통)의 자물쇠를 복수로 하고, 각 자물쇠의 열쇠는 주요 직책을 맡은 회원들이 하나씩 나눠서 갖고 있도록 하는 것이 좋다. 회원마다 저축액과 대출액을 기록할 자기 이름이 적힌 통장과 전체 공금의 흐름을 기록한 현금출납장부는 필수적으로 갖춰야 할 문서로 이들을 다루다 보면 문맹회원들이 글과 숫자를 깨치는 데도 도움이 된다. 숫자나 글을 깨치지 못한 회원이 많으면 그림을 새긴 고무스탬프를 이용해서라도 통장과 장부를 관리해야 한다.[50]

이 같은 상호부조그룹을 마을단위 저축신용조합(VSLA, Village Savings and Loan Association)이라고 하는데 이에 관해서는 제2장의 3. 마이크로파이낸스에서 자세히 살펴본 바 있다.

사례 3. 우간다 북서부의 여성그룹과 남성그룹

우간다 북서부의 니야카가이라는 지방에는 16명 회원 전원이 농수산물 소매업에 종사하는 아줌마들로 구성된 여성그룹과 19명 회원들이 영세어업, 농업, 상업 등 각기 다른 직업에 종사하면서 지역유지와 지방공무원까지 낀 남성그룹이 있었다. 여성그룹은 장사하는 데 도움이 되는 공동사업을 벌이고, 가지고 있는 기술들을 서로 가르쳐줌으로써 삶에 도움이 되도록 한다는 설립목적에 걸맞게 저축액과 대출액이 나날이 늘어갔고, 회원들 간에는 개인적인 일까지 서로 돕는 돈독한 관계가 형성되었다. 한편 원조기관에서 공급하는 어망을 단체 명의로 저렴하게 구입해 이익을 남기고 시장에서 되팔기 위한 목적으로 설립된 남성그룹은 생업에 도움이 되는 활동을 하기로 했던 설립목적은 실종되어 버리고, 제대로 된 상호부조 활동을 한 번도 벌여보지 못한 채 표류를 거듭했다.

여성그룹의 성공은 같은 업종 종사자들끼리의 신뢰감과 공통된 이해관계 덕분이었다. 뿐만 아니라, 모임이 있을 때마다 공개적으로 큰소리를 내어가면서 모든 돈을 세는 투명성과 주요 직책은 매년 돌아가면서 맡도록 한 지혜가 신뢰감을 더욱 높였다. 반대로 남성그룹의 실패는 사회적 신분과 경력차이에서 나오는 회원들 간의 신뢰부족이 주원인이었다. 빈농들만 모아서 상호부조그룹을 만들어도 그 안에서 농지를 소유한 소농과 무농지 소작농 간에 이해관계가 갈리고, 착취가 벌어지는 판에 이런 무지개식 그룹이 오래갈 리가 없었다. 이 그룹의 주요 직책은 돈 있고 힘 있는 회원들이 독점한 채 내놓으려 하지 않았고, 회계도 불투명했으며, 모임의 소집권한은 몇몇 임원들에게 국한되었다. 이 같은 부조리는 대부분의 저개발국가 협동조합들이 안고 있는 고질적인 병폐인데 이 남성그룹 역시 그런 병폐에 대한 대책을 마련하지 못한 것이 실패를 불러왔다.[51]

사례 4. 칸 덱 밍 남성그룹

이 그룹의 이름에는 '가난은 어리석음을 필요로 하지 않는다'는 뜻이 담겨 있다고 한다. 그러나 이 그룹은 처음에는 그 이름값을 했지만, 얼마 안 지나 많은 어리석음을 드러내기 시작했다.

위의 사례에 나오는 남성그룹과 달리 우간다 북부의 나일강가에 사는 이 그룹의 회원 11명은 모두 농업과 어업에 종사하는 그만그만한 영세민들이었다. 문제는 그 중에서 약간 교육을 받은 편인 세 명의 회원을 임원으로 선출한 데 있었다. 초창기에는 모범적으로 활동을 벌여 타 지역에서 모셔온 체인지 에이전트의 도움을 받아 회원규정과 장부를 정리하는 절차도 정했다. 상당한 액수의 그룹기금도 모아 어망과 밧줄을 구입하고, 어업지도원으로부터 현대식 통발 만드는 법도 배웠다. 또, 잡은 물고기를 훈제할 수 있는 가마도 만들었다.

그러나 문제는 무언가 포획할만한 물질이 생기기 시작한 이때부터 발생했다. 회장은 그룹기금으로 산 어구들을 독차지했고, 대출은 임원들끼리만 혹은 임원들이 선호하는 회원에게만 해줬다. 대출되었던 돈이 상환되는 경우도 드물었다. 그래도 다른 회원들은 자신들이 못 배운 탓이라며 항의할 용기나 체인지 에이전트에게 도움을 요청할 지혜를 발휘하지 못했다. 결국 대출비리에 불만을 품은 일부 회원이 마을공회에 공식적으로 문제를 제기하자 대출액이 가장 많았던 회장은 그 지역에서 아예 사라져버렸고, 그룹은 곧 와해됐다.[52]

상호부조그룹을 만들 때 비슷한 부류의, 서로 잘 아는 믿을만한 사람들끼리만 모이도록 하는 것이 얼마나 어려운 일인가를 느끼게 해주는 사례라고 할 수 있다.

의식화

가난한 나라에서는 대체로 엘리트층이나 빈곤층이나 모두 변화(체인지)를 거부한다. P2P 개발협력에 종사할 체인지 에이전트는 우선 마을의 엘리트층과 지방공무원들과의 관계를 원만히 해 둘 필요가 있다. 가능하면 미리 찾아가서 앞으로 자신들이 벌이고자 하는 빈곤층의 상호저축신용조합 활동이나 소득증대사업들이 그들의 부나 권력을 저해하는 일이 없을 거라는 사실을 납득시켜야만 한다. 빈곤층은 빈곤층대로, 뒤처진 사회의 공통된 현상인 경직된 보수성 때문에, 혹은 이제까지 모든 변화는 자신들에게 불리하게만 작용했었다는 기억 때문에 변화에 저항하려는 심리를 갖고 있다. 그러므로 체인지 에이전트는 빈곤층에게도 앞으로 벌이고자 하는 사업들이 해로운 것이 아님을 잘 설명하고 이들을 설득시켜야만 한다. 이 설득과정의 첫 단계가 바로 의식화(conscientization, 때로는 sensitization)이다.

가난한 사람들은 자신이 가난하다는 사실을 누구보다도 더 잘 알고 있다. 그러면서도 자신이 처한 상황을 직시하기를 꺼리는 경향이 있다. 대부분은 자기들이 가지고 있는 문제가 자신들에게만 국한된 문제라고 여기고 체념한다. 그런 사람들에게 그들의 문제는 가난한 사람들이 공통적으로 지니고 있는 문제이고, 사회적으로나 역사적으로 왜 그런 문제가 생겼는가를 알려주면 그들은 난생 처음으로 집단의식에 눈을 뜨게 된다. 이 집단의식은 곧 그들로 하여금 현 상황을 타개하고자 하는 마음, 즉 변화를 희구하는 마음을 갖게 해준다. 또 그 변화를 위해서는 같은 집단의식을 가진 사람들끼리 서로 연대해야 한다는 사실에도 눈을 뜨게 해준다. 그동안 자신들이 약하고 못살았던 것은 뭉치지 않았기 때문임을 깨닫는 것이다.

이솝우화 '막대기 다발'에 나오는 이야기처럼, 막대기 하나나 둘은 쉽게 부러뜨릴 수 있지만 막대기 다발은 부러뜨리기 어렵다. 이처럼 가난한 사람들도 여럿이 합치면 부러뜨리기 어려운 힘이 생기게 된다는 것을 인식하게 해주면 된다. 실제로 상호부조그룹을 시작하면 그동안 중간상인으로부터 품질등급이나 중량, 그리고 가격 면에서 억울한 처우를 받고도 혼자 힘으로는 항의할 수 없었던 농민들이 용기를 갖게 되어 자기 목소리를 떳떳하게 내는 변화를 체험하고는 한다. 또 회원들 간에 새로운 지식이나 정보를 서로 나눌 수 있게 되고, 농촌지도원이나 원조기구 직원이 필요할 때도 혼자일 때보다 훨씬 더 수월하게 이런 전문가들을 부를 수 있게 된다.[53]

그렇다고 이 집단의식을 가지고 기존질서를 뒤엎는 방향으로 나가는 것은 결코 지혜롭지 못하다. 여기서 필요한 의식화는 두려움과 의심을 상호신뢰와 자신감으로 밀어내는 의식화이다. 뭉쳐서 힘을 합치되 잘 살아보자는 운동을 벌이자는 것이다. 특히 P2P 개발협력은 그 나라 중앙정부의 전폭적인 지원을 받아 진출하는 국민정신 개혁운동이다. 그러므로 체인지 에이전트들이 이 점에 특별히 유의하도록 해야 한다.

이들 체인지 에이전트들은 경찰, 행정관리 등 지방공무원들이나 농촌지도원, 보건소 직원, 교사 등 정부에 소속된 사람들과 P2P 개발협력에 대한 모든 정보를 가능하면 사전에 공유하고, 중요한 행사에는 이들을 초청해 때로는 이들에게 명예가 돌아가도록 배려를 해야 한다. 다만 자신들의 기득권이 위협을 받고 있다고 느끼는 마을유지들이나 지역 내 파워브로커들이 중앙정부의 방침을 어겨가면서까지 지방관리들에게 압력을 가해 P2P 개발협력을 방해할 수도 있으므로 그럴 경우에는 어떻게 대처할지를 미리 대비해 두어야 한다.[54] 또한 하향식 방식으로 운영되는 그 나라 농촌의 기존 협동조합 같은 곳에 흡수되어 버릴 경우, 상향식 개발방식인 진정한 참여개발이 퇴색될 수 있으므로 이 점도 주의해야 한다.[55]

사례 5. 잘못된 의식화

스탠 버키가 어느 국제원조기구의 지역책임자로 있던 스리랑카 남부에 자기 소유 배가 없이 남의 배를 타면서 노임 대신 잡힌 물고기의 일부를 받아서 먹고 사는 빈곤층 어민들만 모여사는 어촌이 있었다. 이곳에 파견된 국제원조기구 소속 체인지 에이전트는 의식화 과정을 통해 이 가난한 어민들을 착취해 온 선주들의 횡포를 규탄하고, 더 많은 물고기를 요구하도록 했다. 체인지 에이전트가 그 마을에 들어온 지 두 달 만이었다.

그러자 선주측은 직업불량배들을 고용해 어민들을 폭력으로 다스렸고, 힘없는 어민들은 별 저항 없이 무너졌다. 이어서 국제원조기구도 정부관리의 종용에 못 이겨 그 체인지 에이전트를 마을에서 철수시켰다. 어민들의 그룹은 해산되었고, 그 후로 어민들은 자신들의 처지를 개선하고자 하는 모든 의지를 상실해 버렸다. 앞뒤를 잘 모르는 어민들은 국제원조기구에서 보낸 에이전트가 뒤에 있으니, 선주들이 자신들의 요구를 안 들어줘도 그 원조기구에서 어떻게 해주겠지 하는 막연한 기대감을 가지고 일을 벌였던 것 같다.

이 체인지 에이전트는 장기적인 안목으로 의식화를 진행하지 않고 도착한 지 겨우 두 달 만에 자신의 느낀 바를 섣불리 실행에 옮겨버리는 바람에 어민들에게 큰 피해를 입히고 말았다.[56]

4) P2P 개발협력의 홍보, 모니터링과 평가

모범사례와 성공사례의 발굴과 홍보

P2P 개발협력이 성공하려면 중앙정부 차원의 행정지원, 그 가운데서도 모범사례 및 성공사례의 발굴과 대대적인 홍보가 반드시 따라주어야만 한다. 무보수 자원봉사자인 커뮤니티 체인지 에이전트들에게는 따로 인센티브가 없다. 물론 소득증대사업에 앞장섬으로써 누구보다 먼저 자신의 소득이 증대되는 보

람은 있다. 그러나 이것만으로는 마을 전체를 위해 자기 시간을 바쳐가면서 희생적으로 일할 만한 동기부여 요인이 되기 어렵다. 그러므로 커뮤니티 체인지 에이전트 자신들이 스스로 알아서 마을 전체를 발전시킬 사업을 위해 신바람나게 뛰어다니도록 만들 구체적인 보상안이 필요하다. 그 보상을 물질적인 것으로 채우는 방안은 이제껏 살펴보았듯이 엘리트층의 포획이나 기타 전통적인 원조방식이 보여주었던 부패구조로 갈 위험성이 농후해 전혀 바람직하지 못하다. 1970년대의 우리나라에서 대통령이 직접 나서서 새마을운동에 앞장 서는 가운데 거국적인 차원에서 새마을운동 모범사례와 성공사례를 발굴해 그 주인공인 마을주민들과 새마을지도자들을 홍보하고 포상했듯이, 개도국에서도 이런 방식이 가장 유력한 대안이다. 단, 이 방식을 적용할 때에는 그 나라의 정치적, 문화적 상황을 고려해 그에 상응하는 조율이 요구될 것이다.

또한 이때 '우리도 하면 된다', '우리도 한번 잘 살아보자'는 정신을 불어넣기 위한 범국민적 공감대 조성을 위해 그 나라 연예인들과 함께 대한민국이 낳은 세계적인 가수 싸이를 동원하거나, 지구촌 방방곡곡에서 한류를 주도하고 있는 한국 드라마의 주인공들을 동원하는 방안도 고려해 볼 만하다. 지난날 Live Aid(1985년), Live 8(2005년) 공연은 밥 겔도프, 엘튼 존, 마돈나 등 원조를 베푸는 공여국 출신 연예인들이 나서서 서구사회의 젊은이들만을 캠페인에 동원했지만, 우리는 그 나라와 우리나라의 연예인들이 개도국 주민들과 다 함께 캠페인의 중심이 된다는 것이 다른 점이 될 것이다.

처음 P2P 개발협력을 시작했을 때는 커뮤니티 체인지 에이전트의 역할이 그다지 매력적으로 보이지 않았지만 이 단계가 되면 마을 엘리트들 가운데서 명예를 탐내 체인지 에이전트가 되고자 하는 사람이 나올 수도 있다. 그러나 이런 사람들이 체인지 에이전트가 되기 시작하면 어렵게 성공시킨 P2P 개발협력의 순수성이 오염될 수 있으므로 글로벌 체인지 에이전트들이 모니터링을 철저하게 해서 이런 불상사가 없도록 사전에 방지해야 한다. 또 사업이 결실을 맺기 시작하면 마을유지, 지역내 파워브로커, 정치인, 지역농협, 지방관리, 심지어는 지역 NGO까지 P2P 개발협력을 자기 세력권 안으로 흡수하려 하거나, 자기 이익을 추구하는 데 이용하려는 사태도 발생할 수 있다. 이런 것을 흡수 또는 포섭(co-optation)이라고 하는데 이 역시 앞서 설명한 포획(capture) 못지않게 경계해야 할 대상이다. P2P 개발협력이 성공단계에 접어들면서 특별히 경계해야 하는 것 가운데 하나는 형식위주, 외형위주, 전시효과가 높은 사업위주로 흘러가는 것인데 기득권층에 의한 포획이나 포섭이 발생하면 이런 타락으로 이어질 가능성이 높다.

마지막으로 중앙정부가 P2P 개발협력의 잠재력을 뒤늦게 인식하고 이를 관료화하거나, 도와 군 단위로 전국 조직화하여 정치적 도구로 삼는 경우도 있을 수 있다. 또한 이와 유사하게 정부가 과도하게 개입하기 시작하면 주민들의 자발성과 창의성을 저해하는 결과로 이어질 수 있음도 간과해서는 안 된다. 이는 우리나라에서도 있었던 일로 우수마을에 대한 외부인사들의 시찰이 너무 빈번해지거나, 심지어는 새마을운동을 10월 유신과 연결시키려는 정치구호들이 등장해 사업추진에 많은 지장을 가져오기도 했다.[57] 이런 사태는 글로벌 체인지 에이전트들의 모니터링 정도로는 해결되기 어려우므로 우리 정부가 적절히 개입해 해결해 주는 수밖에 없을 것이다.

모니터링과 평가

개발원조가 제대로 성과를 거두려면 주민들의 피드백 시스템과 더불어 원조로 진행되는 모든 프로젝트의 모니터링과 평가(Monitoring and Evaluation, M & E)가 제 구실을 해야 한다. 이 M & E의 개선을 위해 세계은행은 2004년 성과 중심의 프로젝트 경영지침을 만들어 시행하고 있다.[58] 과거에는 '도농간 소득격차 감소'나 '1인당 GDP 개선' 같은 애매모호한 지표로 성과를 평가하는 바람에 과연 그런 결과가 세계은행의 프로젝트 때문에 나온 것인지를 확인하기가 어려웠다. 그런데 이제는 그렇게 우물쭈물 넘어갈 수가 없게 되어버렸다. 새로운 지침에 따르면 프로젝트의 성과를 평가하기 위한 지표는 프로젝트와 직접 관련되고, 손쉽게 측정할 수 있는 것이어야 한다. 이런 지표를 사용해 프로젝트를 모니터링하면 프로젝트가 어떤 성과를 내고 있는지를 확실하게 추적할 수 있게 된다. 뿐만 아니라 모든 프로젝트는 어떤 방식으로 데이터를 수집할지, 즉 모니터링 계획과, 측정가능한 목표, 모니터링한 데이터에 입각한 프로젝트 진행보고서 등을 의무적으로 제출해야 한다. 그런데 세계은행의 참여개발사업 가운데는 아직도 이런 것들이 제대로 지켜지기는커녕 모니터링의 가장 기본적 도구인 경영정보시스템(MIS)조차 갖추지 못한 프로젝트가 수두룩하다.[59]

P2P 개발협력이 갖춰야할 피드백 시스템은 이미 설명한 대로 글로벌 체인지 에이전트들을 온라인 피드백을 위한 모니터링 요원으로 활용하는 것이다. 이는 오프라인으로 마을주민들이 직접 참여하는 마을전체 토론과 함께 주민들의 의사를 P2P 개발협력사업에 반영하는 주요 창구가 된다. 컴퓨터나 스마트폰, 와이파이의 보급으로 주민들이나 커뮤니티 체인지 에이전트들도 인터넷을 활용할 수 있는 환경이 조성되면 이들 역시 온라인 피드백 시스템에 참여토록 해야 함은 말할 필요도 없다.

온라인 피드백 시스템과 마찬가지로 M & E 역시 처음에는 글로벌 체인지 에이전트들이 전담하다가 차츰 커뮤니티 체인지 에이전트들과 주민들도 참여시키는 방안이 바람직하다. M & E를 잘 하려면 측정지표를 잘 설정해야 한다. 농가소득 증대사업을 하는 경우에는 각 농가의 소득을 측정할 필요가 있는데 이를 신빙성 있게 측정할 수 있는 방법은 많지가 않다. 첫째는 민감한 정보이므로 농가에서 알려주기를 꺼릴 수 있고, 둘째는 알려주더라도 그 수치를 뒷받침할만한 증거 없이 농가에서 알려준 수치를 그대로 사용하는 것이 바람직하지 않기 때문이다. 그러므로 이상적인 M & E를 위해서는 객관적인 지표가 필요하다. 여기서 객관적 지표란 개별농가에서 신고한 소득을 신빙성 있는 데이터로 업그레이드시켜 주는 역할을 하는 데이터를 말한다. 예를 들면 농가소득 증대사업의 경우, 마을전체의 작물당 경작농가수, 경작면적, 단위면적당 수확량, 판매가격 등이 이에 해당한다. 이와 유사하게 교육사업에서는 취학연령 아동수, 학교 등록인원수, 출석일수, 정부시행 시험성적, 상급학년이나 상급학교로 진학한 학생수, 졸업생수 등을 객관적 지표라고 할 수 있다. 보건사업에서는 신장, 체중, 영아사망률, 유아사망률, 질병별 발생률 등이 이에 해당한다. 직접 측정이 어려운 데이터는 다른 데이터로 대체하는데 이를 대용수단(proxy means)이라고 부른다. 이를 테면 빈곤의 정도를 영양상태, 수명, 교육, 식수, 화장실, 주택 등의 데이터로 대신 측정하는 것을 말한다.[60)

지표는 프로젝트 초기에 측정하는 베이스라인(baseline) 데이터가 가장 중요하다. 일반적으로 자금을 지원 받으려면 원조를 베풀 대상의 어려운 형편을 대변해주는 이 베이스라인 데이터가 필요하다. 또 베이스라인 데이터가 없으면 아무리 성공한 프로젝트라도 성과를 증명할 길이 없다. 베이스라인 데이터를 측정할 때는 실제로 P2P 개발협력을 벌이게 될 마을뿐만 아니라, 그 마을과 비슷한 여건을 갖추되 앞으로 당분간은 P2P 개발협력을 벌일 계획이 없는 마을도 몇 군데 선정하여 함께 데이터를 측정해 두어야 한다. 이는 나중에 P2P 개발협력의 효과를 비교해 볼 수 있게 해주는 통제집단(control group)으로 쓰이게 된다. 보통 베이스라인 데이터와 중간평가 데이터인 미드라인(midline) 데이터, 그리고 최종 평가를 하기 위한 엔드라인(endline) 데이터를 통제집단의 해당 데이터와 비교해 프로젝트의 성과를 평가한다.

M & E가 중요한 것은 자금확보와의 연관성 때문일 수도 있다. 모든 프로젝트의 자금확보에는 베이스라인 데이터가 필수적인 것처럼, 지난 프로젝트의 성과를 바탕으로 새로운 프로젝트의 자금을 받을 수 있는 길은 이 M & E에 따라 열리기도 하고 닫히기도 한다.[61)] 빌 게이츠 재단 같은 곳에서도 이 M & E

보고서를 가지고 대규모 지원여부를 결정한다.[62] 다시 말하면 사람중심의 원조라는 새로운 개념의 성과를 증명하는 길은 이 M & E뿐이라는 말이다. 새로운 개념을 증명하는 것은 어느 정도 이상이면 소규모로도 가능하다. 소규모 프로젝트라 해도 M & E의 방법이 확실하고 신뢰도가 높으면 대규모 지원을 받는 대형 프로젝트로 확산시킬 수가 있다.

앞서 세계은행의 예에서도 지적한 대로 현재 참여개발 원조에서 가장 미진한 분야는 바로 이 M & E이고, M & E의 효율을 높이기 위해서는 적절한 소프트웨어의 개발이 시급한 실정이다. 이를 테면 입력하는 모든 데이터가 프로젝트 관련자들이 쉽게 알아볼 수 있는 형태로 자동 전환되도록 해주는 인터페이스(interface) 소프트웨어나 가장 하위의 지역단위에서 일어나는 변화를 제일 상위인 글로벌 단위까지, 그리고 연관분야로 각각 전달해주는 링키지(linkage) 소프트웨어가 바로 이런 소프트웨어다.[63]

몇 년 후 전 세계적으로 30개국, 20만 마을에서 2억 명의 주민들을 대상으로 100만 명의 커뮤니티 체인지 에이전트(CCA), 그리고 그들을 위한 봉사자로 10만 명의 글로벌 체인지 에이전트(GCA)들이 일하고 있다고 하자. 그중 다섯 명의 CCA들이 자기들이 맡고 있는 세 마을의 신규 데이터를 두 명의 GCA에게 문자메시지로 전송한다. CCA는 휴대전화는 있지만 인터넷에는 접속할 수 없는 상황이기 때문이다. 이 데이터를 받은 GCA들의 스마트폰은 이를 자동으로 글로벌 데이터베이스에 입력시킨다. 특정 문자메시지를 수신하면 이를 입력가능한 데이터화하여 글로벌 데이터베이스에 자동전송해주는 앱이 이들의 스마트폰에는 장착되어 있다. 모든 데이터는 그 생산자, 발신자와 전달경로의 추적이 가능하도록 하기 위해 이들이 입력한 데이터에는 세 마을, 다섯 CCA, 두 GCA들의 코드가 포함된다. 인터페이스 소프트웨어는 이 입력된 데이터를 받아 세 마을마다 어떤 변화가 일어났는지를 실시간으로 그래프화, 혹은 동영상화해서 보여준다.

동시에 링키지 소프트웨어는 그 변화가 영향을 미칠 환경, 농업생산, 소득

등등 다른 연관분야에도 실시간으로 이 변화를 적용해 무엇이 더 필요한지, 언제 목표가 달성될지, 환경에는 어떤 변화가 닥칠지를 보여준다. 심각한 문제가 예상되는 경우엔 내장된 경고장치가 가동되면서 미리 프로그램된 특정 범위의 사람들에게 경고 메시지를 전송한다. 링키지 소프트웨어는 또 같은 내용의 변화를 개인 차원에서 마을 단위로, 군과 도 단위로, 국가 단위로, 마지막으로는 글로벌 단위로 연결시켜 글로벌 통계 데이터베이스에 실시간으로 반영시킨다.

이것은 대략적인 구도로 한번 스케치해 본 내용이고, 글로벌 M & E 시스템을 위한 실제 소프트웨어는 이 분야의 전문가들이 구체적인 실제 상황을 접해가면서 더욱 창조적으로 개발해 나갈 수 있을 것이다.

이제까지의 원조는 주로 길을 닦아주거나, 수도나 전기를 놓아주고, 학교와 보건소를 지어주는 원조였다. 참여개발 원조는 이런 인프라를 지어주는 원조보다 훨씬 더 어려운 원조로 정평이 나있다. 융통성이 있어야 하고, 장기적으로 봐야 하고, 자기반성이 따라야 하며, 현장에서 배워나가야 하는, 종래의 개발원조와는 전혀 다른 형태의 이 참여개발 원조는 세계은행을 비롯해 그 어느 원조기구나 공여국도 이제껏 제대로 해내지 못했다.[64] 참여개발 원조가 성공할 수 있는 비결은 무엇일까? 세계은행의 참여개발 종합보고서에 따르면 유도성 참여개발이 성공하려면 자생적 참여개발의 정신을 살리는 길을 찾거나, 그밖에 자생적 참여개발과 접목할 수 있는 방안을 강구하는 것이 가장 빠른 길이다.[65]

새마을운동을 모태로 하는 P2P 개발협력은 이런 조건들을 두루 충족시켜준다. 새마을운동은 비록 그 형태는 정부주도의 유도성 참여개발이었으나, 내용적으로는 자생적 참여개발처럼 전개됨으로써 성공할 수 있었다. 이제껏 지구상에 등장했던 모든 개발 프로그램 가운데 가장 이상적인 형태를 갖춘 참여개발 프로그램이었다고 해도 과언이 아니다. 만일 우리가 P2P 개발협력으로 이런 새마을운동을 글로벌화 할 수만 있다면 공적개발원조(ODA)와 민간원조를 합쳐서 매년 3천억 달러 가까운 거액이 동원되는 전 세계 원조시장에 새로운 지평을 열 수 있을 것이다. 무엇보다 이 어려운 원조 프로그램을 성공시킨 글로벌 체인지 에이전트들은 여러 곳에서 스카우트 제의를 받거나, 자신들이 기획한 새로운 참여개발 프로젝트에 자금을 지원받아 독립할 수 있게 될 것이다. 그 자리를 채우기 위해 새로운 청년들이 개도국에 진출하게 되면 상당한 규모의 청년일자리 창출로 이어질 수도 있다. 그 기술적 관건은 바로 M & E를 위한 몇 가지 소프트웨어의 개발이다.

1999년 몽골에 영하 50도의 한파가 몰아치면서 대재앙이 들이닥쳤다. 3년 연이은 대재앙은 몽골 유목민들이 소유한 가축의 5분의 1을 앗아갔다. 전 재산이나 다름없는 가축을 잃은 45만 명의 유목민들은 망연자실해 있었다. 한국과 인종적으로 가장 가깝다는 몽골의 안타까운 소식을 접하며 어떻게 몽골 유목민들을 도울까 고심했다.

베트남에서 암송아지 구입비를 대출해주는 암소은행을 해봤던 터라, 가축을 사주고 나중에 새끼로 돌려받는 가축은행을 해보기로 했다. 이 계획을 들은 몽골정부 관계자들은 절대로 가축을 돌려받지 못한다고 우리를 말렸다. 몽골 유목민들은 가축을 먹이기 위해 이리저리 이동하는데, 30분이면 천막집 게르를 뜯어서 다른 곳으로 이동할 수 있기 때문에 찾아내기 어렵다는 것이었다. 설사 그 자리에 살아도 우리가 빌려준 가축들이 다 죽어서 새끼를 못 낳았다고 하면 돌려받을 방도가 없다는 것이었다.

몽골정부는 마침 가축방목으로 인한 지나친 사막화 때문에 고민하고 있는 중이니 유목민들이 반정착생활을 할 수 있도록 도움을 달라는 제안을 했다.

우리는 울란바토르 시청으로부터 사업대상지 세 곳을 소개받아 지역별로 비교조사를 한 후, 자르갈란트 마을을 최종 선정했다. 그런데 처음 마을을 방문했을 때, 동장이 우리를 만나려고 하지 않는 것이었다. 1년 전쯤에 한국의 기업이 찾아와서 도로도 새로 깔아주고 마을도 잘살게 해주겠다며 잔뜩 기대만 부풀려놓고 갔는데, 알고 보니 사기꾼이었다는 것이다.

어렵사리 자르갈란트 동사무소에 사무실을 하나 얻어서 '살기좋고 소득높은 축산시범마을'이란 프로젝트 이름으로 개발협력을 시작했다. 거기서 처음 시작한 사업은 가축은행이었다. 주민들에게 무언가 지원을 해야 신뢰를 얻을 수 있다는 생각에서였다. 우유를 생산할 수 있는 암소를 사주고, 한 달이 지나고 나서부터 매주 상환금을 받으러 다녔다. 겨울엔 사료 값이 올라서 어려움을 겪는 가난한 유목민들을 위해 건초를 공급해 주는 사료은행도 시작했다. 우리가 주문한 건초를 사서 저장했다가 겨울철에 빌려주는 것이다. 러시아가 몽골에서 빠져나가고 난 후에 건물의 절반만 사용하고 있던 건물을 리모델링해서 주민문화센터를 만들고, 농축산전문가들을 초청해서 영농교육도 시작했다.

지구촌나눔운동은 자르갈란트에서 사업을 시작한지 거의 10년이 되면서 외부 기관에 의한 개발이 아닌, 그들 스스로의 개발을 꿈꾸고 실천해 갈 수 있도록 '마을지도자 교육'을 시작했다. 몽골의 각 마을에서 모인 남녀 각 20명의 참가자들이 7박8일간 합숙훈련을 통해 자신과 가족과 마을 사람들을 변화시키고자 하는 동기를 부여받도록 마을지도자 교육을 펼치고 있다. 교육을 수료하고 마을로 돌아간 수료생들은 어느덧 각 지역에서 작은 규모이지만 주민조직활동을 통하여 소득증대를 비롯한 개발활동들을 수행하고 있다.

한국의 새마을운동처럼 진작 마을지도자 교육을 시작했으면 좋았을 텐데 작은 단체가 이런 교육을 위한 자금을 모은다는 게 쉽지 않았다. 이렇게 마을지도자들을 훈련시켜 스스로 자립할 수 있는 방식으로 도움을 주는 게 바람직한 개발협력 모델이긴 하지만, 작은 단체들이 모금해서 한 마을 두 마을 늘려나가는 방식으로는 대대적인 확산이나 큰 성과를 기대하기가 어렵다는 데 한계가 있는 것 같다. 다시 말해서 규모의 경제를 통한 영향력 확산이 매우 어렵다.

2. 개도국 농촌의 소득증대 사업

그동안 서구 선진국들의 원조가 실패한 이유 중 하나는 인위적으로 비정상적 경제환경을 만들어 놓고 이를 통해 경제성장을 시도했기 때문이다. 한 마디로 퍼주기라고 할 수 있는 이러한 경제환경은 경제성장을 불러오기 위한 마중물 역할은커녕, 땀 흘려 일해서 돈을 벌려는 인간본연의 의욕을 가로막고 의타심만 키워놓는 결과를 낳았다. 그러므로 원조가 성공하려면 정상적인 경제의 틀 안에서, 다시 말하면 그 나라에 이미 형성된 자연스러운 시장의 기능을 통해 경제성장의 초석을 쌓고, 그 위에다 한 단계씩 경제를 키워나가는 방법 밖에는 달리 뾰족한 방법이 없다. 또 그래야만 지속가능한 개발이 이루어질 수 있다.

여기에는 참여개발의 경우도 예외가 될 수 없다. 참여개발에 관한 세계은행 보고서는 참여개발 프로젝트가 지역사회 그룹들과 시장을 확실하게 연결하는 일을 했거나, 기술훈련을 제공했을 때만 그룹의 결속력이 높아지고, 프로젝트가 끝난 후에도 그룹이 여전히 기능을 발휘할 수 있었다고 밝히고 있다.[66] 그렇지 않을 때는 프로젝트의 종료와 동시에 지역사회 그룹의 활동도 흐지부지 끝나버리고 만다는 말이다. 또 이 보고서는 마을의 빈곤이 감소된 경우도 소득증대사업에 투자하거나 학교에 투자한 마을에만 국한되어 있었다고 세네갈의 PNIR(Programme National d'Infrastructures Rurales)에 관한 연구를 인용해 분석하고 있다. 이에 비해 식수나 보건소에 투자한 마을에서는 빈곤감소효과가 거의 없었다.[67] P2P 개발협력이 성공하기 위해서도 그 나라에 이미 형성된 시장경제에 충실한 소득증대사업이 주축을 이루어야 함은 더 말할 나위가 없다.

1) 소득증대사업의 주체와 대상

P2P 개발협력의 일환으로 빈곤퇴치를 위한 소득증대사업을 벌일 때는 자조·자립정신을 살려서 너무 앞선 최첨단 기술보다는 그 나라와 그 마을의 현실에 맞는 적정기술을 활용하는 것이 바람직하다. 이때 앞서 살펴보았던 상호부조그룹이나 의식화를 통한 개별적 소득증대사업 외에 P2P 개발협력 차원의 집단적 소득증대사업을 벌이기 위해서는 먼저 그 사업종목과 사업대상을 정해야 한다. 이런 소득증대사업의 종목과 대상을 정하기 위해서는 엘리트층과 빈곤층 등 마을주민들이 폭넓게 참여해 사업종목과 사업대상 주민들을 선정하는 것이 중요하다. 그래야만 빈곤층을 우선적 대상으로 하는 사업을 벌이더라도 마을 엘리트층의 불만을 잠재울 수 있다.[68] 또한 빈곤층을 우선적인 대상으로 삼는 소득증대사업이라도 이를 통해 개발되어 판매되는 소득증대도구는 엘리트층도 구입해 사용할 수가 있으므로 궁극적으로는 엘리트층에게도 빈곤층과 마찬가지로 혜택이 돌아간다는 점을 적극 홍보할 필요가 있다. 다만 빈곤층에게는 이 도구들을 구입하기 위한 보조금이나 융자혜택이 적용될 수도 있다는 점이 다르다면 다를 수 있다.

소득증대사업을 주도할 주체는 그 나라의 지역 NGO나 국제개발NGO, 혹은 국제원조기구가 맡고 체인지 에이전트들도 적절한 역할을 맡되, 구체적 역할분담은 지역사정과 추진 당시 상황에 맞추어 융통성 있게 조절할 필요가 있다. 어찌되었던 원칙적으로는 현지인들의 역량을 키워주는 것이 주된 목적이므로 외국인들은 가급적 뒤로 물러나 보이지 않게 돕는 것이 바람직하다.

적정기술을 활용해 농가소득을 높여줄 도구들을 생산해 판매하는 일도 현지인들과 현지 기업들을 활용하는 것이 가장 이상적이다. 그러나 어떤 기술과 생산시설은 우리 기업의 기여가 필요할 것이므로 결국 우리 기업들의 진출은 불가피하게 될 것이다.

2) 활용 가능한 적정기술

우리나라의 새마을운동이 시작됐을 때 정부가 시멘트와 철근을 마을마다 무상으로 지원할 수 있었던 것은 마침 두 가지 모두 국산화에 성공해 외화지출 부담이 없었기 때문이다. 또 새마을사업이 마을 진입로, 마을 안길과 농로를 확장하고 콘크리트로 포장하는 데 주력했던 것도 때마침 60년대 후반부터 국산 경운기가 보급되기 시작했던 터라 경운기를 활용해 기계화 농업을 시도하기 위해서는 이 같은 포장도로가 꼭 필요했기 때문이었다. 새마을운동이 시작된 1970년에는 2~3개 마을마다 1대 정도였던 경운기가 1975년에는 마을당 3대, 1986년에는 마을당 21대가 보급될 정도로 경운기 보급은 새마을운동과 궤를 같이 했다.[69] 이는 마치 자동차 산업이 일어나기 위해서는 먼저 고속도로를 건설해야 하는 것과 같은 이치이다.

P2P 개발협력을 하게 될 개도국의 산업발전 단계는 시멘트, 철, 경운기가 국산화되어 있을 수도 있고, 그렇지 않을 수도 있다. 그런데 이렇게 개도국마다 다른 사정을 감안하지 않고 과거에 우리가 추진했던 새마을사업들을 그 모습 그대로 개도국에 이식하려 한다면, 무조건 공여국의 잣대에 따라 원조를 제

공해서 비판을 받았던 과거 서구 선진국들과 크게 다를 바가 없을 것이다.

자세히 들여다보면 지구촌 달동네 사람들은 기막힌 손재주들을 가지고 있다. 도저히 고칠 수 없을 것 같은 고장도 너무 쉽고 빠르게, 그리고 저렴하게 고쳐낸다. 도시에서는 수십 년 된 차량이 아직도 대중교통수단으로 멀쩡하게 굴러다닌다. 살아남는 기술이 이런 일들을 가능하게 해주는 것이다. 물의 나라 방글라데시의 농부는 물의 깊이와 양에 따라 20가지도 넘는 재래종 벼품종 가운데 가장 적합한 품종을 골라 심는 지혜를 갖추었다.[70] 이 방글라데시의 농부들이 어느 해 몬순기간에는 필요한 것보다 훨씬 적은 양의 비료만을 사용했다. 외국의 농업전문가들이 적절한 양의 비료를 사용하면 소출이 세 배로 늘어난다고 아무리 설득해도 소용이 없었다. 알고 보니 그 지역에는 매 10년마다 큰 홍수가 나곤 했는데 바로 그 해에 나게 되어 있는 홍수에 씻겨갈까 봐 그러는 것이었다.[71]

이와 같이 수천 년 간 축적된 삶의 지혜에도 불구하고 간단한 도구 몇 가지를 더 쓰면 그들의 농가소득이 급증할 수 있음은 이미 제2장에서 점적관수 장비를 사용해 크게 성공한 네팔의 크리슈나 바하두르 따파의 사례로 살펴본 바 있다. 그 사례가 소개된 폴 폴락의 저서 『적정기술 그리고 하루 1달러 생활에서 벗어나는 법』에 의하면 폴락이 세운 IDE의 효자상품인 페달펌프, 즉 양발을 번갈아 디뎌가면서 물을 푸는 소형 수동식 펌프는 방글라데시에서 개발되어 그곳에서만 12년간 150만개가 팔렸다. 가격도 마진을 충분히 붙여 시장가격인 25달러에 팔았는데도 그만큼이나 많이 팔린 것이다. 그러다가 당시 방글라데시 대통령이 대선을 몇 달 앞두고 이 페달펌프 2만대를 자기 고향 마을에 무상으로 지원하겠다는 공약을 펼치는 바람에 시장이 완전히 망가지는 결과를 가져왔다. 2만대 지원공약은 결국 실현되지도 못했고, 정부가 하청을 준 업체는 페달펌프 생산경험이 전혀 없는 업체로 지극히 조악한 제품 2천대를 생산하는 것으로 그쳤을 뿐이다.[72] 적정기술이 규모의 경제를 누리려면 시장의 힘이 얼마나 중요한가를 보여준 사례라고 할 수 있다.

P2P 개발협력을 위해 어떤 적정기술을 활용할 것인가를 고려할 때 두 가지 반드시 피해야 할 사항들이 있다. 하나는 현지인들의 기호나 수요를 무시한 채 개발을 추진하는 바람에 시장에서 실패하는 경우이고, 또 하나는 동네에서는 성공했으나 대량생산이 어려워 더 넓은 시장으로의 확산이 어려운 경우이다.[73] 이 두 가지는 같은 동전의 양면이라고 할 수 있다. 시장에서 성공하는 제품이나 기술은 소비자의 기호와 수요를 만족시켜주는 것이어야 하며, 대량생산이 가능하지 않고는 진정으로 시장에서 성공했다고 말할 수 없기 때문이다. 요는 소비자들이 만족할만한 제품을 대량생산해 저렴한 가격으로 공급해야 한다는 말이다.

적정기술 중에는 너무 단순해서 무엇을 생산하거나, 시장을 통해 판매할 필요가 없는 것도 있다. 식수 안에 서식하는 미생물들을 죽이려면 투명한 페트병이나 유리병에 물을 담아 햇빛을 7시간 이상 쪼여주면 되는데, 이 기술은 솔라살균(SODIS, Solar Disinfection)이라고 한다. 단 미생물 이외에 다른 불순물은 이 방법으로 제거되지 않는다. 페트병을 활용하는 또 다른 적정기술로 페트병 전구라는 것도 있다. 투명한 페트병에 물을 담아 지붕에 뚫은 작은 구멍에 끼워놓으면 창문이 없는 방이라도 환하게 조명할 수 있다. 구멍을 통해 들어온 햇빛이 물속에서 굴절하기 때문이다. 이것을 페트병 전구라고 하며, 집들이 다닥다닥 붙어있어 대낮에도 해가 들지 않는 판자촌에서 최근 들어 유행하는 방법이다.

구체적으로 어떤 적정기술을 농가소득 증대사업에 사용할지는 농민들의 의견을 우선시하면서 장래의 시장성도 고려하는 것이 바람직하다. KOICA가 발간한 『새마을운동 ODA 추진 안내서』에는 각종 적정기술이 구체적인 활용사례별로 사진과 함께 열거되어 있는데, 이는 그 자체만으로도 매우 고무적인 변화이다, 그러나 어떤 기술을 어느 사업에 쓸 것인가는 역시 주민들이 참여해 결정하도록 하는 것이 중요하다. 여기서 사람중심의 원조인 P2P 개발협력은 규모의 경제(Economy of Scale)나 집적의 경제(Economy of Agglomeration) 를 추구하기에 매우 유리한 조건을 제공해준다. 한 곳에서 성공할 경우 글로벌 체인지 에이전트들이 가 있는 곳에서는 지구상 어디서라도 빠른 시간 내에 같은 제품이나 유사 도구의 시장적합성 여부를 테스트할 수 있기 때문이다. 한 곳에서 습득한 실용적 정보나 지식을 빠른 속도로 확산시켜 그 정보나 지식이 제공하는 생산성 향상효과를 증폭시키는 일은 이론상 UN, 세계은행이나 USAID를 비롯해 글로벌한 규모의 원조기관이라면 누구나 누릴 수 있을 것 같지만, 실제로는 그 누구도 P2P 개발협력을 따라오기가 어렵다. P2P 개발협력은 실질적으로 동일한 프로젝트를 범지구적으로 반복하고 있는 셈이기 때문이다. 동질성의 강도가 훨씬 더 높고, 글로벌 체인지 에이전트들이 온라인으로 실시간 사이버 커뮤니티를 형성하고 있을 것이라는 점이 다른 원조기구가 갖지 못한 P2P 개발협력만의 비교우위라고 할 수 있다.

이런 경험이 누적되면서 P2P 개발협력의 사이버 커뮤니티는 하나의 거대한 인터넷 포털 사이트가 될 것이다. 적정기술 단체인 프랙티컬 액션(Practical Action)에서는 글이 없는 만화 형식으로 문맹자들을 위한 적정기술 자료들을 만들어 사이트에 올려놓고 있다. 그런데 P2P 개발협력의 포털 사이트도 앞으로는 많은 사용자들이 문맹이거나 교육수준이 지극히 낮은 사람들일 것이므로 이렇게 글이 필요 없는 자료, 더 나아가 동영상으로 되어 있는 자료들이 많이 필요하다. 가난한 사람들이 가난한 주요 이유 가운데 하나는 바로 시장정보의 부족이다. 그렇다면 아예 가난한 문맹자들이 직접 적정기술 자료나 시장에 관한 정보를 인터넷으로 검색해 볼 수 있는 길은 없을까?

인류 역사상 이 인터넷만큼 만인의 평등실현에 기여한 물건은 없었다. 비록 자본, 기술, 제도는 뒤떨어졌어도 클릭 하나로 무슨 정보든 접근이 가능하다는 사실은 이제 지구촌 달동네 사람들도 마침내 가난이 숙명이라는 멘털리티에서 해방될 수 있다는 가능성을 보여준다. 2012년 세계은행이 발간한 『휴대전화의 최대활용』[18]이라는 보고서에 따르면 2011년 말 전 세계의 휴대전화 가입건수는 모두 59억 건에 달했다.[74] 전기가 없는 곳에서도 휴대전화는 널리 사용되고 있다. 이제까지의 추세로 볼 때 지구상의 모든 휴대전화가 스마트폰으로 바뀌고, 지구촌 어디서나 인터넷의 접속이 가능해 지는 것은 시간문제라고 할 수 있다. 길어야 10~20년 이내에는 그렇게 될 것이다.

그러나 현재의 인터넷 환경은 배우지 못한 사람들에게는 그림의 떡이다. 인터넷이 문맹자에게도 유용한 도구가 되려면 모든 기능이 자판이 아닌 음성으로 조작될 수 있어야 하고, 콘텐츠의 구성도 지금보다 훨씬 더 단순화하여 글이 배제된 콘텐츠를 음성만으로 검색해 사용하는 데 문제가 없도록 해야만 한다. 아울러 사이트 접속도 URL 방식은 너무 어려우므로 훨씬 더 단순화할 필요가 있다. 필요에 의해 이런 연구와 개선을 지속적으로 추구하다보면 P2P 개발협력의 사이버 커뮤니티는 장차 엄청난 상업적 파급효과를 불러올 인터넷 혁명을 일으킬지도 모른다. 문맹자들을 위한 인터넷 방식은 글이 전혀 필요 없는 세상이므로 지구촌 달동네 주민들뿐만 아니라 많은 노인들과, 성격상 복잡한 것을 싫어하는 일반인들의 사랑을 받을 수 있을 것이다. 궁극적으로는 인류가 축적해온 모든 지식과 현재 만들어내고 있는 모든 지식에 빨대처럼 꽂아 사용할 수 있는 지극히 단순한 연장을 개발하는 셈으로 그 시장규모도 적지 않을 것으로 보인다. 나아가 이를 모태로 다른 정보통신기술(ICT) 분야들도 이런 방식으로 개발해 적정ICT라는 새로운 블루오션을 창조해 낼 수도 있을 것이다.

3) 개별농가들의 소득증대사업과 비즈니스 모델

적정기술이 진가를 발휘하려면 시장의 힘이 필요하고, 시장의 힘이 제대로 발휘되려면 비즈니스 모델이 뛰어나야만 한다. 어떤 면에서 보면 이 비즈니스

---

§§ 원제는 *Maximizing Mobile*

모델이야말로 발명이나 기술적 혁신보다도 훨씬 더 중요한 적정기술 성패의 관건이라 할 수 있다. 그런데 개도국 농촌의 빈곤층을 위한 소득증대사업은 소득증대로 인해 향상될 생활수준을 함께 고려해 비즈니스 모델을 고안하는 것이 바람직하다. 소득증대를 위해 페달펌프나 점적관수 장비 같은 적정기술 도구, 혹은 개량종 종자나 비료 등 농자재를 사는 사람은 소득이 늘어나면서 높아진 생활수준에 맞는 가전제품도 함께 구입할 가능성이 많기 때문이다. 그런 의미에서 서구 원조 커뮤니티에서 가장 큰 영향력을 행사하는 개발경제학자인 콜럼비아대의 제프리 삭스 교수가 지난 10년간 시장의 힘만으로 지구촌 달동네에 휴대전화가 완전 보급된 것을 놀라워하면서, 전기보급과 농자재 구입을 위한 대출 분야에서도 시장의 힘이 작용해 휴대전화처럼 급속도로 이 두 가지가 해결되기를 희망한다는 것은 상당히 의미심장한 일이다.[75] 왜냐 하면 제2장의 적정기술 부분에서 다룬 솔라 포터블 라이트(SPL)를 글로벌 체인지 에이전트들이 취급하게 되면 SPL의 비즈니스 모델이 바로 농가소득 증대사업을 위한 농자재나 적정기술 농기구의 비즈니스 모델이 되기 때문이다. 다시 말하면 P2P 개발협력의 농가소득 증대사업과 전기 및 각종 가전제품을 보급하는 사업은 모두 동일한 비즈니스 모델을 가지고 거의 같은 고객들을 대상으로 하는 사업이라는 말이다. 이는 방글라데시의 그라민 폰이 그라민 뱅크의 비즈니스 모델을 그대로 사용한 것과 마찬가지 이치이다.

이 사업에 마이크로파이낸스가 필요한 것은 지극히 당연한 사실이다. 또 제2장에서 살펴본 바와 같이, 이 사업을 감당할만한 마이크로파이낸스 기관(MFI)도 지구상에 1만개 가까이 널려 있다. 사실 MFI는 너무 많아서 특별히 P2P 개발협력이 MFI를 운영하거나 기존 MFI와 연계하지 않아도, 수요자들이 개별적으로 알아서 자기들이 선호하는 MFI를 선택하게 될 것이다. 그러나 만약 P2P 개발협력이 이 사업을 위한 마이크로파이낸스 비즈니스 모델을 따로 만든다면 우리만의 비교우위를 살려 기존의 마이크로파이낸스보다 업그레이드된 비즈니스 모델을 만들 필요가 있다.

마이크로파이낸스의 최근 트렌드는 대출과 저축업무에 보험업무를 자연스럽게 혼합하는 것이다. 이는 빈곤층이 MFI로부터 소액대출을 받아 시도한 사업이 실패해 대출금을 상환할 수 없게 되는 경우를 대비한 것이기도 하다. 만일 이런 제도를 적정기술 활용 농기구나 농자재 구입을 위한 비즈니스 모델에 적용한다면 어떻게 될까? 앞서 살펴본 크리슈나 바하두르 따파도 그랬지만 개도국 영세농민들은 개량된 농자재나 농기구를 구입해 소득증대를 꾀하려 해도 흉작이 났을 때 빚더미에 올라앉는 것이 두려워 엄두를 못내는 경우가 많다. 농기구나 농자재는 MFI를 통해 소액대출을 받아 구입하거나, 이들을 취급하는 회사에서 할부판매로 구입하는 두 가지 방법을 상정해 볼 수 있다. 농기구나 농자재를 구입하기 위해 소액대출을 받거나 이들을 할부로 구입한 고객은 예기치 않은 사태를 맞아 흉작이 날 수도 있다. 일반적으로 흉작보험에 가입하지 않은 마이크로파이낸스 고객은 이럴 경우 대출금 상환을 못하게 되고, 한동안 대출을 못 받게 되면서 빈곤탈출을 위한 새로운 시도도 접을 수밖에 없게 된다. 할부판매 고객도 비슷한 상황을 맞이하게 될 것이다. 이 문제는 소액대출시의 상환금이나 할부판매시의 제품가격에 흉작보험료를 포함시킴으로써 해결할 수 있다. 만약 풍작으로 소득이 높아지면 대출금 상환은 물론 SPL을 포함해 다른 가전제품을 구입할 가능성이 높으므로, 풍년이 들었을 때 회사가 올리는 추가수익 가운데서 흉작보험료를 해결하는 방안도 고려해 볼 수 있다.

흉작에 대비하는 방안으로 소액대출 대신 할부판매 방식은 어떤 장단점이 있을까? 소득증대 도구로 쓰일 제품을 살 때 가격의 일부만 지불하고 나머지는 추수가 끝난 뒤 지불하게 하되, 흉작이 날 경우에는 이 잔금의 지불의무를 면제해 준다고 하자. 가격의 일부만 지불하고 새로운 농자재나 농기구를 써서 실험을 해보아 흉작이 나도 빚더미에 올라앉을 염려가 없으므로 보다 많은 농민들이 호응을 할 것이다. 이 방법은 언뜻 보면 자금회수가 어려워질 것 같아 보이지만 사실은 흉작보험을 든 대출과 별반 다를 바가 없다. 다만 흉작보험 포함 대출시보다 자본금이 좀 더 많이 필요하고, 빈곤층 농민의 부담이 최소화된 방식이라 도덕적 해이가 발생할 여지가 대출시보다 조금 많아지는 것뿐이다.

전에는 실패했던 마이크로파이낸스가 지금처럼 든든하게 자리 잡을 수 있었던 것은 그 대부분이 무하마드 유누스가 고안해 낸 인적담보(human colla-teral) 덕분이었다. 좀 더 적나라하게 우리 식으로 말하면 5가작통제로 묶어 공동책임을 지우는 방식이다. 한 사람이 대출상환금을 안 갚으면 그 그룹의 다른 네 명이 함께 책임을 지도록 되어 있어서, 앞으로 대출받을 길이 막혀버린 그 네 명이 막대한 심리적 압박을 가해 그 누구도 감히 대출금을 떼어먹을 엄두를 못 내게 만들었다. 이 역시 물질보다 사람을 계산에 넣었기 때문에 성공한 것이다. 이와 유사한 방식을 적용한다면 흉작대비 할부판매 방식에도 도덕적 해이가 발생하지 않도록 할 수가 있다. 결국 흉작이 아닌데도 흉작이 났다고 속여서 부당한 이득을 취하려는 심리는 정도의 차이가 있을 뿐 소액대출 방식이나 할부판매 방식이나 동일하므로, 그 해결방안도 동일하게 생각할 수 있다는 말이다. 동료들의 감시기능과 억제기능을 강화하려면 흉작보험금 혹은 그에 준하는 혜택의 일부를 동료들이 부담하도록 하는 제도도 생각해 볼 수 있다. 그렇게 되면 정말 큰 흉작으로 자타가 공인할만한 피해를 보았을 경우가 아니라면 동료들의 압력에 못 이겨서라도 대출금을 갚거나 할부판매 잔금을 낼 수밖에 없게 된다.

4) P2P 개발협력의 마을공동사업

이와 같은 방식으로 개별농가들의 소득증대사업이 결실을 맺게 되면서 마을 내 빈곤층이 어느 정도 자신감을 갖게 되면 그때 비로소 마을주민 전체를 대상으로 하거나, 아니면 계층별로 모여서 벌이는 여러 가지 마을공동사업을 생각해 볼 수 있다. 여기서 P2P 개발협력이 공동사업을 시작하는 시점을 가장 효율적으로 결정하려면 우리나라의 초기 새마을운동이 개별적 성공사례들을 어떻게 활용했는가를 잘 살펴볼 필요가 있다.

우리나라는 60년대 말의 농어민소득증대 특별사업에 성공한 독농가(篤農家)들을 초기 새마을지도자들로 활용했었다. 뿐만 아니라 이들의 성공사례를 초기 새마을운동의 성공사례로 홍보했다. 그런 우리나라의 새마을운동과는 달리 P2P 개발협력은 이에 앞서 시행된 농어민소득증대 특별사업이 없이 진행되는 것이 보통이다. 그럴 경우에는 체인지 에이전트 훈련을 받고 마을에 투입된 그 마을 출신 커뮤니티 체인지 에이전트가 자신의 소득증대사업, 혹은 상호부조그룹을 통한 그룹 회원들의 소득증대사업에 괄목할만한 실적을 올렸을 때 비로소 그 성공사례들을 활용할 수 있을 것이다.

마을의 빈곤층 주민들 사이에서 '나도 저렇게 되었으면! 나도 저렇게 돼야지!' 하는 소망이 일어나게 해주는 개별적 성공사례는 우리나라의 70년대에 비해 동질화가 덜 된 개도국에서 마을주민들의 동질감을 높여주는 효과가 있다. 이 성공사례가 '잘 살아 보자'는 분위기 조성을 해주면 개도국 농촌에서는 마을공동사업을 시작할 적절한 타이밍을 맞게 된다. 이때 만일 엘리트층과 빈곤층 간에는 계층간 동질화가 충분히 이루어지지 못한 상태라면 마을 전체가 아닌 빈곤층, 혹은 엘리트층만의 계층별 공동사업을 시작해도 좋다.

마을공동사업을 벌이기 시작하면 현실적으로 물자지원이 불가피해진다. 체인지 에이전트의 헌신적인 모습만 가지고는 남의 일처럼 느껴지는 마을공동사업에 주민들이 적극적으로 참여토록 할 만한 동기를 부여하기가 어려울 수가 있기 때문이다. 또 P2P 개발협력도 어디까지나 원조인데 물자지원이 역효과를 낸다고 해서 끝까지 사람만 보내는 걸로 원조를 마칠 수도 없는 노릇이다. 그러므로 사람중심의 원조가 개도국 농민들의 자신감을 어느 정도 회복시켜 놓게 될 이 정도 시점이 되면 물자지원을 시작하는 것이 순서라고 본다. 그러나 여기서 이 물자지원을 대충 대충 했다가는 그동안 애써 살려놓은 '하면 된다'는 자신감을 원점으로 돌려놓는 것은 물론, 주민들로 하여금 원조물자에 의존하려는 심리상태를 갖게 함으로써 그들의 근면정신과 자조정신을 해치는 결과를 낳을 수 있다. 어떻게 하면 물자지원을 하면서도 근면정신과 자조정신을 유지하게 할 수 있을까?

우선 물자지원을 하되, 그 안에 자부담 요소를 집어넣어 주민들이 자부담하는 것에 매칭하여 혜택을 받도록 하는 시스템을 생각해 볼 수 있다. 다시 말하면 스스로 움직여서 자신의 노력으로 일어서려는 사람에게만 지원을 하는 것이다. 좀 더 세밀하게 하려면 빈곤층의 자부담율보다 중산층이나 부유층의 자부담율을 단계별로 높게 해서 누진세처럼 적용한다면 형평성을 살리고, 개도국 농촌의 심각한 빈부격차를 줄이는 데도 일조할 수 있다. 그렇다면 너무 가난해서 자부담이 원천적으로 불가능한 극빈계층이 대다수인 마을에서는 어떻게 해야 하나? 그럴 때는 마을안길 포장 같은 마을공동사업을 노임사업으로 만들어 일당을 주되, 이중 일정 부분을 저축하도록 하는 것이다. 여기서 일정 부분을 저축하도록 하는 일은 억지로 강요하지 않는 것이 바람직하다. 그 대신 수입의 일정부분, 예를 들면 노임의 20%를 저축하고, 일정 기간 내에는 저축한 돈을 인출하지 않으며, 또 소득증대사업을 위한 주민교육을 이수하는 등 몇 가지 의무를 다한 주민들에게는 분기별로 평가해 자영업을 시작하거나, 기타 투자를 위한 소액대출시 평가한 점수에 상응하는 무상 매칭지원을 하는 등의 인센티브를 주는 방식으로 한다면 주민들의 근면정신과 자조정신을 살리는 것은 물론 그 이상의 효과를 낼 수도 있다.

여기서 한 걸음 더 나아가면 자부담을 주식회사 형태로 집행할 수도 있다. 즉 주민들이 마을전체, 혹은 계층별 특정집단의 공동개발기금에 노임의 일부를 투자하고, 그 공동개발기금을 운용해 벌인 사업에서 발생하는 수익금의 일부는 투자한 비율대로 주민들에게 배당하기도 하지만, 일부는 재투자를 하여 사업의 규모를 점점 더 키워나가는 것이다. 이것은 근면과 자조에 이어 협동정신을 고양시킬 수 있는 방안이다.

이런 아이디어들은 모두 1970년대 우리나라의 새마을운동이 보여줬던 방식들을 오늘날 개도국의 형편에 맞도록 개조하기 위해 그 진수만을 취해 본 결과이다.

새마을운동이 처음 시작되었을 때는 시멘트와 철근을 정부에서 공급하고, 마을주민들이 마을별로 그 자재들을 활용할 사업계획을 세운 다음, 주민들의 무임노동을 통해 사업을 전개한 소위 프로토타입(proto-type) 방식이 많았다. 그러나 점차 이 방식보다는 주민들에게 노임을 지불한 복차소득사업(複次所得 事業)이 프로토타입 방식을 대체해 나갔다. 복차소득사업이란 하천공사 같은 소규모 토목사업의 경우, 정부가 토목사업자 대신 마을의 개발위원회와 도급 계약을 체결하고, 이때 마을주민들이 근로활동으로 받은 노임의 절반이나 4분 의 1, 또는 마을마다 정한 일정비율을 공동기금으로 출자하여 이를 마을의 소 득사업에 반복해서 재투자했던 것을 말한다.[76] 이 복차소득사업은 외국의 선례 를 벤치마킹한 것도, 학자들의 연구결과로 나온 것도 아닌 순전히 몸으로 부딪 쳐가면서 만들어낸 새마을운동 고유의 노하우였다. 도급업체라는 회사 대신에 마을이라는 회사가 정부와 계약을 맺는 이 방식은 새마을지도자연수원에서 진 행된 새마을지도자의 CEO 교육과 짝을 이루어 농촌 마을의 사업체적 성격을 강화시켜 나갔다.[77] 농촌 마을에서 해본 경험이 별로 없는 토목사업 등을 맡는 경우에는 하자를 원천적으로 막기 위해 정부에서 기술지도를 철저히 해줘야만 했다. 또 비록 주민복지형 재정사업이기는 하지만 시장경제 원칙을 충실하게 지키기 위해 사업에 참가하는 마을주민의 기술정도에 따라 노임을 차등화해서 지불하기도 했다.[78]

여기서 복차소득사업의 가상적 예를 한번 들어보자. 제2장에 소개된 바하두 르 따파의 마을에서는 주민 72가구 중 66가구가 점적관수 장비를 활용한 겨울 채소 농사를 지어 짭짤한 소득증대를 가져왔다. 그러던 중 점적관수 전용 상수 도를 정부에서 놓아주면서 자재구입을 위해 6천 달러를, 주민들의 노임으로 4 천 달러를 지원해주었다고 치자. 마을회의에서는 이 노임의 절반인 2천 달러를 마을공동기금으로 적립하기로 하면서 그 돈으로 겨울채소를 먼 시장까지 내다

팔 수 있도록 동력 경운기를 구입하기로 결정한다. 이 경운기는 마을 소유이지만 주민들이 필요할 때마다 세를 내고 사용케 하여, 1년 만에 6천 달러의 소득을 올린다. 같은 기간 정부에서 실시한 또 다른 노임지급사업이 있어서 이를 통해 적립된 4천불과 경운기로 번 돈 6천 달러를 합쳐서 이번에는 중고트럭을 구입기로 결정한다. 이렇게 진행되는 것이 복차소득사업이다.

P2P 개발협력에 있어서 마을의 공동사업을 복차소득사업 형태로 한다면 이는 마을이 사업체처럼 변하도록 만드는 촉매역할을 할 것이다. 마을을 사업체처럼 운영하기란 말로는 쉬워도 결코 쉬운 일이 아니다. 기업의 CEO는 사원들에게 급여, 보너스, 승진기회 등의 당근과 그 반대의 채찍을 구사할 수 있지만 커뮤니티 체인지 에이전트들에게는 그런 것들이 없다. 그러나 마을 전체 혹은 마을 안의 한 집단이 공동으로 출자해 수익사업을 벌인다면 그 같은 당근과 채찍의 구사가 가능해진다.[79] 사람들은 수익가능성이 높은 사업일수록 출자를 많이 하고자 할 것이고, 자신이 많이 출자한 사업일수록 더욱 열심히 일을 해 총수익을 높이려고 할 것이다. 이것이 복차소득사업이 마을공동의 사업이면서도 개인의 희생을 강요하는 사회주의식 공동체 작업과 다른 점이다. 그러나 빈부격차가 심한 개도국 농촌에서는 그 지역 유지가 거액을 출자해 대주주 노릇을 하면서 사업종목 선정시 자신에게 유리한 종목을 택하고자 할 가능성이 있다. 이렇게 되면 그 유지는 복차소득사업이라는 일종의 주식회사를 포획(capture)한 셈이 된다. 이런 불상사는 우리나라 새마을운동에서 했던 것처럼 수익배당은 출자비율에 따르되, 사업종목 등을 결정하는 마을회의에서는 출자에 비례하는 권한배분이 아니라 1인 1표제를 채택함으로써 막을 수 있을 것이다.[80]

이에서 더 나아가 개도국 농촌마을 하나하나가 근대적 회계방법, 마을금고 운영방법, 사업의 기획과 실행능력 등을 갖춘 하나의 기업으로 탈바꿈할 수 있도록 유도하고, 마을주민들에게는 기업가 정신을 심어줄 수 있다면 가장 이상적인 경우가 될 것이다. 그런 경우 커뮤니티 체인지 에이전트는 기업의 CEO처럼 마을이라는 기업조직을 이끄는 CEO이자, 정부의 정책을 농민의 언어로 번역하고 마을의 문제를 정부에 전달하는 커뮤니케이터 역할을 하게 된다.[81] 이렇게 되면 도시의 기업과 농촌이 다 같이 그 나라의 경제성장을 견인하는 사업체가 되어 온 나라 전체가 '잘 살아 보자'는 열기로 후끈 달아오르게 될 것이다.

마을공동사업을 하면서 또 한 가지 새마을운동에서 배울 수 있는 것은 바로 경쟁심리이다. 새마을운동이 빠른 시일 내에 놀라운 결과를 가져올 수 있었던 것은 마을끼리 경쟁을 붙였기 때문이다. 마을끼리의 경쟁은 낙후마을과 선진마을을 구분한 것과 이에 따른 추가지원, 지도자 포상, 대통령 하사금, 홍보, 그리고 한 달에 두 명씩 새마을지도자를 뽑아 대통령이 주재하는 월간 경제동향 보고회의에서 발표하게 하고 대통령과의 오찬에 초대한 것 등으로 나누어 볼 수 있다. 시장경제 원리에서 볼 때 경쟁은 생산성을 높여주는 혁신을 가져오고, 사회적으로는 인간본연의 경쟁심리에 불을 붙여 근면정신과 협동심을 고취시키는 효과가 있다. 농가소득의 향상은 농업연구기관의 기술교본이나 정부의 재정지원만으로 이룰 수 있는 것이 아니고 풀뿌리 차원의 혁신이 필요한데, 실제로 우리나라의 새마을운동 초기에는 이런 혁신사례들이 무수히 많이 나왔다. 마을끼리의 경쟁이 불붙었던 새마을운동 초기의 성공사례들은 대부분이 같은 풀뿌리 차원의 혁신들이 이루어낸 결과였다.[82]

P2P 개발협력에서는 모니터링과 평가(M & E) 데이터를 온라인으로 공개함으로써 사업에 참여한 마을 간에 이런 경쟁을 일으킬 수 있다. 그밖에 그 나라 중앙정부가 나서서 우리나라에서 했던 것처럼 마을간 경쟁을 유도할 수도 있다.

새마을운동이 1~2년 만에 제 궤도에 오르면서 정부는 우리나라 3만 5천여 마을들을 주민들의 참여도와 성과에 따라 기초마을, 자조마을, 자립마을로 나누었다. 자립마을에는 시멘트와 철근 등을 추가로 지원해 줌과 동시에, 박정희 대통령의 지시에 따라 새마을지도자연수 1주가 지나면 자립마을 지도자들은 집으로 돌아가도록 하고, 기초마을 지도자들은 연수 2주차 3박 4일간 자립마을 가운데서 특별히 선정된 20여개소의 현지 실습마을에 가서 숙박을 하면서 자립마을과 기초마을과의 차이를 직접 눈으로 보고 배우게 하였다. 현지실습이 끝나면 기초마을 지도자들은 다시 연수원으로 돌아와 선진마을에서 배우고 느낀 바를 발표하고 토론했다. 이 제도는 동기부여뿐만 아니라 서로 다른 지방의 생활풍습과 영농방법을 터득하고, 필요한 종자를 교환하게 해주는 효과도 있었다.[83] 이런 방식을 잘 활용하면 서로 부족이 다르거나 신분의 격차가 심해 지역적, 사회·경제적 갈등구조가 우리와는 비교가 안 될 정도로 심각한 여러 개도국의 사회통합에 이바지하는 효과도 있을 것이다.

개인이 사업에 실패하듯이 P2P 개발협력의 마을공동사업도 실패할 수 있다. 앞서 가상으로 들어본 복차소득사업의 예에서는 보험에 들지 않았던 트럭이나 경운기가 교통사고를 낼 수도 있고, 기타 어떤 공동사업이라도 실패할 가능성은 얼마든지 있다. 우리나라는 이 같은 공동사업의 실패를 최대한 예방하기 위해 사업추진과정의 투명화, 마을단위에서 해결하기 어려운 기술분야에 대한 특별기술지침서 제공이나 전문가 투입, 그리고 철저한 조직관리와 기록관리 등에 만전을 기하였다. 사업추진일지, 마을회의록, 통장, 출역부, 설계도, 노임지급대장, 지출결의서, 자재수불부 등 체계적이고도 광범위한 자료를 마을단위에서 해마다 군청으로 보내거나 검사를 받도록 했는데, 이는 검사를 위한 기록들이라기보다는 공동사업의 실패를 예방하기 위한 것이었다.[84]

전문적인 지식을 필요로 하는 기술분야에 대한 외부의 지원이나 사업추진과정의 투명화는 물론 꼭 필요하다. 그러나 아무리 조직관리와 기록관리를 철저히 해도 사업은 실패할 수 있다. 또 자칫하면 서류준비에 너무 많은 힘을 쏟는 바람에 본연의 개발업무는 뒷전으로 밀려날 수도 있다. 특히 외부의 원조가 개입된 지구촌 달동네의 공공사업은 제4장의 인도-영국 천수답 프로젝트에서처럼 서류작성에 치중하면서 정작 주민참여는 물 건너 가버리는 실패한 참여개발 프로젝트가 될 가능성이 지극히 높다. 따라서 이 부분은 우리나라의 새마을운동을 따르기보다는 참여개발의 정신을 살려 최선을 다하되 실패를 두려워하지 않는 쪽으로 방향을 잡는 것이 바람직하다. 실패를 염려한 나머지 지나치게 조직관리와 기록관리에 만전을 기하려하는 것보다는 실패, 곧 시행착오를 현장학습의 일부로 간주하는 태도가 중요하다. 참여개발의 참여행동리서치(PAR)란 바로 그런 과정을 통해 가장 효과적인 공동체 개발방안을 모색해 나가는 것이다. 게다가 조직관리와 기록관리는 글로벌 체인지 에이전트들이 모니터링과 평가(M & E) 데이터를 온라인으로 처리함으로써 많은 서류가 필요 없게 되어 70년대의 우리나라와는 상당히 다른 관리방식으로 바뀔 것이다.

한 가지 중요한 점은 P2P 개발협력이 원만히 진행되어갈 때는 미리 준비해뒀던 후속사업들을 신속하게 전개해 가속도가 붙기 시작한 사회운동의 모멘텀을 유지해야 한다는 사실이다. 만일 그렇지 못하고 한 가지 사업이 성공을 거둔 후에 후속사업을 놓고 논쟁이 벌어지면, 그 틈을 타고 개인적 야망 같은 부정적 요소가 끼어들어 잘 나가던 개발협력이 그 자리에 주저앉거나 심지어는 공중분해되는 불상사가 일어날 수도 있다.[85] 그러므로 사업의 종류나 우선순위를 정할 때는 차기사업만 정하지 말고, 그 다음과 다음다음 사업까지 미리 정해놓는 것이 중요하다.

인도판 새마을운동이라고 할 농촌행동프로젝트(Rural Action Project, RAP)에서는 마을상점, 염소사육장, 집단경작지를 공동으로 운영했고, 식수원 개선, 음주와 도박 추방, 초등학교 교실 짓기 등을 시도했다. 어느 마을에서는 가축을 비롯한 빈농들의 재산을 빼앗고 강제로 일을 시키며 아낙네들을 희롱한 악덕지주에게 집단으로 항의했고, 다른 마을에서는 신용저축조합과 공동판매조직을 만들어 고리대금업자와 중간상인의 횡포에 대항했다. 그러나 우간다 등 다른 나라에서는 돈사, 계사, 마을상점을 공동으로 운영하려다가 실패한 사례들도 많다. 감독이 잘 안되거나, 회원들이 도둑질을 하는 일이 발생하고, 때로는 몇몇 사람이 사업을 독점하고 이익을 분배하려 하지 않았기 때문이다.[86]

앞서 인용한 세계은행의 참여개발 종합보고서는 소득증대사업을 참여개발 프로젝트의 최신 트렌드로 결론지으면서, 공동사업 분야로 주곡생산, 수경재배, 약용식물재배, 가축사육, 농·임업, 어업, 양식업, 농산물 저장시설 및 농수산물 가공시설, 공동마케팅 등과 더불어 이에 대한 교육강좌들을 열거했다.[87]

마을공동사업으로 어떤 종목을 택할 것인지는 역시 그때그때 주민들의 중지를 모아, 주민들 스스로가 결정하고, 실패를 해도 그들이 그 원인을 파악해 고쳐나가는 것이 중요하다. 또 라오스, 미얀마 등 일부 불교국가에서는 행복을 추구할 때 우리의 정서로는 지나치다 싶을 정도로 물질적인 요소를 경시하는 면도 있음을 유의할 필요가 있다. 열심히 그 나라를 도와 경제발전에 기여하고 나서 애꿎은 원망을 들을 수도 있기 때문이다.

그러나 주민들에게 교육을 베푸는 것은 거의 그럴 가능성이 없다. P2P 개발협력이 비록 주민들에게 지원물자를 배급해주는 물질적 혜택은 많지 않더라도, 읽고 쓰기 등 성인교육, 농업기술, 소규모 자영업 개발, 상호부조그룹 운영, 부기 및 회계, 은행출입 업무, 편지쓰기 및 프로젝트 기획안 작성 등에 관한 교육강좌는 우리 정부가 얼마든지 처음부터 예산을 투입해 주민들에게 무료로 제공하거나, 그런 강좌를 제공하는 기관들과 제휴할 수 있을 것이다.

시사점

P2P 개발협력의 밑그림이 되는 새마을운동은 참여개발방식, 그중에서도 중앙정부와 주민들이 동시에 적극적으로 참여해 이루어나가는 샌드위치형 유도성 참여개발방식의 원조다. 그러나 이 같은 방식은 이제 더 이상 새로운 것이 아니다. 위에서도 등장했던 영국의 VSO도 2002년 이래 주민참여방식에 의한 개발을 기본정책요소로 삼고 적극 추진해왔다.[88] 그러나 이 VSO를

포함해 기존의 참여개발방식 원조는 그다지 괄목할만한 성과를 거두지 못하고 있다. 이들 기존 프로그램에는 P2P 개발협력이 추구하는 핵심요소 다섯 가지가 결여되어 있기 때문이다. 첫째는 전국적으로 '잘 살아 보자'는 분위기를 띄워줄 중앙정부의 투철한 의지, 둘째는 성공사례라는 검증절차를 거친 준비된 커뮤니티 체인지 에이전트들과 글로벌 체인지 에이전트들의 헌신적이고 열정적인 태도, 셋째는 사업체화한 마을공동체라든가 마을 간 경쟁유도와 같은 새마을운동 고유의 노하우, 넷째는 우리 정부가 사전작업으로 해당 개도국의 현지 미디어를 동원해 벌일 한국의 성공사례에 대한 홍보캠페인이나 한류에 힘입어 그 나라 국민들 마음속에 일어날 '한국처럼 되고 싶다'는 열망, 마지막으로는 규모의 경제와 집적의 경제를 실현해 줄 글로벌 P2P 개발협력의 사이버 커뮤니티가 그것이다.

그러나 실제로 이런 일들이 벌어지는 과정에서 일이 잘 될수록 반드시 대비해 두어야 할 일종의 암초가 있다. 그것은 특별히 우리나라가 ODA 후발주자이기 때문에 더욱 유의해야 할 사안이다. 다름이 아니라 해당 개도국이 대통령까지 나서서 P2P 개발협력을 적극적으로 주도해 크게 성공했을 때 그동안 그 나라에서 참여개발방식의 원조 프로그램들을 별 성과 없이 오랫동안 지속해온 영국 등 서구 선진국들이 이를 어떻게 받아들일지가 문제다. 자기들이 추진하는 참여개발 프로그램에도 동일한 정책적 지원을 해줄 것을 그 나라 정부에 요구한다면 이를 풀어나가는 문제는 결코 쉬운 일이 아닐 것이다. 이에서 한 걸음 더 나아가 우리 정부가 그런 원조공여국들과 보이지 않는 외교적 마찰을 빚을 가능성까지도 고려해 미리 대비책을 세워둘 필요가 있다. 단계적으로 UN, 세계은행 등 국제원조기구, 개발NGO, 나아가 VSO나 USAID 같은 타국의 원조기관과 제휴해 공동작업을 벌이는 것도 그 해결책이 될 수 있을 것이다.

나는 마흔여덟의 나이에 하버드 케네디스쿨에 입학했다. 주변의 한 친구가 아프리카에 태어났다면 벌써 죽었을 나이에 뭐 하러 공부하러 가냐고 놀렸다. 내가 입학한 하버드 케네디스쿨은 1936년에 공무원의 재교육을 위해 설립되었다. 이후에 공무원뿐만 아니라, 정치가, NGO 활동가, 컨설턴트 등 세계 각 분야에서 인재들이 모여들어 각 분야의 정책과 행정에 대해 공부하고 인맥을 쌓는 곳이 되었다. 그 중에는 나처럼 중년 학생들도 200여명 있지만, 나머지 700여명은 20~30대 청년들이었다. 그곳에서 나는 매주 한 번씩 리더십 세미나에 참여했다.

어느 날, 리더십 세미나에서 소그룹미팅을 하면서 일어난 일이다. 7~8명 정도로 구성된 팀에서 나는 가장 연장자였다. 그 중에 대학을 졸업한지 몇 년 안 된 젊은 여성 리사가 있었는데, 내게 직원들을 뽑을 때 어떤 기준을 갖고 뽑느냐고 물었다. 직원채용에 분명한 우선순위를 갖고 있던 나는 '첫째는 헌신(commitment), 둘째는 성품(character), 셋째는 능력(qualification)'이라고 자신 있게 대답했다.

리사는 활짝 웃으면서 자기 얘기를 하기 시작했다. 리사는 대학에 다니면서 가난한 나라에 가서 집을 지어주는 해비타트(Habitat)에 2주 자원봉사 지원을 한 적이 있었다. 그때 면접관이 왜 지원하게 됐느냐고 묻길래, '해외에 한 번도 나가본 적이 없어서 해외 좀 나가보려고 지원했다'고 솔직히 대답했다. 그랬더니 면접관은 '해외에 나가서 직접 눈으로 보는 것이 중요하지'라면서 합격을 시키더란다. 가난한 나라에 처음 가서 2주간 봉사활동을 마친 리사는 세상에 할 일이 많다는 걸 느끼게 되었고, 미국의 평화봉사단에 지원했다. 2년간 평화봉사단으로 유럽의 몰도바라는 작은 나라에 파견되었다. 2년 동안 몰도바에서 봉사단원으로 활동했던 리사는 자기가 장래에 무엇을 해야 할지 분명한 인생목표를 세우게 되었다. 그것이 리사를 하버드 케네디스쿨 공공정책 석사과정으로 오게 한 계기가 되었다.

내가 수강한 '시민사회와 개발'이라는 코스에는 총 스물여덟명이 신청했다. 그중에 절반이 미국학생이었는데, 8명이 평화봉사단 출신이었다. 뿐만 아니라, 강의를 맡은 데이비드 브라운 교수도 에콰도르에서 2년간 평화봉사단원으로 활동한 분이었다. 모두 존 F. 케네디 대통령이 여러 부처에 흩어져있던 원조업무를 미국국제개발처(USAID)로 통합을 하면서도 봉사단원을 파견하는 일을 위해서는 평화봉사단을 새롭게 출범시켰던 데서 비롯된 나비효과였다.

"인생의 2년을 개도국에서 봉사해 세계 평화에 기여하자"는 기치아래 1961년에 설립된 평화봉사단은 미국 각지의 인재들이 모여들어 미국의 뉴프론티어 정신을 세계 각국에 전하는 상징적인 존재가 되었다. 이들 평화봉사단 단원들은 활동을 시작하면서 곧바로 세계무대에서 뛰기 시작한다. 그리고 그 이후에도 그들의 활동무대는 줄곧 드넓은 세계로 이어진다.

6장 _ 청년들이여, 지구촌의 미래를 품자!

알고 보면 저개발국가의 발전을 가로막는 가장 큰 이유는 물질이 아니다. 국가의 경제가 발전하지 못하는 가장 큰 이유는 어찌 보면 사람들의 기가 죽어있기 때문이다. 저개발국가가 개발되려면 그 나라 국민들의 기가 살아나야 한다. 그래서 '하면 된다', '우리도 할 수 있다'는 자신감이 살아나야 한다. 그러려면 원조는 물질중심의 원조에서 사람중심의 원조로 바뀌어야 한다. 지구상에서 이 일을 가장 잘 해낼 수 있는 사람들은 바로 우리 청년들이다.

되돌아보면 우리도 불과 50년 전까지는 모두 그렇게 기가 죽어있었다. "엽전은 안된다니까!"라고 탄식했던 적이 얼마나 많았던가. 그러나 이제는 그 말을 기억하는 사람조차 드물다. '우리는 민족중흥의 역사적 사명을 띠고 이 땅에 태어났다.' 말도 많고 탈도 많았던 국민교육헌장의 첫 구절─그러나 놀랍게도 이 사명은 알게 모르게 실현되었다. 우리는 지금 민족의 중흥이 완성되어가는 끝자락에 와 있다. 알고 보면 그것은 사명이라기보다는 차라리 운명이었다. 그리고 그 운명의 끝자락에 서있는 우리 민족의 앞에는 이제 더 크고, 더 명백한 운명이 서서히 윤곽을 드러내고 있다. 우리도 모르는 사이에 외국의 원조전문가들이 우리의 운명을 평가해준다. 우리가 잘 살게 된 것은 단지 우리만을 위해서가 아니라 온 인류를 위해서라고 지적해준다. 그러니 청년들을 내보내 우리가 잘 살게 된 이 경험을 지구촌 달동네 사람들과 함께 나누는 피플 투피플 운동을 벌일 것을 권하고 있다. 일천한 ODA 역사를 지닌 우리나라가 국제사회에서 후발개도국 개발협력에 괄목할만한 실적을 쌓을 수 있는 우리만의 비교우위는 바로 이 사람중심의 원조, 피플 투 피플 개발협력에 숨겨져 있다.

19세기 초 당시로서는 별 볼일 없는 신생국이었던 미국에서는 '명백한 운명(manifest destiny)'이라는 슬로건이 등장해 그 후로 백년 가까이 국가의 발전 방향을 좌우한 시대정신으로 작용했다. 바로 서쪽으로, 서쪽으로 나아가는 것이야말로 미국이 가야할 운명의 길이라는 역사의 해석이었다. 그리고 미국인들이 이 명백한 운명을 받아들여서 서부개척을 완성했을 때 미국은 세계 최고의 국가로 다시 태어날 수 있었다. 이제 대한민국에도 그 같이 명백한 운명이 주어졌다. 지구촌 달동네로 나아가 그곳에 사는 가난한 사람들을 빈곤으로부터 해방시키는 일이야말로 우리에게 주어진 명백한 운명이다. 그리고 우리 민족이 이 명백한 운명을 받아들여서 30억 지구촌 달동네 주민들이 빈곤에서 벗어나게 될 때* 우리 대한민국은 인류 역사의 새로운 주인공으로 태어날 것이다.

그렇지만 인류의 장래를 바꿔놓을 일을 한다고 너무 큰 중압감을 가질 필요는 없다. 청년들이 그 책임을 다 짊어져야 하는 것은 아니니까 말이다. 청년들이 해야 할 일은 첫째 그 사람들과 함께 있어주는 일이다. 둘째는 그들의 어두운 마음에 밝은 햇살이 되어주는 것이다. '우리도 하면 된다', '우리도 할 수 있다'는 희망을 심어주면 되는 것이다.

---

* 세계은행의 가장 최근 통계에 의하면 2010년 조사대상 인구 가운데 하루 2달러 50센트 이하로 사는 인구는 전체의 50%, 하루 1달러 25센트 이하로 사는 인구는 전체의 20.6%였다. 2010년 세계 인구는 68억 4천만이었으므로 이 가운데 하루 2달러 50센트 이하로 사는 인구는 34억 2천만, 하루 1달러 25센트 이하로 사는 인구는 14억 1천만이었다고 추산된다. 일반적으로 하루 1달러 25센트 이하의 수입은 절대빈곤층(극빈층)을 정의하는 기준이고, 하루 2달러 50센트 이하는 빈곤층의 기준이다.

어렵게 생각하면 한 없이 어렵고, 쉽게 생각하면 아무 것도 아니다. 지구촌의 달동네고 꽃동네고 간에 사람들은 이제껏 잘 살아왔다. 못사는 사람은 못사는 대로, 잘사는 사람은 잘사는 대로 다들 잘만 살아왔다. 이제 그 사는 동네에 가서 밥상 위에 숟가락 하나만 더 놓으면 된다. 우리 청년들이 그 밥상에 둘러앉아 함께 밥을 먹으면서 달동네 주민들을 독려해주고, 내일은 조금만 더 잘해보자고 격려해주기 위해서다. 그러면서 내년 농사는 여러 가지 농기구와 농자재를 동원해 더도 말고 덜도 말고 올해보다 10%만 증산하면 되는 것이다. 그동안 매년 3천억 달러나 소요되는 원조사업에서 그 어느 프로그램도 연간 10%의 성장률을 지속적으로 기록한 적은 없었다. 그러나 이건 크리슈나 바하두르 따파의 성장률에 비하면 10분의 1도 안 된다. 그래도 10% 성장률이면 온 세계가 그 성과를 놓고 경탄해 마지않는 대박의 성공으로 인정받을 것이다.

그러려면 먼저 청년들의 마음 자세가 낮아져야 한다. 달동네 주민들의 입에서 이제껏 자기들보다 더 잘사는 사람들로부터 한 번도 그런 대접을 받아본 적이 없었다는 고백이 나올 만큼 그들을 존중해주고 세워주어야만 한다. 그래야만 그들의 마음문이 열리고, 그 열린 문으로 '나도 할 수 있다'는 자신감이 들어가 이제껏 그곳에 똬리를 틀고 진치고 있던 두려움과 의심을 밀어낼 수 있다. 가난한 사람들에게 가장 큰 힘이 되는 순간은 세상이 자신의 존재를 인정해주고, 자기를 중요시하고 있음을 느낄 때이다. 자신이 결코 하찮은 존재가 아님을 확인하게 되는 때이다.

사람중심의 원조, P2P 개발협력은 이를 실천하는 청년들에게도 크나큰 기쁨과 보람을 안겨줄 것이다. 쓰러진 사람을 부축해 일으켜 세워주는 일은 부축을 받는 사람보다 부축을 해주는 사람에게 훨씬 더 큰 보람과 기쁨을 안겨주는 법이다. 주는 것은 확실히 받는 것보다 더 큰 축복이다. 게다가 가난한 이들에게는 부자들이 가질 수 없는 진한 삶이 있다. 돈이 없는 그들에게는 돈 대신 끈끈한 인간관계가 있다. 그래서 여론조사를 해보면 가장 높은 행복지수는 늘 가난한 나라에서 나오곤 한다.

아메리카 인디언들의 속담에 그 사람의 모카신을 신고 두 보름달이 지나기 전에는 남을 판단하지 말라는 말이 있다. 아프리카 속담에는 신발의 어디가 쪼이는지는 신어본 사람만이 알 수 있다는 말도 있다. '사랑하는 사이'라는 영어 단어 sweetheart를 풀어놓으면 We sat there가 된다. 중국어 사자성어로 역지사지(易地思之)라는 말도 있다. 그들의 모카신을 신고 두 보름달을 지내보라. 그곳에 함께 앉아 그들의 친구가 되어보라. 그들과 입장을 바꿔 역지사지할 수 있나 보라. 이 세 가지를 실행할 수 있다면 합격이다. 이제 지구촌의 달동네를 찾아 떠나도 된다. 달동네에 가거든 '홀아비 사정은 과부가 안다'는 말을 꼭 해줘라. 다른 어느 나라의 속담보다 달동네 사람들의 마음에 와닿는 말이 될 것이다.

그들은 이제까지 서양의 원조공여국들에게 외쳐왔다. '너희가 가난을 아느냐?' 아무도 여기에 자신 있는 대답을 하지 못했다. 그러나 우리는 할 수 있다. '우리가 가난을 압니다. 우리 아버지, 우리 어머니는 정말 당신들보다도 더 가난했습니다.' 그러면 그들은 다시 물을 것이다. '그래도 부자나라에서 온 너희가 우리와 함께 살 수 있을까?' 그래서 같이 살아주는 것만으로도 훌륭한 원조가 될 수 있다. 지치고 낙심한 이들에게 자신감을 불어넣어 주고, 이들이 자신의 가난한 처지를 좀 더 객관적인 눈으로 다시 볼 수 있게 해주며, 그 질곡에서 벗어나기 위해 이들이 땀 흘려 노력할 때 곁에 함께 있어주면 그것만으로도 큰 도움이 된다.

게다가 이런 저런 도구와 자재를 사용해 돈 버는 방법들을 보여주고, 전 세계로 퍼져나간 글로벌 체인지 에이전트들과 정보를 교환해서 먹고사는 데 실질적으로 요긴한 도움까지 이들에게 줄 수 있다면 금상첨화다. 마다가스카르에 평화봉사단으로 간 어느 미국인 커플은 바닐라 농사를 주업으로 하는 그곳에 도착할 때까지 바닐라 열매는 구경도 못했었다. 그러나 2년 동안 이 마을에 살면서 한 일이라고는 미국의 한 바닐라 수입업자를 인터넷으로 찾아내 연결시켜준 것뿐인데도, 이 마을 주민들의 소득은 세 배 반으로 늘어났다.[1] 또 인도의 자이푸르에서 사회사업을 하던 릴라 보르디아라는 여성은 자이푸르 고유의 청색도기(blue pottery)를 만드는 가난한 토기장이를 만나 지역특산품이었던 이 청색도기를 국제적인 상품으로 개발하는 데 성공했다. 대형 실용도기라서 큰마음을 먹기 전에는 살 수 없었던 기존 제품들을 프랑스 바이어와 함께 소품화하는 작업을 하여, 지난 30여 년간 수백 명의 시골 토기장이들이 집에서 농사를 지으면서 틈틈이 만든 청색도기들을 팔아 부수입을 올릴 수 있도록 도왔다.[2]

P2P 개발협력의 사이버 커뮤니티를 활용하면 이런 일들은 그리 어렵지 않다. 청년들은 사이버 커뮤니티를 통해 달동네 주민들이 소득증대도구를 구입하는데 필요한 소액대출의 주선은 물론, 그 도구를 활용할 비즈니스의 멘토링까지도 직접 해주거나 아니면 사이버 커뮤니티에서 적임자를 찾아내 주선해줄 수 있다. 그러다 보면 적지 않은 모범사례와 성공사례가 나올 것이다. 이 모든 것이 다시 사이버 커뮤니티를 통해 홍보될 수 있다. 새마을운동의 기록을 살펴보면 성공사례로 발표된 남녀 새마을지도자들 가운데 절반가량은 마을전체 공동사업의 성공사례가 아닌 개인적 성공담이었다.[3]

이런 저런 성공담들이 모여서 잔잔한 감동의 물결을 이룬다. 외국에서 온 피부색이 다른 글로벌 체인지 에이전트들의 겸손하고 헌신적인 마음 자세가 왠지 모르게 마음을 푸근하게 감싼다. 여기다가 최고통치자까지 솔선수범을 보이면 머잖아 온 나라 안에 '우리도 한번 잘 살아보자!'는 혼연일체의 열기가 넘치고, 사소한 장애요인들은 도도한 대세의 물결에 휩쓸려 힘을 쓸 수조차 없게 된다. 이런 진한 감동은 40년 전 우리가 체험했던 바가 그대로 재연되었을 경우다. 그러나 반드시 그런 감동이 있으란 법은 없다. 그래도 크게 낙담할 필요는 없다.

P2P 개발협력의 원천근력은 매스컴의 거품도, 하나됨의 열기도 아니다. 그것은 어느 민족, 어느 문화에든 존재하는 상부상조의 정신이다. 살아남기 위해 서라도 지구촌의 모든 집단은 어려울 때 집단의 구성원들끼리 서로 도와야만 했다. 그렇지 않았던 집단은 이미 멸망해 남아있지 않다. P2P 개발협력은 바로 이 상부상조 정신을 동력화한 것일 뿐이다.

더 간단한 논리도 있다. 잘살고 못사는 건 마음먹기에 달렸다. 별것 아니다. 그래서 누구든 할 수가 있다. 내가 마음먹고, 옆사람이 마음먹고, 여럿이 마음 먹으면 된다. 마음먹고 열심히 쪼아대면 알은 언젠가 깨진다. 그렇게 쪼아대다 보면 어느새 때가 이르러 알 세상은 끝나고 새 세상이 시작되는 것이다. 이것 이 우리 앞에 주어진 명백한 운명이다.

소셜픽션[†]

「월드프렌즈」의 새로운 출범 이후 …

피플 투 피플 개발협력운동(P2P 개발협력)을 위해 「월드프렌즈(World Friends)」가 독립기관으로 새롭게 출범한지 3년이 지났다. 그동안 우리 정부 는 구매력기준 1인당 국민소득이 4만 달러에 근접하면서 크게 증액된 ODA 를 보다 효과적으로 사용하기 위해 '국제개발처'를 신설했다. 국제개발처의 신설로, 한국국제협력단(KOICA)의 제반 업무와 한국수출입은행이 맡았던 대외경제협력기금(EDCF) 업무 등 여러 부처와 기관에 흩어져 있던 원조업 무들이 전부 국제개발처로 이관되었다. 원조관련 업무가 국제개발처로 통합 된 반면, 2009년에 다양한 해외봉사단 사업들을 통합해 만든 '월드프렌즈 코리아' 등 모든 해외봉사단 업무는 독립기관으로 새롭게 출범한 「월드프렌 즈」에서 담당하게 되었다. '지구촌의 미래를 품는 「월드프렌즈」'에 높은 경

[†] 현존 사회에서 발생가능한 상황들을 상정해 미래를 묘사하는 소셜픽션(social fiction 혹은 social science fiction) 은 공상과학소설(science fiction)의 하위장르로 무하마드 유누스가 스콜세계포럼에서 사용한 이후 널리 알려졌다.

쟁력을 뚫고 선발된 우리 청년들은 이제 지구촌 곳곳에 글로벌 체인지 에이전트로 파견되어 개도국의 커뮤니티 체인지 에이전트들과 P2P 개발협력운동을 펼치고 있다.

최근 월드프렌즈의 빅뉴스는 반기문 전 유엔사무총장이 명예총재로 취임한 것이다. 2016년 말로 임기를 마친 반총장은 임기 중에 추진했던 'Post 2015' 개발목표 달성에 큰 관심을 갖고 있었다. 특히 2015년까지 전 세계 절대빈곤인구를 50% 줄이자는 MDG가 아프리카를 제외한 거의 모든 지역에서 달성되었기 때문에 2030년까지 나머지 절대빈곤인구도 빈곤에서 탈출시키는 것이 반총장의 가장 큰 관심사였다. 반총장은 「월드프렌즈」를 통해 이 목표를 실제로 달성할 수 있으리라 확신하면서 「월드프렌즈」의 명예총재를 맡게 된 것이다.

반기문 명예총재는 한국의 빈곤퇴치 비결을 담은 P2P 개발협력 방식의 접근법과 한국 청년들의 열정에 큰 기대를 갖고 있다. 지금까지는 한국 청년들만 「월드프렌즈」에서 선발하여 파견했는데, 반총장은 앞으로 다른 나라에서도 「월드프렌즈」를 만들겠다고 요청하면 함께 협력하겠다는 의사를 밝혔다. 개도국 발전을 담당하는 UNDP의 봉사단 프로그램인 UN 볼런티어(UNV)도 월드프렌즈의 활동방식을 도입하겠다는 계획을 발표했다.

2014년 1월에 외교부가 OECD 개발센터와 공동으로 연구를 시작했던 '개도국과 OECD 회원국들의 지역개발정책에 대한 포괄적인 비교연구'[4] 보고서가 발간되었다. 이 연구는 포괄적이고 지속가능한 지역개발을 추진하는 과정에 있어서 '사회적 자본'의 역할에 초점이 맞춰졌는데, 우리나라의 새마을운동이야말로 이러한 사회적 자본을 효과적으로 축적하는 일에 가장 성공적이었던 농촌개발전략이라고 결론지었다. 이 보고서에 따르면 새마을운동은 지역공동체 리더십의 양성, 주민참여의 극대화, 새마을부녀회와 새마을금고 등 사회적 네트워크와 상호부조그룹을 형성하여 지역개발에 기여한 점 등 가능한 모든 방법을 동원하여 지역개발에 유용한 사회적 자본을 축적한 것으로 평가되었다. 덕분에 이 최종 연구보고서를 통해 도출된 정책가이드라인을 토대로 개도국과 OECD 회원국들이 지역개발 프로그램을 기획하고, 실행하며, 모니터링과 평가를 진행하기 시작했는데, 이 일에 우리나라의 「월드프렌즈」 출신 청년들이 대거 참여하게 되었다.

이 연구과정에 참여했던 우리나라 전문가들에게도 새로운 기회가 왔다. 이들 전문가들은 우리나라 발전과정에서 축적된 지역개발의 경험과 지식을 개도국들과 공유하기 위한 토대를 마련하였다. 새마을운동 전문가들은 아카이브를 만들어 여기저기 흩어져 있던 관련 자료들을 한데 모았고, 거의 대부분의 자료들이 영문으로 번역되었다. 새마을운동 기록물들은 이미 2013년 6월에 유네스코 기록유산으로 등재된 바 있다. 대한민국 정부와 국민들이 1970년부터 1979년까지 추진한 새마을운동 과정에서 생산된 대통령의 연설문과 결재문서, 행정부처의 새마을사업 공문, 마을단위의 사업서류, 새마을지도자들의 성공사례 원고와 편지, 시민들의 편지, 새마을교재, 관련사진과 영상 등 약 22,000여 점의 자료가 유네스코 기록유산으로 등재되었는데, 이를 영문으로 번역하는 방대한 작업이 드디어 완성된 것이다.

에티오피아, 르완다, 미얀마, 라오스, 캄보디아에는 새마을지도자연수원이 설립되어 활발하게 운영되고 있다. 우리 정부에 새마을운동의 경험과 정신을 전수해줄 것을 요청했던 이 다섯 나라의 최고통치자들은 빈곤퇴치와 경제발전에 대한 굳건한 의지를 천명하고 전국적으로 열심히 P2P 개발협력을 지원하고 있다. 그동안 관련전문가들이 해당국가의 요청에 부응해 커리큘럼, 교재, 강사진 등 연수원의 운영에 필요한 모든 준비를 도와주었다. 각 나라의 새마을지도자연수원에 종사하고 있는 현지인 원장 이하 교관들은 모두 한국에 와서 지도자 연수와 연수원 운영 등에 대해 철저한 사전교육을 마친 사람들이다. 이미 P2P 개발협력이 높은 수준의 궤도에 진입한 이들 국가에서 일했던 「월드프렌즈」 출신 한국청년들 중 상당수는 국제기구와 국제NGO에 지역개발전문가로 취업해서 활약 중이다. 또한 P2P 개발협력을 통해 지역발전에 기여했던 커뮤니티 체인지 에이전트들도 그 공로를 인정받아 지역사회의 중심역할을 수행하게 되었다.

「월드프렌즈」의 전문가그룹도 한층 바빠졌다. 예전에는 중장기자문단이나 시니어봉사단이란 이름으로 개도국에 1~2년간 파견되었으나, 요즘에는 필요에 따라 단기 · 중기 · 장기로 유연하게 파견되기도 하고, 「월드프렌즈」 사이버 커뮤니티를 통해 국내에서 수시로 기술협력 자문을 하고 있다. 「월드프렌즈」의 네트워크를 통해 봉사단원들과 전문가그룹 간에 상호교류가 활발해지면서 전문가그룹은 자신들에게 보다 적합한 일을 맡아 진가를 발휘하게 되었다. 그동안 비교적 소수에 의해 운용되던 지식공유사업(KSP)도 「월드프렌즈」 전문가그룹을 통해 「월드프렌즈」가 파견된 모든 지역에 널리 보급될 수 있게 되었다. 자칫하면 사장될 뻔했던 일부 KSP도 이젠 지구촌 방방곡곡 꼭 필요한 곳에서 유용하게 사용되고 있다.

국내외 개발NGO들도 「월드프렌즈」와 협력하여 P2P 개발협력을 펼치게 되었다. 국제개발협력사업의 생명은 투명성과 지속성인데, 「월드프렌즈」와 함께 일할 때는 투명성이 높아지고, P2P 개발협력 방식을 채택할 경우 지속성이 보장된다는 입소문이 퍼지면서 NGO들과 「월드프렌즈」와의 협력이 늘어나고 있다. 개도국의 최고통치자가 P2P 개발협력을 지원하느냐 여부와 관계없이 지구촌 곳곳에서 NGO들과 「월드프렌즈」가 함께 P2P 개발협력을 전개하게 된 것이다. 특히 작은 NGO들의 경우 「월드프렌즈」와 협력함으로써 '규모의 경제'로 인한 혜택을 누리게 되었다.

국내의 지역 NGO들과 새마을운동 지회들도 일이 많아졌다. P2P 개발협력을 벌이는 국가에서 우리나라 지역개발 현장을 꼭 둘러보고 싶어 하기 때문에, 전국 시도별로 이를 위한 시범마을들을 만들었다. 이 시범마을들은 개도국 청년들에게 워킹홀리데이 프로그램을 제공한다. 이 프로그램에 지원해서 한국에 오는 개도국 청년들은 1년 동안 시간제로 농사일에 종사하면서 돈을 버는 한편, 새마을운동 연수를 함께 받는다. 우리나라 농촌인구가 급속히 노령화되어가면서 이 프로그램은 점점 더 인기를 얻게 되었고, 정부는 이러한 시범마을을 연차적으로 늘려나간다는 계획을 발표했다.

몇 년 전부터 우리 청년들은 개도국에서 온 유학생들이나 근로자들과 활발하게 교류하기 시작했다. 우리나라가 어떤 과정을 거쳐 오늘날에 이르렀는가를 배우게 된 우리 청소년들은 고등학교 때부터 지구촌 달동네를 변화시키겠다는 비전을 품고 장차 「월드프렌즈」에 지원하려고 마음을 먹는 경우가 흔해졌다. 이들이 고등학교를 졸업하면서 개도국의 사정에 대해 배우기 위해 우리나라에 온 개도국 출신 유학생이나 근로자들을 찾아 나서는 것이다. 이들은 몇 년 전까지만 해도 전혀 관심 밖이었던 개도국 청년들과 만나면서 새로운 세계에 대해 배워가게 되고, 앞으로 자신의 활동무대도 그 새로운 세계로 확대하는 꿈을 꾸기 시작한다. 이들 중 일부는 사귀던 개도국 청년들이 자기나라로 귀국하고 나면 그곳으로 찾아가 방학을 보내면서, 개도국의 현실을 몸소 체험하기도 한다. NGO들도 「월드프렌즈」에 지원을 하려는 사람들이 사전에 해외체험을 할 수 있도록 다양한 개도국 연수프로그램을 개발해 시행하고 있다.

「월드프렌즈」는 매년 지원자가 넘쳐나서 즐거운 비명을 지르고 있다. '지구촌의 미래를 품는 월드프렌즈'란 캐치프레이즈대로 지구촌 달동네 주민들의 삶을 변화시키고자 꿈꾸는 많은 청년들이 졸업 후 직장을 갖기 전에 「월드프렌즈」에 지원하는 것이다. 「월드프렌즈」는 이미 '미국을 위해 가르치자(Teach for America)'나 '평화봉사단(Peace Corps)'에 버금갈 만큼 높은 경쟁률을 자랑하게 되었다. 뿐만 아니라 한국어와 영어를 유창하게 구사하는 국내 외국인 유학생들의 지원 문의가 쇄도하고 있다. 아직은 한국인 이외의 청년들에게는 기회가 없는데도 불구하고, 외국인 유학생들까지 섞여 있는 캠퍼스 동아리들이 속속 만들어져 「월드프렌즈」를 준비하며 지구촌의 변화를 위한 토론을 활발히 전개하고 있다.

이런 동아리들 중에는 개도국에 대해 배우는 것들도 있지만, 적정기술 동아리들도 있다. 예전에는 한동대나 한경대 등 몇몇 대학에만 있던 적정기술 동아리들이 이제는 대학마다 만들어졌다. 이들 동아리의 멤버들도 다양하다. 과학이나 공학을 전공하는 학생들도 있지만, 경영이나 디자인을 전공하는 학생들도 있다. 예전에는 첨단기술이나 첨단디자인에만 관심을 가졌던 학생들이 소득이 낮은 개도국의 주민들에게 유용한 기술이나 디자인을 제공하는 일에 관심을 갖기 시작한 것이다. 14억에 달하던 절대빈곤층에게 추가소득이 생겨나기 시작하면서 새로운 소비자층이 형성되고 있다는 점은 이들에게 매우 흥미진진한 사실이다. 이렇게 새롭게 부상하는 소비자층을 겨냥한 기술이나 상품을 개발하면 돈도 벌고, 어려운 사람들을 돕는다는 보람도 있는데다가, 잘하면 해외취업의 기회로까지 이어질 수도 있어서 그야말로 '꿩 먹고 알 먹기'가 될 수 있기 때문이다.

이들 적정기술 동아리들 가운데에는 폴 폴락이 설립한 IDE나 MIT의 D-Lab과 교류를 시작한 곳도 있다. 우리나라는 불과 사오십년 만에 빈곤퇴치와 경제발전을 이룩했기 때문에 이들 동아리에서는 북미나 유럽의 적정기술연구보다 더 기발한 아이디어가 나오는 경우도 많이 생겼다. 이런 아이디어를 접한 국제기구들은 한국의 적정기술 동아리들에게 협력연구를 제안해 오기도 한다.

전경련과 상공회의소 홈페이지에는 「월드프렌즈」의 배너가 붙어 있다. 「월드프렌즈」는 P2P 마이크로 렌딩 사이트와 제휴를 맺거나 직접 사이트를 운영하면서 지구촌 달동네의 대출희망자와 네티즌들을 짝지어주는 크라우드펀딩 작업을 한다. 그런데 우리나라 기업들이 이런 마이크로 렌딩 사업에 관심을 갖고 지원하겠다고 나선 것이다. 사실 몇몇 기업들은 이미 미소금융 설립과 운영을 통해 마이크로파이낸스에 관한 노하우를 상당 수준 축적해놓은 상태였다. 이들은 기업의 사회공헌자금으로는 지역에 꼭 필요한 공동 인프라를 지원하고, 소액대출 자금은 임직원들이 직접 P2P 방식으로 추진하고 있다. 원래 기업들은 성과가 불확실한 곳에는 투자를 하지 않는 법이다. 그러니 이 사실 하나만으로도 「월드프렌즈」는 자타가 공인할만한 실효적 성과를 올리고 있음을 증명해준다. ICT기업에서는 프로보노 지원자들이 속속 생겼다. 이들은 체인지 에이전트들이 입력하는 모든 데이터가 누구나 알기 쉬운 형태로 자동 전환되도록 해주는 인터페이스 소프트웨어와 지역에서 일어나는 일을 글로벌 차원으로 전달해주는 링키지 소프트웨어를 최근 완성해 「월드프렌즈」에 기증했다.

대기업들 사이에서도 「월드프렌즈」 출신들의 주가가 치솟고 있다. 「월드프렌즈」를 성공적으로 마치고 나면 파견지역의 언어나 특성에 대한 지식은 물론, 지역개발사업에 대한 구체적인 경험과 지식, 모니터링과 평가에 대한 노하우, 주민들이나 지방정부와의 협력경험 등 NGO나 국제기구에서 필요로 하는 전문성은 물론, 기업이나 정부에서 필요로 하는 기업가정신도 갖추게 된다. 그러다보니 「월드프렌즈」 출신이라는 스펙은 인격과 실력을 겸비한 청년의 트레이드마크가 되어버렸다.

「월드프렌즈」의 새 출범 이후, 국제개발협력에 대한 국민들의 지지도도 높아졌다. 2012년에 실시한 여론조사에서도 87.3%의 응답자가 ODA 제공을 지지하긴 했지만, 투명한 정보공개와 철저한 성과관리가 강화되어야 한다는 요구가 강했다. 그러나 당시만 해도 우리 국민들은 국제개발협력이 어떻게 진행되는지, 또 ODA가 어떻게 제공되는지 잘 모르고 있었다. 그러나 이제는 「월드프렌즈」의 활동상을 신문, 방송, 인터넷, SNS를 통해 매일 접하게 되었다. 뿐만 아니라 「월드프렌즈」에 지원하려 하거나 이미 참여하고 있는 자녀를 둔 가정들도 주변에서 흔히 찾아볼 수 있을 만큼 급속히 늘어났다. 「월드프렌즈」는 어느새 우리 사회의 새로운 트렌드로 자리매김해가고 있다.

참고 동영상 시리즈와 도서목록

제한된 시간을 투자해 실용적 차원에서 지구촌 달동네의 빈곤현장과 국제개발협력의 현주소에 대해
좀 더 자세히 알아볼 수 있는 동영상 시리즈와 도서목록

_ 동영상 시리즈

- *The Beyond Good Intentions* Film Series: www.beyondgoodintentionsfilms.com
- *PBS Why Poverty?* Series: www.whypoverty.net
- The Last Hunger Season Part 1-Part 8 (유튜브 혹은 www.outrageandinspire.org
  에서 볼 수 있음)
- 이 밖에도 유튜브에서 Participatory Development, Participatory Approach,
  Participatory Action Research, One Acre Fund 같은 검색어를 사용해 볼 만한 동영
  상 자료들을 많이 찾아볼 수 있다. 단 조회수(View count) 같은 필터를 사용해 많은 사람
  들이 재생해본 자료들을 우선적으로 보는 편이 효율적이다.

_ 도서목록 (괄호 안은 우리말 번역본 제목)

- 박진환, 「박정희 대통령의 한국경제 근대화와 새마을운동」, (사)박정희대통령기념사업회,
  2005
- Paul Collier, *The Bottom Billion: Why the Poorest Countries Are Falling and What
  Can Be Done About It*, New York: Oxford University Press, 2007 (「빈곤의 경제학」)
- William Easterly, *The White Man's Burden: Why the West's Efforts to Aid the Rest
  Have Done So Much Ill and So Little Good*, New York: The Penguin Press, 2006
  (「세계의 절반 구하기」)
- Jeffrey Sachs, *The End of Poverty: Economic Possibilities for Our Time*, New York:
  The Penguin Press, 2005 (「빈곤의 종말」)
- Dambisa Moyo, *Dead Aid: Why Aid Is Not Working and How There Is a Better Way
  for Africa*, New York: Farrar, Straus and Giroux, 2009 (「죽은 원조」)
- Paul Polak, *Out of Poverty: What Works When Traditional Approaches Fail*, San
  Francisco: Barrett-Koehler Publishers, 2008 (「적정기술 그리고 하루 1달러 생활에서
  벗어나는 법」)

◆ Hernando de Soto, *The Mystery of Capital: Why Capitalism Triumphs in the West and Fails Everywhere Else*, New York: Basic Books, 2000 (「자본의 미스터리」)

◆ Daron Acemoglu and James A. Robinson, *Why Nations Fail: The Origins of Power, Prosperity, and Poverty*, New York: Crown Publishers, 2012 (「국가는 왜 실패하는가」)

◆ Jacqueline Novogratz, *The Blue Sweater: Bridging the Gap Between Rich and Poor in an Interconnected World*, New York: Rodale, 2009 (「블루 스웨터」)

◆ Stan Burkey, *People First: A Guide to Self-Reliant, Participatory Rural Development*, London: Zed Books, 1993

◆ Roger Thurow, *The Last Hunger Season: A Year in an African Farm Community on the Brink of Change*, New York: PublicAffairs, 2012

◆ Tori Hogan, *Beyond Good Intentions: A Journey into the Realities of International Aid*, Berkeley, CA: Seal Press, 2012

◆ Participatory Approaches: *A facilitator's guide*, 영국 VSO에서 발간된 Participatory Development Facilitator를 위한 매뉴얼 (인터넷에서 pdf 포맷으로 다운로드 가능) http://community.eldis.org/.59c6ec19/VSO_Facilitator_Guide_to_Participatory_Approaches_Principles.pdf와 끝 단어를 Methods, Tools로 바꾸면 모두 다운로드 가능

_ 주(註)

_ 서문

1) "Korea", *DAC Peer Review*, 2012, p.82 (OECD DAC 웹사이트)

2) 위의 보고서, p.81 (참고 pp.116~117)

_ 1장 서구 선진국들의 원조는 왜 실패했을까?

1) William Easterly, *The White Man's Burden: Why the West's Efforts to Aid the Rest Have Done So Much Ill and So Little Good*, New York: The Penguin Press, 2006, pp.3~4

2) 이 부분은 Dambisa Moyo, *Dead Aid: Why Aid Is Not Working and How There Is a Better Way for Africa*, New York: Farrar, Straus and Giroux, 2009, pp.14~28을 기본골격으로 하면서 저자의 리서치 내용을 보충하였다.

3) 위의 책, p.23

4) 위의 책, p.24; Gary Geddes, *Drink the Bitter Root: A Search for Justice and Healing in Africa*, Berkeley, CA: Counterpoint, 2011, p.138

5) Moyo(2009), p.12

6) Martin Schain, *The Marshall Plan: Fifty Years After*, New York: Palgrave, 2001. pp.1~3.

7) Barry Eichengreen, *The European Economy since 1945: Coordinated Capitalism and Beyond*, Princeton and Oxford: Princeton University Press, 2008, p.57

8) Moyo(2009), p.13

9) 같은 곳

10) Easterly, p.24

11) Fritz Fisher, *Making Them Like Us: Peace Corps Volunteers in the 1960s*, Washington DC, London: Smithsonian Institution Press, 1998, p.11

12) Easterly, p.24

13) 위의 책, pp.24~25

14) 위의 책, p.25

15) Stan Burkey, *People First: A Guide to Self-Reliant, Participatory Rural Development*, London: Zed Books, 1993, p.26

16) 위의 책, p.27

17) Fisher, p.11

18) Moyo(2009), p.15

19) George B.N Ayittey, *Africa in Chaos*, New York: St. Martin's Press, 1998, p.125

20) 위의 책, pp.136~138

21) Moyo(2009), p.15

22) Easterly, p.46

23) Moyo(2009), pp.16~17

24) 위의 책, p.18

25) 위의 책, p.18~19

26) 위의 책, p.19

27) 위의 책, p.21

28) 위의 책, p.22

29) 위의 책, p.25

30) Easterly, ch. 3 (pp.60~108)

31) 위의 책, p.65

32) 위의 책, pp.66~67, 69

33) Moyo(2009), p.22

34) Easterly, p.46

35) Moyo(2009), p.25

36) www.oecd.org/dac/stats/statisticsonresourceflowstodevelopingcountries.htm, Statistics on resource flows to developing countries, Table 9 (2014년 2월 5일 접속)

37) Jeffrey Sachs, *The End of Poverty: Economic Possibilities for Our Time*, New York: The Penguin Press, 2005, p.236

38) 위의 책, pp.342~343

39) Paul Collier, *The Bottom Billion: Why the Poorest Countries Are Falling and What Can Be Done About It*, New York: Oxford University Press, 2007, p.189

40) 위의 책, p.11

41) Shantayanan Devarajan, Margaret J. Miller and Eric V. Swanson, *Goals for Development: History, Prospects and Costs*, World Bank Policy Research Working Paper, 2002

42) J D Sachs and J W McArthur, "The Millennium Project: a plan for meeting the Millennium Development Goals", *The Lancet*, Vol. 365, January 2005

43) Vararat Atisophon, Jesus Bueren, Gregory De Paepe, Christopher Garroway and Jean-Philippe Stijns, *Revisiting MDG Cost Estimates from a Domestic Resource Mobilisation Perspective*, OECD Development Centre Working Paper, 2011

44) Sachs, p.338

45) 위의 책, p.218

46) *Millennium Challenge Account: A Presidential Initiative*, White House, August 2002

47) Easterly, p.9

48) 같은 곳

49) Moyo(2009), p.27

50) www.oecd.org/dac/stats/statisticsonresourceflowstodevelopingcountries.htm, Statistics on resource flows to developing countries, Table 2 (2014년 2월 5일 접속)

51) 같은 곳, Table 1

52) 같은 곳, Table 4

53) 같은 곳, Table 1

54) 같은 곳, Table 7

55) 같은 곳, Table 26

56) 같은 곳, Table 10

57) William Easterly and Tobias Pfutze, *Where Does the Money Go?: Best and Worst Practices in Foreign Aid*, Brookings Institute Global Economy and Development Working Paper 21, June 2008, p.18

58) 위 보고서 pp.5, 18

59) http://www.oecd.org/development/untyingaidtherighttochoose.htm, Untying aid: The right to choose

60) www.oecd.org/dac/stats/statisticsonresourceflowstodevelopingcountries.htm, Statistics on resource flows to developing countries, Table 23 (2014년 2월 5일 접속)

61) Claire Provost, "USAID now free to buy goods from companies in poor countries", *The Guardian*, February 6, 2012

62) Moyo(2009), p.45

63) http://drinkthebitterroot.wordpress.com, Geddes, p.137

64) 같은 곳

65) 같은 곳

66) 위키피디아, Conditional cash transfer

67) Collier, p.104

68) Sachs, p.192

69) Geddes, pp.76~77

70) James Brooke, "Zaire, a Paradigm of Mismanagement", *New York Times*, 1987년 2월 4일자

71) 위키피디아, Mobutu Sese Seko

72) Moyo(2009), p.22

73) 위의 책, p.23

74) 위의 책, p.72

75) 위의 책, pp.62~63

76) Collier, p.66

77) 위의 책, pp.102~103

78) 위의 책, p.133

79) Moyo(2009), pp.56~57

80) 위의 책, p.65

81) Collier, p.5

82) www.oecd.org/dac/stats/TAB29e.xls, Statistics on resource flows to developing countries (Table 29 Net Disbursements of ODA to Sub-Saharan Africa by Donor, 2014년 2월 5일 접속); *African Economic Outlook 2012*, African Development Bank Group, p.18 참고

83) Sachs, p.347

84) 위의 책, pp.201~203

85) Easterly, p.243

86) 비교 Shantayanan Devarajan, Margaret J. Miller and Eric V. Swanson, *Goals for Development: History, Prospects and Costs*, World Bank Policy Research Working Paper, 2002; J D Sachs and J W McArthur, "The Millennium Project: a plan for meeting the Millennium Development Goals", *The Lancet*, Vol. 365, January 2005

87) www.pepfar.gov/documents/organization/189671.pdf (2014년 2월 19일 접속)

88) www.theglobalfund.org; 위키피디아, The Global Fund to Fight AIDS, Tuberculosis and Malaria

89) Sachs, pp.232~234

90) Easterly, p.6

91) Sachs, p.224

92) Easterly, pp.3~5

93) 위의 책, p.29

94) 위의 책,, p.5

95) 같은 곳

96) 위의 책, p.14

97) 같은 곳

98) Collier, p.191

99) Easterly, pp.13~14

100) Sachs, pp.194~195

101) 위의 책, p.195

102) Collier, pp.83~84

103) Easterly, p.104

104) Armin Rosen, "It's the Politics, Stupid: What Jeffrey Sachs' Development Work Is Missing", *The Atlantic*, January 2013

105) Collier, p.171

106) 세계은행/IDA 웹사이트 참고 (IDA Borrowing Countries; What Is IDA?; IDA History 페이지) 2014년 10월 30일 접속

107) Easterly, pp.175~176

108) Bruce Rich, *Foreclosing the Future: The World Bank and the Politics of Environmental Destruction*, Washington DC: Island Press, 2013, p.9

109) http://www.worldbank.org/en/about (2014년 2월 19일 접속)

110) Easterly, pp.221~222

111) 위의 책, p.223

112) 위의 책, p.234

113) 위의 책, pp.234~235

114) Sachs, pp.202~203

115) Easterly, p.228

116) Sachs, pp.285~287

117) 위의 책, p.287

118) 위의 책, p.366

119) Moyo(2009), p.54

120) Sachs, p.329

121) Easterly, pp.15~17

122) 위의 책,pp.50~51

123) 위의 책, p.165

124) Sachs, p.277

125) Easterly, p.193~194

126) 위의 책, pp.194~195

127) 위의 책, pp.378~379

_ 2장 서구 선진국들은 어떤 실험들을 하고 있나?

1) Robert Lamb, Bill Varettoni and Chunli Shen, "Participatory Development and the World Bank", *International Affairs Review*, Volume 14, No. 2, Fall 2005, pp.176~177

2) Sachs, p.227

3) MVP 웹사이트, The Villages 페이지

4) Press Conference on Millennium Villages Project, UN Department of Public Information, Oct. 3, 2011; Madeleine Bunting, "Millennium Villages Project: does the 'big bang' approach work?", *Global Development*, Oct. 10, 2011

5) MVP 웹사이트, The Villages 페이지

6) Mark Tran, "Jeffrey Sachs' Millennium Villages to expand with £67m loan", *The Guardian*, Aug. 13, 2013

7) MVP 웹사이트, The Villages 페이지

8) 같은 곳

9) Sam Rich, "Africa's Village of Dreams", *The Wilson Quarterly*, Spring 2007

10) 위의 기사, p.20~22 참고

11) 같은 곳

12) "The big push back", *Economist*, Dec. 3, 2011

13) 같은 곳

14) "Millennium bugs", *Economist*, May 14, 2012 참고; Tim Worstall, "Sach's Lancet Paper on Millennium Villages: Actual Scientists Seriously Unimpressed", *Forbes.com*, May 10, 2012 참고

15) "With transparency comes trust", The Nature, May 10, 2012

16) Easterly, p.58

17) Muhammad Yunus, *Banker to the Poor: Micro-Lending and the Battle Against World Poverty*, New York: Public Affairs, 1999, pp.43~50

18) 위키피디아, Microcredit (History, Early beginnings)

19) David Roodman, "The State of Microcredit", *David Roodman's Microfinance Open Book Blog*, February 6, 2013

20) Friends of Grameen 웹사이트 참고, www.friendsofgrameen.com (2014년 2월 19일접속)

21) 폰코제 웹사이트 참고, www.fonkoze.org (2014년 2월 19일접속)

22) Céedric Lüutzenkirchen and Christian Weistroffer, "Microfinance in evolution: An industry between crisis and advancement", *Deutsche Bank DB Research*, Sept. 13, 2012, p.4

23) Larry R. Reed, *Vulnerability: The State of the Microcredit Summit Campaign Report 2013*, pp.6~15 (www.stateofthecampaign.org/multimedia/print-version)

24) Lüutzenkirchen and Weistroffer, p.15

25) 위의 보고서, pp.4~5, 7

26) 위의 보고서, pp.4~5, 8

27) Philip Mader (Max Planck Institute for the Study of Societies), "Rise and Fall of Microfinance in India: The Andra Pradesh Crisis in Perspective", *Strategic Change, Volume 22, Issue 1-2*, February 2013, p.56

28) Mader, p.48; Lüutzenkirchen and Weistroffer, p.10

29) Mader, p.49

30) 위의 보고서, p.55

31) Lüutzenkirchen and Weistroffer, p.10; Mader, pp.51~54

32) Lüutzenkirchen and Weistroffer, p.10; Mader, pp.55~58

33) Kiva.org/about와 Kiva.org/about/history

34) Julia Kurnia, "Kiva vs. Zidisha: Comparing Microfinance Alternatives", *Daily Kos*, Aug. 27, 2012 (www.dailykos.com)

35) David Roodman, "Kiva Is Not Quite What It Seems", *David Roodman's Microfinance Open Book Blog*, October 2, 2009

36) 위키피디아 MYC4; www.MYC4.com (2014년 2월 19일접속)

37) www.P2P-Banking.com에서 Archive for the 'MyC4' Category로 2009년 3월 이후 기사들을 참고 (예: "MYC4 providers react on high default rates", March 17, 2009)

38) www.MYC4.com 참고

39) "Father and Daughter bring Mifos Technology to Senegal", www.mifos.org

40) www.zidisha.org 참고

41) 같은 곳

42) Dave Algoso, "Kiva starts doing what we thought they were doing all along", www.algoso.org, December 7, 2011

43) 위키피디아, Microfinance (Why Microfinance?, Who Should Provide Microfinance Services?)

44) 위키피디아, Rotating Savings and Credit Association

45) 같은 곳

46) William J. Grant and Hugh C. Allen, "CARE's Mata Masu Dubara (Women on the Move) Program in Niger: Successful Financial Intermediation in the Rural Sahel", *Journal of Microfinance (Brigham Young University)*, Volume 4 Number 2, Fall 2002, pp.189~216

47) www.savingsgroups.com 참고

48) *Vulnerability: The State of the Microcredit Summit Campaign Report 2013* 웹사이트, Infographic: The Promise of Mobile Technology 페이지

49) Reed, pp.17~19

50) Claire Alexandre, "10 Things You Thought You Knew about M-PESA", *CGAP Blog*, Nov.22, 2010

51) Daryl Collins, Julie Zollmann and Peter Fleming, "What Is Keeping Kenya From Becoming More 'Cash Lite'?", *CGAP Blog*, Nov.29, 2012

52) Burkey, p.196

53) Paul Polak, *Out of Poverty: What Works When Traditional Approaches Fail*, San Francisco: Barrett-Koehler Publishers, 2008, pp.9, 47

54) 위의 책, pp.27~29, 86~88, 95~97, 116~118, 137, 201~205, 209

55) Lara Galinsky, *Work on Purpose*, New York: Echoing Green, 2011, p.14

56) Roger Thurow, *The Last Hunger Season: A Year in an African Farm Community on the Brink of Change*, New York: Public Affairs, 2012, pp.43-45. Cf. pp.111-115; Rachel Fischhoff, "On Food: How One Acre Fund's Andrew Youn helps subsistence farmers in Africa to double their yields", Dowser.org, November 15, 2010

57) Thurow, pp.46-47; 원 에이커 펀드 웹사이트, www.OneAcreFund.org, About Us: Press and Awards 페이지; Aubrey Henretty, "Student fights AIDS crisis with Kellogg internship", Kellogg World Alumni Magazine, Spring 2006; One Acre Fund Interview Questions, http://www.glassdoor.com/Interview/One-Acre-Fund-Interview-Questions-E319345.htm; Kay Miller, "Plan to feed starving kids grows", *Star Tribune*, April 1, 2007; Justin Fox, "Out of Africa", Harvard Business Review, November 2012

58) Evidence to Action: Building Markets for Small Scale Farmers, University of California,

Center for Effective Global Action, May 1, 2014 (Andrew Youn의 Keynote Speech 동영상)

59) 원 에이커 펀드 웹사이트, www.OneAcreFund.org, 블로그; Evidence to Action: Building Markets for Small Scale Farmers (Andrew Youn의 Keynote Speech 동영상)

60) 2013년의 지출경비는 약 2,850만 달러였다. 원 에이커 펀드 웹사이트, www.OneAcreFund.org, Results: Reports 페이지

61) Galinsky, pp.14-17; Thurow, p.50

62) "Lighting the way", *Economist*, September 1, 2012

63) Lighting Africa 웹사이트, About Us/Program Overview 페이지

64) Lighting Africa 웹사이트, What we do/Market Intelligence 페이지

65) Wolfgang Gregor, "Getting Down to the Business of Off-Grid Lighting", GOGLA 웹사이트; GOGLA 웹사이트, Members/Current Members 페이지

66) Wolfgang Gregor, "Getting Down to the Business of Off-Grid Lighting"

67) "About Seven Million People Now Using Clean Solar Lights in Africa", Lighting Africa 웹사이트, February 15, 2013

68) Lighting Africa 웹사이트, What we do/Product Quality Assurance 페이지

69) Lighting Africa 웹사이트, What we do/Business Development Support 페이지

70) Lighting Africa 웹사이트, Lighting Africa Program Associate & Extended Associate Services 페이지 fn. 참고; Lighting Africa 웹사이트, What we do/Access to Finance 참고

71) Nuru Light 웹사이트, www.nuruenergy.com; Lighting Africa 웹사이트 참고

72) "Lighting the way", Economist

73) 같은 곳

74) "Eight19 spins out Indigo pay-as-you-go solar", *Eight19* 웹사이트, August 21, 2012

75) "Lighting the way", *Economist; Technology Exchange Lab* 웹사이트, SociaLite 페이지

_ 3장 우리는 왜 아프리카에 주목해야 할까?

1) *Sub-Saharan Africa: Fostering Durable and Inclusive Growth, Regional Economic Outlook*, IMF, April 2014, p.67 (Real GDP Growth)

2) Moyo(2009), p.3

3) Jonathan Berman, *Sucess in Africa: CEO Insights from a Continent on the Rise*, Brookline, MA: Bibliomotion, 2013, p.19

4) 위의 책, p.1

5) General Electric, *2012 Annual Report*, Fairfield, CT, p.3; Berman, p.2 참고

6) 위의 책, p.40

7) 위의책, p.11 참고

8) 위의 책, pp.3, 7

9) 위의책, p.13

10) Moyo(2009), pp.3~4

11) 위의 책, p.6

12) 위키피디아, Guinea

13) Global Peace Index 웹사이트 (Vision of Humanity, www.visionofhumanity.org); Failed States Index 웹사이트 (Fund for Peace, www.global.fundforpeace.org)

14) Collier, pp.4, 7

15) 위의책, pp.7~10

16) 위의 책, p.10

17) *The Rise of the African Consumer*, McKinsey: Africa Consumer Insights Center, October 2012, p.1; Berman, pp.73~74 참고

18) Witney Schneidman with Zenia Lewis, "The African Growth and Opportunity Act: Looking Back, Looking Forward", *Brookings Institution, Africa Growth Initiative*, June 2012, pp.2, 24~25

19) 위의 보고서, p.25

20) Natasha Trávnicek, "Land acquisitions: India's investments in Africa", *Consultancy Africa Intelligence*, October 16, 2012; Jayashree Nandi, "India among top 10 land grabbers, sellers: Report", *The Times of India*, June 27, 2012

21) Christina Stolte, "Brazil in Africa: Just Another BRICS Country Seeking Resources?", *Chatham House*, November 2012, p.2

22) Berman, pp.43~45

23) 위의 책, pp.67~68

24) 위의책, pp.89~90

25) 위의책, p.87

26) 위의책, pp.85~86

27) 위의책, pp.79~80

28) Frederich Schneider, *Size and Measurement of the Informal Economy in 100 Countries Around the World*, World Bank Working Paper, July 2002, p.6; Berman, p.74 참고

29) Kristina Flodman Becker, "The Informal Economy", *SIDA Fact Finding Study*, March 2004;

Berman, p.74 참고

30) Ernst & Young, *Growing Beyond—Africa by the Numbers: Assessing Market Attractiveness in Africa*, 2012, p.3; Berman, p.70 참고

31) Easterly, pp.273~277

32) Berman, p.22 참고

33) 위의 책, pp.23~30 참고

34) Collier, p.111

35) 위의 책, p.112

36) 위의 책, pp.69~71, 113~114

37) Berman, pp.122~128 참고

38) 위의 책, p.181

39) 위의 책, p.179

40) 위키피디아, Meles Zenawi; Armin Rosen, "It's the Politics, Stupid: What Jeffrey Sachs' Development Work Is Missing"; Abdul Mohammed and Alex de Waal, "Meles Zenawi and Ethiopia's Grand Experiment", *New York Times*, August 22, 2012

41) 위의 기고문; Armin Rosen, "It's the Politics, Stupid: What Jeffrey Sachs' Development Work Is Missing"

42) 같은 곳

43) Collier, pp.49~50

44) Fiona Tregenna, "Explaining Botswana's Growth", *www.policyinnovations.org*, pp.1~2

45) Stephen R. Lewis Jr, "Explaining Botswana's Success: The Importance of Culture", https://apps.carleton.edu/campus/president/slewis/speeches_writings/botswana_success/, Carlton College 웹사이트; Scott A. Beaulier and J. Robert Subrick, "Mining Institutional Quality: How Botswana Escaped the Natural Resource Curse", *Indian Journal of Economics & Business, Vol. 6, Special Issue, 2007, www.scottbeaulier.com*, p.21

46) Charity Kerapeletswe, Jan Isaksen, Anneke Slob and Alf Morten Jerve, "Managing Aid Exit and Transformation: Botswana Country Case Study", *OECD DAC Evaluation and Resouce Centrer (DEReC)*, May 2008, p.18

47) 같은 곳

48) Beaulier and Subrick, p.10

49) 위의 논문, pp.10, 16~18

50) 위의 논문, pp.17~18; Collier, p.50

51) Stephen R. Lewis Jr, "Explaining Botswana's Success: The Importance of Culture"

52) Beaulier and Subrick, pp.11~14

53) Kerapeletswep *et al.* pp.18~19, 31; www.oecd.org/dac/stats/TAB25e.xls, Statistics on resource flows to developing countries (Table 25 ODA Receipts and Selected Indicators for Developing Countries and Territories); 세계은행 웹사이트 보츠와나 데이터 페이지, www.data.worldbank.org/country/botswana

54) Moyo(2009), p.32

55) 위의 책, pp.17~21

56) 위의 책. p.17

57) 위의 책, p.21

58) Easterly, pp.288~289; 위키피디아, Laurent-D?sir? Kabila; 위키피디아, Mobutu Sese Seko

59) 위키피디아, Joseph Kabila

60) Collier, p.26

61) Easterly, pp.326~329; Collier, p.28; 위키피디아, Jonas Savimbi; 위키피디아, MPLA

62) Easterly, p.329

63) Moyo(2009), p.59

64) 위키피디아, Foday Sankoh; "The strange tale of Sankoh's capture", *BBC News*, May 18, 2000

65) Collier, p.32

66) 위의 책, p.106

67) Dambisa Moyo, *Winner Take All: China's Race for Resources and What It Means for the World*, New York: Basic Books, 2012, pp.75~76

68) "2010 Statistical Bulletin of China's Outward Foreign Direct Investment", 중국 상무부 웹사이트, 2011년 9월 16일

69) Deborah Brautigam, "Problems with Official Data on Chinese Overseas Investment", *China in Africa: The Real Story*, February 27, 2010

70) "China aims to boost bank loans to Africa", *Reuters*, October 9, 2010

71) Moyo(2009), p.105

72) Moyo(2012), p.85

73) "Trying to pull together: Africans are asking whether China is making their lunch or eating it", *Economist*, April 20, 2011

74) Moyo(2012), pp.8~9, 129

75) Paul Salopek, "Shattered Sudan", *National Geographic Online Extra*, February 2003

76) Moyo(2012), p.163; Deborah Brautigam, "Is China Sending Prisoners to Work Overseas?", *China in Africa: The Real Story*, August 13, 2010; Brahma Chellaney, "China's newest export: convicts", *www.theguardian.com*, July 29, 2010 참고

77) Moyo(2012), p.92

78) Sarah Baynton-Glen, "China-Africa-Agricultural potential", *Standard Chartered Bank Global Research*, May 2, 2012, p.2

79) Moyo(2012), pp.92, 209

80) 위의 책, pp.8~9, 131

81) 위의 책, pp.132~133

82) 위의 책, pp.87~91, 129

83) Deborah Brautigam and Xiaoyang Tang, "China's Investment in Special Economic Zones in Africa", *Special Economic Zones: Progress, Emerging Challenges, and Future Direction* (Thomas Farole, Gokhan Akinci eds.), World Bank, 2011, pp.70, 73~80

84) 위의 책, pp.71~72

85) "Trying to pull together: Africans are asking whether China is making their lunch or eating it", *Economist*

86) Peter Eigen, "Is China good or bad for Africa?", CNN Blog, October 29, 2012

87) Chris Alden, "China and Africa: A Distant Mirror of Latin America", *Columbia Internacional 75, Redalyc Scientific Information, www.redalyc.org*, 2012. p.34

88) "Trying to pull together: Africans are asking whether China is making their lunch or eating it", *Economist*

89) Chris Alden, "China and Africa: A Distant Mirror of Latin America", p.43; Moyo(2009), p.106; "Trying to pull together: Africans are asking whether China is making their lunch or eating it", *Economist*

90) 같은 곳

91) Collier, pp.86~87

92) Moyo(2012), p.161

93) "Zambia: Safety Gaps Threaten Copper Miners", *www.hrw.org NEWS* 페이지, February 20, 2013; "You'll Be Fired If You Refuse", *Human Rights Watch Report*, November 4, 2011

94) 같은 곳

95) Simon Clark, Michael Smith and Franz Wild, "China Lets Child Workers Die Digging in Congo Mines for Copper", *Bloomberg*, July 22, 2008

96) Peter Eigen, "Is China good or bad for Africa?"

97) "Trying to pull together: Africans are asking whether China is making their lunch or eating it", *Economist*

98) Moyo(2012), p.86

99) Lamido Sanusi, "Africa must get real about Chinese ties", *Financial Times*, March 11, 2013

_ 4장 한국의 원조는 어떻게 성공할 수 있을까?

1) 허문명, "1964년 서독에 뿌린 눈물에서 2013년 대한민국의 길을 찾다", 동아일보 2013년 4월 1일자, A1, 3, 4면 참고 (http://photo.donga.com/view.php?idxno=201304010539&category=0003 "국민 먹여살릴 돈 빌려달라")

2) 박복영, 채욱, 이제민, 이근, 이상철, 『한국 경제발전경험의 대(對)개도국 적용 가능성: 아프리카에 대한 시사점을 중심으로』, 대외경제정책연구권(KIEP), 2007, p.95; 이헌창, 『한국경제통사(제3개정판)』, 법문사, 2006, pp.32~38 참고

3) 박복영 등, p.95

4) 국무총리실, "국제개발협력 선진화 방안", 2010, p.17

5) 이와 관련해 2012년 2월에는 경제·인문사회연구회 미래사회 협동연구 총서로 산업연구원에서 『한국형ODA모델 수립』 시리즈가 발간되었다.

6) "Korea", *DAC Peer Review*, 2012, p.82 (OECD DAC 웹사이트)

7) 위의 보고서, p.81 (참고 pp.116~117)

8) 박복영 등, pp.97~98

9) 위의 책, p.98

10) 박진환, 『박정희 대통령의 한국경제 근대화와 새마을운동』, (사)박정희대통령기념사업회, 2005, p.vii

11) 홍영림, "건국 이후 민족의 10대 업적, 새마을 운동·88올림픽·경제개발 5개년 계획 순", 조선일보 2008년 3월 5일자 참고

12) 박진환, pp.4~5

13) 위의 책, pp.37, 86

14) 위의 책, p.88

15) 위의 책, pp.108~112

16) 위의 책, pp.100, 104

17) 위의 책, pp.97~98, 107, 180~181

18) 위의 책, pp.142, 147~149, 179~180

19) 권령민, '새마을운동 원형연구', 새마을아카데미 연구논총 제3집 제2호, 경운대학교 새마을아카데

미, 2010, p.30 참고

20) 박진환, p.120

21) 이태주, '국제원조모델로서 새마을운동 ODA가 가지는 한계에 대한 비판적 접근', 제4차 ODA토크, 2013년 10월 25일; 박영호, '새마을운동 경험의 대(對)아프리카 전수 효율화 방안', KIEP 지역경제 포커스 Vol. 7 No. 27, 2013년 5월 8일, 대외경제정책연구원, 참고

22) 정기환, 「국제 새마을운동 ODA사업 표준모형 구축과 콘텐츠 개발」, 2014년 5월, p.133

23) 「새마을운동 ODA 추진 안내서」, KOICA, 2014년 1월, p.7 참고

24) 미얀마 새마을운동 지원 사업 실시협의 결과보고서, 2014년 5월, KOICA, p.6 참고

25) Edward P. Reed, "Is Saemaul Undong a Model for Developing Countries Today?", Paper prepared for International Symposium in Commemoration of the 40th Anniversary of Saemaul Undong Hosted by the Korea Saemaul Undong Center, September 30, 2010, pp.8, 11, 12

26) *Maximizing Development Plans in Myanmar through the Infrastructure of Public Libraries*, Country Brief, Beyond Access: Libraries Powering Development, April 2013; Kim N. B. Ninh, "Myanmar' s Libraries: A Potential Catalyst for Community Development", *In Asia*, February 5, 2014; Wendy Rockett and Wine Wai Wai Win, "Picturing: The Promise of Libraries in Myanmar", *In Asia*, April 2, 2014

27) 박진환, pp.116~117

28) 권령민, p.67

29) 박진환, pp.100~101

30) Lamb et al, p.174 참고

31) Ghazala Mansuri & Vijayendra Rao, *Localizing Development: Does Participation Work?*, World Bank Policy Research Report (2013), pp.31~32 참고

32) 같은 곳

33) 위의 보고서, pp. 25~28

34) Lamb *et al*, p.173

35) Mansuri & Rao, pp.3, 28~31

36) 위의 보고서, pp.11~12, 88, 287~288

37) 위의 보고서, pp.103~108

38) 위의 보고서, pp.104~108

39) 위의 보고서, p.104

40) 위의 보고서, pp.104~105

41) 위의 보고서, p.105

42) Tori Hogan, *Beyond Good Intentions: A Journey into the Realities of International Aid*, Berkeley, CA: Seal Press, 2012, p.200

43) 위의 책, p.185

44) 위의 책, pp.189~191

45) 위의 책, p.186

46) 위의 책, pp.179, 187~188

47) 위의 책, p.174

48) 위의 책, p.186

49) 위의 책, pp.197~198

50) 위의 책, pp.179, 186, 197~198

51) 위의 책, p.188

52) 위의 책, p.200

53) 위의 책, p.179; 우간다 체인지 에이전트 협회 웹사이트 (www.ucaa.or.ug 참고)

_ 5장 우리는 어떤 실험을 할 수 있을까?

1) 출입국 · 외국인정책 통계월보 (2013년 2월호), 출입국 · 외국인정책본부 웹사이트 통계자료실

2) Mansuri & Rao, p.5

3) 위의 보고서, pp.101~102

4) 위의 보고서, pp.129~132

5) Burkey, pp.86~87

6) 위의 책, pp.91~92

7) 위의 책, pp.92~93

8) 위의 책, pp.94~95 참고

9) VSO, *Participatory Approaches: A facilitator's guide*, p.27

10) 같은 곳

11) 위의 매뉴얼, pp.28, 34

12) 위의 매뉴얼, pp.72~73

13) 위의 매뉴얼, pp.142~143

14) 위의 매뉴얼, pp.68~69

15) 위의 매뉴얼, p.69

16) 위의 매뉴얼, pp.110~111

17) Burkey, p.98

18) 위의 책, pp.97~98

19) 위의 책, p.113

20) 위의 책, pp.101~103.

21) 위의 책, pp.60~61, 116~118

22) 같은 곳

23) Roland Bunch, *Two Ears of Corn: A guide to people-centered agricultural improvement*, Oklahoma City, OK: World Neighbors, 1982; Burkey, p.117 참고

24) 위의 책, pp.60~61; Lamb et al, p.172

25) Burkey, pp.118~119 참고

26) 위의 책, p.119

27) VSO, p.28

28) 위의 매뉴얼, pp.15, 26

29) 위의 매뉴얼, pp.12, 20

30) Grace Onyango & Miranda Worthen, *Handbook on Participatory Methods for Community-Based Projects: A Guide for Programmers and Implementers Based on the Participatory Action Research Project with Young Mothers and their Children in Liberia, Sierra Leone, and Northern Uganda*, 2010, p.32

31) VSO, p.25

32) 위의 매뉴얼, p.20

33) Onyango & Worthen, p.35 참고

34) 위의 핸드북, p.25

35) Mansuri & Rao, p.111

36) 위의 보고서, p.124

37) 박진환, p.109

38) Burkey, p.83

39) 박진환, p.115

40) 위의 책, pp.118~120

41) Mansuri & Rao, p.267

42) IFAD, *Rural Poverty Report*, 2011, pp.46~47.

43) 권령민, p.30 참고

44) 박진환, p.208

45) Burkey, p.139

46) 위의 책, p.14

47) Jacqueline Novogratz, *The Blue Sweater: Bridging the Gap Between Rich and Poor in an Interconnected World*, New York: Rodale, 2009, p.242

48) Burkey, pp.184~185

49) 위의 책, pp.142~144

50) 위의 책, p.187

51) 위의 책, pp.137~138

52) 위의 책, p.162

53) 위의 책, p.153

54) 위의 책, pp.171, 173

55) 위의 책, p.172

56) 위의 책, p.168

57) 정갑진, 「1970년대 한국새마을운동의 정책경험과 활용」, 한국개발연구원(KDI), 2009, pp.160~161, 163

58) Mansuri & Rao, p.297

59) 같은 곳

60) Burkey, p.120

61) 위의 책, p.119

62) Polak, p.22

63) Mansuri & Rao, pp.297~298, 305 참고

64) 위의 보고서, p.291

65) 위의 보고서, pp.111, 283~284, 289, 304

66) 위의 보고서, p.5

67) 위의 보고서, p.216

68) Mansuri & Rao, p.91

69) 박진환, pp.112~113

70) Burkey, p.55

71) Polak, pp.15~16

72) 위의 책, pp.36~37

73) 위의 책, p.197

74) *Maximizing Mobile: Information and Communications for Development*, World Bank, 2012,

p.115

75) Armin Rosen, "It's the Politics, Stupid: What Jeffrey Sachs' Development Work Is Missing", *The Atlantic*, January 2013

76) 한도현, 『2011 경제발전경험모듈화사업: 새마을운동 모범사례』, 기획재정부 한국개발연구원(KDI)

77) 위의 책, pp.28, 32

78) 위의 책, pp.29, 49 참고

79) 위의 책, p.19 참고

80) 위의 책, pp.34, 37 참고

81) 위의 책, pp.8~9 참고

82) 위의 책, p.50

83) 박진환, pp.168~171

84) 한도현, p.51

85) Burkey, p.70

86) 위의 책, pp.49, 152

87) Mansuri & Rao, pp.213, 216, 285

88) VSO, p.10

_ 6장 청년들이여, 지구촌의 미래를 품자!

1) 원조관련 동영상시리즈 웹사이트 The Beyond Good Intentions의 여섯 번째 이야기 'Peace Corps(평화봉사단)' 에피소드 참고 (www.beyondgoodintentionsfilms.com/episode6.html)

2) Polak, p.167; Neerja International 웹사이트(www.neerjainternational.com) 참고

3) 박진환, pp.161~168

4) 외교부, "한-OECD 지역개발(새마을운동) 협력사업 약정서 교환식 및 관련 세미나 개최", 뉴스와이어, 2014년 1월 8일자 참고. http://www.newswire.co.kr/newsRead.php?no=731589

참고문헌

_ 도서

박진환, 『박정희 대통령의 한국경제 근대화와 새마을운동』, (사)박정희대통령기념사업회, 2005

정갑진, 『1970년대 한국새마을운동의 정책경험과 활용』, 한국개발연구원(KDI), 2009

한도현, 『2011 경제발전경험모듈화사업: 새마을운동 모범사례』, 기획재정부 한국개발연구원(KDI) 국제정책대학원, 2012

Ayittey, George B.N., *Africa in Chaos*, New York: St. Martin's Press, 1998

Berman, Jonathan, *Sucess in Africa: CEO Insights from a Continent on the Rise*, Brookline, MA: Bibliomotion, 2013

Burkey, Stan, *People First: A Guide to Self-Reliant, Participatory Rural Development*, London: Zed Books, 1993

Collier, Paul, *The Bottom Billion: Why the Poorest Countries Are Falling and What Can Be Done About It*, New York: Oxford University Press, 2007

Easterly, William, *The White Man's Burden: Why the West's Efforts to Aid the Rest Have Done So Much Ill and So Little Good*, New York: The Penguin Press, 2006

Fisher, Fritz, *Making Them Like Us: Peace Corps Volunteers in the 1960s*, Washington DC, London: Smithsonian Institution Press, 1998

Galinsky, Lara, *Work on Purpose*, New York: Echoing Green, 2011

Geddes, Gary, *Drink the Bitter Root: A Search for Justice and Healing in Africa*, Berkeley, CA: Counterpoint, 2011

Hogan, Tori, *Beyond Good Intentions: A Journey into the Realities of International Aid*, Berkeley, CA: Seal Press, 2012

Moyo, Dambisa,

  Dead Aid: Why Aid Is Not Working and How There Is a Better Way for Africa, New York: Farrar, Straus and Giroux, 2009

  Winner Take All: China's Race for Resources and What It Means for the World, New York: Basic Books, 2012

Novogratz, Jacqueline, *The Blue Sweater: Bridging the Gap Between Rich and Poor in an*

Interconnected World, New York: Rodale, 2009

Polak, Paul, *Out of Poverty: What Works When Traditional Approaches Fail*, San Francisco: Barrett-Koehler Publishers, 2008

Rich, Bruce, *Foreclosing the Future: The World Bank and the Politics of Environmental Destruction*, Washington DC: Island Press, 2013

Sachs, Jeffrey, *The End of Poverty: Economic Possibilities for Our Time*, New York: The Penguin Press, 2005

Thurow, Roger, *The Last Hunger Season: A Year in an African Farm Community on the Brink of Change*, New York: Public Affairs, 2012

Yunus, Muhammad, *Banker to the Poor: Micro-Lending and the Battle Against World Poverty*, New York: Public Affairs, 1999

_ 논문, 보고서

국무총리실, '국제개발협력 선진화 방안', 2010

권령민, '새마을운동 원형연구', 새마을아카데미 연구논총 제3집 제2호, 경운대학교 새마을아카데미, 2010

미얀마 새마을운동 지원 사업 실시협의 결과보고서, KOICA, 2014년 5월

박복영, 채욱, 이제민, 이근, 이상철, 「한국 경제발전경험의 대(對)개도국 적용 가능성: 아프리카에 대한 시사점을 중심으로」, 대외경제정책연구권(KIEP), 2007

박영호, '새마을운동 경험의 대(對)아프리카 전수 효율화 방안', KIEP 지역경제 포커스 Vol. 7 No. 27, 대외경제정책연구원, 2013년 5월 8일

「새마을운동 ODA 추진 안내서」, KOICA, 2014년 1월

이태주, '국제원조모델로서 새마을운동 ODA가 가지는 한계에 대한 비판적 접근', 제4차 ODA토크, 2013년 10월 25일

정기환, 「국제 새마을운동 ODA사업 표준모형 구축과 콘텐츠 개발」, 2014년 5월

Alden, Chris, "China and Africa: A Distant Mirror of Latin America", *Columbia Internacional 75, Redalyc Scientific Information*, www.redalyc.org, 2012

Baynton-Glen, Sarah, "China-Africa?Agricultural potential", *Standard Chartered Bank Global Research*, May 2, 2012

Beaulier, Scott A., and J. Robert Subrick, "Mining Institutional Quality: How Botswana Escaped the Natural Resource Curse", *Indian Journal of Economics & Business*, Vol. 6, Special Issue, 2007

Becker, Kristina Flodman, "The Informal Economy", *SIDA Fact Finding Study*, March 2004

Beyond Access: Libraries Powering Development, *Maximizing Development Plans in Myanmar through the Infrastructure of Public Libraries*, Country Brief, April 2013

Brautigam, Deborah, and Xiaoyang Tang, "China' s Investment in Special Economic Zones in Africa", *Special Economic Zones: Progress, Emerging Challenges, and Future Direction* (Thomas Farole, Gokhan Akinci eds.), World Bank, 2011

Easterly, William and Tobias Pfutze, *Where Does the Money Go?: Best and Worst Practices in Foreign Aid*, Brookings Institute Global Economy and Development Working Paper 21, June 2008

Ernst & Young, *Growing Beyond—Africa by the Numbers: Assessing Market Attractiveness in Africa*, 2012

Global Witness,

　　A Rough Trade: The Role of Companies and Governments in the Angolan Conflict, 1998

　　A Crude Awakening: The Role of the Oil and Banking Industries in Angola' s Civil War and the Plunder of State Assets, 1999

Grant, William J., and Hugh C. Allen, "CARE' s Mata Masu Dubara (Women on the Move) Program in Niger: Successful Financial Intermediation in the Rural Sahel", *Journal of Microfinance* (Brigham Young University), Volume 4, Number 2, Fall 2002

Human Rights Watch Report, "You' ll Be Fired If You Refuse", November 4, 2011

IFAD, *Rural Poverty Report*, 2011

IMF, *Sub-Saharan Africa: Fostering Durable and Inclusive Growth*, Regional Economic Outlook, April 2014

In Asia,

　　Ninh, Kim N. B., "Myanmar' s Libraries: A Potential Catalyst for Community Development", February 5, 2014

　　Rockett, Wendy, and Wine Wai Wai Win, "Picturing: The Promise of Libraries in Myanmar", April 2, 2014

Kerapeletswe, Charity, Jan Isaksen, Anneke Slob?and Alf Morten Jerve, "Managing Aid Exit and Transformation: Botswana Country Case Study", *OECD DAC Evaluation and Resource Centrer (DEReC)*, May 2008

Lamb, Robert, Bill Varettoni, and Chunli Shen, "Participatory Development and the World Bank", *International Affairs Review*, Volume 14, No. 2, Fall 2005

Luutzenkirchen, Ceedric, and Christian Weistroffer, "Microfinance in evolution: An industry between crisis and advancement", *Deutsche Bank DB Research*, Sept. 13, 2012

Mader, Philip, "Rise and Fall of Microfinance in India: The Andra Pradesh Crisis in Perspective", *Strategic Change*, Volume 22, Issue 1-2, February 2013

Mansuri, Ghazala, and Vijayendra Rao, *Localizing Development: Does Participation Work?*, World Bank Policy Research Report, 2013

McKinsey: Africa Consumer Insights Center, *The Rise of the African Consumer*, October 2012

Nature, "With transparency comes trust", May 10, 2012

OECD DAC, *Peer Review*, "Korea", 2012

Onyango, Grace, and Miranda Worthen, *Handbook on Participatory Methods for Community-Based Projects: A Guide for Programmers and Implementers Based on the Participatory Action Research Project with Young Mothers and their Children in Liberia, Sierra Leone, and Northern Uganda*, 2010

Reed, Edward P., "Is Saemaul Undong a Model for Developing Countries Today?", Paper prepared for International Symposium in Commemoration of the 40th Anniversary of Saemaul Undong Hosted by the Korea Saemaul Undong Center, September 30, 2010

Sachs, J. D., and J. W. McArthur, "The Millennium Project: a plan for meeting the Millennium Development Goals", *The Lancet*, Vol. 365, January 2005

Schneider, Frederich, *Size and Measurement of the Informal Economy in 100 Countries Around the World*, World Bank Working Paper, July 2002

Schneidman, Witney, with Zenia Lewis, "The African Growth and Opportunity Act: Looking Back, Looking Forward", *Brookings Institution, Africa Growth Initiative*, June 2012

Stolte, Christina, "Brazil in Africa: Just Another BRICS Country Seeking Resources?", *Chatham House*, November 2012

Trávnicek, Natasha, "Land acquisitions: India's investments in Africa", *Consultancy Africa Intelligence*, October 16, 2012

World Bank, *Maximizing Mobile: Information and Communications for Development*, 2012

_ 언론 기사

외교부, "한-OECD 지역개발(새마을운동) 협력사업 약정서 교환식 및 관련 세미나 개최", 뉴스와이어, 2014년 1월 8일자

허문명, "1964년 서독에 뿌린 눈물에서 2013년 대한민국의 길을 찾다", 동아일보 2013년 4월 1일자

홍영림, "건국 이후 민족의 10대 업적, 새마을 운동 · 88올림픽 · 경제개발 5개년 계획 순", 조선일보 2008년 3월 5일자

BBC News, "The strange tale of Sankoh's capture", May 18, 2000

Clark, Simon, Michael Smith and Franz Wild, "China Lets Child Workers Die Digging in Congo Mines for Copper", *Bloomberg*, July 22, 2008

Economist,

"Lighting the way", September 1, 2012

"Millennium bugs", May 14, 2012

"The big push back", Dec. 3, 2011

"Trying to pull together: Africans are asking whether China is making their lunch or eating it", April 20, 2011

FAO News Article, "China and FAO sign historic $30 million deal", March 25, 2009

Fox, Justin, "Out of Africa", *Harvard Business Review*, November 2012

Guardian,

Bunting, Madeleine, "Millennium Villages Project: does the 'big bang' approach work?", Global Development, October 10, 2011

Chellaney, Brahma, "China's newest export: convicts", www.theguardian.com, July 29, 2010

Provost, Claire, "USAID now free to buy goods from companies in poor countries", February 6, 2012

Tran, Mark, "Jeffrey Sachs' Millennium Villages to expand with £67m loan", August 13, 2013

Human Rights Watch NEWS, "Zambia: Safety Gaps Threaten Copper Miners", February 20, 2013

Miller, Kay, "Plan to feed starving kids grows", *Star Tribune*, April 1, 2007

Nandi, Jayashree, "India among top 10 land grabbers, sellers: Report", *The Times of India*, June 27, 2012

New York Times,

Brooke, James, "Zaire, a Paradigm of Mismanagement", February 4, 1987

Mohammed, Abdul, and Alex de Waal, "Meles Zenawi and Ethiopia's Grand Experiment", August 22, 2012

Reuters, "China aims to boost bank loans to Africa", October 9, 2010

Rich, Sam, "Africa's Village of Dreams", *The Wilson Quarterly*, Spring 2007

Rosen, Armin, "It's the Politics, Stupid: What Jeffrey Sachs' Development Work Is Missing", *The Atlantic*, January 2013

Salopek, Paul, "Shattered Sudan", *National Geographic Online Extra*, February 2003

Sanusi, Lamido, "Africa must get real about Chinese ties", *Financial Times*, March 11, 2013

Worstall, Tim, "Sach's Lancet Paper on Millennium Villages: Actual Scientists Seriously Unimpressed", *Forbes.com*, May 10, 2012

_ 인터넷

Brautigam, Deborah,

"Is China Sending Prisoners to Work Overseas?", *China in Africa: The Real Story*, August 13, 2010

"Problems with Official Data on Chinese Overseas Investment", *China in Africa: The Real Story*, February 27, 2010

CGAP Blog,

Alexandre, Claire, "10 Things You Thought You Knew about M-PESA", Nov.22, 2010

Collins, Daryl, Julie Zollmann, and Peter Fleming, "What Is Keeping Kenya From Becoming More 'Cash Lite'?", Nov.29, 2012

Eigen, Peter, "Is China good or bad for Africa?", *CNN Blog*, October 29, 2012

Kurnia, Julia, "Kiva vs. Zidisha: Comparing Microfinance Alternatives", *Daily Kos*, www.dailykos.com, Aug. 27, 2012

Lewis Jr, Stephen R., "Explaining Botswana's Success: The Importance of Culture", https://apps.carleton.edu/campus/president/slewis/speeches_writings/botswana_success

OECD DAC, Statistics on resource flows to developing countries, www.oecd.org/dac/stats/statisticsonresourceflowstodevelopingcountries.htm

Reed, Larry R. *Vulnerability: The State of the Microcredit Summit Campaign Report* 2013

Infographic: The Promise of Mobile Technology

Roodman, David,

"Kiva Is Not Quite What It Seems", *David Roodman's Microfinance Open Book Blog*, October 2, 2009

"The State of Microcredit", David Roodman's Microfinance Open Book Blog, February 6, 2013

Tregenna, Fiona, "Explaining Botswana's Growth", *www.policyinnovations.org*

VSO, *Participatory Approaches: A facilitator's guide*

찾아보기 (약어집 · 외국어 표기)